Research on the Belt and Road Initiative and the Construction of a New Dual Cycle Development Pattern

"一带一路"建设与双循环新发展格局构建研究

孙军 宣昌勇 孙巨传 著

东北财经大学出版社 大连
Dongbei University of Finance & Economics Press

图书在版编目（CIP）数据

“一带一路”建设与双循环新发展格局构建研究 / 孙军，宣昌勇，孙巨传著．—大连：东北财经大学出版社，2023.12
ISBN 978-7-5654-5080-8

Ⅰ．—…　Ⅱ．①孙…②宣…③孙…　Ⅲ．“一带一路”-国际合作-研究　Ⅳ．F125

中国国家版本馆CIP数据核字（2023）第256301号

东北财经大学出版社出版发行
大连市黑石礁尖山街217号　邮政编码　116025
网　　址：http://www.dufep.cn
读者信箱：dufep @ dufe.edu.cn
大连永盛印业有限公司印刷

幅面尺寸：170mm×240mm　字数：370千字　印张：25.75　插页：1
2023年12月第1版　　2023年12月第1次印刷
责任编辑：石真珍　吴　焕　　责任校对：刘贤恩
封面设计：原　皓　　版式设计：原　皓
定价：98.00元

教学支持　售后服务　联系电话：（0411）84710309

如有印装质量问题，请联系营销部：（0411）84710711

国家社科基金一般项目“双循环新发展格局下内需主导型产业链建设研究”（22BJY036），江苏省哲学社会科学基金项目“数字经济驱动长三角区域市场一体化发展研究”（22EYB016），江苏高校哲学社会科学研究重大项目“数字经济驱动江苏省域一体化发展的效应评估与对策研究”（2022SJZD066）研究成果。

作者简介

孙军 经济学博士，教授，江苏海洋大学商学院院长、海洋经济研究院院长。江苏省“青蓝工程”学术带头人，江苏省“333”高层次培养对象，连云港市首届十大社科英才。长期从事产业经济学、国际经济学和区域经济学等专业的教学与科研工作。迄今为止，在《管理世界》《财贸经济》《南开经济研究》《经济学动态》《数量经济技术经济研究》等 CSSCI、SSCI 核心期刊上发表论文 50 余篇，出版著作 3 部。荣获省部级哲学社会科学成果奖 4 项，主持国家哲学社会科学基金项目 2 项、教育部人文社会科学基金项目等省部级项目 5 项。

宣昌勇 经济学博士，教授，江苏海洋大学社会科学处处长，中国世界经济学会理事，全国贸易经济教学研究会常务理事。长期致力于开放型经济和海洋经济等领域的研究。在《管理世界》《国际贸易问题》等国内外期刊发表学术论文 50 多篇。荣获省部级哲学社会科学成果奖 3 项，主持国家哲学社会科学基金项目 1 项，江苏省哲学社会科学基金重点项目、一般项目等 5 项，荣获“全国社科工作先进个人”称号。

孙巨传 哲学博士，连云港市社会科学院（江苏省社会科学院连云港分院）院长、党组书记。从事高校教育与地方政府工作多年，长期致力于发展政策等领域的研究。在《群众》《唯实》等期刊发表论文多篇。荣获省部级哲学社会科学成果奖4项，主持江苏省社会科学院“书记省长圈定课题”6项、江苏省哲学社会科学基金项目1项、江苏省科学技术厅软科学研究计划项目1项。多项科研成果多次获得省委省政府或市委市政府主要领导或分管领导批示，得到同行的认可与社会的好评。

前言

近年来，国内外政治经济形势发生深刻变革，危机与机遇并存。一是国际单边主义、保护主义盛行，俄乌冲突影响深远，意识形态和价值观渗透到经济领域，“在岸外包”“近岸外包”“友岸外包”“联盟外包”现象明显，WTO规则引领的贸易体系遭遇严峻挑战，争端解决机制“停摆”，逆全球化趋势加剧。二是过去我国以代工方式参与由发达国家跨国公司所掌控的全球价值链（GVC）实现技术进步的模式不仅容易导致本土企业“被俘获”，而且面临该模式下的产能过剩和发达国家在关键核心技术上“卡脖子”等严重问题。再加上老龄化问题日渐突出，劳动力增速放缓，各类要素成本快速上升，环保压力持续加大，以及国际金融危机以来制造业向发达国家“高端回流”，过去依靠外循环的经济发展模式显然已不可再复制。与此同时，我们也看到：一是随着我国经济实力的快速提升，拥有14亿人口、人均GDP超过1万美元的超大规模市场逐步建立，这一超大市场体系能够使创新成本下降、资本投入成本下降、物流成本下降、原材料零部件商品采购成本下降、新产品市场开拓成本下降、劳动力成本下降[①]，过去以外循环为主体的发展模式正在有效切换。二是随着信息技术的迅速发展，数字经济逐渐成为推动各国经济发展的重要力量，数字化和全球化的融合为国际贸易带来了许多新的机遇，数字化已经成为国际贸易的重要趋势，数字贸易在全球经济与贸易中扮演越来越重要的角色。三是党的十八大以来，以习近平同志为核心的党中央把科技创新摆在国家发展全局的核心位置，大力实施创新驱动发展战略，着力破解“卡脖子”难题，科技创新已成为提升我国国际竞争力的新的战略支点。

当然，我们也要看到，尽管经济全球化进程遭遇逆流，但由于全球化是技术进步和生产力发展的客观规律和必然趋势，是不可能中断和停止的，新时代中国经济高质量发展依然需要在充分运用和把握全球化发展大势下去实现。“一带一路”建设与双循环新发展格局构建正是我国有效化解危机、抓住新一轮对外开放机遇的重大战略举措。具体来看，一是2013年由我国发起的“一带一路”倡议是一个跨区域倡议，其政策思路是通过“政策沟通、设施联通、贸易畅通、资金融通、民心相通”实现各国互联互通，“五通”为有效联通国内国际两个市场、充分利用国内国际两种资源提供了政策保障、物质前提、有效途径、发展动力和社会支撑。例如，中国与共建国家“六廊六路多国多港”的设施联通布局基本完成。根据商务部、海关总署等公布的相关数据，截至2022年底，西部陆海新通道沿线站点已覆盖中国国内17个省（自治区、直辖市）61个城市的115个站点，运输货品超过600类，辐射119个国家和地区的393个港口，已经形成“一带一路”经中国西部地区的完整环线；中欧班列开行数量从2013年开行之初的80列发展到2022年的1.6万列，通达欧洲约25个国家的208个城市；截至2022年底，全国中欧班列累计开行突破6.5万列，运输货物超600万标箱，货值超3 000亿美元；2013—2022年，我国与“一带一路”沿线国家进出口总值从6.46万亿元人民币增长至13.83万亿元人民币，年均增长8.6%，高出同期我国外贸整体增速3个百分点，占同期我国外贸总值的比重从25%提升至

① 黄奇帆. 建设统一大市场是构建新发展格局的基础性关键性举措［J］. 清华金融评论，2022（6）：51-54.

32.9%；中间产品占我国对“一带一路”沿线国家的出口比重由2013年的49.8%提升至2022年的56.3%；中国对“一带一路”沿线国家投资流量从2013年的126.3亿美元稳步增长至2022年的209.7亿美元。根据国务院新闻办公室2023年10月10日发布的《共建“一带一路”：构建人类命运共同体的重大实践》白皮书，2013—2022年，中国与共建国家进出口总额累计19.1万亿美元，年均增长6.4%；中国与共建国家双向投资累计超过3 800亿美元，其中中国对外直接投资超过2 400亿美元。中国在共建国家承包工程新签合同额、完成营业额累计分别达到2万亿美元、1.3万亿美元。二是2020年召开的党的十九届五中全会提出加快构建以国内大循环为主体、国内国际双循环相互促进的新发展格局重大战略部署，这是在外部环境不确定性增大和内需潜力释放的情况下，把实施扩大内需战略同深化供给侧结构性改革有机结合起来，利用我国产业基础实力雄厚、产业链条完整、战略回旋空间大和超大规模市场的优势，畅通包括供需循环、产业循环、区域循环、城乡循环与要素循环等在内的各类循环，是我国根据经济发展阶段、内外部环境和条件变化提出的新发展思路，是重塑我国国际合作和竞争新优势的战略抉择。

2021年习近平总书记在第三次“一带一路”建设座谈会上强调，“一带一路”建设要更好服务新发展格局，要统筹考虑和谋划构建新发展格局和共建“一带一路”，聚焦新发力点，塑造新结合点①。“一带一路”建设与双循环新发展格局构建“正如车之两轮，鸟之两翼，缺一不可”②，相互补充，相互支撑，能够利用国内国际两个市场、两种资源，通过对外开放通道、平台载体建设和制度型创新，建设开放型经济新体制，共同推动中国经济高质量发展。

这里需要着重注意的两点是：一是尽管“一带一路”倡议顺应了全球化趋势，但所涉及的地域广泛、跨境经贸关系复杂多样，且它是非正式的和不具有约束力的合作发展的理念和倡议，不是一个正式的国际组织和制度安排。因此，“一带一路”共建国家间无论是在贸易领域还是

① 新华社. 习近平出席第三次“一带一路”建设座谈会并发表重要讲话［EB/OL］.（2021-11-19）［2023-08-15］. https://www.gov.cn/xinwen/2021-11/19/content_5652067.htm?jump=true.
② 李大钊. 李大钊全集（第二卷）［M］. 北京：人民出版社，2006.

在投资领域，都未形成系统性的规则体系，风险和矛盾较大。这也表明，如果说发展导向是“一带一路”建设初期的指引的话，那么通过规则、规制、管理、标准等方面的制度型开放进行国家间对接和与相关区域协定衔接必将是“一带一路”建设下一阶段高质量发展和深入推进的必然要求和内在属性，这就需要通过制度的对外开放加以完善，而这恰恰是双循环新发展格局构建的关键内容之一。二是双循环新发展格局的重心是以国内大循环为主体，但目前地方政府主导型产业政策往往会将跨区域合作和整合功能维持在最低水平[①]，产权交易市场信息壁垒严重以及商品和要素市场分割等行为明显，“行政区经济”现象仍未得到有效化解，这在很大程度上抑制了我国在新发展阶段发挥超大规模市场优势、集聚全球创新资源的能力，这也需要通过制度的对内开放加以完善。由此可见，“一带一路”建设和双循环新发展格局都体现在“通”字上，这个“通”既表现为依托“一带一路”建设实现内外经贸畅通，也表现为内部大市场的有序开放和构建，这就需要内外兼修推进制度型开放。

哲学上指出，内因是事物发展的根据，外因是事物发展的条件，外因要通过内因起作用。比如，“一带一路”建设的根基在于国内的发展，重点在于国际合作。因此，区域之间的合作和交流理应沿“一带一路”变得更为紧密，区域之间的资源互补更为通畅，区域协调发展格局有效形成。再如，我国坚持以内循环为主体、国内国际双循环的新发展格局，既要坚持独立自主、自力更生，又要坚持对外开放，前者毫无疑问是内因。因此，“一带一路”建设和双循环新发展格局构建能够有效顺利实施的重点仍在我国内部。寻求两大举措的结合点，并借助国内相关战略、自贸试验区战略和《区域全面经济伙伴关系协定》（RCEP）等加以耦合，将我国内部市场进行有效联动，助推高水平对外开放，必将增强内外双循环联动效应，实现价值链跃升，本书正是在此理念和认识的基础上完成的。

中国始终在开放中与世界分享机会和利益、实现互利共赢，“一带

① 江静，张冰瑶．解构与转型：中国产业政策的政治经济学分析［J］．学术月刊，2022（12）：59-70．

一路”建设与双循环新发展格局是当今中国备受瞩目的两大开放性发展举措，深入挖掘其理论内涵和联动机制，在实践中聚焦新发力点，寻找新结合点，是一项理论意义深远且实践价值重大的工作。鉴于此，本书主要从理论问题研究、中国区域合作、对外交往和经贸合作的“桥梁”——口岸物流发展、江苏开放实践四个层面，宏观、中观和微观三位一体的视角展开研究，试图建立起一套科学、系统、协同推进“一带一路”建设与双循环新发展格局构建的理论机制和推进路径。希望本书的尝试性工作能够增进读者对两大举措深入实施相关问题的了解和思考，我们也期待未来更多更好的研究出现。

本书的写作离不开各位朋友、同事和学生的大力支持与帮助。江苏省社会科学院连云港分院（连云港市社会科学院）的仲几吉主任，江苏海洋大学商学院国际经济与贸易系的何兵老师、王贵彬老师，物流与营销系的董绍增老师、郭燕老师，金融学系的何计文老师等在本书的写作过程中给予了大力支持，研究生覃文林同学在书稿整理过程中提供了帮助。在此，一并表示感谢。

最后，衷心感谢在本书写作和出版过程中所有帮助过、关心过和支持过我们的朋友们！

作　者

2023年9月

目录

1 导论

“一带一路”倡议是习近平总书记在2013年提出的我国新时期对外开放的重大倡议。“一带一路”倡议实施10年来，“五通”建设成效显著，不仅加深了我国与“一带一路”共建国家间的经贸合作，促进了“一带一路”共建国家的经济社会发展，而且也改变了我国国内区域对外开放的格局，沿边地区从原先对外开放的边陲变成了对外开放的前沿，形成了东部引领、中部崛起和沿边前沿的对外开放新格局。但近年来，单边主义、保护主义盛行，意识形态和价值观渗透到经济领域，逆全球化趋势加剧。在国际关系上，从美国奥巴马政府的“亚太再平衡”到特朗普政府的“印太战略”，再到拜登政府的“印太战略”和加强大西洋间、盟友间合作，美国一直采用多领域综合策略与我国形成制度冲突和对立。在区域治理上，美国主导的《美国-墨西哥-加拿大协定》（USMCA）和相关协定具有很强的排他性，企图利用“长臂管辖”“毒丸条款”等霸权形式孤立中国。在经贸规则上，以美国为首的发达国家正引领新一轮全球经贸规则制定，将包括我国在内的许多发展中国家排除在外。再加上新冠肺炎疫情和俄乌冲突等不确定性事件冲击，传统的要素流动型开放和以国际循环为主导的经济发展模式明显受阻。

党的二十大报告指出要“坚持高水平对外开放，加快构建以国内大循环为主体、国内国际双循环相互促进的新发展格局”[①]。构建双循环新发展格局的意义，一是可以通过扩大对内开放的宽度和深度，构建全国统一大市场，打通国内区域间的各类阻碍要素流动和资源优化配置的“壁垒”，化解因行政性垄断导致的服务业尤其是高端服务业供给不足现象，扩大内需的规模、质量和效益，实施产业升级，夯实国内大循环的战略基点和与“一带一路”共建国家合作的竞争力。二是以国内大循环为主体通过“一带一路”、自贸试验区和RCEP等推动国际新循环的有效形成，有助于沿“一带一路”攀登价值链高端，构建“以我为主”的产业链、供应链、价值链、创新链体系。三是大力推进制度型开放，对标《全面与进步跨太平洋伙伴关系协定》（CPTPP）、《数字经济伙伴关系协定》（DEPA）等国际高标准经贸规则的要求，能够为吸引国际高端要素和跨国公司进入中国市场提供更为安全、安心、安稳的大舞台，创造条件与“一带一路”共建国家以及一些发达国家在产业链、供应链、创新链上进行必要的交流合作。

新时代中国对外开放是更高水平的开放，既包括开放范围扩大、领域拓宽、层次加深，也包括开放方式创新、布局优化和质量提升。研究“一带一路”建设与双循环新格局构建的内在逻辑体系、丰富内涵和相关行业和区域实践案例，不仅有助于积极落实习近平总书记关于高质量发展的新论断、新战略、新部署，而且也能够为积极利用好国内国际两个市场两种资源、从容应对挑战、不断增强国际经济合作和竞争能力、开创高质量发展新局面做出巨大贡献。作为开篇之论，本章首先介绍研究的背景与意义，然后介绍研究定位与思路、研究内容与方法。

---

① 习近平．高举中国特色社会主义伟大旗帜 为全面建设社会主义现代化国家而团结奋斗——在中国共产党第二十次全国代表大会上的报告［EB/OL］．（2022-10-25）［2023-08-15］．http：//www.gov.cn/xinwen/2022-10/25/content_5721685.htm.

1.1 研究背景与意义

1.1.1 研究背景

要研究“一带一路”建设和双循环新发展格局问题，首先有必要对我国经济开放发展历程进行更为深入的了解，这包括我国经济开放的整个发展过程、各阶段发展所处的背景、凸显的特征以及现阶段所暴露出来的一些迫切需要得到解决的问题。

（1）我国经济改革开放的历程

1978年改革开放以来，我国经济开放经历了改革开放下的要素流动型开放、WTO规则引领下的要素流动型开放和开启新时代制度型开放三个历程，经济循环模式经历“国内外循环平行运行→国内外循环交叉运行→国内外循环深度融合→双循环新发展格局构建”四个阶段。

具体来看，党的十一届三中全会后我国开始实行“对内改革、对外开放”的战略决策，国内和国际两种循环开始相互独立运行，以邓小平南方谈话为标志，党的十四大作出了建立社会主义市场经济体制的决定，党的十四届三中全会进一步明确使市场在国家宏观调控下对资源配置起基础性作用，国内国际两种循环开始产生交集。2001年我国加入WTO，标志着进入了WTO规则引领下的要素流动型开放阶段，但2008年金融危机扭转了我国一直坚持的出口导向型经济发展模式。一方面，我国政府开始认识到扩大内需的重要性，对内启动了扩大内需战略，以期利用广阔的内部市场在一定程度上替代外需。另一方面，2013年开始的自贸试验区建设和“一带一路”倡议开启新时代开放新局面。“一带一路”以“五通”为主要内容，以点带面，从线到片，逐步形成区域大合作格局。如此看来，构建以国内大循环为主体、国内国际双循环相互促进的新发展格局是上述开放战略的延续，有利于从内和外以及内外联动这三个更广阔的视角加速经济内外开放的步伐。

（2）当前我国经济开放发展过程中凸显的问题

一是具有明显市场壁垒和地方保护特征的“行政区经济”现象盛

行，地方政府主导型产业政策、产权交易市场壁垒、商品和要素市场分割等行为明显，“行政区经济”现象仍未有效得到化解，这在很大程度上抑制了我国在新发展阶段享受超大规模市场优势、集聚和虹吸全球创新资源的能力。另外，外循环脱钩内循环导致我国区域经济发展失衡，不仅存在着东西经济分化的现象，目前也存在着南北经济发展差距扩大的问题。

二是当前我国国内经济循环仍然存在一些根本性矛盾，有外部的需求降低因素，也有经济周期性因素，但是根本还在于结构性问题，在于需求结构与供给结构之间的严重不匹配，在于内外联动的失调。简单观察可以发现，一方面，我国的供给能力和实际供给主要集中于制造业，企业一般产品的产能巨大、供给能力趋于无限，而当前我国制造业的大量需求仍在国外；另一方面，居民的最终需求尤其是处于中等收入阶层的广大城市居民的需求，大都集中在高端制造业和服务业尤其是公共服务业方面，但现代生产性服务业存在发展不足和公共服务业受到抑制。供需不匹配现象背后的原因既存在于国内因素上，也体现在国际合作模式上，这些均需要在新一轮的改革开放中加以化解。

三是大多数规则的制定权和控制权掌握在美日欧等发达国家和地区手中，我国产品标准被国际有关机构认可转化为国际标准的很少，我国仍处于被动接受状态，不能像发达国家一样充分利用本国标准，保护本国贸易及有效监督进口产品质量。另外，还存在着国内部分领域开放限制仍然较多、法律效力不强、政策文件衔接性不足、知识产权等国内规制与国际差异明显以及数字贸易制度安排与国际差异大等问题，且对外开放程度与对内开放程度不对称。最后，共建“一带一路”国家间无论是在贸易领域还是投资领域，都未形成系统性的规则体系，风险和矛盾比较多，自贸试验区的制度开放深度和辐射能力仍然有很多不足。

1.1.2 研究意义

“一带一路”和双循环新发展格局是新时代我国应对国内外政治经济形势的复杂变化，主动求变，打牢国内大市场根基，积极融入世界经济，推动新一轮全球化发展的重大举措，有着深远的影响和丰富的理论内涵。在实践意义上，“一带一路”是双循环的重点推进路径，已成为引领国内国际双循环新发展格局的重要实践路径，而双循环新发展格局建设将为高质量建设“一带一路”筑牢根基，二者呈现出相互促进的关系。因此，如何通过寻找新的发力点，塑造两者有效的结合点，具有重大的理论价值和实践意义。

1.2 研究定位、思路、内容与方法

明确了“一带一路”建设与双循环新格局构建研究的背景和重要意义，本节主要介绍本书的研究定位与思路、研究内容与方法。

1.2.1 研究定位

本书的定位：一是寻求在不确定性增强的背景下，如何建设国内统一大市场这个基本盘，沿“一带一路”国内沿线构建国内产业链、价值链和供应链体系；二是分析如何充分抓住双循环主客场转换的历史机遇，通过内外部的改革开放实施“赛道转换”，畅通双循环发展通道；三是探索以内需为主导，自由贸易试验区和自由贸易港为双循环节点，“一带一路”和RCEP为双循环通道，中心城市和城市群为双循环枢纽，链接全球创新链，形成“以我为主”全球产业链的框架体系，为发展中国家价值链攀升提供中国范本；四是给出利用区域政策、产业政策、竞争政策和开放政策协同推进“一带一路”与双循环新发展格局耦合的相关建议。

1.2.2 研究思路

本书具体的研究思路为：第一，在理论研究方面，笔者分析了制度型开放、本地市场效应、RCEP和价值链体系构建等“一带一路”建设和双循环新发展格局构建中的一些关键性环节和理论难点问题；第二，在中国区域合作方面，本书以国内大循环为主体，一是从城市群、经济带等层面分析了价值链重塑效应和国内大循环模式，二是分析了“一带一路”下的省际贸易演变特征和旅游的东西联动效应等，并给出相应的

应对举措；第三，在口岸物流发展方面，本书选取“一带一路”建设和双循环新发展格局构建的关键环节——口岸物流，从货物运输的时空演变、功能升级、口岸竞合关系、信息化以及口岸物流发展的区域协调效应等层面进行展开论述；第四，在江苏开放实践方面，本书从标杆示范项目打造、自贸试验区、自由贸易港以及区域性农产品贸易中心等层面作了深入探讨，并给出具体的推进举措建议。

1.2.3 研究内容

本书共22章，第1章为导论，其余21章分为4篇，分别是理论问题研究、中国区域合作、口岸物流发展和江苏开放实践。研究内容简要介绍如下：

第1章，导论。首先介绍研究背景与意义，通过梳理我国对外开放的发展历程、现阶段突出的问题以及两大举措推进现状，揭示在当前背景下进行新一轮改革开放的重要意义，然后提出本书的研究定位与思路、研究内容及研究方法。

第Ⅰ篇为理论问题研究部分，共分为5章，主要从制度型开放、本地市场效应、RCEP循环、价值链体系构建等相关层面探讨了“一带一路”建设和双循环新发展格局构建相关的支撑体系和理论内涵。

第2章，新时代制度型开放与双循环新发展格局构建。对外开放尤其是加入WTO国际循环的确推动了我国经济社会等各方面的快速发展，但也由此导致了国内经济发展的“缺项”，再加上国内外发展环境正面临的深刻复杂变化，构建以国内大循环为主体、国内国际双循环相互促进的新发展格局已是历史必然。制度型开放是一种更深层次的开放，是畅通“一带一路”和构建双循环新发展格局的关键环节和根基所在。本章从理论层面探讨如何紧紧抓住制度型开放这个“关键环”，通过全面开放、自主开放和自我建构等方式，打破联通内外循环的制度性壁垒，最终形成一个“大国技术+合作生产+世界性市场”的更大范围、更宽领域、更深层次的开放新态势，以中国之治推动中华民族伟大复兴和人类命运共同体建设。

第3章，双循环、本地市场效应与经济发展范式转换。本章基于我国区域分割的事实，将内需分成本地需求、外地需求和国外需求，构建了两国三区域两部门国内国际双循环分析框架，并运用中国区域间投入产出数据库开展实证分析。研究发现，本地市场效应通过放大出口贸易显著推动了本地产业的发展，但对省际贸易的影响却并不显著。可以看出，尽管我国已经逐步具备了双循环的基础，但国内市场的分割阻碍了这一进程。由此，依托双循环演化逻辑和“一带一路”建设框架，消除国内大循环的制约因素，加快国内国际双循环的有效衔接将是我国经济发展范式转换的重点所在。

第4章，RCEP中的中国角色、“一带一路”与双循环新发展格局构建。认清中国在“一带一路”、RCEP中所扮演的角色并加以有效推进是构建双循环新发展格局的关键所在。研究发现，美国巨大的消费需求、技术优势以及全球货币体系的核心地位是承接并消化加拿大和墨西哥两国大量原材料和制成品的基础，是USMCA运行成功的关键所在。中国在“一带一路”、RCEP中具备市场供应方和最终需求方双重角色，但在依托“一带一路”和RCEP构建双循环新发展格局过程中如何规避运行中的风险，进一步提高科技进步与创新能力，把潜在超大需求空间变成现实需求，加快构建区域价值链，实现从适应规则向主导规则转换，是今后进一步深化改革的方向。

第5章，“一带一路”、双循环与“三环流”价值链体系构建。鉴于我国制造业在全球价值链中的地位并不高，沿“一带一路”产业转移可能会引发国内产业“空心化”等困境，以“一带一路”国际产能合作为契机重塑全球价值链分工体系是新时期我国突破“俘获式困境”，构建双循环的关键举措。鉴于“双环流”价值链体系缺少微观基础，本章在其基础上构建了“三环流”价值链体系，并在此基础上提出了要把推进路径放在区域发展战略与“一带一路”倡议协同、沿“一带一路”构建总部经济、培育“链主”企业和融入全球创新链等建议。

第6章，“一带一路”、双循环新发展格局构建与制度型开放。“一带一路”与双循环新发展格局之间存在着同频共振的关系。由于“一带一路”是非正式的和不具有约束力的合作发展的理念和倡议，因而实施双边、多边制度型开放和对接更高标准的规则毫无疑问能够化解目前

“一带一路”建设中存在的一些风险和挑战。本章针对当前共建“一带一路”中国际大循环缺乏制度型联动机制、国内大循环尚未形成有效的制度一体化模式和企业沿“一带一路”进行双循环制度性保障不足等问题，从五个层面给出“一带一路”制度性建设的具体方案。

第Ⅱ篇为中国区域合作部分。鉴于内因是事物发展的根据、外因要通过内因起作用这一哲学认识，本篇主要是从国内区域经济合作层面展开对相关问题的论述。本篇共分为7章，主要是从城市群建设与国内经济大循环、长江经济带建设、价值链重塑、省际贸易演变特征以及旅游业等层面展开论述。鉴于沿海城市群是我国推进“一带一路”建设和构建双循环新发展格局的核心区域和重要经济枢纽，第7章和第8章是从国内经济大循环构建层面展开的。

第7章，城市层级结构与国内大循环：基于沿海三大城市群的经验证据。研究发现，作为城市层级结构代理变量的房地产价格具有典型的中心外围式关联模式，这种关联不仅从供给端推动了工业企业向外围转移，而且在需求端促进了外围城市需求规模的增加，进而通过供需两端的联动促进了区域内部大循环的有效形成。越是外围城市，供给侧驱动需求侧消费能力提升的效果也越明显，这表明它们的崛起必须伴随工业化进程，而这离不开与中心城市之间的功能分工和良性互动。

第8章，城市间功能分工变迁与国内大循环：基于长三角的经验分析。建立以功能分工为基础的城市群分工网络，推动经济地理重塑，有助于增强国内大循环的内生动力和可靠性。依托城市群中心城市的营销和研发功能分工显著地促进了区域经济地理重塑，营销功能分工会通过推动外围城市要素成本上升在一定程度上弱化工业企业在外围城市的选址；城市间研发功能的协同性增强在推动外围城市要素成本上升的同时会强化工业企业在外围城市的集聚能力。上述发现意味着，在持续加强中心城市营销和研发功能集聚的同时，更要充分关注城市群城市间研发功能的协同能力，通过协同创新形成城市群城市间优势互补、分工协作、功能特色突出的分工体系，加速国内大循环有效形成。

第9章，“一带一路”倡议下中国省际贸易演变特征与流向蜕变。“一带一路”倡议为中国提供新一轮对外开放空间的同时，也为国内大循环提供了新思路。本章研究了“一带一路”倡议对于省际贸易流向的影响，得出如下主要结论：省际贸易在经济发展中的地位日益提升；国际贸易顺差逐步从沿海地区向中西部扩散；沿海地区之间的贸易比重基本都在降低，流向中西部地区的贸易以上升为主，流向东北地区的贸易在下降；“一带一路”倡议空间布局与省际贸易流向走向趋于一致，“一带一路”倡议导致了贸易流向发生蜕变，中国传统南北向的省际贸易与东西向的省际贸易“交相辉映”。

第10章，“一带一路”倡议下中国城市群体系构建与价值链重塑。“一带一路”倡议自提出以来得到了共建国家的广泛认可和支持，正成为连接亚欧的核心通道。在城市群已成为当今国际竞争主阵地的背景下，沿“一带一路”构建我国城市群体系不仅能够为中西部及沿边地区的对外开放和经济振兴提供全新空间，而且有利于中国从被动嵌入全球价值链向形成“以我为主”的全球价值链体系转变。我国要沿“一带一路”的六大经济走廊和三条蓝色经济通道构建我国东中西城市群体系，实施功能化布局，以价值链形成为根本目的，培育国家价值链，衔接“一带一路”价值链，进而形成由我国企业主导的价值链，助推双循环新发展格局的形成。

第11章，“一带一路”倡议下依托中心城市引领长江经济带崛起。长江经济带沿线城市是我国参与“一带一路”建设的主要力量之一。依托长三角城市群、长江中游城市群和成渝城市群，借力“一带一路”建设，进一步提升中心城市生产性服务业的集聚和辐射作用，是实现长江经济带崛起的关键所在。本章考察了长江经济带四大中心城市的功能辐射范围，研究发现：在生产性服务业的作用下，城市生产率与到上海、武汉、重庆和成都的距离之间呈现出三次型的“∽”曲线关系，即随着离上述大城市越来越远，生产率经历了下降、上升再下降的过程。上述经验发现为如何加速“一带一路”和长江经济带耦合发展，构建双循环新发展格局提供了有益的参考。

第12章，“一带一路”、旅游崛起与中国区域经济协调发展。研究发现，与“本地市场效应”机制不同，“资源稀缺效应”同样具备协调区域发展的能力，而且更具内生性，对中西部地区来讲尤其如此。“一带一路”建设改变了我国中西部地区发展长期缓慢和滞后的格局，旅游业也得到了快速的发展。上述研究对我国下一步如何借力“一带一路”建设深入挖掘中西部地区禀赋优势实现可持续发展，进而实现区域协调发展具有很大的启示意义。

第13章，“一带一路”建设与新型城镇化空间耦合理论与展望。“一带一路”重点是构建新时代区域对外开放大格局，必将会对过去以被动嵌入全球生产网络模式为特点的中国城镇化建设产生深远影响，而作为关键载体的新型城镇化又将对“一带一路”倡议的实施起到重要的支撑作用，两者理应相互交叉、彼此融合。目前来看，推动“一带一路”与新型城镇化耦合发展，进而促进双循环新发展格局构建的重要性尚未被深刻认识，理论上也没有形成有力的支撑，亟待深入探索。本章提出了下一步研究的内容和可能用到的方法，为更深入地研究“一带一路”与新型城镇化空间耦合问题，化解当前中国面临的发展不平衡不充分问题提供了理论参考和指导建议。

第Ⅲ篇为口岸物流发展部分。口岸作为国家对外开放的门户，不仅是国家安全的重要屏障，而且有着“东联西出”“西引东进”的区位优势，是对外交往和经贸合作的桥梁和枢纽。随着“一带一路”建设和双循环新发展格局的不断推进，口岸在建设更高水平开放型经济体制中的地位愈加突出，因此这里将其作为单独的一篇加以详细分析。本篇共分为5章，主要是从口岸竞合关系、时空演变特征、流通功能影响因素、信息化带动以及在区域协调发展中的作用等层面展开论述。

第14章，“一带一路”倡议下我国口岸竞合关系演变研究。“一带一路”倡议的实施不仅提升了我国口岸的对外开放水平，而且增加了我国口岸的数量，同时也加剧了我国口岸之间的相互竞争。如何避免口岸间的恶性竞争，建立互利共赢的口岸竞合关系是“一带一路”倡议顺利实施的重要保证之一。本章通过构建理论模型，引入口岸服务差异化参数来表示口岸的不同类型，对“一带一路”沿线口岸竞合关系的演变进行了深入研究，以期能够通过构建良好的竞合关系提升口岸流通功能。

第15章，“一带一路”倡议下中国口岸出入境货运量的时空格局演变。“一带一路”的实施促进了我国口岸的发展，带动了口岸经济与区域经济的发展，反过来又进一步加强了我国与“一带一路”共建国家的合作。分析发现，“一带一路”倡议提出后，就各类口岸出入境货运量而言，东部沿海地区水运呈现正向空间集聚现象，西部沿边地区陆运呈现极化现象。此外，通过对全国31个省（自治区、直辖市）货运总量进行空间动态分析，本章发现存在空间相关性，且集聚效应在“一带一路”倡议提出后不断增强。在此基础上，本章提出了提升各类口岸运输能力和口岸经济发展的相关对策建议。

第16章，“一带一路”倡议下影响我国口岸流通功能的因素分析。本章以“一带一路”倡议重点圈定省份的口岸为研究对象，分析了影响我国口岸流通功能的因素。结果表明，口岸所在城市的行政等级、口岸“单一窗口”建设水平、港口代际、口岸所在城市的外贸依存度是影响海运口岸流通功能的重要因素。口岸所在城市的行政等级和口岸的飞行区等级是影响空运口岸流通功能的重要因素。对陆运口岸来说，区位条件是影响其流通功能的核心要素。

第17章，“一带一路”倡议下基于信息化视角的口岸物流发展策略。“一带一路”倡议的实施大大促进了中国口岸物流业的发展。数字经济以及贸易新业态新模式的快速发展对口岸物流业产生了巨大影响。本章在分析“一带一路”倡议下中国口岸物流信息化发展存在问题的基础上，提出中国口岸应以信息化建设为引领，通过着力构筑口岸社区系统、推行“单一窗口”、注重港航统筹谋划、加强无水港建设、提升口岸物流服务质量等一系列举措来推进口岸物流业发展，服务于“一带一路”建设和双循环新发展格局的构建。

第18章，两大举措融合推动口岸物流辐射与区域协调发展研究。对我国沿海和沿边口岸物流和地区物流辐射能力进行定量测算的结果显示，“一带一路”倡议实施以来，我国沿边口岸物流辐射能力和地区物流辐射能力的提升快于沿海地区，沿边口岸物流对于地区物流的带动能力显著增强，并且起到了带动沿边地区经济发展的效果。因此，在构建国内国际双循环新发展格局的背景下，应分别对沿海和沿边口岸的功能进行全面拓展和转型升级，充分发挥其带动区域协调发展的功效。

第Ⅳ篇为江苏开放实践部分。本篇共分为4章，主要以江苏省连云港市为例，从标杆示范项目打造、自贸试验区、自由贸易港建设和农产品贸易中心等层面展开论述。

第19章，连霍携手打造标杆示范项目研究。这是习近平总书记给连云港市下达的重要任务，加快打造连云港-霍尔果斯陆海联运通道标杆示范项目，对提升放大“一带一路”倡议的长期价值极为重要。本章建议：在互联互通、开放创新、产业合作、共建共享、政策协调上打造标杆示范；加快将连云港与霍尔果斯打造成重要的国际交通枢纽；在建设自由贸易港、发展跨境电商、探索离岸金融等方面实施重大突破并取得重要进展；创新互利合作机制，在更大区域层次内形成分工明确、协作配套的产业链条；打造中亚粮食交易中心；为标杆示范项目建设提供有力保障。

第20章，中国（江苏）自由贸易试验区连云港片区建设路径研究。连云港片区承担着建设成亚欧重要国际交通枢纽、集聚优质要素的开放门户和“一带一路”共建国家交流合作平台的重要使命。本章提出连云港片区既要跑赢起步时制度创新的“百米冲刺”，又要跑赢持久制度创新的“马拉松”。发挥连云港片区的“窗口”和“杠杆”作用，大力发展“平台经济”、“总部经济”、“枢纽经济”和现代“服务经济”，并建立相应的保障机制，将连云港片区打造成高标准高质量的制度创新区和现代化综合型的经济功能区，服务“一带一路”建设和双循环新发展格局的构建。

第21章，东西联动共创自由贸易港探讨：基于新亚欧大陆桥经济走廊的分析。探索建设自由贸易港能够深入推进“一带一路”建设，是实现新一轮我国对外开放、各区域共同增长的重要途径。“一带一路”倡议的一个重要目标是形成我国陆海内外联动、东西双向互济的开放格局，并确定了六大经济走廊发展框架。本章以最重要的经济走廊之一——新亚欧大陆桥为例，对连霍如何共同打造自由贸易港进行分析。通过双开放增长极建设撬动大陆桥沿线互联互通，强力推动新亚欧大陆桥经济带崛起，最终实现习近平总书记提出的“将连云港-霍尔果斯串联起的新亚欧陆海联运通道打造为‘一带一路’合作倡议的标杆和示范项目”。

第22章，连云港市区域性农产品贸易中心建设研究。中国（江苏）自由贸易试验区连云港片区获批和RCEP生效，为连云港市打造区域性国际农产品贸易中心带来了难得的历史机遇，形成了战略叠加态势。本章在分析必要性和可行性的基础上，明确了连云港区域性国际农产品贸易中心的发展定位、主要功能和建设目标，提出了提升农业贸易和投资便利化水平、完善农产品物流体系、培育和引进农产品跨国企业、大力发展农产品贸易新业态新模式和扩大国际合作交流等建设路径，更好地服务于“一带一路”强支点建设和双循环新发展格局的构建。

1.2.4 研究方法

本书主要采用的研究方法有：

一是描述性分析方法。搜集“一带一路”、双循环新发展格局实践等相关案例、数据和区域实践，对我国过去开放实践事实以及“一带一路”和双循环新发展格局推进过程中存在的问题进行归纳和剖析，这是本书开展研究的背景和基础。

二是数理分析方法。本书一方面采用一般均衡分析框架和经济地理模型来解释本地市场效应如何通过双循环来影响经济发展范式转换，另一方面利用城市层级、功能分工等来探讨城市群经济大循环相关问题。另外，本书还利用博弈理论对口岸的竞合关系进行数值模拟分析。

三是计量分析方法。在实证检验时，本书将充分运用回归分析、双重差分法、工具变量法等对贸易的演变特征、本地市场效应、中心城市的带动能力、贸易的拓展空间、旅游的区域协调效应等进行具体的论证。

四是政策导向性分析方法。本书基于“一带一路”建设和双循环新发展格局两大举措不仅具有重要的理论意义，而且兼具迫切的现实意义的考量，遵循问题提出、现状分析、机理考察、路径识别、政策建议的逻辑顺序，为政策层面上寻求新发力点和塑造新结合点提供参考建议。

第Ⅰ篇　理论问题研究

2 新时代制度型开放与双循环新发展格局构建

2.1 引言

改革开放以来，特别是加入WTO后，我国加入国际循环，市场和资金“两头在外”，通过“大进大出”模式形成了“世界工厂”。1978—2007年，中国出口平均增长率达到了18.1%。2008年受金融危机影响，出口增长速度迅速滑落。2008年，中国为应对国际金融危机冲击，保持经济平稳较快发展，出台了扩大内需促进经济增长的十项措施，提出了扩大投资的重点领域和方向。2009年中央经济工作会议明确提出，要真正把经济增长的基本立足点放到扩大国内需求上，加快形成主要依靠内需特别是消费需求拉动经济增长的格局。从这之后，内需的重要性开始提升，但全球经济循环特征并未发生根本性改变。自从特朗普任美国总统开始至今，逆全球化和地缘政治摩擦加剧，这不仅造成全球市场空间的破碎，引发全球供应链体系重构，还植入了经济发展的政治逻辑，多边主义和基于WTO规则的全球合作让位于充满排斥的小圈子和小集团，致使国际经济持续低迷，传统的国际循环模式显然已无法维系，国内大循环的重要性日益凸显，对于像我国这种正在崛起的发展中大国而言更是如此。

从我国外循环与内循环比值的变动趋势来看（如图2-1所示）[①]，1978—1993年，这一比值从10.4%上升到37.2%。在人民币大幅贬值并实现经常项目可兑换的1994年，这一比值达到53.9%。2001年加入WTO之后这一比值又开始快速上升，2006年达到峰值101%。2008年，美国发生的次贷危机促使我国开始实施扩大内需战略，随后这一比值逐年下降，2020年降至37.6%。

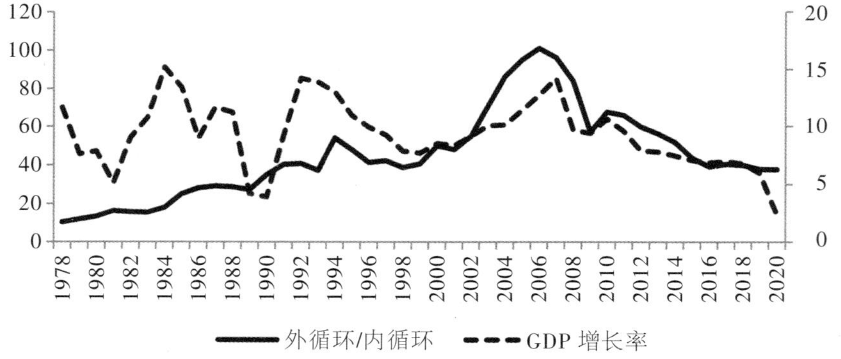

图2-1 中国外循环/内循环与GDP增长率（单位：%）

注：GDP增长率为以上年为基期按不变价计算的实际增长率。

资料来源：根据《中国统计年鉴》数据整理得到。

如果说过去是通过嵌入国际循环激发了经济内部活力和发展动能的话，那么在我国已经拥有超过100万亿元人民币和全球第二大的超大市场规模、服务业占比已超过53%的情况下，我国自身就已经具备了以国内大循环为主体，主动参与甚至主导国际循环的发展潜能。内循环为

① 刘遵义（2020）将出口与进口之和作为外循环部分，将居民消费、资本形成与政府消费之和作为内循环部分。但根据国家统计局的指标解释，最终消费支出指"常住单位从本国经济领土和国外购买的货物和服务的支出"，因而支出法GDP中的消费需求实际上已包括进口需求，这样一来，刘遵义所定义的内循环其实也包含了一部分外循环。因此，这里的内循环部分本书用消费与投资之和减去进口来表示，外循环用出口与进口之和来表示。消费与投资项的数据可以从国家统计局国民经济核算的支出法GDP统计中直接获得，出口项的数据用国家统计局对外经济贸易统计中的货物出口总额近似替代。

主、外循环赋能、双循环畅通已成为我国今后阶段的发展模式和时代特征（江小涓、孟丽君，2021）。具体来说，一是要充分发挥国内超大规模的市场优势和内需潜力，虹吸全球高端要素，挖掘经济发展的内生动力，提高产业链的可靠性、稳定性和安全性，形成以“自主技术+国内生产+中国市场”为主导的产业链价值链布局。二是由于外循环是空间更大的国际协作，内循环则是范围更小的国内分工，因此我们要在做大做强国内大循环的基础上，更好地融入全球经济中去实施更大范围的国际循环，在高水平对外开放中形成一个更大范围、更宽领域、更深层次的开放新格局，提升国际循环质量和水平，更好地为国内大循环服务。

当前，以生产性服务业为主的知识密集型产业正成为新一轮经济全球化的焦点和重点，科技创新越来越成为国际发展的战略重点，但它们对制度更加敏感和依赖，制度型开放已成为新时代提升我国国际竞争力的必选项。制度型开放最早是在2018年中央经济工作会议上提出来的，之后在党的十九届四中全会、2020年浦东开发开放30周年庆祝大会、2019年国家政府工作报告、2021年全国两会和《中华人民共和国国民经济和社会发展第十四个五年规划和2035年远景目标纲要》等重要文件上多次重申。此次，党的二十大报告强调要“推进高水平对外开放，稳步扩大规则、规制、管理、标准等制度型开放，加快建设贸易强国，推动共建‘一带一路’高质量发展，维护多元稳定的国际经济格局和经贸关系”①。制度型开放是一种更深层次的开放，其本质就是通过打破国内大循环体系内部以及和国际循环体系之间各种不合理的、人为设置的制度性壁垒，有效推动境内外的创新要素进行自由灵活的资源优化配置，引导国内大循环向更高层次跃升，通过国内国际更高层次、更高水平的循环联动，最终形成“大国技术+合作生产+世界性市场”的新一轮对外开放新格局。因此，推动新一轮高水平对外开放的首要问题就是构建适应双循环新发展格局的更高水平开放的制度环境（东艳，2021）。

① 习近平．高举中国特色社会主义伟大旗帜　为全面建设社会主义现代化国家而团结奋斗——在中国共产党第二十次全国代表大会上的报告［EB/OL］．(2022-10-25)［2023-08-15］．http：//www.gov.cn/xinwen/2022-10/25/content_5721685.htm.

2.2 我国改革开放脉络与双循环实践

理论上看，一个封闭系统的熵会不断增加，但若能够与外界进行能量交换，则熵减过程完全可以实现。中华人民共和国成立之后到1978年，我国基本处于一个熵总体不断增加的过程，国家整体落后，但与此同时，“亚洲四小龙”已经实现经济起飞。针对这种现象，邓小平鲜明地提出了“社会主义要表现出它的优越性，哪能像现在这样，搞了20多年还那么穷，那要社会主义干什么?”改革开放后，我国开始有步骤地与外界实施能量交换，熵开始不断降低，历经了改革开放下的要素流动型开放、WTO规则引领下的要素流动型开放和新时代制度型开放开启三个历程，总共四个阶段的演化（如图2-2所示）。

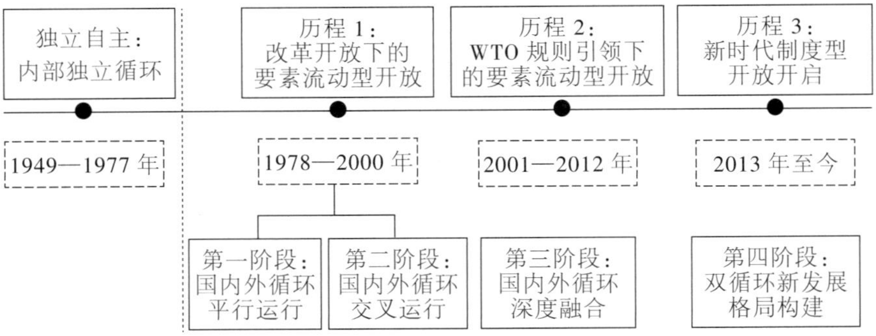

图2-2 我国国内外循环历程

2.2.1 历程1：改革开放下的要素流动型开放

国内外循环的第一阶段，即1978至1991年以试点为特征的探索性开放。党的十一届三中全会后我国开始实行“对内改革、对外开放”的战略决策，提出了社会主义也可以搞市场经济和“一个中心、两个基本点”基本路线，家庭联产承包责任制逐步在全国推开，允许非公有制经济发展和积极引进外资。1980年我国批准在深圳、珠海、汕头、厦门设立经济特区，1984年开放天津、上海、大连等14个沿海城市，1985年将长三角、珠三角、闽南厦漳泉三角地区划为沿海经济开放区，1988

年进一步将沿海40个市、县划入开放区。与此同时，在部分经济特区和开放城市还建立了一批免征关税的保税区。1990年浦东新区开始实行经济技术开发区和某些特区政策，出台开发开放9项政策。这一阶段我国牢牢抓住了“亚洲四小龙”劳动密集型产业向外转移的机会，利用生产要素低成本优势和开放平台大力发展出口加工业，开始了参与国际分工的第一步。不过，为了防止外部市场对国内经济的冲击，这一阶段我国主要是通过劳动力等廉价要素参与国际分工，生产的产品供应国外市场，国内和国际两种循环相互独立运行，即在一种循环中生产出来的商品和服务不能被用来供应另一种循环（刘遵义，2020），两个循环之间不存在交集，国内循环占据着主导地位。

国内外循环的第二阶段，即1992至2000年以政策引导为特征的要素流动型开放。以邓小平南方谈话为标志，党的十四大作出了建立社会主义市场经济体制的决定，党的十四届三中全会进一步明确使市场在国家宏观调控下对资源配置起基础性作用。通过市场机制这只“看不见的手”有效解决了信息不对称问题和激励问题，并配合财政分权改革下官员晋升的“锦标赛”激励和国企改革，非公有制经济迅猛发展，国内大循环效能逐步提升。我国在各个区域大力设立国家级经济技术开发区、国家级高新技术产业开发区、国家级出口加工区、国家级保税区、国家级边境经济合作区和开放口岸，基本上形成了由南到北、由东到西的全区域、层层推进式的对外开放态势。这一阶段，我国充分利用要素逐步市场化带来的契机，紧紧抓住发达国家高新技术产业中劳动密集型环节向外转移的机遇，通过嵌入欧美发达国家主导的国际分工体系大力发展出口导向型的资本密集型制造业和高新技术产业。香港、澳门回归使内地与港澳地区的经济联系更加密切，大陆与台湾地区的经济贸易往来也日益增多。与此同时，我国陆续加入《联合国国际货物销售合同公约》《承认及执行外国仲裁裁决公约》《保护工业产权巴黎公约》《解决国家与他国国民间投资争端公约》等一大批国际公约和条约，并不断与大量国家签订双边投资协议和贸易协定。这一阶段，国内国际两种循环开始产生交集，循环质量开始提高，重叠范围开始扩大，不仅跨国公司可以在中国境内购买生产投入品并销售产品，国内生产者也可以使用进口投入品，并将产品卖向国内外，还通过“走出去”融入国际经济循环。

2.2.2 历程2：WTO规则引领下的要素流动型开放

国内外循环的第三阶段，即WTO规则引领下的要素流动型开放。2001年我国加入WTO，各级政府开始遵守国际经贸规则，同时也标志着我国开放模式发生了重大转变，即将“全方位、多层次、宽领域”的对外开放格局作为开放的主要手段，进行WTO框架下的规则型学习和WTO成员之间的相互开放，商品和要素流动的范围和层次迅速扩大。这一阶段，我国全面履行加入WTO时的承诺，在对外贸易层面上，自2002年起，我国逐年大幅降低关税，2004年《中华人民共和国对外贸易法》的修订促进了统一、规范、透明的对外贸易制度体系的形成。2005年全部取消了进口许可证、进口配额和特定招标等非关税措施，2007年服务贸易实行对外开放。在“引进来”层面上，《外商投资项目核准暂行管理办法》开始对外商投资项目审批采用核准制。2008年《中华人民共和国企业所得税法》统一内、外资企业所得税税率。2010年《国务院关于进一步做好利用外资工作的若干意见》从优化利用外资结构等5个层面提出了20条措施。在“走出去”层面上，2007年出台《关于做好我国企业境外投资税收服务与管理工作的意见》，2010年出台《中小企业国际市场开拓资金管理办法》和《鼓励和支持服务外包企业海外并购的若干意见》，2012年出台《关于印发鼓励和引导民营企业积极开展境外投资的实施意见的通知》。

总体来看，这一阶段我国从政策型开放进入到市场型开放、规则“引进来”新阶段，从被动接受国际经贸规则向主动对接和参与国际经贸规则转变。受益于贸易和投资自由化的WTO规则所提供的保障制度，这一阶段国内国际双循环进一步融合。需要注意的是，2008年国际金融危机开始扭转我国过去一直坚持的出口导向型经济发展模式。一方面，人民币升值尤其是国内工资上涨提高了中国迅速壮大的中等收入群体的购买力，带来了对进口消费品和含有进口零部件产品的巨大需求（刘遵义，2020），再加上商品在出口市场的逐渐饱和，我国政府开始认识到扩大内需的重要性，对内启动了扩大内需战略，以期利用广阔的内部市场在一定程度上替代外需，驱动中国经济持续稳定增长和产业转型（孙军等，2018），国内大循环的重要性开始凸显。另一方面，国际金融危机也让我们认识到了过去全球经济治理规则体系中存在的一系列问题，我国开始逐步探索和思考进入到制度型开放这一新阶段。

2.2.3 历程3：新时代制度型开放开启

国内外循环的第四阶段，即以上海自贸试验区为起点的新时代开放型经济开始。党的十八大以来，一个全面开放新格局正在快速高效地形成。2013年从上海自由贸易试验区开始，自贸试验区目前已发展到22个，《海南自由贸易港建设总体方案》于2020年正式颁布，这些对外开放新平台成为我国制度创新的“试验田”。它们对标高标准国际经贸规则，以可复制、可推广为基本要求，从市场准入、公平竞争、事中事后监管、通关便利化和法治营商环境等层面发挥先行先试、示范引领、服务全国的作用。2013年我国提出的“一带一路”倡议则是另一重大事件，该倡议以“五通”为主要内容，以点带面，从线到片，逐步形成“以我为主”的贯穿欧亚非三大洲的经贸大合作格局。《中共中央关于党的百年奋斗重大成就和历史经验的决议》指出，要使共建“一带一路”成为当今世界深受欢迎的国际公共产品和国际合作平台。应该说，自贸试验区战略和“一带一路”倡议共同开启了我国新时代制度型开放的大门。

在具体事项上，2014年《外商投资项目核准和备案管理办法》对外商投资的管理制度由全面核准进一步调整为有限核准和普遍备案相结合的方式，2017年对外商投资全面实行准入前国民待遇加负面清单管理模式。2019年出台《中华人民共和国外商投资法》及其实施条例，从法律层面确立了外商投资准入、促进、保护、管理等方面的基本制度框架和规则。2019年《优化营商环境条例》（自2020年1月1日起实施）确立以竞争中性为导向的原则。2020年颁布的《外商投资信息报告办法》以信息报告等制度取代了审批与备案管理制。2020年《关于进一步推进服务业改革开放发展的指导意见》从放宽服务业准入限制、构建监管体系、深化重点领域改革、健全风险防控机制、完善相关法律法规等方面出台了具体指导意见。《企业境外投资管理办法》(国家发展改革委令第11号)在“放管服”3个方面推出8项改革举措,旨在加强境外投资宏观指导、优化境外投资综合服务和完善境外投资全程监管,目前正积极推进《境外投资条例》立法工作。2018年出台的《关于扩大进口促进对外贸易平衡发展的意见》和之后的《鼓励进口服务目录》助力完善外商投资相关管理体制、优化境内投资环境、降低进口环节制度性成本和加强外贸诚信体系建设和知识产权保护等。这一阶段,我国利用“一带一路”和自贸试验区等平台和载体坚持制度型开放的系统性推进,以出口与进口并重、“引进来”与“走出去”并举,通过负面清单管理模式、拓宽以服务业为主的开放领域、提升营商制度环境和重视对接国际通行规则等举措,逐步破除制约国内提质增效发展的体制机制障碍,国内国际双循环相互促进,质量日益提升。

总体来看,我国过去40多年的改革开放是从探索性开放开始的,接受规则型开放使开放达到了一个阶段性顶峰,新时代面对新挑战和新任务,我国开始实行制度型开放。具体来看,我国对外开放基本分为三个历程:一是融入全球经贸的格局中成为跟跑者;二是逐渐融入WTO,从跟跑者变为并跑者;三是在深度学习的过程中逐步成为在制定和管理规则、制度、标准等方面的引领者,深入融合并重新塑造国际经济的体系。与此同时,双循环经历了“国内外循环平行运行→国内外循环交叉运行→国内外循环深度融合→双循环新发展格局构建”四个阶段,新时代制度型开放格局正有序铺开。

2.3 从要素流动型开放转向制度型开放的战略选择

WTO下稳定的国际规则和经济秩序,是支撑我国过去要素流动型开放发展的基础和内在理论逻辑,但是在取得现有成绩的同时,也带来了我国产能、技术和市场过度依赖发达国家,制约了国内技术进步,并导致了区域经济失衡和开放的边际动能减弱等一系列问题。完成新旧双循环轨道的切换,逐步形成以国内大循环为主体,国内国际双循环相互促进的新发展格局是应对当前经济环境变化的战略主动性选择,制度型开放则是其中的关键所在。

2.3.1 要素流动型开放的弊端

（1）过度依赖外循环制约技术进步

大量研究证实，发展中国家在参与全球价值链过程中存在着“被俘获”的可能（Schmitz，2004；Messner，2004），再加上美国政府近些年追求的“在岸外包”（onshore outsourcing）、“近岸外包”（nearshore outsourcing）和“友岸外包”（friend-shoring）等策略以及WTO规则被“束之高阁”，过去的全球产业链分工模式正在进行大规模解构、脱钩和重组，过去的嵌入式技术获取模式难以维系。更为严峻的是，美欧等国家和地区越来越多地使用出口管制、撤资令、拒绝许可、签证禁令、制裁甚至关税等技术限制措施。例如，2022年2月4日美国众议院通过《2022年美国竞争法案》（America Competes Act of 2022），旨在通过大规模本土投资增加在美国本土进行半导体生产的规模，解决半导体生产的对外依赖性和供应链脆弱性等问题，不断强化美国的科学研究和技术领导地位，加强美国国内外的经济安全和国家安全。2022年2月8日欧盟委员会公布《欧洲芯片法案》（European Chips Act），旨在强化欧盟半导体生态系统，增强半导体供应韧性和减少外部依赖性。美欧在半导体和芯片等方面的上述战略举措必然会通过全球产业链网络对包括我国在内的全球各经济体产生深远影响，依托外循环的技术升级能力受困，这反向要求我们必须通过国内大循环获取技术进步。

（2）外循环脱钩内循环导致区域经济失衡

基于邓小平“两个大局”的战略构想，我国沿海地区依靠区位和政策优势深度融入国际经贸体系，逐步成长为世界“制造工厂”。由于中西部地区天然的开放劣势，经济差距不可避免地被拉大。中央陆续做出西部大开发、中部崛起和东北振兴等战略部署，虽然区域经济发展差距有所缩小，但发展不平衡不充分等问题依旧存在，当前又呈现出经济增长“南快北慢”和经济总量占比“南升北降”的分化格局（盛来运等，2018）。形成上述现象的原因很多，但对外开放模式无疑是造成我国区域间经济发展割裂的关键因素之一。具体来看，一是出口导向型发展模式下沿海地方政府在利用国际贸易规模经济效应的同时，放弃了国内市场的规模效应（陆铭、陈钊，2009），割裂了国内区域间联系。二是加入WTO后，快速增加的GVC垂直化分工协作模式使得国内各区域逐渐嵌入GVC进行国际代工，但沿海区域的嵌入程度显著高于内陆地区（李跟强、潘文卿，2016），导致全球价值链在国内的环节较短，中西部和北方地区只能通过能源、资源的生产间接参与（李善同等，2019）。三是东部沿海地区为了满足出口标准的要求，深度嵌入全球经济循环链条，使得东北等地大量上游装备制造业被国外替代，弱化了东部沿海地区与东北地区经济循环的联系，造成了东北工业脱钩（刘志彪，2019）。东北地区工业衰退与沿海地区率先嵌入GVC打断了它们之间的循环联系是有最直接关系的（刘志彪、全文涛，2021）。

（3）外循环倒逼内循环改革的边际效应弱化

我国1978年的改革开放一开始就是改革与开放的有机统一，改革是由问题倒逼而产生的，而开放是解决问题的手段，两者相互伴生，互相深化，缺一不可。尤其是加入WTO以来，我们一直用对外开放来倒逼对内改革的办法，倒逼机制具有明显的主动性（李友梅，2018）。例如，改革开放初期在我国整体营商环境无法匹配开放的情况下，通过经济特区、经济开放区和沿海城市开放等对局部环境进行优化，同时把这种模式和做法从局部向整体进行延伸和辐射。又如，为了适应WTO规则，逐步放宽对企业和个人的经济管制，给予市场主体更多的自由选择权、行业进入权和公平竞争权，政府的管理体制也不断接近国际惯例。再如，随着社会主义市场经济的深入推进，人们的思想文化观念日益多元化、多样化，面对这些新形势、新挑战，我国在主体指导思想中不断融入开放的元素和理念。但我们也应该看到，通过对外开放促进国内开放的边际效应正快速递减。其中的原因，一是改革进入深水区时，仅靠外部冲击已无法化解内部问题。例如，全国统一大市场建设并非靠对外开放就能自动形成。二是依托“边境开放”的发展模式对高端和创新性生产要素的虹吸和集聚能力不够，对创新能力形成的支持不足。三是国际经贸规则正朝着高标准化方向演化，并且很多新区域协定具有很强的排外性，这使得过去的开放模式已无法从中获益。

2.3.2 制度型开放的时代意义

（1）什么是制度型开放

制度型开放是规则等制度的“进出口”（戴翔、张二震，2019），主要包括规则、规制、管理、标准等层面的开放。具体来看，所谓规则是指国家之间进行经贸行为时应当遵守的规章制度。对某一国家来说，有些规则可能是被动接受的，有些可能是参与制定的，也有些可能是主导制定的。规制是指政府对国内相关经济活动的制约行为，包括政府对相关主体授予特许经营权、许可证和价格控制等。从开放层面看，各国规制模式尽管可以有所不同，但在参与一些国际区域协定时要具备一定的一致性或受认可性。所谓管理是指政府通过实施计划、组织、领导、协调、控制等职能来协调经济活动，这里主要是指贸易管理、金融管理、投资管理等的国际化。所谓标准是以科学技术和实践经验的结合成果为基础，作为国际经贸各方共同遵守的准则和依据，主要包括贸易型标准、生产型标准、行业强制性标准、劳动标准、技术法规等。大体上看，规则决定规制方式，规制方式影响管理模式，进而延伸到标准制定能力，即“规则—规制—管理—标准”体系四者之间具有相辅相成的内在联系，这也是制度型开放的要义所在。

由于制度型开放会牵涉到国有企业、竞争中性、知识产权保护、政府采购、补贴、劳工标准、环境保护、技术性贸易壁垒、监管一致性和透明度等多个方面，因此是实现“边境外”和“边境内”规则协调的重要实现途径，是一类深度的和双向的开放，是深层次的制度变革与制度创新。

（2）双循环新发展格局构建需要制度型开放支撑

构建以国内大循环为主体的双循环新发展格局的关键无疑是国内的科技创新能力提升和区域经济协调发展，但这背后需要制度型开放这一“关键环”的有效支撑。以科技创新为例，过去我国实施的要素流动型开放主要是依靠低成本要素优势以及优惠政策形成的“成本洼地”效应，但这远远不足以支撑科技创新的需要。原因在于，创新和服务要素对于制度环境更加敏感，对开放程度的要求相对更高。如果说贸易和投资壁垒的降低能够极大地促进一般生产性要素的跨国界流动的话，那么高端创新和服务要素则还需要更高标准的规则体系加以支撑、制度创新加以保障。再如，如果没有与新一轮全方位的对外开放相匹配的有效制度支撑，则国内大市场就不能够有效建立，国内大循环就不会自动形成，高水平的国际循环就很难构建，区域协调发展也就无从谈起。由此可见，哪一个国家的制度环境更为优越、保障更为完善，对创新要素的虹吸能力和集聚效应就更强，对市场一体化的推进作用就更强，就更能在新一轮的全球化中占据主导地位。

为了抓住新一轮全球化的契机和实施双循环新发展格局，我国已围绕制度型开放这一关键变量做了大量的工作。“一带一路”倡议以人类命运共同体先进理念引领，以“共商、共建、共享”基本原则为遵循，有助于推动中国朝着具有“境内开放”的规则主导型制度型开放转变。2020年11月我国正式签署《区域全面经济伙伴关系协定》（RCEP），2021年9月正式提出申请加入《全面与进步跨太平洋伙伴关系协定》（CPTPP），2021年11月1日申请加入《数字经济伙伴关系协定》（DEPA），也正是我国在为对接更高标准的制度型开放所做出的努力。不过，现实中我们也注意到，大多数规则的制定权和控制权仍掌握在美日欧等发达国家和地区手中，我国产品和服务标准体系被国际相关部门认可并转化为国际标准的很少，我国远不能像发达国家一样充分利用本国规则和标准，保护本国贸易及有效监督进口产品质量。共建“一带一路”国家间无论是在贸易领域还是投资领域，都未形成系统性的规则体系，风险和矛盾持续加大（吕越等，2022）。国内制度方面，2022年国务院发布的《关于加快建设全国统一大市场的意见》从建立全国统一的市场制度规则、建设高标准市场体系等视角提出了“边境内”制度型开放的相关指导意见。全国范围内已经设立的22个自由贸易试验区和正在着力建设的海南自由贸易港，本质上担负的正是制度型开放“试验场”的使命，进而形成可复制、可推广的制度经验和安排。然而，国内部分领域开放限制仍然较多，法律效力不强，政策文件衔接性不足，知识产权、数字贸易等国内规制与国际差异明显。“行政区经济”仍然存在，具有明显市场壁垒和地方保护特征的现象盛行，对外开放程度与对内开放程度不对称，自贸试验区的制度开放深度和辐射能力仍然有很多亟待提升之处。

2.4 制度型开放助推双循环的主要方式

2.4.1 制度的自我开放有助于国内大循环构建

从我国当前情况来看，人口红利下降，劳动力、土地等要素成本不断上升，环境约束增强，相对于其他后发国家和地区来讲，在低成本方面我国已经没有任何优势。过去技术进步的依赖性使得我国在一定程度上失去了危机意识和技术独立创新能力，面对发展中国家竞争时欠缺技术和差异化等方面的“护城河”，这致使我国在国际产业分工中面临“前有堵截、后有追兵”的境地。

在双循环新发展格局中，国内大循环是根基和主体所在，是解决我国经济发展的主要矛盾和拓展外部发展空间的主要方面。国内大循环的本质主要可归结为以下两点：从需求侧来看，强大的国内市场是推动技术创新的重要所在，60%～80%的重要创新都是受需求拉动而产生与扩张的（Utterback，1999）；从供给侧来看，就是要在全国范围内打通生产、分配、流通、消费各环节，畅通国内大循环，而创新驱动是其核心动力和根本任务。最终通过形成需求牵引供给、供给创造需求的动态平衡模式提升科技创新能力和区域协调发展能力。但国内市场分割的现有态势会导致我们在新发展阶段不仅无法提供足够的经济增长动力，也无法以此连接国际市场，无法以此集聚全球创新资源，从而使双循环发展引擎切换遇阻，解决这一问题的关键在于全国统一大市场的建设。《关于加快建设全国统一大市场的意见》着眼于制度建设，从产权保护、市场准入、公平竞争、社会信用等四个方面提出了统一要求，强化市场基础制度规则统一，助推国内大循环有效形成。例如，对物权、债权、股权、知识产权及其他各种无形财产权等进行平等、全面和依法保护，就有利于稳定社会预期，发挥各类经济主体在市场经济中的积极性和创造性，打开民众财富上升的通道，有利于推动“大众创业、万众创新”和创新型国家建设；严格落实市场准入制度的“全国一张清单”管理模式，就有利于打破地区封锁和行业行政性垄断，扩大市场参与度，增大市场主体量，通过充分的市场竞争优胜劣汰，培育出更多具有活力的市场主体，进一步激发创造力；对各类市场主体一律平等对待的竞争中性原则，能够使各类市场主体享受到“国民待遇”，不仅有利于市场主体在市场活动中进行更为激烈的公平竞争，还能反向倒逼国有企业加快混合改革进程，发挥产业链中的“链主”作用，提高产业国际竞争力；信用是市场经济高效发展的通行证，全国统一的社会信用制度有助于打通国内生产、分配、流通、消费各环节，解决核心企业信用传导问题和区域间协同问题，完善消费链、产业链和创新链融资体系，畅通国内大循环。

2.4.2 制度的对外开放有助于双循环有效联动

当前，一些发达国家利用《跨太平洋伙伴关系协定》（TPP）、《跨大西洋贸易与投资伙伴协定》（TTIP）等建立一些全新的区域一体化规则，美欧日之间已经就“三零”贸易开展谈判，欧日之间已经达成共识，它们在构建和引领新一轮全球经贸规则的同时，将以我国为首的大量发展中国家排除在外。此外，研究发现，USMCA和欧盟的区域主义是全球化的“绊脚石”，更多是替代作用且具有防御性（孙瑾、雷达，2022）。应该说，在规则体系方面与美欧的冲突和不协调是导致国内大循环和国际循环之间存在“断点”的重要原因，是推动中华民族伟大复兴过程中遇到的最大的难点问题。因此，如何与美国等西方世界在斗争与磨合中再次最大限度地实现开放政策衔接，是双循环能够有效联动、顺利推进的关键所在。

基于此认识，在双方具有最大公约数和对我国具有强烈正外溢效应的相关领域进行开放，是我国接下来制度型开放的重点所在。具体来看，一是在贸易和投资领域以及生产中的管理和标准等方面进行对接与协调，有助于最大限度地促进与世界经济安全有序的融合。以自贸试验区为例，“境内关外”的定位使自贸试验区制度具有国内公共物品和国际公共物品的双重属性，其本质是国际规则中国化的“试验场”。事中事后监管模式、完善外资准入和负面清单管理制度、贸易监管举措、构建数据流通和产权保护制度以及扩大服务业开放等一系列制度创新使外部区域适用该制度时不但不会造成“拥挤成本”，反而可以形成规模效应，进而强化国内市场参与者对制度创新的路径依赖。二是“一带一路”倡议下的双边和多边机制能够有效提升国际机制的开放性和灵活性，有助于完善全球治理结构，提供跨区域、区域或次区域公共产品，弥补美日欧经济体由于实力衰落无法全面提供基础设施等公共产品方面的不足，形成一套相对稳定的制度和行为规范；有助于我国内部构建规则、规制、标准和管理协同的统一大市场，推动企业更好地沿“一带一路”参与双循环新发展格局的建设。三是加入RCEP有助于各国借助贸易投资自由化、便利化以及区域累积的原产地规则加入、融入区域一体化进程，促进亚太地区经贸规则和制度协调，深化域内产业链和价值链打造，推进区域经济一体化高水平发展，同时也有助于推动国内制度与国际制度间的互相渗透与协同，塑造有利于各方自身利益的区域经济合作新秩序、新规则和新环境。

2.4.3 制度的自我建构有助于主导型国际循环建设

金德尔伯格（1986）指出，国际公共产品缺失是20世纪30年代世界经济大萧条的根本原因。由此，学术界将“金德尔伯格陷阱”界定为在全球权力转移过程中国际公共产品的供给缺失问题。近年来，个别大国推行的单边主义和保护主义政策严重冲击了过去全球治理体系的多边制度支柱。例如，美国主导下的全球经济治理体系已经出现国际公共产品“治理赤字”问题，这一方面体现为“301调查”和“长臂管辖”等对WTO规则的违背和践踏，另一方面体现为以政治“小圈子”代替WTO，把贸易纠纷政治化，不断冲击以WTO规则为基础的国际规则体系。当前，我国已经成为世界第二大经济体，凭借成功的发展经验和日益上升的国际影响力，进一步提高国内制度体系先进性，并形成有效的制度向外供给渠道，完全有能力也有可能在某些领域逐渐引领未来的全球经济治理体系改革，塑造辐射和造福于全球更多国家和地区的全球经济治理新体系。

为了避免与欧美等发达国家的直接正面冲突，我们可以在一些新兴领域，例如数字经济和高新技术等全球经济治理体系仍没有覆盖但我国具有明显优势的领域，加快规则制定。以数字经济为例，随着数字经济的快速兴起，它对传统产业的加速渗透能力和对传统贸易方式的快速迭代能力加速推进，但目前尚未形成一套为各国所普遍接受的制度安排体系，我国理应运用在跨境电商领域的强大优势加快推进“以我为主”的贸易规则和标准体系制定。再如，《国家标准化发展纲要》指出要研究制定智能船舶、高铁、新能源汽车、智能网联汽车和机器人等领域关键技术标准。以新能源汽车为例，我国利用庞大的内需空间和研发的快速迭代能力，已在多个领域建立起百余项标准体系。我国与欧盟和日本共同牵头制定的电动汽车安全全球技术法规是我国首次以主要牵头国身份参与全球技术法规研究制定的，这实现了在新能源汽车标准体系方面与发达国家并跑，甚至局部领跑的态势[①]。我国完全可以利用自身的标准体系继续加强在新能源汽车相关领域的技术研究和测试验证工作，推动“以我为主”的标准体系“走出去”，并逐步实现产业合作由生产制造环节向技术研发、市场营销等全链条延伸。

2.5 制度型开放的推进策略

从制度经济学角度而言，交易成本越低，市场交易越充分，经济运行效率就越高，区域间相互促进、联动发展的格局就越容易形成，这背后的基础无疑是被大家普遍认可的制度性体系。具体到我国，一方面要通过引进国际规则、规制、标准和管理等先进制度，增强中国特色社会主义市场经济体制与国际大市场之间的耦合性和兼容性，实现国际制度国内化；另一方面，也要以国内统一大市场下的制度创新推动国际规则重塑和变迁，实现国内规则国际化、国内国际协同化和国内制度统一化，为国内国际双循环新发展格局探索出更精准的适配推进机制，最终形成“大国技术+合作生产+世界性市场”的新一轮对外开放新格局。

① 新华社．我国等牵头制定的电动汽车安全全球技术法规获表决通过［EB/OL］．（2018-03-21）［2023-08-15］．http：//www.gov.cn/xinwen/2018-03/21/content_5276187.htm.

2.5.1 国际制度国内化

制度型开放是整合与利用全球高端生产要素能力的根本要求，但后者受制度环境和制度质量影响极大，对交易成本极为敏感，这就需要我们突破传统思维和认识限制，对标和对表国外最高制度规范，推进国家治理体系和治理能力的现代化，为高质量开放赋能。具体来看，对一些有益于国内制度规范化和与国际接轨的制度，我们应该努力汲取，推动国际规则国内化。例如，在以国内大循环为主体的双循环新发展格局下，应该允许长三角、粤港澳大湾区和京津冀等地区进行与全球市场规则接轨的改革，强化城市群一体化制度建设，高水平保持国内外双循环的动态正反馈状态，以此向外界展示我国进行规则、规制、管理、标准等制度型开放的决心。再如，CPTPP被认为是当今世界最高标准的自由贸易协定，议题涵盖货物贸易、服务贸易、跨境投资、规则、合作与便利化、一般法律条款等方面，在贸易规则上体现了高度自由化和便利化，在投资管理上体现了平等化和透明化，在国内规制上体现了高度市场化、法治化和国际化，在开放标准上体现了对发展中经济体的包容性和多边开放原则。与我国深化国内改革方向、对外开放的核心利益和全力维护的多边贸易体制等方面方向一致，总体利益相符。而且更为重要的是，CPTPP与国内制度并不完全冲突。例如，CPTPP并没有要求国企私有化，但对国有经济成分企业制定了严格的纪律，以限制其溢出效应（全毅，2022）。对标CPTPP，有助于更好地发挥市场作用，例如平衡好国企地位与竞争中性和充分竞争之间的关系，激励企业技术创新和经济低碳绿色化发展，以及针对CPTPP知识产权条款与中国相关条款的差距寻求对标CPTPP方案等。另外，有助于巩固亚太“朋友圈”和“一带一路”建设的稳步推进。在中日韩三方共同参与的《区域全面经济伙伴关系协定》（RCEP）已取得共识的基础上，加快更高标准开放体系构建，有效推动中日韩自贸区落地，打造“RCEP+”的区域自贸协定。

需要注意的是，目前大量的国际制度安排是建立在发达国家自身需求基础之上的，其经济利益远远超越领土边界，他们经常在国际经贸关系中过度嵌入价值观、意识形态因素，强化对别国发展的限制，背离非歧视原则，公然在内部市场上为中资企业“量身定做”歧视性规定等。例如，美国对华政策由“接触”调整为“规锁”，“规锁”的核心是全面规范中国行为，锁定中国经济的增长空间和水平（张宇燕、冯维江，2018）。因此，国际规则的国内化需要我国根据现实制度型开放的需要，有识别、有步骤、有原则和分阶段性实施，全部接受内化为国内规则，或者一概拒绝，均是不明智的，均不符合现实情况。

2.5.2 国内制度国际化

国家制定规则的能力主要在于是否能够通过提供交易成本和利益刺激来吸引追随者（Morrow，1994）。随着中国经济实力和全球影响力的快速提升，我国与发达经济体的关系从互补合作为主转变为互补与竞争合作并存。因此，对于现阶段的中国而言，国内规则的国际化比国际规则的国内化更具有战略意义。原因在于，如果一个国家已经在某一特定优势议题建立起了比较完善的规则体系，那么该规则体系的国际化所面临的国内成本也将更低（陈琪等，2016）。例如，TPP中的“竞争中立”原则来源于澳大利亚的国内规则，那么该项国内规则的国际化就越容易实现，且国际化过程对国内经济的正向外溢性也将更为广泛。以中美数字经济的各自优势为例，美国利用其数字服务贸易方面的优势着力推动实现跨境数据自由流动、数据存储设备以及数字技术非强制本地化和保证网络自由接入（徐金海、周蓉蓉，2019），而我国的比较优势在于跨境电子商务，可以全力依托国内超大规模互联网平台电商优势，将电子商务和进出口贸易数据互联作为推进的主要抓手，建立数据存储、处理、产权、交易流通、安全和有效监管等基础制度和标准规范，并结合跨境电子商务等交易特点，学习美欧等发达经济体在数字贸易领域的开放基本遵循国内规则与制度直接向区域和多边层面延伸的路径（刘斌、崔楠晨，2022），紧扣“一带一路”等国家建设和双边多边协议，着力推动实现跨境货物贸易便利化等相关规则的制定，构建跨境电子商务标准框架。在这个过程中，我们还应该与生产端相结合，促进企业“走出去”的同时，推动数字产品有效嵌入生产过程，加大对核心技术的研发，以此为基础推动构建符合我国数字贸易发展规律的规则体系。

从制度交易成本角度看，对于我国这种正在崛起的发展中大国而言，推动国内规则的双边化成本最低，在自身具有强大优势的领域内合作成本最低（例如数字贸易、高铁、新能源汽车等），理应成为我国制度国际化最主要的选择和突破路径。多边主义是规则正当性的一个重要基础，利用多边渠道，可以保证国内规则影响力涉及尽可能多的国家，但多边渠道的谈判成本一般随着成员数量的上升急剧放大，协调难度大，达成一致的难度高。特别是对于具有经济优势的国家而言，通过与众多关键国家签订双边贸易协定，可以有效地外溢自身的价值理念和治理规则。在从双边向多边延伸的过程中，可以通过提供选择性激励措施，将规则先行扩散到“一带一路”、RCEP以及签署双边协定等愿意接受的国家，通过影响力和效果展示不断降低多边主义的构建成本，提升多边规则制定的成功率。这种从双边到多边逐步扩大规则接受和影响力的国内制度国际化模式，既有助于降低交易成本，也有助于降低我国将优势转化为国际规则的成本和阻力。

2.5.3 国内外制度协同化

制度型开放强调的是一个更深层次的开放，理应在我国内部对接并引领高标准国际经贸规则，构建公平普惠、规范透明的“境内开放”制度体系，在外部推动中国规则、标准和管理走向世界，实现国内外制度协同化推进。自由贸易试验区是我国主动适应国际经贸规则变迁，瞄准国内经济发展面临的深层次矛盾，以制度开放创新为核心，探索建立高标准开放型经济体制的重要试验场①。由此，面对新一轮国际经贸制度变迁，就必须利用好自贸试验区、自由贸易港等此类协同国内外制度的重要“桥梁”。

具体来看，一是推动自贸试验区在战略定位、片区分布和改革试点任务等方面各具特色、协同发展，自由贸易试验区之间以制度创新共建共享共赢为核心，以区域协同联动创新发展为重点，以产业合作互利共赢为目的，通过协同改革、协同创新、协同开放、协同发展，建立自贸

① 肖汉平．以自贸区制度创新引领高水平对外开放［EB/OL］．（2020-12-25）［2023-09-04］．https：//m.gmw.cn/baijia/2020-12/25/34494395.html.

试验区之间改革创新协同发展推进机制和保障体系，在更广阔的区域内形成更具竞争力、影响力的产业链和供应链，激发更大创新动能。二是把自贸试验区建设与落实城市群战略、产业集群战略、“一带一路”建设和RCEP等战略相贯通，在对标国际社会自由贸易协定相关条款、全面推行自由准入的体制和机制改革等方面协同创新，促进产业、行业、企业、项目对接，形成优势互补、各具特色、共建共享的协同发展格局。三是推动国内自贸试验区主动与国际自由贸易区域接轨，真正做到“境内关外”，即实现高标准的“三零”贸易区，补齐全面开放新格局的制度短板，把自贸试验区先行先试、自主实践的创新成果复制推广到更大的空间，为全国范围内建立公开、开放、透明的市场规则奠定良好的基础。四是依托自贸试验区主动且深度对接CPTPP、DEPA等高标准国际经贸规则，加大推进服务贸易等领域规则、规制、管理、标准对接的压力测试等。通过压力测试尽快积累风险防控经验、提高风险防控能力，并复制推广，加快形成与国际高标准规则相衔接的制度体系和监管模式。五是持续缩小外资准入负面清单条目，尽快出台全国版服务贸易负面清单，协调好《中华人民共和国外商投资法》等最新涉外法规政策与《中华人民共和国公司法》等专项法律以及与各级各类国内法、国际投资协定之间的关系，扩大金融服务、知识产权保护、数字经济、绿色低碳等领域制度型开放。六是建立自贸试验区联动发展区，复制推广自贸试验区改革创新经验作为联动发展区建设的首要任务，根据各地区实际情况形成差异化的复制推广清单，构建好联动发展区与自贸试验区之间的联动渠道，更好地分享自贸试验区改革红利，联动试验、协同创新、资源共享，让自贸试验区的创新成果推广到更大的空间，推动区域协调发展，加快国内高质量大循环构建。

2.5.4 国内制度一体化

在“客场”经济全球化模式下，我国经济发展的“市场+技术”是以美欧日为主的发达国家市场，能源等主要依赖中东和俄罗斯等的石油供给，形成了“中东能源—中国生产—美欧消费”的全球经济大循环特征，决定了我国的出口导向型全球化模式和政策体系，这也导致了小国贸易条件下的对外贸易偏好（刘志彪、孔令池，2021）。国内市场是分割的、无序的、封闭的，这导致目前我国地区的超额需求仍然是建立在国外循环基础之上（孙军等，2021）。以国内大循环为主体、国内国际双循环相互促进的新发展格局下，经济发展的锚将切换为本土市场，经济政策的重点要切换为内需主导型，并利用巨大市场规模的虹吸效应驱动全球创新要素为我所用，并在核心领域实施新型举国体制加快科技创新。

其中的关键，一是通过“有为政府+有效市场”模式，依托城市群、都市圈试点加快推动《关于加快建设全国统一大市场的意见》落地实施，并将成熟的制度创新成果向全国范围内外溢辐射。二是按照产权中性、竞争中性和规制中性原则，做实国务院反垄断委员会，破除市场壁垒和地方保护，营造商品自由流动、平等交换的市场环境，完善市场监管体制，改革税制体系，削弱地方政府实行地方保护的动机，增强地方政府维护国内市场统一的激励效果，进一步加强知识产权保护，加快创新成果迸发，促进全国范围乃至更大范围的公平竞争。三是针对当前全球产业链的地理重组正呈现出区域化集聚态势，过去的中间投入品供应商竞争“链主”订单和技术的全球竞争方式正让位于产业集群之间的竞争以及全球产业链集群之间的竞争这个态势，依托京津冀、长三角、珠三角、长江经济带等战略，横向做大水平产业集群，纵向积极构建垂直整合的产业链集群，强化要素流动型集聚，在城市群内探索经济管理权限与行政区范围适度分离，建立跨行政区利益共享和成本共担机制，打造国际化、法治化、便利化营商制度环境。四是在区域协调发展过程中，主要采取的政策既不应该是简单的资金资助，也不是传统项目的构建，而是要通过竞争中性规则和自由流动规则逐步消除政策“洼地”效应，在政策统一、规则一致、执行协同的基础上进行高标准市场体系建设，根据各个区域的资源禀赋和在循环体系中的战略定位，进行产业链功能性布局，强化产业链的东中西协同和产业链集群之间的协同，重新建立起沿海与内地、南部与北部之间的国内价值链循环关系，提升产业在国内循环和增值的比重，不断增强产业链的自主可控能力。

3 双循环、本地市场效应与经济发展范式转换

3.1 引言

2008年全球金融危机冲击之后，部分发达国家开启所谓的重振制造业计划，促使制造业产业回流，一些产业的全球价值链开始缩短，逐步向区域价值链转变。近年来，受逆全球化、贸易保护主义抬头、新冠肺炎疫情和俄乌冲突等多重因素叠加影响，全球产业链供应链安全稳定运行受到重大冲击，全球产业链配置的原则逐步由“效率优先”（efficiency-oriented）向“安全优先”（security-oriented）转变，全球产业链供应链逐渐向某区域内或一国及周边地区收缩和集聚，呈现区域化、本土化趋势发展，产业链重构已是大势所趋。从我国层面看，当我国的出口超过美国，成为世界第一大出口国时，就意味着外需不再可能以远高于全球贸易的速度持续增长。从国内经济发展动力看，我国传统要素的成本优势日益削弱，但与此同时国内市场规模不断扩大，且消费

升级加快，有望成为全球第一大市场，国内超大规模市场将是我国经济下一步发展的最大的动态比较优势。党的十九届五中全会明确提出“形成强大国内市场，构建新发展格局”的要求，对构建“以国内大循环为主体、国内国际双循环相互促进的新发展格局”作出战略部署①。显而易见，随着国际政治经济形势的改变、国内要素成本等优势的丧失以及新优势的凸显，我们亟须转变经济发展方式，构建新型经济发展范式。不过，当前地区间相互开放程度和水平的滞后不仅已经影响了我国进一步对外开放的能力和水平，而且也制约了地区间按现代产业链的要求进行分工协作的可能性（刘志彪，2020）。

对于大量发展中国家来讲，他们往往将本国需求放置一旁一味朝着出口导向模式发展，结果限制了本国的进步。新贸易理论、企业异质性贸易理论等也都对国内市场的重要性进行深刻的阐释。这方面的实证研究主要围绕着Krugman提出的本地市场效应展开，大量国内外研究均证实了本地市场效应的存在（Krugman，1980）。具体到我国，虽然也证实了存在着本地市场效应，但目前的研究均是将国内市场作为一个整体进行研究，而忽略了我国市场分割下“碎片化经济”的事实，这在很大程度上低估了强大国内市场的重要性和战略意义。由此可见，我国经济发展范式转换的重点在于，通过对内开放畅通国内大循环，强化国内市场对于经济高质量发展的引领和双循环体系的支撑。基于此，这里将内需分成了本地需求和外地需求，并以Krugman提出的本地市场效应为核心，在范剑勇和谢强强两国两部门研究框架基础上，构建两国三区域两部门研究框架，具体分析本地市场效应对地区间联动、对外贸易的影响及其带来的后果。在上述理论分析的基础上，利用2012年我国地区间投入产出表对其进行实证分析，以期探讨国内国际双循环的事实特征，寻求推动我国经济发展范式转换的应对举措。

① 新华社. 中国共产党第十九届中央委员会第五次全体会议公报［EB/OL］.（2020-10-29）［2023-08-15］. https：//www.gov.cn/xinwen/2020-10/29/content_5555877.htm.

3.2 双循环：基于本地市场效应的分析框架

假设世界经济是一个由母国H和外国F两个国家、现代和传统两个生产部门以及资本和劳动力两种生产要素构成的经济系统，母国H由地区1和地区2组成，外国F只有1个地区，假设它们共拥有K单位资本和L个消费者，资本在地区间可以自由流动，初始资本由其所在地的消费者平均占有，消费者在地区间和国家间不能流动。为消除比较优势带来的影响，假设他们具有相同的资本-劳动比，母国H和外国F初始资本与劳动力各占θ和$1-\theta$份额，母国H的两个地区具有规模差异，地区1和地区2的资本与劳动力各占母国H的γ和$1-\gamma$份额。

假设地区间消费者拥有相同的偏好，效用函数为$U=C_M^{\mu}C_A^{1-\mu}$，C_M是现代部门的消费量，C_A是传统部门产品的消费量，μ是现代部门消费支出份额。$C_M=\left[\int_0^N q(s)^{\frac{\sigma-1}{\sigma}}ds\right]^{\frac{\sigma-1}{\sigma}}$是现代化产品组成的消费集合，$\sigma>1$。

C_M包括本地生产的产品、从本国H其他地区进口的产品以及从外国F进口的产品。假设地区1和地区2之间的贸易成本为t（$t>1$），由于本章侧重于研究内外双循环关系问题，因此令母国H两个地区和外国F的贸易成本均为$\tau(\tau>1)$。假设传统部门为完全竞争市场，且不需要支付贸易成本，各地区传统产品的价格相等，若将其当作一般计价物，则各地区传统产品的价格等于工资，令其等于1。现代部门使用资本和劳动力两种要素生产差异化工业品，且是规模报酬递增的垄断竞争市场。假设每个工业企业生产1单位现代化产品需要1单位资本作为固定投入，每单位产出需要m单位劳动力，则现代部门企业的成本函数为$TC_i(s)=r_i+w_i m q_i(s)$。r_i是i地区的资本利率，由于劳动力可以跨部门流动，因此现代部门的工资w_i等于传统部门的工资，都等于1。假设$q_{ij}(s)$为地区i单个消费者对地区j生产的工业品s的需求量，$p_{ij}(s)$为相应的销售价格，则地区i单个消费者对地区j生产的现代化产品s的需求函数为：

$$q_{ij}(s)=\frac{p_{ij}(s)^{-\sigma}}{P_i^{1-\sigma}}\mu Y_i \tag{3-1}$$

式中：$P_i = \left[\sum\int_0^{n_o} p_{io}(s)^{1-\sigma}ds\right]^{\frac{1}{1-\sigma}}$；$o = i$、$j$、$k$，$i$、$j$代表H国的两个地区，$k$代表F国；$n_i$、$n_j$、$n_k$分别为各地区工业品的种类数。假设每个企业只能生产一种产品，则产品种类数量等于企业数量，由于每个企业只用1单位资本，则产品种类数$n = K$。

对于垄断竞争企业来讲，均衡时其产品定价行为遵循：

$$p_{ii}(s) = \frac{m\sigma}{\sigma - 1},\ p_{ij}(s) = \frac{\tau_{ij}m\sigma}{\sigma - 1},\ p_{ik}(s) = \frac{\tau_{ik}m\sigma}{\sigma - 1} \tag{3-2}$$

由此得到$P_i = (n_i + n_j\tau_{ij}^{1-\sigma} + n_k\tau_{ik}^{1-\sigma})^{\frac{1}{1-\sigma}}\frac{m\sigma}{\sigma - 1}$。由于资本可以自由流动，因此市场均衡时各地区利率相同，且企业的利润为零。以地区i为例求得：

$$r_i = [p_{ii}(s) - m]q_{ii}(s) + [p_{ij}(s) - \tau_{ij}m]q_{ij}(s) + [p_{ik}(s) - \tau_{ik}m]q_{ik}(s) \tag{3-3}$$

将（3-2）式代入（3-3）式得到$r_i = \frac{m}{\sigma - 1}q_i$。$q_i = q_{ii}(s) + \tau_{ij}q_{ij}(s) + \tau_{ik}q_{ik}(s)$，$q_i$为地区$i$的产品总供给量。由于各个地区的工资水平均为1，且资本为劳动者集体拥有，劳动力不能跨区域流动，因此资本的利息收入将回流到初始地区。此时，母国H的两地区和外国F的收入水平分别为：

$$Y_i = r_i\gamma\theta L + \gamma\theta L,\ Y_j = r_j(1-\gamma)\theta L + (1-\gamma)\theta L,\ Y_k = r_k(1-\theta)L + (1-\theta)L \tag{3-4}$$

联立（3-1）、（3-2）和（3-4）式，并将结果代入到r_i表达式可以得到：

$$r_i = \frac{\mu L}{\sigma}\left[\frac{\gamma\theta(r_i + 1)}{(\lambda_i + \phi\lambda_j + \delta\lambda_k)} + \frac{\phi(1-\gamma)\theta(r_j + 1)}{(\phi\lambda_i + \lambda_j + \delta\lambda_k)} + \frac{\delta(1-\theta)(r_k + 1)}{(\delta\lambda_i + \delta\lambda_j + \lambda_k)}\right] \tag{3-5}$$

式中：$\tau_{ij}^{1-\sigma} = \tau_{ji}^{1-\sigma} = \phi$；$\tau_{ik}^{1-\sigma} = \tau_{ki}^{1-\sigma} = \delta$；$\lambda_i = n_i$。采用类似方法可以得到本国$j$地区和F国的类似表达式。基于各地区利率最终相等得到：

$$\lambda_i = \left(\gamma + \frac{2}{1-\phi}\left(\frac{\delta}{\Delta} - \delta + \phi\right)\left(\gamma - \frac{1}{2}\right)\right) \times \Delta \tag{3-6}$$

$$\Delta = \theta + \frac{(\phi - 1)\delta}{(1 + \phi - 2\delta)(2 - 2\delta)} + 2\delta\left(\frac{1}{(1 + \phi - 2\delta)} + \frac{1}{(2 - 2\delta)}\right)\left(\theta - \frac{1}{2}\right),$$

类似地，也可以得到λ_j和λ_k。

具体来看，当$\theta=1$时，则本国不存在国际贸易，即本国采取封闭式发展模式，此时$\delta=0$，（3-6）式可以改写为$\lambda_i-\frac{1}{2}=\frac{1+\phi}{1-\phi}(\gamma-\frac{1}{2})$。由于$\frac{1+\phi}{1-\phi}>1$，因此若一个地区的初始需求$\gamma>\frac{1}{2}$，即拥有更大的内需市场时，则本地需求将会导致更大的产出，这可以称为产出的国内本地市场效应；当$\gamma=1$时，则本国不存在国内贸易，即国内完全一体化，此时$\phi=1$，由λ_i和λ_j表达式可以得到$\lambda_H-\frac{1}{2}=\frac{1+\delta}{1-\delta}(\theta-\frac{1}{2})$，$\lambda_H=\lambda_i+\lambda_j=\Delta$。

由此，若一个国家在初始占有更多的人口和资本，拥有更大的内需市场时，则本国需求将会引致更大的产出，这可以称为产出的“国家市场效应”，这也是目前国内学者主要涉足的部分。更深入地看，如果国内某一个地区与国外的贸易成本更低，即δ更低，那么企业更愿意集聚在能够以较小的贸易成本接入整个市场的地区。由于该地区将会因为区位优势吸引更多的劳动力和资本流入，这也会导致企业更愿意选址在该区域，可以获得更高的收益，这将会反向引致需求的增加，需求的增加将会通过国内本地市场效应放大该地区的产出规模，这会导致（3-6）式大括号中的值增加。在这一过程中，如果国内需求仍然低于国外需求，就不能通过国内本地市场效应促进“国际市场效应”。随着该模式的持续深入，本国的需求和产出都将会通过正向反馈持续增加。随着内需的增加，$\theta-\frac{1}{2}$变成正值，将会产生基于内需的出口效应。

总结起来看，当一个地区的国内本地市场效应发挥作用时，会在一国内部形成地区性的产业集群优势，但这并不必然保证能够形成国家层面的市场规模优势。当国内市场形成一个统一整体时，就可以通过借助国内超大规模市场优势引致技术创新，最终形成以国内大循环为主体、国内国际双循环的发展模式。不过需要注意的是，如果一国过去以外需为主，随着经济的快速发展，内需整体在持续地增加（这与中国目前情形类似），但如果国内地区间贸易壁垒、贸易成本较高，则上述发展范式并不会自动实现转换，或者更准确地说，实现的过程将会比较缓慢。

原因在于，较高的国内贸易成本会分割较大的国内需求，从而无法形成国内统一大市场，这会在很大程度上削弱本地市场效应，进而抑制国际竞争力的提升和以内需为主体、国内国际双循环新格局的形成，延迟经济发展范式的顺利转换。

3.3 本地市场效应下双循环事实检验

3.3.1 计量模型构建

由（3-6）式可以看出，一个地区的产出首先是建立在本地需求基础之上的，而本国其他地区需求的大小和出口规模则决定了该地区的产出是否依托于本地市场的放大效应。基于本地超常需求与本国其他地区需求和国外需求之间存在着相对较为复杂的相互作用关系，构建实证模型如下：

$$PRO_{i,k} = \alpha + \beta_1 EX_{i,k} + \beta_2 OE_{i,k} + \beta_3 idiodem_{i,k} + \beta_4 idiodem_{i,k} \times EX_{i,k} + \beta_5 idiodem_{i,k} \times OE_{i,k} + \beta_6 X_{i,k} + \varepsilon_{i,k} \quad (3-7)$$

式中：$PRO_{i,k}$为i地区第k个产业的产量；$EX_{i,k}$为i地区第k个产业的出口需求；$OE_{i,k}$为i地区第k个产业的省外需求；$idiodem_{i,k}$为省内超常需求，其表达式为$idiodem_{i,k} = \frac{E_{i,k}}{E_i} - \frac{E_{R,k}}{E_R}$，其中$E_{i,k}$表示$i$地区第$k$个产业面临的自身内部需求，$E_i$表示$i$地区所有产业面临的地区内部需求之和，$E_{R,k}$表示所有其他地区第$k$个产业面临的自身内部总需求，$E_R$表示所有其他地区的所有产业面临的自身内部需求之和，由此，$idiodem_{i,k}$表示i地区第k个产业的内部需求与其他地区第k个产业的平均需求之差，其含义是i地区第k个产业所面临的超常需求；$\varepsilon_{i,k}$为随机扰动项。

3.3.2 数据来源

计量所使用的产出与需求变量取自CEADs发布的“中国2012年多区域投入产出表”，包括中国30个省（自治区、直辖市）（不包括西藏、台湾、香港和澳门）30个部门的中间需求、最终需求（包括农村居民消费、城镇居民消费、政府消费、固定资产形成总额和存货增加）、出口需求、增加值合计、总投入等，产出数据是投入产出表中的增加值数据，计量单位均为万元人民币。关于需求数据，与上文实证模型一致，某一产业的省份内需求是省份内最终需求和省份内中间需求之和，省份外需求是所有其他各省份对省份内某一产业最终需求和中间需求之和，出口需求即为数据本身。资源禀赋变量为行业固定资产净值（万元），数据来源于2013年的《中国工业统计年鉴》，并按照国民经济分类将其与投入产出表的数据进行对应。

CEADs发布的投入产出表与目前大家熟知的《中国区域间投入产出表》最大的不同是，后者将我国分为八大区域，而前者并没有进行加总，而是对30个省份分别进行核算。分别核算不仅有助于增加样本数量，提升实证结果的稳健性，更为重要的是，在区域间仍然存在着大量分割因素的情况下有助于我们从省域层面探析内外双循环的事实特征。另外，与Davis和Weinstein（2003）不同，本章想要解决的关键问题并非验证本地市场效应的大小，而是要验证本地超额需求是否通过放大出口规模以及省份间联系推动了产业的扩张，因此并没有考虑到需求的空间折扣问题。

尽管“中国2012年多区域投入产出表”包含了30个部门的区域间投入产出关系，但本章只选取了如下16个制造行业：食品加工和烟草，纺织品，衣服、皮革、毛皮等，木材加工和装修，造纸、印刷、文具等，炼油、炼焦等，化学工业，非金属制品，冶金，金属制品，通用和专用机械，运输设备，电气设备，电子设备，仪器仪表以及其他制造业。理由是，我国对外贸易的主要产品仍然是以制造业为主，且具有非常强的规模经济特征。需要注意的是，这里并没有对相关变量取对数，其中的原因在于有些变量相关行业的取值为0，甚至有些为负值，无法进行对数运算。

3.3.3 实证结果分析

由表3-1可以看出，在模型（1）中，省份内超常需求变量均显著为正，出口、省份外需求项也显著为正。当在模型（2）中加入了省份内超常需求项与出口的交互项后，所有变量也均显著为正，省份内超常需求放大了出口效应。当在模型（3）中加入了省份内超常需求项与省份外需求的交互项后，该项不显著，但其他各项仍然非常显著，这表明，省份内超常需求并没有放大省份外需求。模型（4）进一步将资本禀赋变量放入其中，该控制变量非常显著，其他主要解释变量除了省份内超常需求变得不再显著外，均仍然非常显著。这表明，省份内超常需求放大了出口效应，形成了外循环，但省份内超常需求却并没有放大省份外需求，这表明内循环并没有有效形成。该结论与目前已有研究结论一致，在很大程度上说明了我国区域间分割的事实。

表3-1 **本地市场效应的基准检验（2012年）**

模型	（1）	（2）	（3）	（4）
EX	0.257***	0.143***	0.146***	0.0778**
	（0.0475）	（0.0429）	（0.0433）	（0.0332）
OE	0.414***	0.436***	0.430***	0.218***
	（0.0459）	（0.0454）	（0.0467）	（0.0375）
idiodem	9 631 022.1***	7 412 449.4**	6 561 724.5**	4 950 868.3
	（3 240 476.6）	（3 003 696.2）	（3 116 843.2）	（3 653 797.5）
idiodem×EX		1.184***	1.148***	1.042***
		（0.257）	（0.261）	（0.214）
idiodem×OE			0.171	-0.328
			（0.326）	（0.723）
K				0.502***
				（0.0546）
_cons	1 660 202.7***	1 759 372.3***	1 764 047.4***	926 528.8***
	（196 871.7）	（194 028.0）	（193 865.7）	（161 671.0）
地区固定效应	Yes	Yes	Yes	Yes
N	480	480	480	480
R^2	0.814	0.822	0.822	0.908

注：系数下方括号内数值为标准误；***、**、*分别代表1%、5%、10%的显著性水平。以下皆同。

3.3.4 稳健性检验

众所周知，从1992年开始我国一些沿海地区开始实施出口导向型发展战略，2001年我国加入WTO则加快了我国经济全球化的进程，2012年的实证分析也验证了本地市场效应和出口导向相互强化的事实。为了证实这个猜想，接下来再以2002年的数据对其进行反向检验。初步猜测，在加入WTO的第二年，本地市场效应和出口导向之间可能并不存在相互强化。2002年的数据来源于《2002年中国地区扩展投入产出表》，计算过程与2012年的相似，由于《中国工业统计年鉴》缺少相关行业的资源禀赋数据，这里并没有加入控制变量。表3-2的计量结果也证实了上述猜测，即本土市场效应与出口项以及省份外需求的交互项均为负。这表明无论是省份外需求还是国外需求均与省份内超常需求出现了背离，这个阶段不论是国内大循环还是国外循环均没有形成。2002年及之前，我国各个地区的产出更多的是与本地需求进行匹配，其省份外和国外的外向度整体上看均远远不足。

表3-2 本地市场效应检验（2002年）

模型	(1)	(2)	(3)	(4)
EX	0.0915**	0.134**	0.115**	0.134**
	(0.0458)	(0.0529)	(0.0569)	(0.0529)
OE	0.417***	0.424***	0.430***	0.425***
	(0.0435)	(0.0417)	(0.0407)	(0.0386)
idiodem	4 719 390.6***	5 102 081.1***	5 611 064.8***	5 175 189.4***
	(1 220 309.4)	(1 205 100.9)	(1 054 695.5)	(1 167 070.9)
idiodem×EX		−0.636**		−0.597*
		(0.310)		(0.769)
idiodem×OE			−0.661	−0.0714
			(0.715)	(1.345)
_cons	564 080.0***	485 181.0***	513 729.4***	484 540.2***
	(143 866.1)	(153 541.4)	(150 988.7)	(153 757.4)
地区固定效应	Yes	Yes	Yes	Yes
N	480	480	480	480
R^2	0.786	0.788	0.787	0.788

需要注意的是，省份内超常需求会通过本地市场效应形成规模经济和专业化分工，加深产业分工和专业化水平，能够形成对自主技术创新的强大支撑。反过来，强大的产业发展加快了本地区经济发展并提高了收入水平，这也会为国内大循环的形成提供反向支撑，因此这两者之间可能存在着因果关系。基于此，我们以2002年各行业的省份内超常需求作为2012年省份内超常需求的工具变量。显然，2002年和2012年的省份内超常需求具有一定的相关性，且由于循环累积性，2002年的省份内超常需求可能仅仅通过超常需求项对2012年的产出产生影响。基于此，基于工具变量的实证分析见表3-3。可以发现，估计结果与表3-1的结果基本相似，这也进一步证实了内外双循环的不一致性。

表3-3　**基于工具变量法的本地市场效应再检验（2012年）**

模型	（1）	（2）	（3）	（4）
EX	0.252***	0.125**	0.145***	0.0953**
	（0.0443）	（0.0493）	（0.0464）	（0.0394）
OE	0.401***	0.435***	0.371***	0.145***
	（0.0448）	（0.0462）	（0.0573）	（0.0433）
idiodem	15 588 879.9**	9 262 289.4	-1 098 886.5	2 934 882.4
	（6 992 421.7）	（6 642 174.7）	（9 970 738.0）	（7 208 479.4）
idiodem×EX		1.352***	1.046***	0.732***
		（0.341）	（0.327）	（0.255）
idiodem×OE			1.864	1.617
			（1.696）	（1.157）
K				0.473***
				（0.0709）
_cons	-325 003.8	-179 417.2	27 195.0	178 788.6
	（715 938.3）	（679 290.0）	（704 028.7）	（564 461.9）
地区固定效应	Yes	Yes	Yes	Yes
N	480	480	480	480
R^2	0.812	0.821	0.812	0.920

3.4 双循环的演化逻辑与经济发展范式转换

根据热力学第二定律，在自然演进过程中，一个孤立系统的总混乱度（即熵）不会减小，但若能够与外界进行物质、能量、信息等交换，熵减完全可以实现。具体到我国经济大系统，中华人民共和国成立之后到1978年，经济系统基本上处于封闭孤立状态，即处于比较完全的国内循环状态，这个过程熵总体处于不断增加的趋势，这也导致我国经济发展陷入了困境。改革开放后，国外循环开始逐步起步，但最初状态仍然是以国内循环为主、国际循环为辅，两者互为平行线，相互分离。20世纪90年代中期开始，国内国际两种循环开始产生交集，相互渗透，而2001年加入WTO则加快了我国经济全球化的进程，经济持续快速增长，熵减逐步实现。在这之后，我国逐步形成了以外循环为主导的经济发展模式，内循环的地位和作用逐步降低，2006年中国进出口贸易依存度一度达到了64%。这个过程利用了劳动力充裕的资源优势发展劳动密集型产业，通过吸引FDI大力发展三资企业以及通过“两头在外”使经济运行由国内循环扩大到国际循环。不过，随着国内生产要素成本的快速提升，2008年金融危机后全球需求不振，经济萎缩，再加上中美贸易摩擦以及新冠疫情导致的全球产业链中断风险，以国外循环为主的发展模式已经逐步不能适应经济下一步发展的需要，熵增开始出现，这驱使我们必须转变经济发展范式。

中国GDP总量2020年已经超过100万亿元人民币，稳居全球第二。中国是世界唯一拥有联合国产业分类中全部工业门类的国家，产业配套能力全球领先，在各个产业领域都有规模巨大的头部企业，这些企业可以同时收获规模经济效应和竞争效应。与此同时，我国人均GNP刚超过1万美元，仍然是中等收入国家，人均中等、总量巨大这两个重要特征推动我国可以利用强大内需虹吸全球优质要素为我所用，可以实现更广范围内的专业化分工，并基于本地市场效应，产生出口竞争力，从而形成以国内大循环为主体、国内国际双循环相互促进的新发展格局，构建新一轮经济发展的熵减系统。

由此可见，中华人民共和国成立以来，我国经济是一个螺旋式上升的过程，是一个否定之否定的过程，发展似乎是在重复以往的阶段，但它是以另一种方式重复，是在更高的基础上重复，是一个努力寻求熵减的过程。这个过程可以用“封闭式国内循环→国内国际循环平行→国内国际循环交叉→国外循环为主、国内循环为辅→国内循环为主、国外循环为辅”来表示。因此，当前阶段要形成的国内大循环为主体，并不是“闭关锁国”，而是为了更好融入并带动国际大循环，通过国际大循环能够为国内大循环提供更大空间和更多动力（董志勇、李成明，2020）。需要注意的是，尽管当前我国已经逐步具备了以内循环为主体，国内国际双循环的部分前提，但上一部分的实证分析也指出，目前我国地区的超额需求仍然是建立在国外循环基础之上的，国内大循环的形成仍然需要时间，两者之间的顺利切换需要关注逻辑的重点。

如果说过去的全球化模式极大地推动了我国的对外开放，即为了适应WTO的规则，逐步放松了对企业和个人的经济管制，给予市场主体在市场上更多的自由选择权，政府做事规则也不断适应国际惯例，那么当前我们也应该看到，依托WTO倒逼国内改革开放的边际效应已经逐步消失，尤其在经济全球化遭遇逆流的背景下，增加政府支出和投资的边际收益率日益降低。国际经验表明，一个国家要从中等收入阶段进入高收入阶段，关键在于实现经济发展从量的扩张到质的提高，而其中的关键驱动力则是消费，尤其是居民消费，这是替代投资构建新内需的核心力量，这恰恰也是我们可以牢牢把握和确定的事情。要做到这一点，除了持续深化供给侧结构性改革强化供给对于需求的适配以外，还要更加注重需求侧管理，打通堵点，补齐短板，畅通国内大循环，实现供需更高水平的动态平衡。并在此基础上，立足国内大循环，协同推进强大国内市场和贸易强国建设，依托国内经济循环体系更好利用国际国内两个市场、两种资源，形成对全球要素资源的强大“引力场”，促进国内国际双循环。

3.5 结论与政策建议

本章将内需分成本地需求和外地需求，并以本地市场效应为核心构建了两国三区域两要素研究框架，分析了本地市场效应对地区间联动、对外贸易的影响以及可能的后果，并运用2012年中国区域间投入产出数据表，对它们之间的关系进行了实证检验。研究发现，本地市场效应放大了出口对于地区产业发展的影响，但与省际贸易之间的关系并不显著。需要注意的是，后者虽然不具有显著性，但是回归系数却显著高于前者，这也表明了省份外需求对于本省份产业发展的重大意义。基于2002年投入产出表的对照和工具变量法的实证分析也证实了上述结论的稳健性。总体来看，一是省份间的循环仍然是国内大市场形成过程中最大的梗阻，这种市场分割下的“碎片化经济”弱化了国内市场的重要性。二是尽管我国的国外循环模式已经初步形成，但这种发展范式并不是建立在国内大循环基础之上的，螺旋式上升的双循环模式仍未有效形成，“以我为主”的熵减经济系统还有待重构。基于此，给出如下建议：

关于畅通国内大循环：第一，构建国内大循环的制度架构。破除各类区域分割因素，以中心城市和城市群为引领，加快区域间融合，逐步破除区域行政障碍，并在经济发达的高梯度地区和经济不发达的低梯度地区之间通过有效市场机制和有为政府支持建立原材料、初级产品、人才、技术、资金等方面相互衔接的互补型关系，打通不同区域之间的经济循环，依托长江经济带等国内战略构建统一完整的国内开放大市场。第二，以创新为供给侧结构性改革的关键。持续弘扬企业家精神，突破体制瓶颈，推动要素更加自由通畅地流动，让竞争者能够公平竞争，让市场能够优胜劣汰，加快国内价值链的形成。第三，化解消费体制升级的内部阻碍。改革收入分配结构，规范和完善国民收入再分配机制，加快精准扶贫和乡村振兴战略，推进贫困地区公共服务均等化等。加快房住不炒政策的有效落地、注重化解居民医疗、教育等方面的后顾之忧，逐步消除制约消费能力提升的主要障碍。

关于国内国际双循环：第一，在规则制定上主动作为。搭建降低跨国交易成本的制度框架，使国内的市场规则和标准与国际市场规则与标准实现全方位无缝衔接，不断完善知识产权保护与跨国并购制度，积极融入全球大循环。第二，充分发挥“一带一路”、RCEP等公共产品的作用。促进资金、技术、人才、管理等生产要素与发展中国家以及西方发达国家的交融合作，并在这个过程中有效发挥好自贸试验区、自由贸易港、经济特区、开发区、保税区等对外开放前沿高地内外循环枢纽的引领能力。第三，全力构建“以我为主”的全球价值链体系。进一步加大研发投入、深化国际交流合作倒逼创新发展，继续深度参与由欧美等发达国家主导的国际分工，更为有效地虹吸全球创新要素和各类先进资源，并融入全球创新链，不断攀升全球价值链，依托“一带一路”逐渐形成由我国企业主导的国内外价值链有效联动体系。

4 RCEP中的中国角色、“一带一路”与双循环新发展格局构建

4.1 引言

当前，在风险规避驱动和政府主动引导下，跨国公司在全球进行产业链布局时不再仅仅考虑效率和收益问题，而是更加兼顾效率与风险、收益与成本问题（孙军等，2021），这导致全球产业链体系正日益呈现出内向化、区域化和多元化的特征（刘志彪等，2020）。应对这种局面的一个最优策略就是形成统一的自由贸易区，组建区域经济集团[①]。RCEP由东盟（ASEAN）10国于2012年发起，历经8年谈判最终签署，形成了货物贸易、服务贸易、投资、知识产权、竞争政策、电子商务和争端解决等一揽子贸易新机制，是区域经济一体化的重要里程碑。RCEP全面生效是共建“一带一路”和实施双循环新发展格局的重要红利和崭新开篇，RCEP囊括了东亚地区主要国家，占全球约1/3的经济

① 尽管从全球层面看，区域集团存在一些弊端，但这也是抵御全球风险和挑战的重要举措之一。

体量被纳入了一体化的范畴，能够加快区域内部的商品、技术、服务、资本以及人员跨境流动，强化“贸易创造”效应，有效化解当前国际贸易冲突和大国垄断带来的负面影响。同时，RCEP有助于促进我国各产业更充分地参与市场竞争，逐步摆脱过去按照跨国公司命令被动嵌入全球价值链（GVC）进行资源配置的局面，为形成以国内大循环为主体、国内国际双循环相互促进的新发展格局提供巨大助力。

4.2 文献综述

鉴于RCEP在当前世界经济形势下对各国尤其是东亚经济产生的重要影响和意义，国内外学者从不同的视角进行了相关研究。理论层面的研究认为，RCEP较好地整合了不同自贸协定之间的差异，体现出全面性、先进性、包容性、开放性等特征（沈铭辉、郭明英，2021），对我国贸易和投资的可持续发展、高水平制度型开放、实施自由贸易区提升战略、构建新发展格局发挥积极作用（张天桂，2021）。在我国着力构建新发展格局的背景下，RCEP将加快提升我国与国际市场的生产合作和贸易流通，以更加畅通的全球产业上下游关系带动经济外循环，引领国内大循环发展（马涛、徐秀军，2021；余淼杰、蒋海威，2021）。

实证层面上，一是对RCEP的经济效应和影响力进行评估和预测。Kawasaki（2015）使用CGE模型估算发现，APEC各经济体的整体收入在TPP、RCEP和亚太自由贸易区（FTAAP）中分别占区域生产总值的1.2%、2.1%和4.3%。Li等（2017）将RCEP下的自由化模拟为直接通过FDI自由化和间接通过贸易自由化影响FDI，基于CGE模型研究发现RCEP会鼓励通过这两种途径大幅增加对中国的FDI。李春顶等（2018）构建了一个29个国家和地区的全球一般均衡大型数值模型系统，发现亚太自贸区和区域全面经济伙伴关系协定对中国的积极作用最突出，其次是中日韩自贸区，积极效应较小的是中国-东盟自贸区升级版和中国-海合会自贸区。二是将RCEP、“一带一路”、TPP与CPTPP等其他自由贸易协定进行比较研究。张励（2022）认为，以RCEP为增长点将加速“一带一路”与双循环新发展格局互动，形成基于“一带一路”的供需循环的产业链与全区域经济协议，助推共建“一带一路”规则等制度型建设。贸易政策雄心、ASEAN的作用、美中地缘政治竞争和防御性担忧等四个关键因素会对各国在TPP和RCEP之间的抉择产生至关重要的影响（Wilson，2015）。Kawasaki（2015）发现，TPP和RCEP是相互补充的，而不是竞争对手。在RCEP、RCEP+中国台湾和亚太自由贸易区（FTAAP）主导的情景下，ASEAN国家的福利收益大于或等于TPP、TPP扩大和FTAAP主导的情景下的福利收益（Lee和Itakura，2018）。对于发达国家主导的CPTPP而言，RCEP是对其高标准、严要求的补充，有利于发展中国家享受亚太区域经济一体化的成果（张建平、董亮，2021）。余淼杰和蒋海威（2021）认为，CPTPP和RCEP在贸易规则包容性、关税要求、市场准入、协定涵盖领域等方面存在差异，但签署RCEP以及积极考虑加入CPTPP有助于我国顺利地实施双循环。三是研究中国与RCEP成员方的竞争性与互补性。张彦发现中日韩高端制造业区域价值链合作紧密，但链主地位之争、竞合关系调整、外部不确定因素等方面存在着合作风险（张彦，2021）。陈凤兰等指出，RCEP不是简单的贸易联盟，其内部已形成紧密的产业链关联，区域内最大“链主”已由日本转向了中国（陈凤兰、陈爱贞，2021）。

上述对RCEP的相关研究或者是从理论上进行探索，或者是从已有现象中挖掘事实特征，并没有一个参照系或者标准体系作为参考，而这不容易让我们明白一个运行良好的自由贸易协定应该具备什么样的特征，以及如何实现等一系列更为现实和重要的问题。北美自由贸易区是世界上第一个由一个发展中国家与两个发达国家组成的自由贸易协定，其国家构成与RCEP有很大的相似之处，且运行总体比较成功。基于此，本章以《北美自贸协定》（NAFTA）和以此为依托构建的《美国-墨西哥-加拿大协定》（USMCA）为切入点，分析该自贸区的运行模式、产业链构建特征，并在此基础上深入探讨我国在RCEP中所扮演的角色、技术进步方式、双循环新发展格局构建模式及其可能面对的风险挑战，提出依托RCEP构建双循环新发展格局和在此基础上畅通“一带一路”的相关策略。

4.3 自贸区中的循环体系

4.3.1 北美自贸区循环体系

NAFTA于1994年正式生效，是当今世界上最大的自由贸易区，由于区域内取消了贸易壁垒和开放市场，美墨加三国均实现了生产率提升和经济的快速增长。2018年12月NAFTA被USMCA取代，USMCA维持了NAFTA的基本框架，吸收和改进了TPP关于电子商务、知识产权、国有企业、竞争和监管等内容。

从1994年生效的NAFTA到如今的USMCA，美墨加三国之间的FTA已长时间运行，除受2008年金融危机和美国页岩油气革命冲击之外，美墨、美加双边贸易整体上保持了快速增长的趋势，美墨、美加2021年贸易总规模合计13 356.5亿美元，是1994年的3.8倍。加墨双边贸易规模相对较小，但2021年相较于1994年也增加了8.2倍。在整体贸易规模扩大的同时，美对墨、加的贸易逆差自NAFTA生效后开始急速扩大，逆差分别从1995年的164.4亿美元和222.6亿美元扩大至2021年的1 119.0亿美元和569.8亿美元。尽管金融危机及美国自产原油增长导致逆差出现暂时性收窄，但美国在USMCA中逆差扩大的趋势并无扭转迹象（如图4-1所示）。

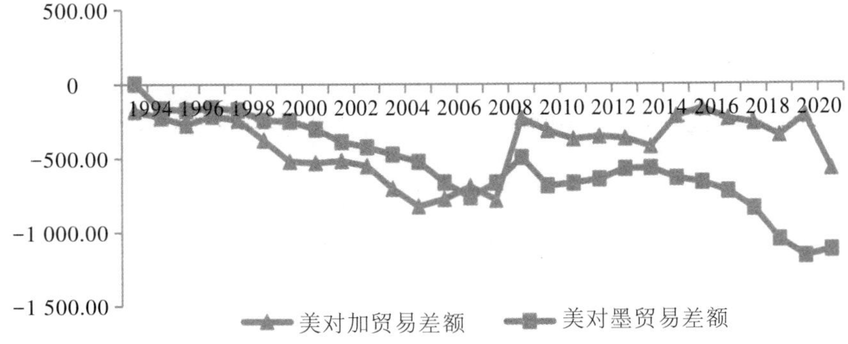

图4-1　1991—2020年美对墨、加两国的贸易差额（单位：亿美元）

资料来源：UN COMTRADE数据库。

究其原因，USMCA贸易模式呈现出稳定的三角特征，即美国的需求加技术、墨西哥的代工能力、加拿大的原材料。墨西哥主要以美国汽车整车和自动数据处理设备两大核心产品的代工厂的身份出现在USMCA中，并辅之原油提供商的角色。具体来看，2014年以前墨西哥扮演着美国部分原油供应商的角色，2007年至2014年美国自墨西哥进口原油占比均值保持在11.8%左右。随着美国页岩油产量大幅增长，墨西哥原材料供应商的角色迅速弱化，美国自墨西哥进口原油占比快速下降至2021年的3.4%。与此同时，汽车整车和自动数据处理设备成为美国从墨西哥进口排在前两位的商品，占2021年美国进口的比重分别为16.8%和7.3%，美国对墨西哥出口商品中除成品油外主要是电气设备及其零部件、汽车零配件等中间产品，分别占2021年美国出口的6.8%和5.2%，这样的双边进出口商品结构意味着墨西哥已经成为美国汽车和自动数据处理设备终端需求的重要代工厂（见表4-1）。

表4-1 美国与墨西哥之间主要商品进出口结构

单位：亿美元

年份	美国对墨西哥出口					美国从墨西哥进口				
	成品油	汽车零配件	电气设备及其零部件	数据处理设备零配件	通信设备	汽车整车	汽车零配件	自动数据处理设备	原油	通信设备
1995	7.7	39.3	34.7	8.1	2.5	73.7	25.0	59.0	3.7	0.6
2021	273.3	142.8	188.8	36.0	30.0	652.0	261.9	284.0	132.4	86.7

资料来源：UN COMTRADE数据库。

美国与加拿大之间主要商品进出口结构见表4-2。美国从加拿大进口的商品比较集中，主要包括原油、成品油、天然气、铝等原材料，同时辅之以汽车整车和汽车零配件。自NAFTA生效以来，美国自加拿大进口原油占比从1994年的4.4%迅速提升至2014年的24.2%，此后美国随着页岩油产量的增加而减少了原油从加拿大进口的份额，但进口比重仍位居第一。自2006年以来，美国向加拿大出口汽车整车的比重逐步提升，2021年占比达到9.4%，超过了占比为3.5%的汽车零配件，汽车整车逐渐成为美国对加拿大出口规模最大的商品，加拿大汽车代工厂的地位明显削弱，而作为原材料提供者和美国本土生产的豪华汽车消费者的角色则更加凸显。

表4-2　美国与加拿大之间主要商品进出口结构

单位：亿美元

年份	美国对加拿大出口						美国从加拿大进口				
	汽车零配件	汽车整车	成品油	原油	自动数据处理设备	通信设备	原油	汽车整车	汽车零配件	成品油	天然气
1995	131.0	75.6	5.4	0.1	44.9	10.1	65.3	251.2	64.9	17.7	47.1
2021	106.1	288.0	106.1	77.1	65.9	37.2	799.8	254.5	93.8	106.0	130.2

资料来源：UN COMTRADE数据库。

上述事实表明，USMCA是以美国为轴心的自由贸易网络体系，实现了内部资源、加工和消费的全面整合，这主要归功于USMCA内部相对完整的供需循环体系，而依托USMCA形成的区域内美元环流体系则为美元在全球货币体系中的核心地位奠定了坚实的基础。总体来看，墨西哥和加拿大都扮演着美国供应商和代工厂两大角色，而美国基于巨大的消费需求、研发的技术优势以及全球货币体系的核心地位，承接并消化了墨西哥和加拿大两国大量的原材料和制成品，加速了区域内的贸易网络形成（如图4-2所示）。也就是说，一个核心成员驱动、成员方之间结构固定的“中心—外围”运行模式是USMCA呈现出的主要特征。USMCA的成功意味着，在一个良性运转的自由贸易协定内部，并非所有FTA成员方均能获得净出口增长，甚至在多数情况下，逆差扩大的最终需求方才是FTA能够成功运作的关键所在。

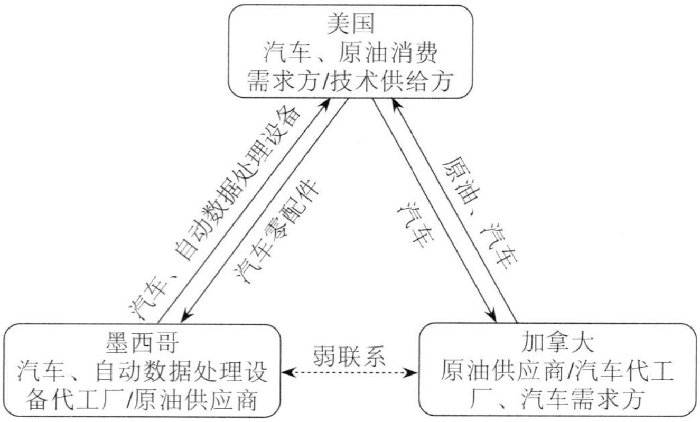

图 4-2 USMCA稳定三角循环体系

资料来源：作者整理得到。

4.3.2 RCEP循环体系与技术进步

（1）RCEP循环体系

2020年11月15日，ASEAN10国和中国、日本、韩国、澳大利亚、新西兰共15国正式签署历经8年谈判的RCEP，全球规模最大的自由贸易区在亚太地区诞生。由于ASEAN10国与其他5国均已签署了“10+1”自贸区协议，因此RCEP相当于是对ASEAN的5个“10+1”FTA的整合升级和统一标准。那么，RCEP循环体系如何运转？RCEP与USMCA稳定三角循环体系有何差别？我国在RCEP中扮演着怎样的角色？这里借助RCEP中最大的“10+1”FTA即CAFTA（中国-东盟FTA）对上述问题展开分析。

如图4-3所示，2000年我国与ASEAN的贸易总额仅为395.2亿美元，2021年双边贸易增加至8 782亿美元，我国与ASEAN首次互为第一大贸易伙伴，21年间双边贸易规模扩大了21.2倍。具体来看，2000—2011年我国对ASEAN是贸易逆差，逆差由49.3亿美元扩大至229.4亿美元。其原因在于，这一阶段我国经济的快速崛起导致对ASEAN的矿产品等进口需求很大，而ASEAN总体发展水平较低，消费水平相对有限，国内供给能够在一定程度上满足国内需求，对我国产品需求有限。另外，与发达国家相比，这一阶段我国高新技术产品在ASEAN市场上竞争力偏弱导致对ASEAN出口也难以扩大。随着CAFTA的快速推进和技术水平的持续提升，自2012年开始，我国对ASEAN的贸易也由逆差变为顺差，顺差从2012年的84.1亿美元扩大至2021年的891.8亿美元，并有不断扩大的趋势。

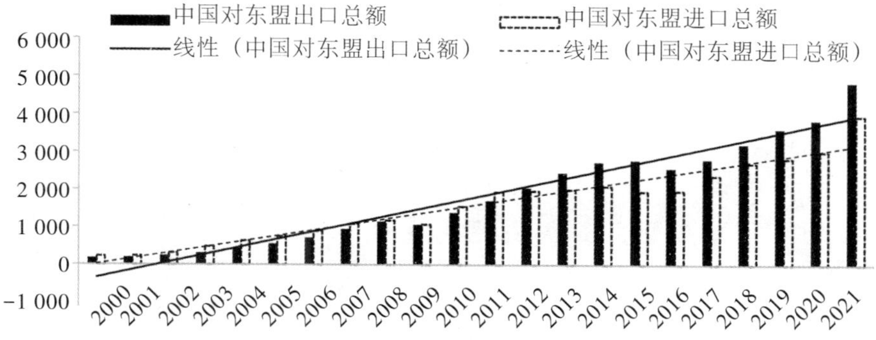

图4-3 中国与东盟双边贸易（单位：亿美元）

资料来源：UN COMTRADE数据库。

我们注意到，我国对ASEAN贸易顺差扩大的同时，ASEAN自身总体仍保持了小规模的、较为稳定的对外贸易顺差（如图4-4所示）[①]，也就是说，ASEAN在对华贸易赤字扩大的同时，对其他国家的贸易顺差呈现出同步扩大的趋势。这在很大程度上说明了，我国对ASEAN贸易顺差的扩大并非因ASEAN自身的需求增加所引发的。

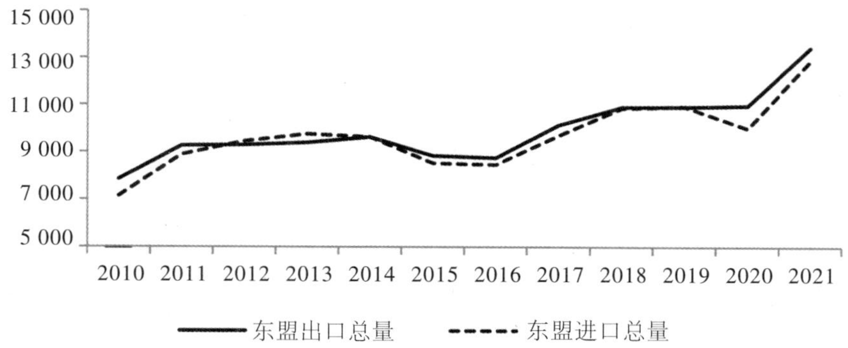

图4-4 东盟对外贸易（单位：亿美元）

资料来源：UN COMTRADE数据库。

其原因在于，2012年以来ASEAN及其成员国与日本、印度等国实施了自由贸易协定，且ASEAN与美国、欧盟等国家和地区没有经贸摩擦，

① 由于UN COMTRADE数据库对ASEAN整体贸易数据的统计是从2010年开始的，为了减少去掉东盟（ASEAN）内部贸易以及重新计算导致的误差，本章同样从2010年统计，这并不影响本章的主要结论。

ASEAN一些国家有普惠制待遇，因此ASEAN逐渐成为中国产品出口至美国、欧盟和日本等国家和地区的“垫脚石”和“中转站”（如图4-5所示）。

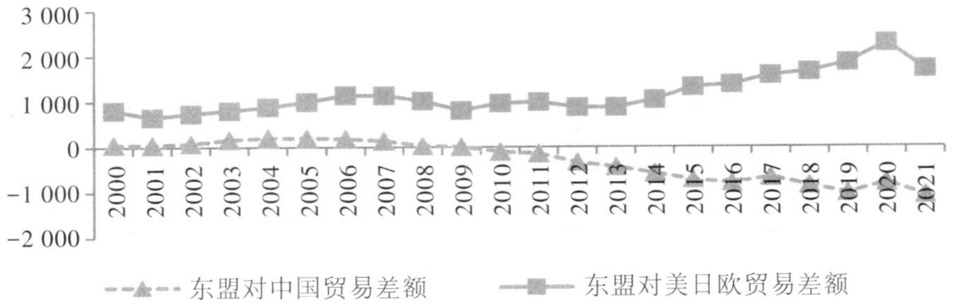

图4-5 东盟对中国和美日欧贸易差额（单位：亿美元）

资料来源：UN COMTRADE数据库。

从我国与ASEAN之间具体的进出口商品结构来看（如图4-6和图4-7所示），在我国与ASEAN进出口平均占比前五位的产品中，部分产品存在着既出口又进口的现象。其中，机械与电气设备是双边贸易额最大且最重要的产品，这表明我国与ASEAN在机电行业有广泛的产业内贸易。除机械与电气设备外，我国对ASEAN出口占比较大的是纺织原料及纺织制品和贱金属及其制品，进口占比较大的是矿产品和塑料橡胶及其制品，我国对ASEAN进出口贸易的差异反映出双方具有较强的经济互补性与合作基础。

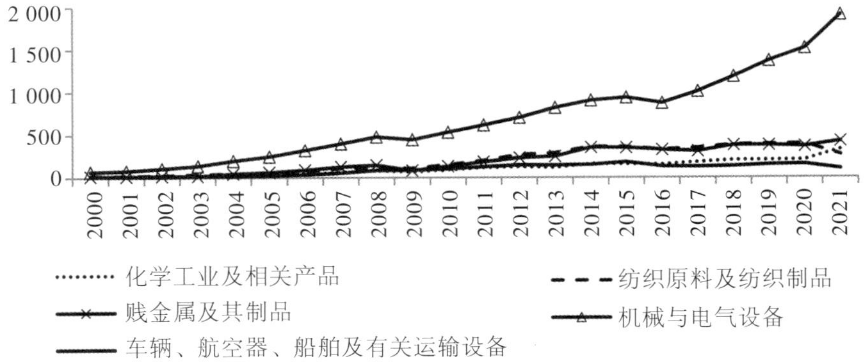

图4-6 中国对东盟出口结构（单位：亿美元）

资料来源：UN COMTRADE数据库。

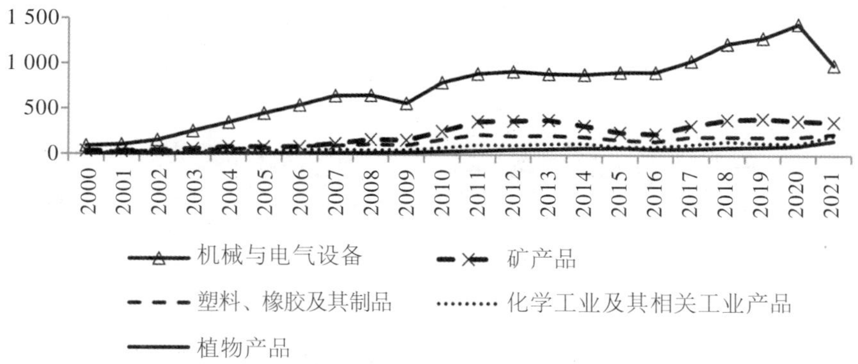

图4-7　中国自东盟进口结构（单位：亿美元）

资料来源：UN COMTRADE数据库。

综上可见，ASEAN对我国贸易逆差的扩大并非因ASEAN自身的需求增加产生的，而是欧美日等国家和地区的最终需求引致的，我国与ASEAN共同扮演了向CAFTA之外的全球需求方提供供给的重要角色。也就是说，在CAFTA中，就我国与ASEAN双方的关系而言，我国更多承担的是供给方的角色，ASEAN则为需求方的角色，两者实际上是协同向外提供商品的供给方角色。

需要注意的是，在整个RCEP框架中，我国又不仅仅以供给者身份出现，需求方的角色同样显著。由于ASEAN国家与其他5国均有"10+1"FTA，我国与韩国、新西兰和澳大利亚也已签署双边FTA，同时日本、新西兰和澳大利亚又同为CPTPP成员国，因此尽管RCEP是由ASEAN发起的，但RCEP的最大增量意义实际上是中日首次建立直接的自贸区关系，再加上日韩之间原先也并无自贸区协定，因此RCEP成功构建了中日韩FTA"小循环"，我国在其中主要扮演着需求方角色。从图4-8可以看出，除ASEAN外，我国与其他RCEP成员方，例如日本、韩国、澳大利亚和新西兰等均维持贸易逆差，且无明显扭转趋势。

（2）RCEP各国技术进步模式

不少学者采用人均收入水平来表示出口国在生产网络中的技术等级，并且这一做法在东亚地区的相关研究中较为普遍。关志雄（2002）、Hausmann等（2007）通过实证方法证明，一国出口技术结构与其人均

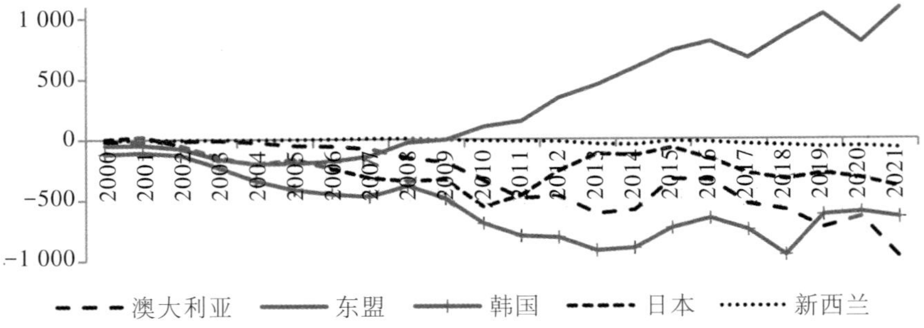

图4-8 中国与RCEP各成员国的贸易差额（单位：亿美元）

资料来源：UN COMTRADE数据库。

收入水平存在高度相关关系。在对东亚生产网络进行层次划分时，学者们通常采用经济体之间的收入水平梯度来考察东亚生产网络中的技术梯度分布。刘重力等（2009）通过对人均收入水平的分析提出了东亚区域内广泛存在技术梯度差异的现实。这种研究方法的理论基础在于：开放条件下一国将根据其比较优势参与国际分工，因此一国的人均收入水平应该与其在生产网络中所处的分工地位一致。

由此，下文以东亚各个经济体的人均GDP作为依据，尝试对上述技术梯度进行划分，并以东亚各经济体零部件贸易额的动态变化来揭示经济体在东亚产业分工体系中地位的变化。因为随着产业分工的深化，分工逐步从垂直分工向水平分工转化，水平分工越深化，零部件贸易额越上升。因此，一个经济体零部件贸易的变化可以用来表示该经济体在区域产业分工体系中地位的变化。本章以世界人均GDP作为基准来观察东亚各经济体人均GDP的差异性（见表4-3）。尽管各经济体的相对人均GDP有所变动，但仍然可以看出，东亚经济体间人均收入水平存在较大跨度，并且呈现出较为明显的梯度关系。其中，澳大利亚、新加坡、新西兰、文莱、日本、韩国，以及中国香港和中国台湾等是第一梯度的国家和地区。由于澳大利亚和新西兰是典型的资源型国家，参与东亚产业分工的程度低，因而本章将这两个国家单列在资源禀赋梯度里。第二梯度包括泰国、中国内地（大陆）、马来西亚。第三梯度包括印度尼西亚、菲律宾、越南、印度、老挝和柬埔寨等国。

表4-3　　以世界人均GDP作为基准的比较

国家和地区		2000年	2019年	倍数
第一梯队	澳大利亚	3.94	4.80	1.22
	文莱	3.28	2.72	0.83
	中国香港	4.68	4.26	0.91
	日本	7.01	3.52	0.50
	韩国	2.23	2.78	1.25
	新西兰	2.48	3.68	1.48
	新加坡	4.34	5.70	1.31
	中国台湾	2.72	2.27	0.83
第二梯队	泰国	0.37	0.68	1.87
	中国内地（大陆）	0.17	0.90	5.14
	马来西亚	0.73	0.98	1.34
第三梯队	印度尼西亚	0.14	0.36	2.55
	印度	0.08	0.18	2.28
	柬埔寨	0.06	0.14	2.61
	老挝	0.06	0.22	3.75
	越南	0.07	0.24	3.35
	菲律宾	0.19	0.29	1.53

资料来源：根据世界银行公布的数据计算整理而得。

根据人均GDP标准，可以明显看出东亚经济体之间技术梯度的差异性。基于这种技术等级分类，以联合国国际贸易标准分类第三版本（SITC7，Rev.3）的机械和运输设备的零部件细分数据为基础，我们对东亚各经济体零部件贸易额进行统计分析，来揭示不同技术层级下在1992年、2000年和2019年零部件贸易额的动态变化（见表4-4）。

表4-4 东亚国家和地区相关年份零部件贸易情况

单位：亿美元

国家和地区	零部件出口额			零部件进口额			贸易顺差		
	1992	2000	2019	1992	2000	2019	1992	2000	2019
第一梯度									
日本	2 431.14	3 296.80	4 112.02	376.79	1 060.81	2 045.75	2 054.35	2 235.99	2 066.27
新加坡	349.47	928.99	1 912.35	345.75	817.13	1 745.03	3.72	111.86	167.32
韩国	325.48	1 002.75	3 100.27	289.88	590.79	1 639.17	35.60	411.96	1 461.10
中国台湾	262.99	866.05	1 938.21	185.69	702.5	1 325.58	77.3	163.55	612.23
中国香港	326.98	777.39	3 734.59	396.66	908.42	3 803.45	-69.68	-131.03	-68.86
第二梯度									
马来西亚	178.61	614.16	1 077.28	218.63	509.21	866.61	-40.02	104.95	210.67
印度尼西亚	14.48	107.69	232.50	117.00	93.59	554.49	-102.52	14.10	-321.99
中国大陆（内地）	132.03	826.00	12 000.38	307.59	962.80	7 875.88	-175.56	-136.80	4 124.5
泰国	85.91	299.97	961.13	170.45	278.69	760.63	-84.55	21.28	200.5
第三梯度									
菲律宾	16.71	289.90	482.87	44.22	209.21	529.71	-27.52	80.69	-46.84
越南	0.00	12.53	1 144.36	0.00	46.93	1 087.47	—	-34.40	56.89
印度	14.59	30.96	616.78	34.58	77.89	1 092.29	-19.98	-46.93	-475.51
资源禀赋梯度									
澳大利亚	53.67	72.21	118.27	173.89	330.21	881.32	-120.22	-258.00	-763.05
新西兰	9.90	17.40	23.62	36.31	54.79	165.61	-26.41	-37.39	-141.99

资料来源：根据UN COMTRADE数据库和《台湾统计年鉴》整理而得。

作为第一技术梯度国家（地区），日本在1992年零部件出口额就达到2 431亿美元，是东亚其他国家零部件出口额总和（1 180.85亿美元）的2倍多，说明日本当时在东亚地区毫无疑问起着领头雁的作用，但是到2019年日本零部件出口额才增长到4 112.02美元，仅仅增加了0.7倍，增长速度远远小于其他经济体，而进口则增加了4倍以上。出口比重下降而进口比重上升说明了日本作为第一梯度核心国家的作用在削弱。从1992年至2019年，零部件出口额，新加坡增加了4.5倍，韩国增加了将近9倍；从1992年至2019年，零部件进口额，新加坡增加了4倍，韩国增加了将近5倍。另外，从份额上来看，新加坡和韩国两国的出口份额都有所上升，进口份额逐渐增加。由此可以看出，新加坡和韩国在东亚区域分工网络中的地位不断提升，开始具备了日本曾经拥有的能力。特别值得注意的是中国台湾和香港地区的变化。中国台湾、香港地区在1992年的零部件出口额与韩国差不多，中国台湾比韩国少62.49亿美元，而中国香港则比韩国多1亿多美元。但是到了2019年，中国台湾的零部件出口额仅为韩国的62.5%，这说明中国台湾在东亚产业分工体系中地位有所下降；中国香港的零部件出口额从1992年的326.98亿美元上升到2019年的3 734.59亿美元，进口额从1992年的396.66亿美元上升到2019年的3 803.45亿美元，出口与进口都出现了大幅度上升，这更多源于转口贸易。

第二梯度的相关国家中，马来西亚从1992年至2019年零部件出口额增加了5倍，进口增加了3倍。印度尼西亚从1992年至2019年出口增加了15倍，进口增加了3.7倍。泰国从1992年至2019年出口增加了10倍，进口增加了3.5倍。中国从1992年至2019年出口增加了90倍，进口增加了24.6倍。由此我们可以发现，第二梯度国家最大的特点在于出口迅速上升，而进口增长的幅度却比较小，这说明了第二梯度的国家从供给端已经较充分地融入了区域分工网络之中，其中最典型的当数中国。经过测算，中国在东盟的零部件出口份额从1992年的5.64%上升到2019年的12.61%，进口份额从1992年的0.68%上升到2019年的16.71%，这一方面说明了中国在区域分工网络中的重要性，另一方面也充分说明了这些年来中国在东盟生产网络体系中的技术跃升高度。

位于第三梯度的菲律宾、越南和印度，它们的变化趋势与第二梯度的相仿，但是所占的份额却非常低。这说明了，第三梯度的国家才刚刚开始参与到东亚的产业分工体系之中。

另外，作为资源禀赋国的澳大利亚和新西兰两国融入东亚零部件生产网络中的比重非常低，甚至可以忽略不计。

自20世纪60年代开始，东亚地区的技术进步，始终伴随着产业的梯度转移。该地区的产业沿着劳动密集型的纺织、服装→零部件、加工业→轻工业、家用电器、半导体等→重工业、汽车业、航空工业等方向升级，并依次在日本、亚洲“四小龙”、马来西亚、印度尼西亚、泰国、中国、越南、菲律宾、柬埔寨和缅甸等国家和地区之间转移。相应地，东亚国家及地区的技术也是循着这个路径进行着梯度转移。在这里以纺织品为例来看一下日本产业转移与韩国承接之间的相关性。由图4-9可以发现，随着日本纺织品的向外转移和韩国对于纺织品的承接，日韩之间在纺织品竞争力方面发生了反转。不过，从1980年开始，韩国纺织品的竞争力系数也出现了下降，随着韩国技术水平、成本的上升，纺织品产业从韩国开始向其他东亚国家开始转移，韩国转而向重化工业发展。

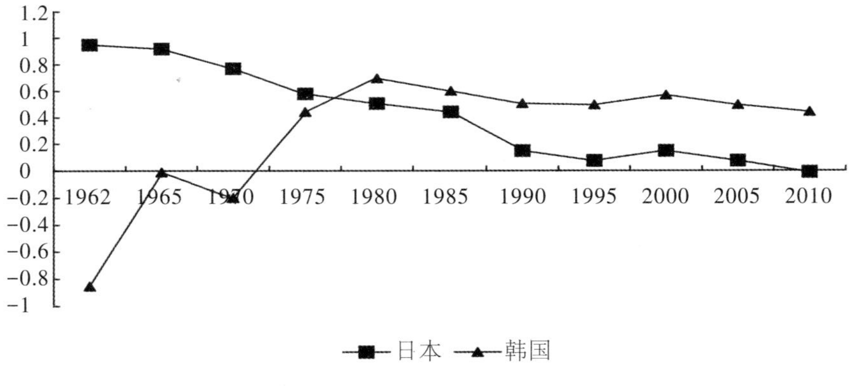

图4-9 1962—2010年日韩纺织品竞争力系数（TC）对比

资料来源：根据UN COMTRADE数据库数据计算而得。

不过需要注意的是，东亚各个国家和地区若仅通过国际技术传递实现技术创新，则效果会是有限度的。贸易保护理论的鼻祖李斯特就曾经形象地指出，处于技术创新能力梯子高处的发达国家为了阻止后发国家对它们的追赶总是能通过各种方法敲掉自己身后梯子的几段“隔板”。根据伯利兹、克鲁格曼、兹东等（Brezis等，1993）提出的“蛙跳理论”，后发国家的后发优势不仅体现于跟随性的模仿创新，而且体现于技术发展到一定程度，在本国已有一定技术创新能力的前提下，后发国可以依托RCEP和“一带一路”直接选择和采用某些处于技术生命周期成熟前阶段的技术实施技术赶超，这在当前逆全球化、技术被“卡脖子”背景下更是如此。

4.3.3 USMCA与RCEP循环体系的异同

USMCA是一个稳定的三角循环体系，墨西哥和加拿大都扮演着美国供应商和代工厂两大角色，而其中的关键则是美国巨大的消费需求、生产的技术优势以及全球货币体系的核心地位。与USMCA不同的是，RCEP是开放的循环体系，RCEP并不像USMCA一样具有相对独立的闭环运行系统。总体来看，RCEP强化了中国双重角色扮演，使得我国成为RCEP的核心枢纽国（如图4-10所示）。

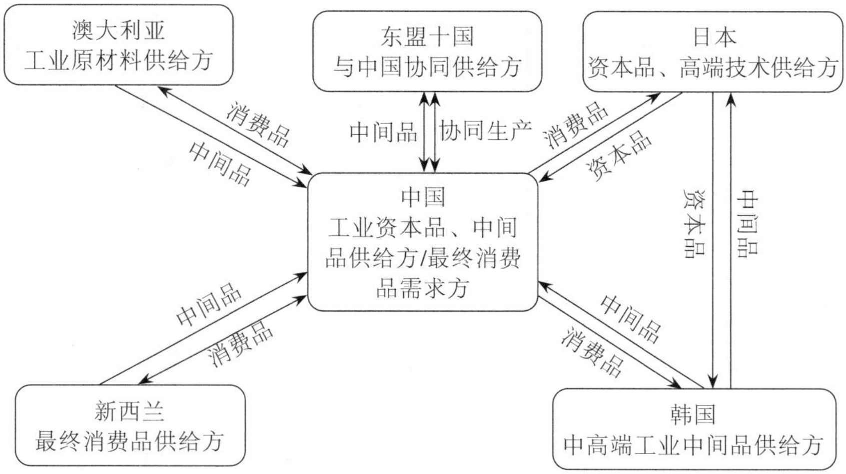

图4-10 RCEP开放循环体系

资料来源：作者整理得到。

从供给层面看，与USMCA的稳定三角循环体系相比，RCEP的循环体系则更为复杂。从20世纪60—70年代的以日本为首的雁阵发展模式加速向中国和日本两国为头雁的双雁阵发展模式转变，我国在东亚生产网络体系中的地位已经由最初的原材料提供者转变为重要的半制成品和零部件提供者。中日韩三国产业链和供应链紧密融合，比较优势高度互补，日本是高新技术领域的核心技术输出方，韩国是半导体等领域的重要半成品提供方，我国则利用日韩对国内产业链短板的补充作用，打造制造业集聚区，生产制成品和半成品出口到ASEAN，与ASEAN共同扮演了一个向CAFTA之外的全球需求方提供产品供给的重要角色。近年来，我国随着创新驱动发展战略的实施，在一些关键领域和行业开始扮演着日韩角色。从需求层面看，RCEP中我国的角色主要表现出三大特征：一是从日韩进口集成电路、半导体制作设备和机械等相关零配件等中间品，与此同时也进口一些高端消费品。二是与ASEAN之间存在着产业内协同生产—协同需求特征。三是从新西兰等国进口最终消费品，以及从澳大利亚进口矿物燃料等资源品。

4.4 RCEP下双循环构建模式及其风险

4.4.1 双循环新发展模式

1979年《中华人民共和国中外合资经营企业法》出台，这是我国首次为外资企业在华经营提供了法律依据。在这之后，我国参与国外经济循环开始起步，最初状态仍然是以国内循环为主，国际循环为辅，两者基本上互为平行线。20世纪90年代中期开始，国内国际两种循环开始产生交集，相互渗透。2001年加入WTO则加快了我国经济全球化的进程，在这之后我国逐步形成了以外循环为主导的经济发展模式，内循环的地位和作用逐步降低（孙军等，2021），内循环主要是根据国内消费投资结构的变化以及国家战略需要调整产业供需结构，外循环主要是根据外部市场需求的变化趋势调整国内生产结构，是一种全球价值链依附性嵌入模式，这一阶段内外循环基本处于交叉但深度融合不足的状态。

当前我国传统要素优势减弱，环境压力加大，而内需规模不断扩大且消费升级加快，有望成为全球第一大市场。《中华人民共和国国民经济和社会发展第十四个五年规划和2035年远景目标纲要》明确提出

“坚持扩大内需这个战略基点……加快构建以国内大循环为主体、国内国际双循环相互促进的新发展格局”[①]。党的二十大报告指出，“坚持高水平对外开放，加快构建以国内大循环为主体、国内国际双循环相互促进的新发展格局”[②]。因此，由客场全球化转向主场全球化已是我国经济发展的客观要求，也是构建双循环新发展格局的主要内容和必然选择（刘志彪、凌永辉，2021）。“一带一路”是我国构建新发展格局的重要通道，是促进国内国际双循环的重点，而RCEP与“一带一路”高度契合，是区域内经贸规则的“整合器”，能够有力支持和维护“一带一路”多边经贸体制，是我国构建双循环新发展格局非常关键的机制性合作平台和关键性战略枢纽。在全球价值链呈现出内向化、区域化和多元化特征的背景下，依托RCEP构建双循环新发展格局已成为“突破口”和最佳途径之一。

（1）国内与国外循环之间的联动能力增强，助推更高层次循环

具体来看，双循环新发展模式：一是有助于强化国内大循环的引领能力。内循环能够通过自主创新体系构建和统一大市场建设虹吸全球高端生产要素，加快现代化产业体系构建。在这种情况下，即使外部环境的不确定性增大，只要内循环体系能够顺畅有力地运行，仍能产生强大的经济吸引力，提高国际竞争力，从而产生参与RCEP国家及地区经贸合作新优势，促进外循环的高效运转，进而形成“内循环→RCEP区域循环→‘一带一路’循环→大外循环”的正向联动。二是能够提升国外大循环的反向联动能力。RCEP框架下贸易壁垒大幅缩减、内外规则有效衔接、贸易便利化和自由化程度明显提升以及贸易投资营商环境的实质性改善将有效畅通区域内生产要素流动及贸易投资活动，加速RCEP产业链重构，为我国打造更高水平的外循环提供了广阔的空间，这也为反向推动经济内循环中生产、分配、流通和消费等环节的提质升级创造了良好的发展环境，从而形成“RCEP区域循环→内循环→‘一带一

① 新华社．中华人民共和国国民经济和社会发展第十四个五年规划和2035年远景目标纲要［EB/OL］.（2021-03-13）［2023-08-15］. http：//www.gov.cn/xinwen/2021-03/13/content_5592681.htm.

② 新华社．习近平：高举中国特色社会主义伟大旗帜 为全面建设社会主义现代化国家而团结奋斗——在中国共产党第二十次全国代表大会上的报告［EB/OL］.（2021-10-25）［2023-08-15］. http：//www.gov.cn/xinwen/2022-10/25/content_5721685.htm.

路’循环→大外循环”的反向联动机制。由此可见，双循环新发展模式：一方面有助于通过国内大循环带动RCEP区域循环，进而推动国外大循环，形成更高质量、更高水平的对外开放格局；另一方面有助于依托RCEP构建区域循环体系，更好地放大国内大循环广度和能级，进而形成更高层面的大循环体系，最终形成沿“一带一路”的耦合互动的“以我为主”的全球产业链正反馈系统，即“内循环→RCEP区域循环→‘一带一路’循环→大外循环→内循环”运行模式。

（2）国际环境深度调整能够释放广阔市场空间，诱致技术进步

尽管我国少数工程机械龙头企业已经跻身世界级企业行列，但这些主机厂商的产品核心部件，特别是高端核心零部件，比如机械传动件、控制件和发动机等关键技术，仍然掌握在外资企业手中，很大程度上仍然依赖国外进口，高端装备制造产业体系尚不完善、一些关键技术也仍掌握在发达国家手中。RCEP和“一带一路”为中国工程机械和高端装备等企业“走出去”提供了发展机遇和市场空间，RCEP协议的签署进一步放大了产业链供应链集聚效应和“强链”“延链”“补链”的机遇，为中国构建新发展格局提供了更好的平台和更大的市场空间，提高了配置资源效率，促进中国工程机械和高端装备等制造产业高质量发展。同时，RCEP协议的签署有利于推动这些产业扩大双循环规模，倒逼产业转型升级，加速向中高端领域的探索和发展。随着中国与东南亚国家在产业链的垂直分工协作加快推进，这对中国制造产业发展产生了巨大的助推作用，推动其逐步向高技术、高附加值的制造业高端领域升级。

（3）产业布局加速重构催动生态优化调整，倒逼技术进步

中国制造业大而不强是困扰制造业发展的主要矛盾，工程机械、装备制造等产业的关键材料和核心零部件依赖进口是阻碍我国制造产业发展的主要因素，例如，高档数控机床、高档装备仪器、运载火箭、大飞机、航空发动机、汽车等关键件精加工生产线上逾95%制造及检测设备依赖进口。而在低端装备生产领域，中国逐渐开始面临东南亚地区低人工成本的竞争威胁，随着中国对外开放程度进一步扩大，国外巨头加紧对中国市场的渗透，全球产业链布局将加速重构，不确定性已成为中国产业链最大的挑战和机遇，中国制造产业应紧抓全球产业链布局重构

契机，优化中国产业生态，推进制造产业高质量发展。另外，大部分RCEP成员方经济外向度较高，随着区域经济一体化的不断推进，贸易投资壁垒逐步削减，中国企业在从自由化中受益的同时，也将面临更加公平但也更加激烈的市场竞争。因此，中国企业需要从国际市场需求出发，不断提高自身产品和服务质量，更加重视科技研发投入，逐步增强供应链、产业链的核心竞争力。

（4）数字技术赋能区域合作，加快创新涌现

近年来，大数据、区块链、物联网、人工智能等新一代信息技术快速推广应用，全球数字技术实现蓬勃发展。一是数字技术的广泛应用显著降低贸易成本，能够促使供应链上不同环节间分工更加细化，创造出更多的新事物。RCEP的建立将使上述趋势进一步凸显，区域内的数字贸易往来更加密切，新产品、新服务、新环节、新模式不断涌现，将吸引数量更多、范围更广的优秀数字企业加入其中，从而促使我国更多的高品质产品和服务融入全球供应链之中。二是数字贸易将会推动制造业趋向于区域化，生产性服务业则更倾向于国际化发展。RCEP将会积极带动与货物贸易相关的服务贸易的快速增长，带来巨大的贸易投资增长效应与贸易创造效应，有利于我国依托"一带一路"，围绕数字技术打造新服务、新产业的高端孵化区，积极构建面向全球服务领域的产业链、供应链。

4.4.2 可能的相关风险

在"一带一路"建设和双循环发展模式构建过程中需要引起我们重视的是，由过去出口导向战略下的全球价值链依附性嵌入发展模式向"以我为主"的依托RCEP的产业分工模式转变并不会自动形成。正如上文所讲，RCEP是一个开放的循环体系，中国在RCEP中具有双重角色，哪一重角色处理不好，都可能会使RCEP的效果"大打折扣"，致使无法赋能"一带一路"建设。因此，在这个转换过程中必须注意到其中可能存在的风险。

（1）内需弱化风险

2021年我国GDP已超过110万亿元人民币，已经成为全球第二大

经济体，经济韧性好、潜力足、活力强的良好状态并未改变，内部市场空间广阔，是我国可以长期依赖的最大的动态比较优势。不过我们也要看到，目前仍然存在着很多制约市场空间扩大的障碍存在，这使得我国潜在的庞大市场空间并没有完全得到有效释放。具体来看，一是仍存在着大量的阻碍统一市场建设的因素，例如选择性的地方主导型产业政策、产权交易的市场壁垒、商品市场分割、要素市场分割等（刘志彪、孔令池，2021）。二是国内收入分配结构仍然不够完善，主要包括消费需求与投资需求比重失衡、国内居民消费率与发达国家相比偏低、乡村和城镇居民之间的消费需求差距大、居民消费需求中的服务性消费比重偏低等问题（凌永辉、刘志彪，2021）。三是国内产品供给结构无法匹配和迎合居民日益增长的高端需求，导致了“需求外溢”。近年来，我国内需市场出现有效供给能力不足而带来大量的“需求外溢”的现象，在进口分类中表现比较明显的货物商品主要包括高端有机化学品、医药制品等高端制成品，服务领域主要体现在知识产权、研发成果使用、文化娱乐视听等领域。“需求外溢”弱化了我国供给侧能力提升的机会，而供给端的高端生产性服务业发展不足又会反过来抑制制造业高端化进程。依托RCEP形成双循环新发展格局的重点在于市场和技术的双重追赶和跃升，若内需受到抑制，则内需主导型技术创新体系就不能够有效构建，再伴随着劳动密集型产业向外迁移，则我国将面临着低端产业空心化和高附加值产业无法形成的“双重困境”。

（2）比较优势断档风险

比较优势断档是指我国低端产业沿“一带一路”转向ASEAN等其他发展中国家，丧失原本具有比较优势的产业，而新的基于技术创新的具有比较优势的产业尚未形成，从而产生比较优势断档期。我国在传统劳动密集型产业产品方面的出口大于进口，而在高端产业方面则主要是进口大于出口。虽然RCEP能在短期内提升我国传统劳动密集型产业产品与高端产业产品的出口，但我国劳动力和土地成本逐年升高，生态环境标准提高，碳排放日益趋严，导致我国原本具有比较优势的劳动密集型产业的优势被削弱，逐渐转移至ASEAN等地区。在高新技术服务产业方面，包括关键零部件和集成电路领域，我国面临日本、韩国等发达国家的高端压制，技术攀升存在着一定的难度。RCEP放宽市场准入后，能够吸引日韩等高新技术服务业涌入中国市场，进而对国内相关行业升级产生一定的挤出效应。具体来看，自动数据处理设备将面临泰国、菲律宾、马来西亚的竞争，汽车零件将面临日本、韩国的竞争，石油制品将面临韩国、马来西亚、新加坡的竞争，集成电路更是将面临日本、越南、马来西亚、泰国等多国的冲击等。也就是说，RCEP在扩大各国开放的同时，不可避免地强化了国家之间的竞争关系。

（3）产业链冲击风险

RCEP是一个开放性系统，其自身产业链并不完整，产业链中的一些核心零部件，比如芯片、半导体等由美国等RCEP外部国家和地区主导，并不能形成一个相对封闭的运行系统，这导致RCEP区域内部产业链供应链稳定性不够、韧性不足。出于自身长远诉求和现实利益的考虑，自2018年起美国商务部不断把中国企业列入“实体清单”，《2022年美国竞争法案》通过大规模本土投资增加在美国本土进行半导体生产的规模，2022年欧盟的《欧洲芯片法案》则开始强化欧盟半导体生态系统，这方面的“断链”风险很多，在这里不再一一罗列。这些“卡脖子”式的管控都在一定程度上扰乱了中国企业参与全球产业链供应链进程，打断了过去的技术进步模式。为规避风险，一些企业选择与我国相关企业“脱钩”或部分向外转移产业链的做法加剧了全球价值链的重塑进程，给全球乃至亚洲生产网络带来了极大挑战（倪月菊，2021）。这迫使我们必须加快从过去的产业链依附式嵌入模式向自身主导式模式转变，实施自主创新和构建完整产业链，我们自主创新水平愈高，就愈能够在更高水平上推进国际科技合作。我国目前已经加速了自主创新的步伐，但创新是有时间限制的，在短期内对我国参与和主导的RCEP和“一带一路”建设而言，提升技术进步能力是有一定制约的，这毫无疑问增加了RCEP良性运转的难度和我国转型的压力和难度。

（4）高标准规则冲击风险

这主要表现为，一是RCEP整合了区域内经贸规则，对标国际高标准自贸规则，化解了“意大利面碗”效应[①]，涵盖了货物贸易、服务贸易、投资、知识产权、自然人移动、电子商务、中小企业等方面的市场开放政策，但RCEP规则专业性强，与我国以前所面对的情形并不相同，不可避免地会对国内相关产业造成冲击，这就需要我国制定原产地管理办法和实施指引，对照协定规定加快完善国内相关法规政策，帮助企业，尤其是中小微企业加快熟悉协定规则内容，制定有效推进方案。二是RCEP外部干扰因素较多，其中最明显的是CPTPP协议。在CPTPP框架下，签约国（地区）间95%的货物实行零关税，该协定还致力于取消成员方之间投资、服务和数据的障碍，为成员方间开展零售、银行和电子商务带来更大的机遇。日本、新加坡等国家同时是CPTPP与RCEP成员国，如果RCEP约束力太弱，就会在规则竞争中落后，进而会被边缘化（徐杰，2019）。此外，美国虽未加入CPTPP，但曾经是CPTPP前身TPP的倡议国，其影响力不可忽视，当我国在RCEP中的影响力和地位威胁到美国的全球经济政治战略和经济利益时，美国可能会与RCEP中的其他成员方抛开我国制定更高标准的新贸易协定，这将会导致RCEP运行陷入困境。

4.5 对策建议

中国在RCEP中具备的双重角色决定了我国要在RCEP中发挥枢纽作用，一方面要坚持扩大内需这个战略基点，充分挖掘国内市场潜力和对于高端要素的虹吸能力，依托“一带一路”建设强化我国在RCEP中的需求核心地位，通过融入RCEP赋能“一带一路”建设；另一方面要强化技术创新和产品替代能力，推动制造业高级化和服务化进程。另外，也要提升与日韩等国技术合作的深度和广度，构建“以我为主”的产业链、供应链乃至创新链体系，逐步成为新一轮全球化的重要高端产品供给方。与此同时，要加快规则等制度型开放，适时实现从适应规则向主导规则的转换。

① “意大利面碗”源于美国经济学家巴格沃蒂1995年出版的《美国贸易政策》一书，指在各类双边自由贸易协定和区域贸易协定下，各个协议不同的条款就像碗里的意大利面条一样搅在一起。

4.5.1 全力做实内需的“压舱石”角色

内需始终是我国经济发展的关键引擎，是实现国内大循环和国内国际双循环的“压舱石”，是我国可以长期依赖的最大的动态比较优势，但目前也面临着不少的制约因素。下一步，一是强化国内统一大市场建设，加快推进劳动力、资本等要素全国市场统一化进程，提升要素在全国范围内的市场化配置能力。通过收入分配制度改革、城乡区域协调发展和基于数字技术的新型消费模式等，加快消费提质升级，培育建设国际消费中心城市，不断强化和提升基于消费的投资规模和效率，改变“重投资不重人”的发展方式，更加注重以人为本。二是充分运用国内有效需求的虹吸效应，打造虹吸全球高端要素资源的“引力场”，充分发挥内需市场的规模效应和竞争效应[①]，沿“一带一路”在RCEP国家及地区中向全球价值链的高端环节持续攀升。三是利用好自由贸易试验区和海南自由贸易港等开放平台，针对我国服务业短板，要持续推进以服务业市场开放为重点的市场化改革，实施制度型开放，全面实行准入前国民待遇加负面清单管理制，不断缩小负面清单范围和降低准入门槛，通过贸易和投资自由化、便利化政策持续提升利用外资水平，扩大投资规模，强化服务业对于国内需求的有效匹配能力和我国制造业向高端发展的支撑能力。四是坚持出口与进口并重举措，在沿“一带一路”扩大出口的同时，要在我国急需的技术和中间产品等方面加大从发达国家的进口力度，产生“1+1＞2”的“熊彼特效应”，推动国内经济大循环能力提升，加快企业在全球尤其是“一带一路”共建国家投资，加速双循环构建。另外，要在提升老百姓的幸福感、获得感和对美好生活的向往方面加大进口规模，扩大与人民生活密切相关的优质产品和服务的进口。

4.5.2 持续提升技术供给的引领能力

创新是一个国家兴旺发达的不竭源泉，是我国能够在RCEP中发挥

① 所谓规模效应是指利用内需的虹吸效应吸引全球创新要素在国内集聚，推动制造业升级和现代服务业发育。竞争效应是指利用广阔内需促进产品和服务的多样化和差异化发展，避开与发达国家的同质化竞争，助力向产业链高端环节攀升。

更多作用和更好实施双循环的关键举措。一是坚持创新驱动发展，强化国家战略科技力量，加快推动以企业为主体、市场为导向、产学研用深度融合的技术创新体系构建，强化知识产权保护，激发人才创新活力，完善科技创新体制机制，加快发展现代产业体系。深度挖掘和支持我国在RCEP中技术优势领先的一些领域，例如人工智能、数字技术、量子通信技术、云计算、高铁技术等，强化在这些领域的“链主”地位，并提升对其他行业的融合引领能力，构建“以我为主”的RCEP创新链、产业链和供应链体系。二是利用RCEP倒逼我国技术创新契机，强化市场整合对区域内部产业结构及布局调整的引领，进一步优化贸易和投资布局，形成沿海地区产业引领、内陆地区嵌入的循环体系。构筑以京津冀、长三角和珠三角“三头雁”为首的国内雁形发展新模式，沿“一带一路”国内方向推进国内各地区在区域价值链上的协同均衡发展（倪月菊，2021），形成国内区域间创新链、产业链、价值链和供应链深度融合，共同发力的新局面，提升产业在国内循环和增值的比重，不断增强产业链的自主可控能力。三是充分利用RCEP合作契机加快推动中日FTA或中日韩FTA的达成，深化与日韩之间的合作机制和平台载体建设，引进日韩高端制造业和生产性服务业，加大专业化分工合作力度。向日韩高科技企业开放广阔的国内市场的同时，推动日韩对我国解除相关领域的技术和人才方面的管控，构建中日韩三国高端产业合作新机制，规避RCEP给我国带来的比较优势断档风险，提升亚太地区应对风险挑战能力。四是基于“一带一路”倡议和RCEP共振契机，巩固拓展与周边国家产业链供应链合作，构建制造业供应链生态体系。扩大双向贸易和投资规模，加快推进西部陆海新通道和RCEP连接渠道高质量发展，推动国际陆运贸易规则制定和制度型开放步伐。

4.5.3 努力实现从适应规则向主导规则转换

充分利用RCEP框架下的自由贸易政策，紧密结合“一带一路”倡议，准确把握区域内贸易规模和生产要素跨国流动规模持续扩大的新动态，与RCEP成员方共同构建区域价值链，推动区域产业链、供应链和创新链的深度融合。一是在货物贸易上利用RCEP关税优惠方面的举措降低原材料成本，大幅提高区域内商品的贸易自由化和便利化程度，加快进口日韩等高技术中间产品，补链强链。在RCEP统一的区域积累原则和原产地规则下，扩大转口贸易，避免美国歧视性关税风险，降低对美国直接出口依赖度，提升出口产业链的稳定性和韧性。加快推动海关程序、检验检疫、技术标准等统一规则落地，改善区域内货物贸易供应链。二是在服务贸易上持续改善知识产权、电子商务、贸易救济、竞争、政府采购等领域的贸易营商环境，为服务贸易部门创造更加公平、开放、稳定和透明的竞争环境，落实服务贸易负面清单管理承诺，促使国内服务贸易向价值链高端环节发展，“解锁”我国在全球价值链低端“俘获”的困境。三是在投资上利用RCEP创造的透明、公平、稳定的政策预期，完善国内准入前国民待遇加负面清单外商投资管理制度，锁定国内压缩外商投资负面清单改革成果，实现降低外商投资市场准入门槛，提升国内自贸试验区、自由贸易港的制度创新优势，构建从制造、供应到销售各个环节的密切协作机制，助力我国与RCEP各成员方构建更为紧密的产业分工合作伙伴关系。四是基于RCEP国家及地区的差异化与互补性特征，依托RCEP强化中国连接发达国家和新兴经济体产业链和供应链的核心枢纽国角色，以中国为技术和市场双引领枢纽，打造以日韩为技术“领头雁”，以新加坡、澳大利亚等相对发达国家为第二梯队，以欠发达国家为第三梯队的“雁行”发展模式，提升产业链的完善程度与自生能力。

4.5.4 加快推动从嵌入型全球价值链向主导型区域价值链转变

以生产性服务业为主的知识密集型产业正成为新一轮经济全球化的焦点和重点，但它们对制度更加敏感和依赖，制度型开放已成为新时代提升我国国际竞争力的必选项。党的二十大报告中强调要“推进高水平对外开放，稳步扩大规则、规制、管理、标准等制度型开放”[①]。一是不断强化RCEP规则与国内衔接能力，通过RCEP规则解决“一带一路”建设过程中规则模糊、不清晰等问题，推动投资贸易主体形成共识，形

① 新华社. 习近平：高举中国特色社会主义伟大旗帜　为全面建设社会主义现代化国家而团结奋斗——在中国共产党第二十次全国代表大会上的报告［EB/OL］.（2021-10-25）［2023-08-15］. http：//www.gov.cn/xinwen/2022-10/25/content_5721685.htm.

成共同认可的规则体系，减少贸易投资效率低甚至“半途而废”等问题。依托长江经济带、自贸试验区和自由贸易港等推动内外双循环规则协同和高效运转，强化内外规则衔接。二是借助RCEP积极融入CPTPP，促进我国加速形成与高水平国际经贸规则相衔接的制度政策体系，推动建设更高水平开放型经济新体制，依托大数据、数字技术、云计算、物联网等新兴信息技术和广阔市场集聚更多高端生产要素，增强我国产业链供应链的稳定性和韧性。三是深度参与基于RCEP的国际经贸规则体系构建，着重探索与RCEP有效对接的制度环境，促进内外规则协同。提炼公平公正和具有前瞻性的贸易投资规则和标准，借助RCEP向外输出符合大多数国家及地区利益的“中国模板”。密切关注AI技术、数字技术和新能源变革可能带来的机遇，把握相关规则和标准制定的主动权。四是依托RCEP和“一带一路”实施“走出去”战略，强化人民币在国际化货币环流中的纽带地位，提升人民币在RCEP贸易中的计价结算规模、对外直接投资中的投融资需求使用，结合产业链、供应链合作进程优化金融基础设施在RCEP国家及地区的合理布局。五是将金融市场开放、自贸试验区、自由贸易港建设与RCEP和“一带一路”相结合，加大金融双向开放力度，并同时完善金融监管体系改革，防范跨境资本流动可能带来的金融系统风险。增强RCEP跨境大宗商品交易所人民币计价货币职能建设，整合RCEP金融合作机制，塑造有利于人民币国际化的多边机制（张明、王喆，2021）。

5 “一带一路”、双循环与“三环流”价值链体系构建

5.1 引言

尤其从我国加入WTO以来，我国企业快速嵌入了由发达国家跨国公司所主导的全球价值链（GVC）体系。大量研究表明，发展中国家企业以代工模式参与由发达国家跨国公司所掌控的GVC能够快速提高其产品生产和出口能力，实现工艺和产品升级。不过，由于跨国公司牢牢掌握价值链的高端以及战略核心环节，因此发展中国家企业参与的是依附型GVC，不仅承受着国际风险传导的影响（代谦、何祚宇，2015），而且也会导致本土企业“被俘获”。另外，伴随着我国各类要素成本的快速上升、环保压力的持续加大和国际金融危机以来制造业向发达国家的“高端回流”，这种发展模式显然已不可持续。

由我国发起的“一带一路”是一个跨区域倡议，沿线分布着约44亿人口，占全球总人口的63%，它们大多是处于经济成长期的发展中

国家以及新兴经济体，经济总量约占全球总量的29%（高虎城，2014)。“一带一路”强调与相关各国互利共赢合作，该倡议的实施传递出我国做长经济增长“短板”以培育全球经济新增长点的新思路（卢锋等，2015)，这是在国际金融危机后以中国为枢纽点的全球价值双环流体系初现端倪的背景下，第一次主动尝试构建适宜自身发展的全球治理机制（刘伟、郭濂，2015)。构建“一带一路”全球价值链合作机制不仅会推动新一轮全球贸易繁荣与发展，而且还可以为我国由过去的参与全球价值链向重塑全球价值链，转移富余资本和产能，使产业迈向中高端，实现产业升级提供机遇，加速经济进入创新驱动发展新阶段（刘志彪，2017)，能够为我国双循环新发展格局构建贡献重要支撑（习近平，2021）[①]。反过来讲，以国内大循环为主体、国内国际双循环相互促进的新发展格局也将为推进“一带一路”进一步发展形成强大机遇和推动力。现有实证研究也支撑着上述观点，韩永辉等（2015）基于UN COMTRADE数据库的研究发现，中国与西亚贸易联系愈加紧密且呈现产业间贸易特征，表现出较强的贸易互补性。魏龙和王磊（2016）基于WIOD数据和KPWW方法的研究指出，中国与“一带一路”沿线国家贸易互补性强于替代性，在价值链高附加值环节占据优势。孟祺测算了“一带一路”分区域的制造业竞争力状况，发现中国有能力也有必要构建GVC（孟祺，2016)。关于具体实现的路径和方式，钟飞腾（2015）认为，构建GVC的关键在于选择重点国家和相关产业。卓丽洪等（2015）指出，要以在全球范围内构建完善的“母子工厂”体系为核心，积极推进中国与广大新兴经济体的产能合作。中国可以通过沿“一带一路”产能国际合作打造自身的利益环流，逐步形成以中国为枢纽的“双环流”价值链体系（黄先海、余骁，2017；张辉，2017；刘伟、郭濂，2015)。但我们也注意到，共建“一带一路”国家间无论是在贸易领域还是在投资领域，都未形成系统性的规则体系，风险和矛盾持续加大（吕越等，2022)。由此，戴翔和张二震（2019）认为，要通过制度型开放为“一带一

① 新华社. 习近平出席第三次“一带一路”建设座谈会并发表重要讲话［EB/OL］.（2021-11-19）［2023-08-15］. https：//www.gov.cn/xinwen/2021-11/19/content_5652067.htm?jump=true.

路”建设提供保障，通过“一带一路”建设与中国制度型开放的良性互动为价值链体系构建提供支持。

当然，我们应清醒地认识到，目前我国出口产品仍属低值产品，在全球价值链中的地位并不高（刘琳，2015；刘海云、毛海欧，2015；赖伟娟、钟姿华，2017；周升起等，2014），这可能导致我国制造业在沿“一带一路”向外转移过程中面临着国内产业转型升级不畅和“空心化”等问题（田文林，2017；夏先良，2015）。“双环流”价值链体系的提出对于指导我国价值链体系的构建具有极大参考价值和意义，不过该体系忽略了内需以及与之相对应的国内价值链在全球价值链体系构建中的巨大作用，即忽视了双循环新发展格局构建的重要价值。尽管刘志彪指出了要在国内重要的全球性城市建立总部基地，占据GVC的“链主”地位，并同时在沿线主要城市建设GVC的节点关系，逐步把一些发展中国家纳入中国主导的价值链体系（刘志彪，2017），但该研究并没有在此基础上对这些问题做进一步的深入探讨。

基于此，本章在基于双循环的基础上探求沿“一带一路”构建“三环流”价值链体系框架，并深入分析可能的推进路径。接下来的安排如下：第二部分研究“一带一路”倡议持续推进过程中我国制造业可能面临的困境；第三部分分析“双环流”价值链体系缺陷并在此基础上构建“三环流”价值链体系；第四部分给出我国沿“一带一路”构建全球价值链体系的路径选择；第五部分是本章的结论和政策建议。

5.2 我国企业“走出去”可能引发的问题

5.2.1 我国GVC地位再认识

与大部分研究相似，本章基于Koopman等（2014）提出的GVC地位指数概念，测度包括中国在内的几个主要国家制造业的GVC位置：

$$GVC\_Position_{irt} = \ln(1 + \frac{IV_{irt}}{E_{irt}}) - \ln(1 + \frac{FV_{irt}}{E_{irt}}) \quad (5-1)$$

式中：IV_{irt}是r国i产业t时期产品出口所包含的间接增加值；FV_{irt}是r国i产业t时期出口中所包含的国外增加值；E_{irt}是r国i产业在t时期的出口总值。

GVC地位指数越高表明一国产业在全球价值链中越靠近上游，能够为别国和地区提供更多的中间品。利用OECD-WTO联合发布的TIVA统计数据，得到几个主要国家的GVC地位指数如图5-1所示。

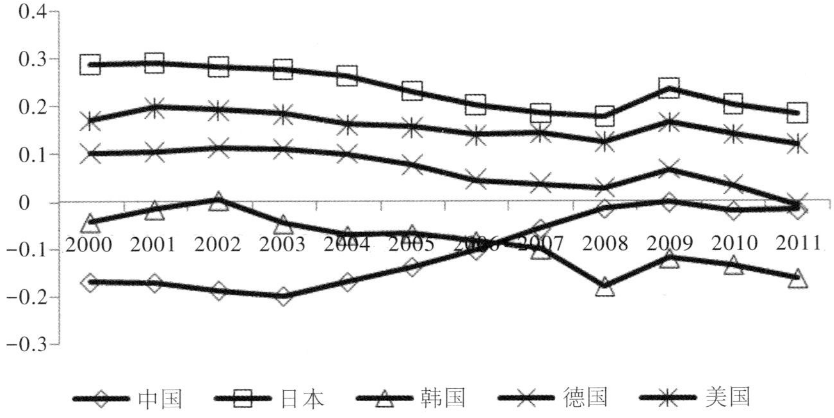

图5-1 制造业在GVC中的地位指数

资料来源：根据OECD和WTO联合发布的贸易增加值（Trade in Value-Added，TiVA）统计数据计算得到。

可以看出，在与亚洲的日本、韩国以及欧美的美国、德国制造业GVC地位的比较中，一是我国制造业地位的提升非常明显，2006年超过韩国，2011年已接近德国；二是我国制造业地位与美国和日本相比，仍然具有比较大的差距；三是从2009年开始，我国制造业地位攀升出现了转折点，开始缓慢下行。

图5-2显示的是上述五国整体制造业出口的国内附加值所占比重趋势。与GVC位置指数走势非常相似，差别在于，一是中国出口国内附加值所占比重是在2007年而不是2006年超过韩国；二是中国的出口国内附加值所占比重与德国差距仍然较大，并没有像制造业地位提升得那样快。

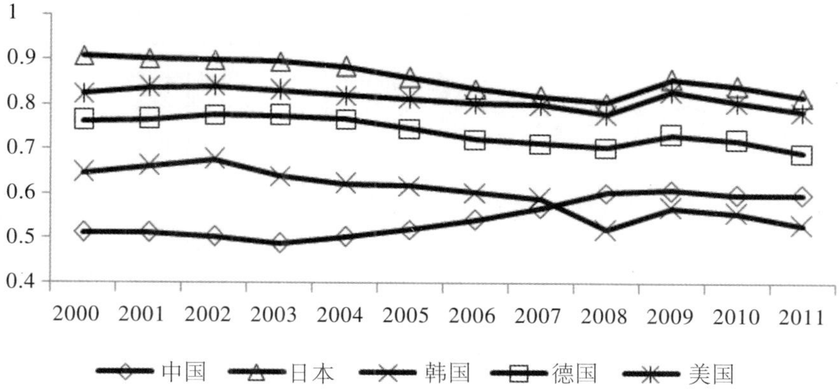

图 5-2　制造业出口的国内附加值所占比重

资料来源：根据OECD和WTO联合发布的TiVA统计数据计算得到。

为了对制造业细分行业有一个了解，本章根据公式（5-1）又计算了部分细分行业在GVC中的位置，并根据要素使用密集度将其划分为劳动密集型、资本密集型和技术密集型三类。为节省篇幅，表5-1仅汇报中国主要制造业行业部分年份GVC位置数值的世界排名（共62个国家和地区）。具体来看，在劳动密集型行业，纺织品、皮革与鞋类等劳动密集型行业的全球价值链位置总体较低，其原因在于中国虽然具有发展这些行业的要素禀赋优势，但这些行业没能掌握全球价值链的核心环节，品牌和设计能力不强，且对国外上游设备的依赖度较高；在资本密集型行业，三个细分行业在全球价值链中的地位相比于劳动密集型行业要高一些，但与其相似的是，2008年之前一直在上升，之后有所回落；在技术密集型行业，机械与设备（其他）以及电子、电气与光学设备在全球价值链中的地位比资本密集型行业低。机械与设备（其他）地位较高，而且攀升得比较快，但在2008年之后也有所降低，电子、电气与光学设备一直在低位徘徊。这大致能够说明我国技术水平距离世界前沿尚有明显差距，并不能承担起向其他国家提供高质量中间品的角色，难以获取高利润。

通过上述分析可以看出，作为“一带一路”发起国的中国在GVC中的位置远低于GVC主导者美国和日本，虽然在全球价值链中的地位2008年以前有所上升，但之后却开始下滑。

表5-1 中国主要行业部分年份GVC地位指数的世界排名（共62个国家和地区）

行业		2000	2005	2008	2009	2010	2011
劳动密集型	纺织品、皮革与鞋类	60	59	57	59	59	59
资本密集型	木材、纸制品、印刷与出版	47	44	45	49	46	49
	化学品与非金属矿产业	52	45	39	39	40	41
	基本金属与金属制品	50	44	36	36	38	39
技术密集型	机械与设备（其他）	58	54	47	56	52	53
	电子、电气与光学设备	57	59	59	61	61	61

资料来源：根据OECD和WTO联合发布的TiVA统计数据计算得到。

5.2.2 “走出去”可能引发的困境

上述分析表明，鼓励我国企业在沿“一带一路”“走出去”的过程中，需要重新审视制造业的现有基础和面临的不足之处。表5-2是根据《对外投资合作国别（地区）指南》（2014）整理得到的中国与部分国家及地区可能的产能合作清单。可以发现，我国与它们的产能合作主要集中在装备制造业、钢铁、纺织业、石化产业、轻工业等相关行业中。应该说，这些行业我国都具有相对比较优势，理应能够在“一带一路”的建设中取得成效，但与我国制造业在GVC中的地位相结合可以发现，有可能存在以下问题：一是上述很多产业的发展门槛较低，使得这些国家无论选取何种产业作为主导产业发展都会遇到中国产业的竞争，对我国形成竞争压力（张可云、蔡之兵，2014）；二是由于区域间的“隔阂”，一方面国内价值链（NVC）并没有成功对接全球价值链（张少军、刘志彪，2013），企业在国家价值链中的优势很难帮助其构建国际价值链，另一方面近年来我国重化工部门和轻工部门国家价值链的广度都呈现出下降的趋势（黎峰、张远鹏，2017），这使得我国沿“一带一路”构建价值链体系的难度加大。

表5-2 **中国与部分国家可能的产能合作**

国家名称	产业名称
哈萨克斯坦	装备制造业（电子设备、机械设备、化工生产设备、轻工业制成品设备）、石化产业（原油开采、石油制品生产、化学工业、橡胶和塑料制品生产）、纺织产业和轻工业（食品，纺织品、服装、毛皮、皮革，木材加工及木制品生产，纸浆、纸张、纸板生产，印刷及印刷服务）等
沙特阿拉伯	装备制造业（农用机械设备、化工生产设备、食品生产设备、纺织品生产设备、钢铁生产设备、水泥生产设备、淡化海水与发电设备、通信设备）、石化产业（原油炼化、石油、化肥）等
波兰	装备制造产业（纺织机械设备、矿产开采、冶炼设备、交通运输设备、化工生产设备、船舶加工设备）、石化产业等
俄罗斯	装备制造产业（食品生产机械设备、纺织机械设备、矿产开采设备、交通机械设备、化工生产设备、金属加工设备）、电子信息产业（电子设备制造、维修产业）、石化产业等
印度尼西亚	装备制造产业（农业机械、矿产开采设备、工业品制造设备、交通运输设备）、钢铁产业、石化产业、纺织产业、轻工业等

资料来源：根据《对外投资合作国别（地区）指南》整理得到。

5.3 “三环流”价值链体系框架构建模式

中国是“一带一路”倡议的提出者和倡导者，要想打造“以我为主”的全球价值链体系，就要求我国在推动企业“走出去”的同时加快自身产业转型升级的步伐和速度，向产业梯度更高位置和价值链的更高端攀升，这就需要我们厘清各种价值链之间的关系，构建双循环新发展格局，寻求突破的动力机制。

5.3.1 “双环流”价值链体系的缺失

按照刘伟和郭濂（2015）、黄先海和余骁（2017）、张辉（2017）的看法，中国可以沿“一带一路”通过产能合作塑造利益环流，逐步形成以我国为枢纽的“双环流”价值链体系。具体来说，一个环流是与发达国家之间形成价值循环体系，处于价值链低端的中国的主要任务是在产业分工中学习，不断向价值链高端攀升；另一个环流是与“一带一路”共建国家形成产能国际合作循环体系，中国的主要任务是凭借所处的价值链高端的位置，通过产能合作和转移等方式形成新的价值循环体系。

应该说，“双环流”价值链体系为我国摆脱一直处于全球价值链低端的状态提供了极其有益的思路，具有极大价值。不过，我们认为该理论体系欠缺微观基础，缺乏国内相关因素对于价值链构建的支撑。例如，Isaksen和Kalsaas（2009）认为，提高中国在全球价值链中位置不仅取决于价值链领导者的市场势力，也取决于发展中国家本土企业的产业升级能力。刘志彪和张杰（2007）指出，其中的关键在于加快构建以本土市场需求为基础的NVC的网络体系和治理结构。杨高举和黄先海（2013）认为，国内的技术创新以及物质资本和人力资本等要素的协同性提高，是提高中国高技术产业国际分工地位的关键性内部动力。程大中（2015）指出，我国要促进增加值贸易和产业链基础转型升级应首先着眼于国内要素禀赋结构优化升级。由此可见，“双环流”价值链体系缺少了国内因素对于价值链构建的支撑，缺失了价值链升级的内部动力源泉。基于此，本章认为，我国应该以沿“一带一路”构建国内价值链为基础，并将其与由我国掌控的“一带一路”价值链和由欧美发达国家所掌控的全球价值链对接，最终会形成“以我为主”的全球价值链体系。

5.3.2 “三环流”价值链体系框架构建

在“双环流”价值链体系的基础上，本章构建了“三环流”价值链体系（如图5-3所示），具体如下：首先，打造国内价值链环流。一是依据《推动共建丝绸之路经济带和21世纪海上丝绸之路的愿景与行动》提出的海上运输大通道和六大经济走廊，我国沿海11个省区尤其是京津冀、长三角和珠三角三大世界级城市群是构建全球价值链的战略支点，既可以向东联动海上丝绸之路和RCEP相关国家和地区，又可以沿六大经济走廊向西开放，与长江经济带、京津冀协同发展、西部大开发、东北振兴和中部崛起等区域战略协同，贯穿东中西，构建国内价值链体系。这里面的关键是区域内、区域间的整合以及内需的扩大，也就是国内大循环体系的构建。其次，通过六大走廊与东南亚、西亚、中东欧、非洲和俄罗斯等国家和地区产能合作，构建基于"一带一路"的价值链环流体系，即国外循环体系。最后，与过去嵌入发达国家所掌控的全球价值链不同，主动融入发达国家所构建的全球创新分工链，实施创新驱动发展战略，通过创新战略主动对接全球创新链条。同时，在这个过程中，逐步将国内价值链、"一带一路"价值链与全球创新链融合，构建全新的"以我为主"的全球价值链体系和双循环新发展格局。

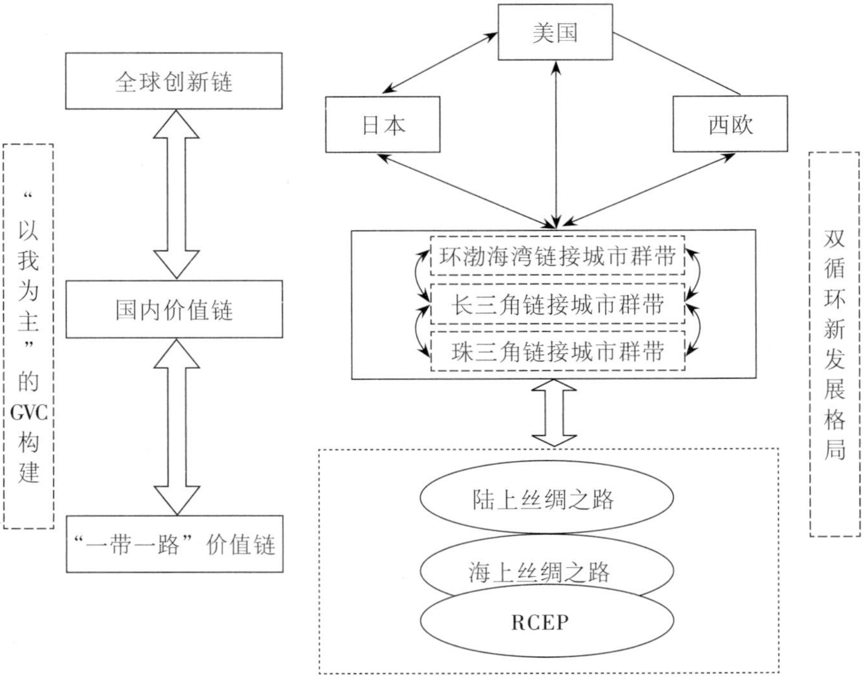

图5-3 "三环流"全球价值链分工体系

资料来源：在黄先海和余骁（2017）基础上修改而成。

5.3.3 "三环流"价值链体系构建的动力来源

结合我国现实和上述分析，本章认为，当前沿"一带一路"构建制造业全球价值链的动力主要来源于三个途径：一是短板效应。"一带一路”区域内国家（地区）经济发展面临较大挑战和增长“短板”，例如基础设施不足、资金短缺、区域内经贸合作水平低以及被全球价值链“低端锁定”等，逆全球化趋势的到来不利于这些国家（地区）摆脱落后。由此，我们可以沿“一带一路”打造开放新发展格局，通过做长共建国家经济“短板”以培育价值链体系。这里的重点是如何利用上述“短板”通过产品架构、功能架构等构建价值链。二是倒逼效应。沿“一带一路”消除“短板”、重塑全球价值链体系的过程，必然会反向倒逼中国加快改革开放，推动国内区域间合作和企业转型，加快国内大循环构建和国内价值链形成。这里的重点是，利用供给侧结构性改革和“一带一路”推进的时机，反向倒逼政府职能转型、国内市场整合和本土企业研发投入乃至品牌建设的内生动力问题，构建国内价值链体系。三是创新效应。我国处于全球价值链的较低位置，与发达国家和地区的差距仍然较大，这就需要我们在利用短板效应和倒逼效应推动价值链构建的同时，要更加积极主动地融入由发达国家所掌控的全球创新链，通过持续主动创新提升在其中的位置，并与沿“一带一路”主要由后发地区所组建的价值链对接，通过形成正反馈效应构建“以我为主”的双循环新发展格局和价值链体系。

需要注意的是，短板效应只是“一带一路”合作的基本效应，倒逼效应和创新效应才是打造以我为主的全球价值链的根本所在，而这两种效应都涉及内需，前者是内需扩大的手段，后者则需要强大内需的有力支撑。由此可见，内需市场的扩大和国内超大规模市场的形成才是“三环流”价值链体系构建的根基所在。

5.4 沿“一带一路”构建全球价值链体系的路径选择

“三环流”价值链体系能够落地的关键在于路径的正确选择和政策的有力实施，结合上述理论分析，本章认为主要应该包含以下路径：

5.4.1 协同“一带一路”、RCEP与区域发展战略

区域间市场分割严重影响了国内经济关联和区域间专业化分工，尤

其在内陆地区表现得更为明显（黎峰、张远鹏，2017）。“一带一路”的本质是中国区域协调发展4.0，是区域战略体系中的重要组成（张可云、蔡之兵，2015），RCEP实现了区域内经贸规则协同，加速地区产业链供应链融合。由此，下一步要将“一带一路”、RCEP与长江经济带、京津冀协同发展、西部大开发、东北振兴和中部崛起等区域战略相协同，这是推动我国价值链的一条必由之路。以长江经济带为例，将《长江经济带发展规划纲要》与“一带一路”倡议相比较可以发现，这两个战略极为吻合。也就是说，长江经济带是我国“一带一路”倡议的一个重要实施区域，这两者沿长江流域共同开启了向东、西、南的开放格局，形成东西、内陆和沿边共同开放的经济体系，有利于构建区域产业错位竞争、协同互补效应，推动资源优化配置。

5.4.2 沿“一带一路”构建总部经济

企业沿“一带一路”“走出去”会面临不同的技术需求、管理环境和风险环境等，所需要的后方支撑将会越来越大，这既包括计划、R&D、会计、咨询和保险等服务，也需要面对后发国家法制不健全、文化差异较大，政治风险始终存在等情况，这就需要企业总部的强大支撑能力。由此，在企业“走出去”的过程中，非常有必要沿“一带一路”塑造节点支撑城市，打造总部经济。由此，应该努力将上海、北京、深圳等城市打造成总部经济的核心城市，吸引跨国公司、研发中心、结算中心落户，引入国际金融机构，成为中国企业“走出去”的“跳板”和最关键支撑点。另外，城市等级不同，总部等级也不同，企业的影响力也不同，对接节点企业支撑的要求也不尽相同，进而也应构建不同层次的总部经济来应对企业需要。由于RCEP能够助推区域内经贸规则协同，因此在这个过程中要通过RCEP为总部经济构建赋能。最终通过节点城市总部的打造，整合区域经济，支撑国内价值链的链条塑造，为企业“走出去”提供坚强支撑。

5.4.3 培育“链主”企业

跨国企业的成长经验表明，几乎所有的企业都是先从国内市场起步与成长，以母国为基地，通过全球范围内的兼并重组不断对各种要素进行优化配置壮大自身实力，并在此过程中培育和构建自身的价值链条，最终成为掌控价值链的“链主”企业。

基于此，为了培育我国的“链主”企业，一是要利用自贸试验区的制度创新能力和RCEP的制度赋能，在国内营造公平竞争的市场氛围，大力发展高端现代服务业，实施严厉的知识产权保护，完善相应的激励与配套政策，注重内生增长机制培育。二是支持企业利用资本市场进行行业内和跨行业的大规模资产重组，加快构建行业龙头和领导企业，重视企业的外生增长模式。三是鼓励企业抓住全球资源重新优化配置的机会，到欧美等发达国家兼并收购具有品牌效应和技术优势的相关企业，整合国外品牌、技术、人才、市场等资源，在世界范围内布局采购、销售和研发等高附加值环节，参与全球竞争，构筑“链主”的比较优势。四是鼓励和扶持“链主”企业沿“一带一路”整合国内和国外上下游产业链体系，打造契合“一带一路”区域的“链主”形态。

5.4.4 融入全球创新链

我国企业在沿“一带一路”构建全球价值链过程中并不应该完全脱离由欧美发达国家所主导的全球化体系，但与嵌入全球价值链不同，我国这一次应该主动融入全球创新链。融入全球创新链不仅有助于我国持续地去学习发达国家和地区的先进技术和各类经验，而且还可以倒逼企业加快自主创新和服务业的开放步伐。

其中的原因，一是融入全球创新链可以吸收全球最先进的生产要素，在“高质量引进来”和“大规模走出去”中，可以更好地利用发达国家资金、技术、市场和战略资源，推动我国加快创新步伐，提升现代服务业发展水平，拓展经济发展空间，增强经济发展的动力和后劲。二是融入全球创新链也是倒逼我国企业不断提升国际竞争力、自主创新能力、强化开放型经济发展和利用全球经贸规则变化的重要途径。这也会反过来倒逼我国企业从传统低成本的简单“引进来”向创新驱动的“高水平引进来、大规模走出去”转变，深度融入全球创新网络分工体系，利用国内外一切先进知识和生产要素，快速而低成本地完成复杂性创新，利用全球最顶端的创新分工体系提高我国制造业价值链升级的能力。

5.5 结论与政策建议

以嵌入全球价值链分工体系为目标的开放型经济，难以适应国内外经济环境的深刻变化。重塑开放型经济新动力，构建以我为主的全球价值链体系，推动制造业转型升级已成为我国下一步经济发展的重中之重。本章的分析表明，我国制造业在全球价值链中的地位并不高，沿“一带一路”企业“走出去”过程中我国有陷入产业“空心化”的可能。已有文献提出的“双环流”价值链体系忽略了内需的重要性，缺少微观支撑，本章提出的“三环流”价值链体系可以将国内价值链、沿“一带一路”价值链以及欧美等发达国家所掌控的全球创新链融合在一起，这有利于以我为主的全球价值链体系的真正形成和双循环新发展格局构建。具体说来，就是以内需为基础，打通国内“一带一路”沿线的几条主要通道，构建国内价值链，并在此基础上与“一带一路”和RCEP国际价值链，以及发达国家主导的全球创新链互动。

基于此，本章认为打造基于我国的全球价值链体系的路径包括衔接“一带一路”倡议与区域发展战略、沿“一带一路”构建总部经济、培育“链主”企业和融入全球创新分工网络，并在这个过程中通过RCEP协定中的制度进行赋能。

6 “一带一路”、双循环新发展格局构建与制度型开放

6.1 引言

2013年9月7日，习近平主席在哈萨克斯坦发表了《弘扬人民友谊 共创美好未来》的演讲，同年10月3日，习近平主席在印度尼西亚发表演讲，提出“中国愿同东盟国家加强海上合作，使用好中国政府设立的中国-东盟海上合作基金，发展好海洋合作伙伴关系，共同建设21世纪‘海上丝绸之路’。”这标志着“一带一路”倡议的正式提出。“一带一路”倡议提出以来，影响范围不断扩大。中国共产党第二十次全国代表大会报告中指出“共建‘一带一路’成为深受欢迎的国际公共产品和国际合作平台”。截至2023年6月，我国与152个国家、32个国际组织签署了200多份共建“一带一路”合作协议、合作文件、备忘录等，覆盖我国83%的建交国，我国的合作圈不断扩大。与日本、意大利、瑞士等14国签署第三方市场合作文件。有关合作理念和主张写入联合国、二十国集团、亚太经合组织等重要国际机制的成果文件。RCEP落地实施为“一带一路”倡议与东南亚的深入对接提供了

坚实的规则保障。在国内，自由贸易区、海南自由贸易港、中国国际进口博览会、中国国际消费品博览会、中国（北京）国际服务贸易交易会、中国-东盟博览会等重大开放平台的落地与推动，使“一带一路”有了更具体、更强有力的支撑体系。这使得我国逐步拥有了除嵌入发达国家跨国公司主导的全球价值链（GVC）参与国际分工合作外的第二条道路，即依托“一带一路”，塑造以我为主的合作群体和全球价值链模式，这也使得我国具备了构建双循环新发展格局的基础性国际条件和发展环境。

6.2 “一带一路”建设取得的成效

“一带一路”倡议的政策思路是通过“政策沟通、设施联通、贸易畅通、资金融通、民心相通”实现各国互联互通，10年来运行效果极其显著。

6.2.1 基础设施领域

自2011年中欧班列开行以来，辐射范围和货物品类不断扩大，日渐成为深化中国与“一带一路”共建国家经贸合作的重要载体。中欧班列共铺画了82条运输线路，通达欧洲24个国家196个城市，运输服务网络覆盖整个欧洲，形成了贯通欧亚大陆的产业链供应链联动大动脉。截至2022年年底，中欧班列累计开行超过6.5万列，运送货物600万标箱，货值累计近3 000亿美元（如图6-1所示）①。

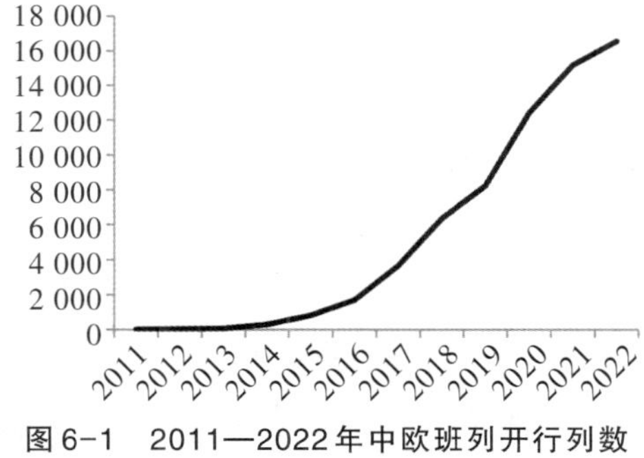

图6-1　2011—2022年中欧班列开行列数

资料来源：根据中国国家铁路集团有限公司网站数据整理得到。

① 外交部．驰骋亚欧大陆的钢铁驼队——中欧班列［EB/OL］．（2023-05-16）［2023-08-15］．http：//russiaembassy.fmprc.gov.cn/web/ziliao_674904/zt_674979/dnzt_674981/zgzyfh/bjzl/202305/t20230516_11078284.shtml.

6.2.2 双边贸易层面

根据商务部的统计数据，我国与“一带一路”共建国家年度贸易额从2013年的1.04万亿美元扩大到2022年的2.07万亿美元，年均增长8%，海上丝路贸易指数整体稳步提升（如图6-2所示）。

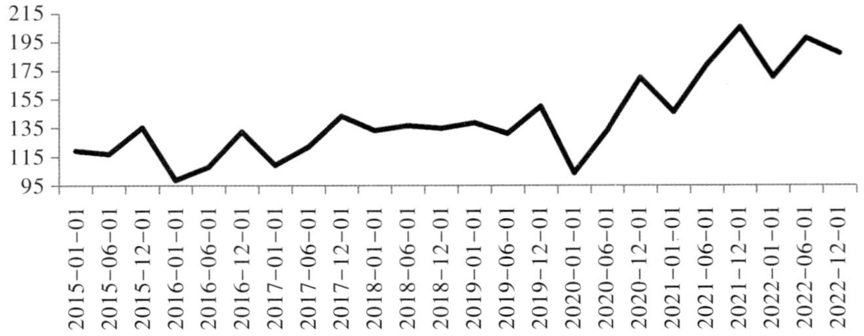

图6-2 海上丝路贸易指数（2015.01—2022.12）

资料来源：根据中国一带一路网的资料整理绘制。

6.2.3 双向投资层面

2013年至2021年，中国对“一带一路”沿线国家直接投资累计1 613亿美元，在中国对外直接投资中占据重要地位（如图6-3所示）。截至2021年年底，中国企业在沿线国家建设的境外经贸合作园区累计投资430.8亿美元。与此同时，“一带一路”沿线国家在华投资建设3.2万家企业，实际累计投资712亿美元。沿“一带一路”的双向投资盘活了国内国际两种资源，有效打通了国内国际两个市场。

6.2.4 国际经济合作层面

2021年，我国企业在“一带一路”沿线的60个国家新签对外承包工程项目合同6 257份，新签合同额8 647.6亿元人民币，占同期我国对外承包工程新签合同额的51.9%[①]（如图6-4所示）。境外经贸合作区是

① 商务部. 2021年我对“一带一路”沿线国家投资合作情况［EB/OL］.（2022-01-24）［2023-08-15］. http：//russiaembassy. fmprc. gov. cn/web/ziliao_674904/zt_674979/dnzt_674981/zgzyfh/bjzl/202305/t20230516_11078284.shtml.

推进“一带一路”倡议和国际产能与装备制造合作的有效平台，已成为

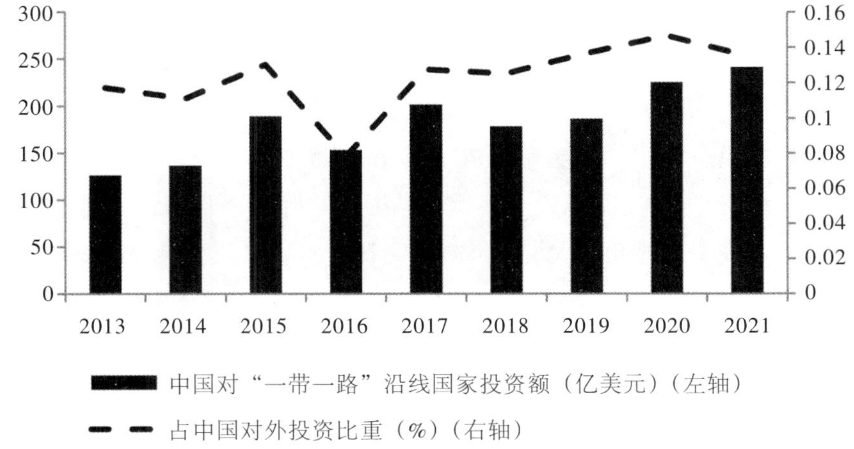

图6-3　2013—2021年中国对“一带一路”沿线国家直接投资情况和比重

资料来源：根据历年《中国对外直接投资统计公报》的资料整理绘制。

促进中国和东道国经贸合作双赢的重要载体。至2022年末，境外经贸合作区分布在46个国家，累计投资571.3亿美元，为当地创造了42.1万个就业岗位。其中，2015年建设的“两国双园”——中国-马来西亚钦州产业园和马中关丹产业园开辟了新时期国际经济和贸易合作的新模式，为中国与“一带一路”沿线国家尤其是东盟国家推进产能合作、促进双向投资提供了有效载体。

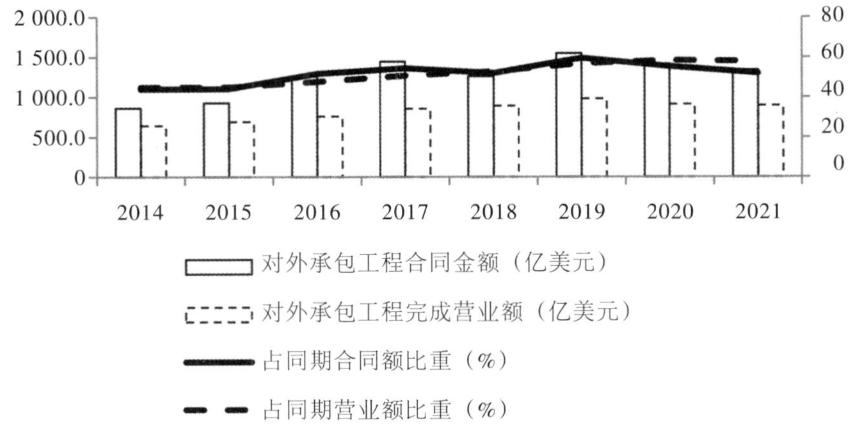

图6-4　我国沿“一带一路”对外承包工程合同金额和营业额

资料来源：根据商务部历年公布的资料整理绘制。

6.2.5 资金融通层面

截至2023年6月，亚投行已批准218个项目，惠及34个亚洲域内与域外成员，批准融资总额超过412亿美元。截至2022年末，丝路基金签约以股权投资为主的各类项目70余个，覆盖“一带一路”沿线多个国家（地区），70%的签约资金运用于电力电站开发、基础设施建设、港口航运、高端制造业等大型国际合作项目，承诺投资金额超过200亿美元，其中有18个项目纳入两届“一带一路”国际合作高峰论坛成果清单，现已全部落地。

应该说，“一带一路”合作范围不断扩大，合作领域不断延伸，合作的成果日益丰硕，不仅给参与各方带来了实实在在的合作红利，也为全球治理提供了新的路径与方向，为新时期世界走向共赢带来了中国方案，为全球南北均衡、可持续发展增添了新的发展动力，提供了新的方向与合作平台。

6.3 双循环与“一带一路”建设同频共振

党的十九届五中全会提出了“加快构建以国内大循环为主体、国内国际双循环相互促进的新发展格局”重大战略部署，这是我国根据经济发展阶段、内外部环境和条件变化提出的新发展思路，是重塑我国国际合作和竞争新优势的战略抉择，已写入《中华人民共和国国民经济和社会发展第十四个五年规划和2035年远景目标纲要》，中国共产党第二十次全国代表大会报告中再次重点提及。双循环新发展格局构建的基本思路是，在外部环境不确定性增大和内需潜力崛起的情况下，把实施扩大内需战略同深化供给侧结构性改革有机结合起来，利用我国产业基础实力雄厚、产业链条完整、战略回旋空间大，以及14亿人、人均GDP超过1万美元的超大市场规模的特点，要畅通包括供需循环、产业循环、区域循环、城乡循环与要素循环等各类循环，实现国内大循环。建立在有效内循环的基础上，充分利用国外市场和国际先进要素，通过“走出去”和“引进来”形成国际循环，使国际循环嵌入国内大循环，国内大循环又反向支撑国际循环的一个循环路线和新的发展格局。而“一带一路”建设的实践经验也证明，“五通”既能带动中国经济内循环，也能带动世界经济的大循环（赵磊，2022）。由此可见，“一带一路”和双循环新发展格局都体现在“通”字上，是一脉相承、同频共振的关系（黄奇帆，2020）。

为了对两者之间的关系进行直观的表述，这里用内循环/外循环的比值作为国内大循环的相对刻画[①]，用“一带一路”沿线国家和中国的双边贸易额与我国的整体国际贸易额的比值作为我国与“一带一路”联动的国际大循环[②]，从图6-5可以看出，内循环/外循环的比值在2006年降到最低的0.99后，趋势开始整体向上，2000年以后“一带一路”国际大循环降到2006年的最低点后也开始整体趋势向上，两者之间的共振愈发明显。

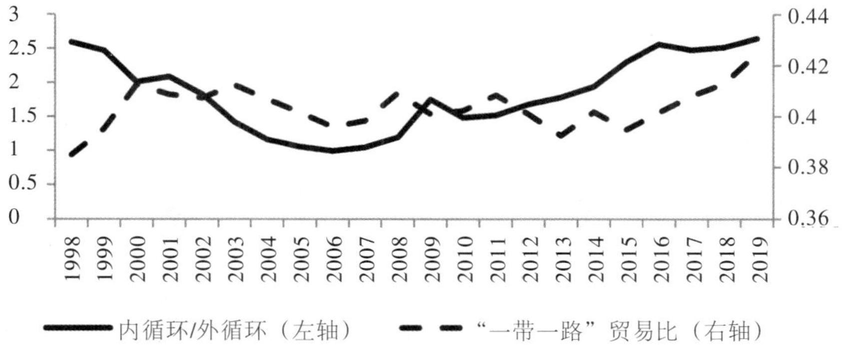

图6-5 “一带一路”和双循环同频共振趋势

资料来源：《中国统计年鉴》相关各期和UN COMTRADE数据库。

首先，“一带一路”倡议的“五通”为有效联通国内国际两个市场、充分利用国内国际两种资源提供了政策保障、物质前提、有效途径、发展动力和社会支撑，是双循环新发展格局推进的关键平台。具体来看，

① 根据刘遵义（2020）对于内循环和外循环的划分，他将出口与进口之和作为外循环部分，将居民消费、资本形成与政府消费之和作为内循环部分。不过，根据国家统计局的指标解释，最终消费支出指“常住单位从本国经济领土和国外购买的货物和服务的支出”，因而支出法GDP中的消费需求实际上已包括进口需求，这样一来，刘遵义所定义的内循环其实也包含了一部分外循环。另外，给国内需求以相应的有效供给，推进到一种循环状态，就是经济生活中的供需互动形成一种经济的周而复始的循环。这里的内循环部分我们用消费与投资之和减去进口来表示，外循环用出口与进口之和来表示。消费与投资项的数据可以从国家统计局国民经济核算的支出法GDP统计中直接获得，但出口项的数据只能用国家统计局对外经济贸易统计中的货物出口总额近似替代。

② 由于数据的不可得性，将阿尔巴尼亚、希腊、塞浦路斯、不丹和黑山等国家（或地区）从样本中剔除。

一是政策沟通能够推动“一带一路”沿线各国充分交流经济发展思路、发展战略和推动政策，协商制定推进区域合作的规划和具体举措，推动沿线国家及地区实现发展战略对接、优势互补，形成共识，制定规则，推进合作，为“一带一路”沿线国家间经济循环构建软环境。二是设施联通能够推动沿线国家供给“一带一路”沿线基础设施互联互通建设所需的产品和服务，能够为国内外两个市场、两种资源的循环提供硬保障。三是贸易畅通可以贯通“一带一路”沿线国内段和沿线国外段区域的经贸合作，实现国内段的经济循环以及内外两个市场之间的双循环。四是资金融通能够化解资金不足给各国（地区）企业“走出去”参与“一带一路”经济合作带来的制约，提升沿线企业活跃度、规模和信用保障，进而带来产品等市场的互通。五是民心相通是快速提升沿线国家民众获得感的重要途径，能够营造良好舆论氛围，增强“一带一路”的理念、原则、方式等的认同感，增进各国（地区）人民的获得感、幸福感、安全感，有利于双循环制度体系的构建和政策的协同。在民心相通层面上，广泛开展科教交流、文化交流、人才交流、旅游活动、民间往来、志愿者服务、减贫国际合作等，为深化双多边合作奠定坚实的民意基础，并制定了《推进共建“一带一路”教育行动》。

其次，双循环新发展格局构建同样能够为“一带一路”建设的深入实施提供强大助力。一是以国内经济大循环为主体，绝不是关起门走“封闭僵化的老路”，而是着力补齐相关短板，利用市场空间广阔、产业链完整等比较优势，提升产业链、供应链和创新链的安全性、稳定性和水平，有助于沿着“一带一路”提高产业国际竞争力，不断提高我国对外开放水平和开放质量。二是国内大循环的构建有利于利用我国国内战略腾挪空间大的特点，推动产业沿“一带一路”往中西部梯度转移，以保障本国企业生存空间，从而避免重蹈一些国家出现的制造业空心化覆辙。三是建立在国内超大规模市场基础上的国内大循环，能够更好地虹吸全球高端要素和资源，全球也更加依赖中国巨大的消费市场，通过创新驱动高质量地实现国际经济的外部性循环，更好地服务于“一带一路”建设。四是国内大循环构建有利于破除市场壁垒和地方保护，营造商品自由流动、平等交换的市场环境，完善市场监管体制，改革税制体系，削弱地方政府实行地方保护的动机，加强知识产权保护，推动创新成果迸发，促进全国范围乃至更大范围的公平竞争，有利于提升我国企业沿“一带一路”“走出去”的质量。

当前，“一带一路”已经成为各方积极对接的发展平台，哈萨克斯坦的“光明之路”计划、泰国的4.0战略、柬埔寨的“四角战略”等国家发展规划纷纷与“一带一路”倡议相对接。这意味着“一带一路”沿线各发展中国家可以“一带一路”建设为抓手，以吸引外资等方式不断完善国内产业链，打通内循环，以对外贸易方式融入区域和“一带一路”产业链，构建外循环。沿线发达国家也可以以此为契机，构建更加广阔的外循环空间。由此可见，“一带一路”倡议促进了双循环新发展格局构建，反过来，“一带一路”倡议需要以双循环新发展格局构建为支撑。双循环新发展格局是“一带一路”倡议在新时代背景下的延展和指导思想，“一带一路”倡议也将在双循环新发展格局的引领和推动下进入高质量发展新阶段。

6.4 同频有效共振需要制度型开放支撑

6.4.1 制度型开放的意义

制度型开放最早是在2018年中央经济工作会议上提出来的，“全面提高对外开放水平，推进贸易和投资自由化、便利化，持续深化商品和要素流动型开放，稳步拓展规则、规制、管理、标准等制度型开放。”之后在党的十九届四中全会、浦东开发开放30周年庆祝大会、第三次“一带一路”建设座谈会等重要会议和2019年国家政府工作报告、2021年全国两会、《中华人民共和国国民经济和社会发展第十四个五年规划和2035年远景目标纲要》等重要文件上多次重申，明确提出进行制度型开放，这次被写进党的二十大报告充分显示出其极端重要性和紧迫性。

从世界层面看，制度认同、政策协同、文化认可、观念相近等是中国构建全球软实力的几大核心要素。其中，制度认同是联结其他各要素的主渠道（潜旭明，2020），是实现国际合作的重要载体，是全球治理的核心要素之一。相比于过去提到的产品型开放或者要素型开放，制度型开放强调的不仅仅是更大的范围或更宽的领域，还是一个更深层次的开放，是“边境外”和“边境内”规制协调的重要实现途径，是深度参与乃至主导国际经济治理的必然要求。尤其是在以美国为首的西方国家大搞单边主义、贸易保护主义和构建区域性合作协议，摒弃掉大量发展中国家的背景下更为重要。规则、规制、管理、标准等引领的制度型开放作为中国构建更高水平开放型经济新体制的重要内容之一，不仅承担了体制机制创新的重任，也承担了双循环新发展格局下对内改革和对外开放两项功能叠加要求的重任。

加强“一带一路”制度型开放的原因，一是“一带一路”建设是以现有的双边和多边机制为基础的，推动区域合作不断发展，从而提升国际机制的开放性和灵活性。不过，“一带一路”涉及的地域范围广、国家多、情况复杂，在推行过程中必须在整合现有的国际机制的基础上，联动一系列的双边和国际制度网络，产生协同效应，只有这样才能够更好地实现互联互通。二是在新一轮的开放发展中，哪一个国家的制度环境更为优越，哪个国家对创新要素的吸引和集聚能力就会越强，从而更能支撑起高水平开放型经济的发展，制度型开放有助于“一带一路”倡议的深入实施。三是制度型开放有助于完善全球治理结构，提供跨区域、区域或次区域公共产品，弥补美日经济体由于实力衰落无法全面提供基础设施等公共产品方面的不足，也有助于推动全球治理结构朝着公正、合理的方向演变，推动我国沿“一带一路”崛起。四是制度型开放有助于促进国内外政策沟通和政治互信，化解民族主义、政治社会冲突、环境污染、能源气候等对国际经贸合作形成的障碍，降低不确定性，降低交易成本，改变观念认知和战略目标，进而使“一带一路”沿线国家达成合作共识。五是制度型开放有助于规范沿线国家的利益诉求，实现集体认同和形成国际公共产品供给，形成一套相对稳定的制度和行为规范，构建“一带一路”建设和双循环新发展格局的基本路径和保障。六是制度型开放有助于我国内部构建规则、规制、标准和管理协同的统一大市场，充分利用我国本土庞大市场和全球创新要素发展更高层次、更高水平的开放型经济，实施创新驱动发展战略，推动企业沿“一带一路”更好地参与双循环新发展格局的建设。由此可见，加强对“一带一路”建设中的制度研究，实现“一带一路”建设中制度的建设和创新，既有助于减轻“一带一路”推进过程中遇到的阻力，也有助于双循环新发展格局的顺利推进。

6.4.2 共建“一带一路”存在的制度问题

尽管“一带一路”倡议顺应了全球化的趋势，所涉及的地域广泛、跨境经贸关系复杂多样，但它是非正式的和不具有约束力的合作发展的理念和倡议，而不是一个正式的国际组织或一项国际制度。如果说发展导向是“一带一路”建设初期的指引，那么规则导向、规制统一、管理方向、标准一致等进行国家（地区）间对接和与相关区域协定衔接必将是“一带一路”下一阶段高质量发展和深入推进的必然要求和内在属性，这就需要以我国为首的“一带一路”沿线国家根据具体条件实施一定的制度型开放。目前来看，“一带一路”沿线制度型开放和建设仍然存在不少问题。

（1）“一带一路”沿线国际大循环缺乏制度型联动机制

一是海上丝绸之路和陆上六大经济走廊的整体规划并不清晰。例如，各自定位、目标、重点推进领域以及保障顺利实施的合作体制机制如何建设，以及如何与国内制度对接等问题，均需要通过“共商、共建、共享”原则和协调统筹来解决。二是经济走廊沿线国家规制模式不统一，质量管理差异大，标准体系不完善，设施水平不对等，计量水平不一致，对接兼容难度大，中国标准国际认可度和采用率仍然不高。另外，经济走廊基础设施建设规划及物流网络设计在缺乏标准相互认可的情况下，达成共识的难度大，规划效率低等。例如，由我国主导的一些高标准、高收益、惠及民生的项目可能过于突出中国投资、技术、劳工等标准，忽视生态环保等，导致不被当地民众理解和支持。三是在与现有国际相关协定的制度衔接方面还存在不小的差距。要深入分析“一带一路”如何与现有国际制度协调问题（王明国，2021）。例如，在“美墨加自由贸易协定”、美欧日关于WTO改革的声明等方面，都涉及国有企业、产业政策和补贴、数字贸易、劳动标准、竞争中性、知识产权、市场经济导向等规则方面，这些问题其实也是"一带一路"沿线国家制度型开放的一些重要方面。具体来看，"一带一路"如何与中欧投资协定（BIT）相对接，回应"以规则为基础"的基础设施投资原则制定与具体项目协同推进的问题？如何与RCEP相衔接，实现RCEP国家和地区在参与"一带一路"过程中的规则、标准等的一致性和协调性，实现有针对性的制度型建设，化解边缘化风险？如何与高标准的《全面与进步跨太平洋伙伴关系协定》（CPTPP）进行制度性对标和对表？针对这些问题，还没有具体的安排和步骤。

（2）"一带一路"沿线的国内大循环尚未形成有效的制度一体化模式

一是京津冀协同发展、粤港澳大湾区、长三角一体化、长江经济带发展、成渝一体化等战略均属于跨省域区域一体化战略，这些战略更加注重和讲求区域内部政策的统一性、规则规制的一致性、执行的协同性和管理的一体性等，但区域间在产业政策和补贴、国有企业规制、竞争中性、知识产权保护等方面并非一致，存在着制度政策方面的不协同等问题，全国统一大市场建设仍有欠缺。二是"一带一路"国内部分建设与一些具体的国内重大区域战略之间的链接模式上尚未形成明确标准。例如，在对接"海上丝绸之路"和陆上六大经济走廊时，不同的国内战略之间在推进"一带一路"建设方面仍存在政策统筹衔接不畅，政策交叉重复，区域之间存在竞争性政策冲突，政策实施层面不配套、不协调和不统一等问题。三是简政放权下各区域都希望能够争取更多优惠政策、抢抓资源、占得先机、先行先试，实施各层次的"锦标赛"式竞争，"一带一路"沿线我国国内省（自治区、直辖市）各自提出自己的发展战略、推进方案和保障措施，而且中央各部委也同时出台大量支持方案和政策，这就导致了纵向的部委之间的政策以及横向的各省（自治区、直辖市）之间的参与模式相互交错，或者推诿责任，或者竞争资源和政策，缺乏互补性关系，协调贯彻起来存在着一定难度。

（3）企业沿"一带一路"进行双向循环的制度性保障不足

一是我国对国内企业进行海外投资长期以来采取比较谨慎的原则，

行政审批体制复杂，在投资审批、外汇管理等方面存在着不少制约。尽管近年来逐步放松了境外直接投资管理体制，但与此同时，事中事后监管体制机制却没有有效建立起来，这导致企业沿“一带一路”参与外循环过程中存在着资金外流、投资经营不善等问题，这也影响了我国企业“走出去”的形象，导致一些国家和国际组织指责“一带一路”建设缺乏透明度。二是我国对外产能合作的信息服务网络、统计监测系统等支持服务体系建设严重滞后。在品牌形象维护、金融国际化、知识产权保护、外方违约责任追究、反倾销诉讼等方面自我保护能力不足，以及商务规则、法律法规、投融资管理、项目管理等国家间相关制度缺乏衔接和沟通机制。三是企业“走出去”尚未形成有效的对外投资网络和相互需求网络，国内不同区域以及企业间没有形成合力，外循环企业间的合作机制尚未有效形成，制度不够规范。而且“走出去”的企业对国外品牌和中间产品采购更加偏好和依赖，使得外循环脱离内循环而体外运行，不利于本国企业联合开拓国际市场，国内国际双循环的体制框架和运行机制仍有待完善。

6.5 制度型开放的重点举措

“一带一路”建设是中国在全球治理领域的一项重大国际制度实践，旨在逐渐形成各领域建设协同共进、多元主体共同参与的全球治理新格局。为了实现这一点，我们需要从双循环新发展格局构建的关键——制度型开放层面来进一步推动“一带一路”倡议，使其在参与全球治理、形成国际制度方面作出更大的贡献。

6.5.1 构建“一带一路”合作基础，谋划国际大循环制度合作框架

一是以“海上丝绸之路”和陆上六大经济走廊为单元，重视“一带一路”沿线国家的文化、历史、传统和法律习惯，以体现公平、公正、透明等原则为核心价值，就经济发展战略和对策进行充分交流对接，共

同制定推进区域合作的规划和措施，协商解决合作中的问题，建立各个沿线国家之间的设施联通协调机制、投融资合作机制、风险联合防控机制以及利益协调与争端解决机制等。二是针对国情区情不同、利益诉求不同、规则机制不同、承载力不同给区域合作的管理方面带来的巨大挑战，要根据先双边、后小范围的多边、进而大范围的多边合作原则，以“海上丝绸之路”和陆上六大经济走廊自由贸易区建设为着力点，以双边合作协议、合作文件、合作备忘录等为基础，与合作基础扎实、合作意愿强烈的国家和地区构建规则制度型发展框架，先行先试，并将成熟规则等与具体情况相结合，不断扩散到“一带一路”沿线愿意接受和深度合作的国家（地区），进而影响多边规则的制定。这种从双边或集团到多边逐步扩大的模式，既有助于降低交易成本，也有助于降低我国将偏好融入国际规则的成本和阻力。

6.5.2 推进规则标准制度化，持续提升“一带一路”经济循环效率

“一带一路”标准建设的基本原则应是既适应国际标准发展大方向，又要符合沿线国家发展的现实需要，即兼顾先进性和务实性，不断提升“一带一路”经济效率。一是要发挥政府、行业协会、企业等多类主体的作用，多双边合作渠道并举，加强对欠发达国家的技术援助，提升其标准应用能力，引领“一带一路”标准合作。针对不同经济走廊的重点合作领域，分产业推动国家标准互认。以跨境、边境等国际合作区以及跨境企业项目质检合作为突破口，推动标准互认和新标准制定，“以点带面”推进国家间标准合作。二是针对我国在数字贸易方面的巨大优势，将电子商务和进出口贸易数据互联作为推进的抓手，建立数据存储、处理、产权、交易流通、安全和有效监管等基础制度和标准规范，并结合跨境电子商务等交易特点，着力推动实现跨境货物贸易便利化等相关规则的制定，并紧扣“一带一路”建设等，构建跨境电子商务标准框架。在这个过程中，我们还可以与生产端相结合，推动企业“走出去”的同时，推动数字产品有效嵌入生产过程，加大对核心技术的研

发，以此为基础推动构建符合我国数字贸易发展规律的规则体系。

6.5.3 构建相关国际协定协同机制，提升与“一带一路”倡议沿线循环联动能力

一是充分发挥上海合作组织、亚欧会议、亚洲合作对话、亚信会议、中国-东盟“10+1”、大湄公河次区域经济合作机制、中阿合作论坛、中国-海湾阿拉伯国家合作委员会、中亚区域经济合作等合作机制的作用，与哈萨克斯坦“光明之路”、蒙古国的“草原之路”等国家战略深入对接，着力加强与国际和地区组织共建“一带一路”的政策协调及相关合作规则的制定。二是推动自贸试验区、自由贸易港与“一带一路”沿线区域接轨，真正做到“境内关外”，即实现高标准的“三零”（零关税、零壁垒、零补贴）贸易区，补齐全面开放新格局的制度短板，把自贸试验区先行先试、自主实践的创新成果复制推广到“一带一路”更大的空间，为在全国范围内建立公开、开放、透明的市场规则奠定良好的基础。三是依托自贸试验区、自由贸易港主动且深度对接CPTPP、DEPA等高标准国际经贸规则，加大推进服务贸易等领域规则、规制、管理、标准对接的压力测试等，并将其逐步在“一带一路”相关区域先行先试，加快形成与国际高标准规则相衔接的制度体系和监管模式。

6.5.4 推进重点领域合作机制创新，强化国际大循环的公共品提供

一是依托亚洲基础设施投资银行推进“一带一路”沿线货币和金融制度创新，依托丝路基金与俄罗斯、蒙古国以及中亚、南亚、东南亚等地区开展基础设施、资源利用、产能合作、金融合作等领域的体制机制创新。二是依托第三方组织，发挥各类主体参与的积极性，整合政府、商业协会、企业、金融机构、中介服务机构、研究机构等多方面的政策、项目、服务、典型案例、商业环境和进展情况评估报告等信息，建

立相对统一的海外项目评估管理机制，并加以推广和固定化。三是选择区位优越、实力强、研究基础好的高校或机构，设立“一带一路”合作研究院，就“一带一路”国家（地区）双边和多边合作中适用的国际规则、标准体系、规制模式和管理方式进行研究，研究各国（地区）的法律和规则体系，寻求不同法律制度的东道国（地区）之间联系的方式方法。

6.5.5 加强“一带一路”沿线的国内区域协调能力，强化国内大循环市场基础制度规则统一

一是在中央层面成立跨部门、跨区域的统筹协调小组，建立跨省区的区域合作机制。根据“一带一路”各个单元主要定位、核心合作领域结合部门职责、地方优势，指定牵头部门与省市，建立考核体系，明确义务，落实责任，开展定期评估，务实推进“一带一路”国内沿线区域合作。二是主要采取的政策既不是进行简单的资金资助，也不是传统项目的构建，而是要在新发展格局过程中，根据各个区域的资源禀赋和在循环体系中的战略地位，从经济社会大循环的经济功能、社会功能、政治功能、安全功能等进行整体性考虑，依托产业链进行功能性的布局，强化产业链的东中西协同和产业链集群之间的协同。三是中国内循环的质量越高，对“一带 一路”沿线国家的带动作用就越强。要按照建立中国特色社会主义市场经济体制的要求，进行规则改革和对内开放，有效联通“一带一路”沿线区域，提升对接全球通行的先进规则的能力。实施国内制度型开放，使“一带一路”国内部分政策规则统一和一致，降低区域市场进入壁垒，破除不必要的经济管制，平等各种所有制企业的竞争条件，沿“一带一路”实现国内外贸易一体化和国内价值链构建。

第Ⅱ篇　中国区域合作

7　城市层级结构与国内大循环：基于沿海三大城市群的经验证据

7.1　引言与文献综述

当前，影响我国经济中长期发展的两大趋势开始显现：一是全球经济发展的不确定性显著增强，“在岸外包”、“近岸外包”和“友岸外包”现象明显，产业链断链事件增多，全球产业正发生明显的“内向化”态势，区域化集聚特征显现；二是中心城市和城市群已成为我国承载生产要素和产业集聚的主要空间形态。《国家新型城镇化规划（2014—2020年）》、“十一五”规划、“十三五”规划、“十四五”规划、《中共中央国务院关于建立更加有效的区域协调发展新机制的意见》、《关于培育发展现代化都市圈的指导意见》和党的二十大报告等均不同程度指出了中心城市和城市群在支撑全国经济高质量发展、促进区域协调发展乃至参与国际竞争合作中的重要地位。截至 2021 年，我国 19 个城市群以 1/4 的面积集聚了全国 70% 以上的人口和 85% 以上的经济总量。产业区域化集聚和城市群发展战略之间具有强烈的空间匹配效应：依托城市群实施产业链集聚不仅能为中心城市向生产性服务业高端攀升提供支撑，而且能将分拆到不同国家的一些重要工序和环节集聚到区域内部，通过分工实施产业链垂直或水平整合，形成区域创新联动、产业协同集聚效应，有助于增强国内大循环的内生动力和可靠性（孙军、高彦彦，2023），这已成为化解我国外部风险和构建以国内大循环为主体的双循环新发展格局的关键所在。

关于城市群的成因，Eeckhout（2004）假设存在一个连续的城市，劳动作为唯一的生产要素可以在城市间自由流动，研究发现城市体系是中心城市集聚效应和拥塞效应共同作用的结果。Brakman等（1999）引入要素流动的拥塞成本，发现城市中企业自由选址会自动形成城市体系。藤田昌久等（2005）从单中心经济体出发，描绘了拥有几个不同制造业部门的经济体是如何演化成城市层级体系的。他们认为，行业间规模经济和或运输成本上的差异加速了要素流动和城市按行业排序，最终形成了一个围绕中心城市的包括许多不同类型城市的层级体系。由于房地产兼具居住与投资双重属性，具有虚拟经济特征，其相对价格变动能够同时影响劳动力、资本和知识等生产要素的流动，因此能有效反映出城市群层级特征和内部关联程度，是观察城市群城市间相互作用关系的一个重要窗口。例如，城市群内的住房价格出现了明显的收敛现象（Davis，Palumbo，2008），同区位的土地价格存在着空间的相互影响（Knoll等，2017）。中心城市快速上涨的房价大幅提高了拥挤成本，高房价会增强劳动力家庭的流动意愿，挤出那些没有购房的、低技能水平的劳动力（周颖刚等，2019），导致低端劳动者更加偏好流向外围地区（高波等，2012），同时这也成为分散工业企业选址的重要力量（安同良、杨晨，2020），大城市房价过快上涨是长三角制造业分散化布局的重要原因之一（邵挺、范剑勇，2011）。

不过，截至目前，仍然没有文献能够识别出基于房价的中心外围之间的空间关联，而这却是空间经济学的核心内容所在。由此延伸出本章研究的重点，即城市群住房价格是否存在中心外围式关联、是否有助于从供需两端助推国内大循环形成、分工在其中发挥了什么作用以及不同的城市群之间是否具有异质性等问题。另外，对于相对落后的外围城市来讲，经济崛起是更加依赖供给创造还是需求引致？本章欲填补这方面研究的不足。这些问题的解决将有助于形成新常态下我国经济发展的新思路，即以中心城市为引领，以城市群层级体系为根本，将城市群城市间协同发展作为促进经济发展动力转变的前提，逐步实现国内大循环效率的提升和双循环新发展格局的形成。

7.2 理论模型分析

假设某一城市群内存在两个城市，每个城市的劳动者可以消费可贸易的工业品和不可贸易的住房，来实现效用最大化。城市1消费者效用函数的形式为$U_1 = C_{1M}^{\mu} C_{1H}^{1-\mu}$，$C_{1M} = \left[\int_0^n c(i)_1^{1-1/\sigma} di\right]^{1/(1-1/\sigma)}$，$C_{1M}$、$C_{1H}$分别表示消费的差异化工业品和住房的规模，$P_{1M}$、$P_{1H}$是对应的价格指数，$\sigma > 1$为工业品之间的替代弹性，约束条件为$P_{1H}C_{1H} + P_{1M}C_{1M} = W_1$，由此得到工业品价格指数$P_{1M} = \left[\int_0^n p(i)_1^{1-\sigma} di\right]^{1/(1-\sigma)}$。假设城市1的工业品数量为$n_1$，则通过冰山模式（$T > 1$）进行交易的价格指数$P_{1M}^* = \left[s_1 P_{1M}^{1-\sigma} + (1-s_1)(P_{2M}T)^{1-\sigma}\right]^{1/(1-\sigma)}$，$s_1 = n_1/n$，$n_1 + n_2 = n$[①]。经过计算得到城市1劳动者的间接效用函数如下：

$$U_1 = \mu^{\mu}(1-\mu)^{(1-\mu)} W_1 P_{1H}^{\mu-1}\left[s_1 P_{1M}^{1-\sigma} + (1-s_1)(P_{2M}T)^{1-\sigma}\right]^{\alpha} \tag{7-1}$$

式中：$\alpha = \mu/(\sigma-1) > 0$。同理可以求出城市2的间接效用函数$U_2$，由此得到两个城市的相对效用函数如下：

$$\frac{U_1}{U_2} = \frac{W_1}{W_2}\left(\frac{P_{1H}}{P_{2H}}\right)^{\mu-1}\left[\frac{\frac{s_1}{1-s_1}\left(\frac{P_{1M}}{P_{2M}}\right)^{1-\sigma} + \phi}{\phi\frac{s_1}{1-s_1}\left(\frac{P_{1M}}{P_{2M}}\right)^{1-\sigma} + 1}\right]^{\alpha} \tag{7-2}$$

式中：$T^{1-\sigma} = \phi < 1$，表示贸易自由度。

---

① 与新经济地理学假设一致，这里将地区工业企业数量比重与地区工业产品种类比重等同。

令 $\frac{s_1^*}{1-s_1^*}=\frac{s_1/P_{1M}^{\sigma-1}}{(1-s_1)/p_{2M}^{\sigma-1}}$，表示经过各地自身工业品价格指数调整的工业企业数量比重。由于工业品价格指数是所售产品种类的递减函数，如果城市1为中心城市，则尽管其工业向外围转移，但若其工业企业数量多于外围城市2，则 $P_{1M}<P_{2M}$①。对（7-2）式取对数得到：

$$\ln\frac{U_1}{U_2}=\ln\frac{W_1}{W_2}+(\mu-1)\ln\frac{P_{1H}}{P_{2H}}+\alpha\ln\phi+\alpha\ln\left(1+\frac{1}{\phi}\frac{s_1^*}{1-s_1^*}\right)-\alpha\ln\left(1+\phi\frac{s_1^*}{1-s_1^*}\right)\tag{7-3}$$

在初始状态可以认为城市群中的两个城市均质，因此在 $\frac{s_1^*}{1-s_1^*}=1$ 处进行一阶泰勒级数展开②：

$$\ln\frac{U_1}{U_2}\approx\ln\frac{W_1}{W_2}+(\mu-1)\ln\frac{P_{1H}}{P_{2H}}+\alpha\frac{1-\phi}{1+\phi}\left(\frac{s_1^*}{1-s_1^*}-1\right)\tag{7-4}$$

在长期的区位选择后，消费者流动处于均衡状态，即两城市劳动者的效用相同，则 $\ln U_1/U_2=0$，（7-4）式可以转化为：

$$\frac{s_1^*}{1-s_1^*}-1=\frac{1-\mu}{\alpha}\frac{1+\phi}{1-\phi}\ln\frac{P_{1H}}{P_{2H}}-\frac{1}{\alpha}\frac{1+\phi}{1-\phi}\ln\frac{W_1}{W_2}\tag{7-5}$$

由于 $\phi<1$，$1-\mu>0$，$s_1^*>\frac{1}{2}$，由（7-5）式可以发现，相对房价越高，则相对工资也越高，两者之间呈现紧密的正相关性，大量文献已对此进行了大量的研究。另外，相对房价越高，则工业企业数量越多，完全正向线性关系，这与高波等（2012）结论一致，但这显然与现实之间存在着很大的出入。基于此，这里再对（7-3）式进行二阶泰勒级数展开，并使用与（7-5）式相同的处理方式得到：

$$\left(\frac{s_1^*}{1-s_1^*}-1\right)\left(3-\frac{s_1^*}{1-s_1^*}\right)=\frac{2(1-\mu)}{\alpha}\frac{1+\phi}{1-\phi}\ln\frac{P_{1H}}{P_{2H}}-\frac{2}{\alpha}\frac{1+\phi}{1-\phi}\ln\frac{W_1}{W_2}\tag{7-6}$$

假设城市1会逐步成长为中心城市，则 $s_1^*/(1-s_1^*)>1$。由（7-6）式可以发现，随着中心城市房价相对上升，一开始会推动中心

① 也就是说，对于中心城市来讲，经过工业品价格指数调整后的工业企业数量会高于没有价格指数调整时的工业企业数量。即尽管中心城市房价上升能够推动低附加值工业企业外移，但集聚优势和规模优势会在一定程度上降低工业外移比例。当然，若中心城市工业企业向外转移到一定程度，则会加速外移步伐。

② 泰勒展开要在某一个点进行，该点距离要计算的数值越近越好，结合本章的理论假设和对现实的观察，我们发现1这个点比0相对更准确。

城市工业企业比重上升，这与（7-5）式一致，其中的原因在于规模经济和集聚效应带来的优势大于企业的生产成本上升。过了2这个临界点之后，中心城市相对房价的继续上升将会使得工业企业由中心向外围转移，这也符合我们对于现实的观察①。总体来看，随着中心城市相对房价的上升，一开始会增加其工业企业的相对比重，当相对房价过了临界点之后，相对房价的继续升高将降低中心城市工业企业比重。

以长三角为例，将上海作为中心城市，其余26个城市作为外围城市，求得上海房价与外围城市平均房价之比以及上海工业企业数量与外围城市平均工业企业数量之比，两者之间的关系如图7-1所示。可以发现，当房价比小于2左右的时候，上海房价的相对上升将推动本身工业企业数量的相对上升，但当房价比过了临界点继续上升的时候，上海房价的相对上升将降低本身工业企业数量的比重，这与上述的理论分析完全吻合②。由此得到命题1。

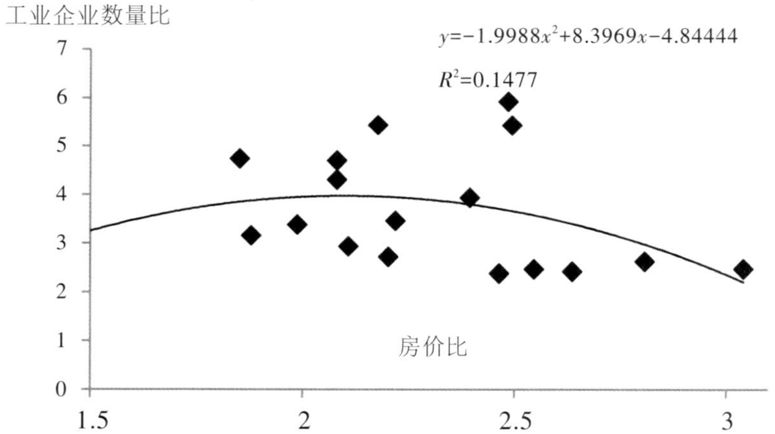

图7-1　上海与外围城市房价比和工业企业数量比关系

注：房地产价格来源于国家信息中心宏观经济与房地产数据库，规模以上工业企业数量来源于中国城市统计年鉴相关各期。

① 理论推导的数值由于是围绕数值1进行二阶泰勒级数展开的，因此并不非常准确和贴近现实，仅以此做出理论分析。

② 本章同时也做了线性模拟，但R^2较小。另外，我们也计算出了上海与江苏、浙江和安徽所有40个城市之间的房价比和工业企业数量比，主要特征不变，感兴趣的读者可以向我们索取。

命题1：中心城市相对房价升高，一开始因为规模效应和集聚效应，工业企业比重继续上升，但过了临界点后，企业生产成本上升，会推动低附加值的工业企业向外转移，高附加值的工业企业数量上升，但整体呈现下降趋势。

由式（7-5）和式（7-6）可以发现，当相对房价的上升速度快于相对工资的上升速度时，中心和外围工业企业数量比重才会发生上述所描述的调整模式。也就是说，中心城市的房价工资比高于外围城市的房价工资比，这弱化了中心城市的消费能力，进而提升了外围城市的消费能力。另外，根据产业结构理论，工业比重高的地区的经济增长速度快于服务业占主导的地区的经济增速，随着工业企业的外移，中心城市服务业比重升高，外围地区工业比重升高，致使外围地区经济增长速度更快，进而带动消费能力快速提升。基于此，得到命题2。

命题2：中心城市相对房价升高，一开始会提升中心城市的相对消费能力，但过了临界点后，随着中心城市相对房价的继续升高，外围城市的相对消费能力将会不断提高①。

从企业决策来看，高生产率企业，尤其是生产性服务业和高科技企业，愿意落户或迁移至高层级城市获得更多的集聚外溢好处，提高自身能级，这种现象被称为空间类分（张可云、何大梽，2020）；从城市决策来看，由于房价产生的高成本，层级越高的城市只能留住和吸引更高能力的企业，能力相对弱的企业向外围城市转移，这被称为空间选择（Behrens等，2014）。与普通制造业相比，高端生产性服务业对生活条件、就业环境和公共服务等要求较高，但对工资、土地等要素成本的上升并不敏感，这导致高端生产性服务业向中心城市集聚，而普通制造业等向外围地区转移。当然，现实中我们也观察到，中心城市在发挥生产性服务功能的同时，也存在外围城市没有能力发展的相关高附加值、高新技术制造业。

产业空间分离与转移是重塑中国经济地理的重要力量（许德友，

---

① 模式与供给侧一致，这里就不再展示直观图形，感兴趣的读者可以向作者索取。

2016)，但距离始终是决定产业链空间整合的一个重要因素和关键变量。因此，城市群这个空间组织自然就成为生产性服务业与制造业空间互动的“天然试验场”。城市群功能分工有助于城市根据自身优势参与到自身擅长的某些制造环节或服务部分，形成功能互补、分工协作的空间产业组织形态（Otsuka等，2010）。这种分工的结果是，居于生产性服务业中心的城市与外围城市之间构成了“指挥和控制”关系，进而形成了“中心—外围”的空间经济地理格局。当然，就像我们在现实中观察的那样，不同的城市群的发育程度和联动能力显然具有很大的差异性。例如，基于长三角的数据表明，邻近大城市有助于促进小城市的经济增长，并未发现存在集聚阴影效应的直接证据（孙斌栋、丁嵩，2016)。与长三角城市群相比，京津冀城市群内核心城市辐射和带动功能明显不足，区内城市间的发展差距更大（陈玉、孙斌栋，2017)。基于此，得到命题3。

命题3：中心城市相对房价升高导致了城市群产业的空间分离与转移，中心城市利用功能分工的指挥和控制优势从供给和需求两端加速了国内大循环，但城市群之间可能具有异质性，即中心城市的引领能力具有差异性。

城市群中往往存在中心城市的“虹吸效应”，产生了生产要素由中小城市向中心城市单向转移，进而导致中心城市壮大，外围城市无论是供给侧还是需求侧同时相对萎缩的局面。那么，对于外围城市来讲，它们要想崛起，供给和需求两个层面同样重要，但若要素被虹吸导致供给能力下降的话，自然就不会形成更高的需求能力[①]。也就是说，外围后发城市经济发展的关键首先是要形成供给能力。大量相关政策一直在下发和推进中，例如近些年来下发的中央部委文件就包括《产业发展与转移指导目录》《关于促进制造业有序转移的指导意见》《承接产业转移示范区管理办法》等，省级层面的相关文件也大量地陆续出台。因此，从外围地区来看，崛起的关键一定是供给创造需

① 研究发现，对于具有特定不可移动资源优势的后发地区来讲，即使没有工业化，“资源稀缺效应”也同样会提升需求，形成供需良性匹配的局面（孙军，2019)，当然这类城市数量相对较少，这里将此类城市予以忽略。参见：孙军.旅游业协调中国区域经济发展研究[J].现代经济探讨，2019（8)：35-43.

求，而不是反过来需求产生供给。也就是说，对于外围城市来讲，"萨伊定律"中的核心命题，即"供给会自行创造需求"变得具有重大意义。但对于外围城市来讲，它们必须解决供给侧生产什么、如何生产的问题，以及在什么制度、机制下生产的问题，当然，在本章中解决问题的办法显然来自于与中心城市以及周边城市的良性互动。基于此，得到命题4。

命题4：对于外围城市来讲，供给会创造需求，且对于越处于外围地区的城市来讲，这种效应就越加明显。也就是说，它们的崛起过程必须伴随工业化进程。

7.3 计量模型构建、数据来源及说明

7.3.1 计量模型构建

（1）城市层级的基本事实

上述理论研究发现房地产价格实际上是存在空间关联的，并且这种空间关联是中心-外围式的空间关联，理论上已经证实了这一点，表7-1给出了三大城市群2003—2020年中心-外围式房价空间关联的回归结果[①]。整体而言，中心城市与外围城市的房地产价格空间关联在5%的水平下是非常显著的[②]。另外，时间趋势（*year*）显著为正，表明从时间层面来讲，时间趋势能够助推外围城市房价上涨。加上时间趋势和中心城市房价的交互项后，可以发现交互项显著为负，且R^2更高，这表明从时间趋势上看，外围城市房价上涨整体上是受到中心城市房价制约的，即外围城市的房价上涨可能更多是来自于中心城市房价的外溢效应。

① 三个城市群的中心城市分别为北京、上海和广州。房价数据来源于国家信息中心宏观经济与房地产数据库，下文相同。

② 另外，为了检验土地价格空间关联问题，文中采用全局 Moran's I指数来进行检验。结果表明，无论是城市群内的城市间还是全国城市间，空间统计意义上的房地产价格的空间关联并不显著，这从另外一个层面佐证了中心-外围式关联。结果备索。

表7-1 **2003—2020年三大城市群中心-外围式房价空间关联**

项目	(1)	(2)	(3)	(4)	(5)	(6)
	京津冀		长三角		珠三角	
lncoreprice	0.345***	22.20**	0.674***	74.92***	0.508**	33.73**
	(0.0829)	(9.953)	(0.0636)	(9.640)	(0.151)	(14.56)
year	0.0610***	0.187***	0.0223***	0.429***	0.0549**	0.238**
	(0.0107)	(0.0518)	(0.00787)	(0.0473)	(0.0194)	(0.0722)
lncoreprice× *year*		−0.0110**		−0.0372***		−0.0167*
		(0.00496)		(0.00480)		(0.00725)
constant	−117.8***	−370.0***	−42.62***	−856.5***	−106.3**	−472.4**
	(20.78)	(103.8)	(15.25)	(94.78)	(37.61)	(144.9)
observations	216	216	468	468	144	144
城市固定效应	Yes	Yes	Yes	Yes	Yes	Yes
R^2	0.963	0.964	0.939	0.958	0.967	0.969

注：系数下方括号内数值为稳健标准误；***、**、*分别代表1%、5%、10%的显著性水平。

（2）模型构建

基于上述的理论分析和事实依据，基准实证模型的设计思路主要着眼于相对城市房价是否影响了国内经济大循环，这里用工业企业的区位选择代表经济循环的供给侧，用消费水平的区位特征代表经济循环的需求侧，即本章主要从供给侧和需求侧两端探寻城市群城市层级是否能够助推国内大循环的有效形成。基于此，计量模型设定如下：

$$Scycle_{it}(Dcycle_{it}) = \beta_0 + \beta_1 comprice_{it} + \beta_2 comprice_{it}^2 + \gamma X_{it} + \lambda_t + \eta_i + \varepsilon_{it} \qquad (7-7)$$

式中：下标i和t分别代表相关城市和具体年份；X为控制变量；λ是时间固定效应；η是地区固定效应；ε表示随机干扰项。

被解释变量：分别为*Scycle*和*Dcycle*，前者为区域规模以上工业企业数量比重，用城市规模以上工业企业数量与中心城市的比值表示，后者为社会消费品零售总额比重，用城市社会消费品零售总额与中心城市的比值表示，分别代表着供给侧和需求侧。

核心解释变量：城市层级（*comprice*），这里用中心城市房价与外围城市的房价作为核心解释变量。根据图7-1的直观分析可以发现，中心-外围城市房价比与外围城市工业企业数量比重之间存在着比较典型的二次型，因此在上述两个模型中加入了核心解释变量的二次型。另外，稳健性分析将用在岗职工平均工资的比值来度量城市层级。

控制变量：经济发展（ln*pgdp*），经济发展能够有效扩大消费，增加对企业的吸引力，这里用以2003年所在省份价格指数进行调整的人均地区生产总值的对数值表示。人口规模（ln*pop*），一般而言，城市人口规模越大，消费市场规模越大，劳动力资源就越丰富，越容易增加消费和吸引企业入驻，这里用年末常住人口规模的对数值表示。政府支出（*finance*），地方政府会运用包括财政补贴和基础设施建设等手段吸引企业，这里用财政预算支出占地区生产总值的比重表示。教育程度（ln*edu*），人力资本水平和质量的提升有助于企业创新和全要素生产率提升，也可能有助于消费层级和水平的提升，这里用每十万人中的高等学校在校生数的对数值表示。外商直接投资（*fdi*），用外商直接投资捕捉开放对于企业区位选择和消费能力的影响，具体用FDI与地区生产总值的比值加以表示。高铁主要通过影响要素流动和商品移动，进而影响经济循环体系。[①]这里用城市之间是否互通高铁（*chr*）来表示，已开通设定为1，未开通设定为0。这里用新建设计开行250千米/小时及以上动车组列车，初期运营速度不小于200千米/小时的客运专线铁路作为高铁开通标志。

7.3.2 数据来源及说明

房价数据来源于国家信息中心宏观经济与房地产数据库，高铁数据来源于国家铁路局，其他变量的数据均来自于历年中国城市统计年鉴。本章选取2003—2019年我国沿海三大城市群，即京津冀、

① 高铁直接效应是运送人流，但高铁的开通在增加人流运输的同时，降低了通过公路和水路等运输人流的规模，增加了货物流的运输能级。

长三角和珠三角城市群的面板数据作为实证样本，变量的描述性统计见表7-2。

表7-2 变量的描述性统计

变量		Obs.	mean	Std. Dev.	min	max
被解释变量	*consumption*	782	0.00574	0.00452	0.000468	0.0224
	industrial	782	0.00815	0.00676	0.000449	0.0327
核心解释变量	*comprice*	782	3.241	1.494	0.363	9.431
控制变量	*chr*	782	0.414	0.493	0	1
	ln*edu*	782	2.574	0.895	−0.730	4.833
	fdi	782	0.0347	0.0273	0	0.201
	finance	782	0.122	0.0511	0.0491	0.394
	ln*pgdp*	782	10.46	0.665	8.492	12.78
	ln*pop*	782	5.079	0.848	3.656	7.353
中介变量	*marketing*	782	4.286	2.504	0.265	16.05
	rd	782	6.276	5.842	0.438	48.15

7.4 实证检验

7.4.1 基准检验结果

表7-3的基准模型的估计结果显示，中心与外围城市的相对房价比的二次型结构均在1%水平下显著，这证明了本章上述的理论推导，即随着中心城市相对房价的上升，先是降低了外围城市的工业企业数量比重，当相对房价过了临界值后，外围城市的工业企业数量比重上升，这初步证实了本章的命题1。从需求侧层面看，其性质与供给侧基本完全一致，即随着中心城市相对房价的上升，先是降低了外围城市的相对消费能力，当相对房价过了临界值后，外围城市的消费比重上升，这也初步证实了本章的命题2。

表7-3 城市层级影响经济循环的基准模型

项目	(1)	(2)	(3)	(4)
	供给侧		需求侧	
variables	*industrial*		*consumption*	
price	−0.00710***	−0.00412***	−0.00620***	−0.00342***
	(0.00155)	(0.00110)	(0.000892)	(0.000537)
$price^2$	0.000581***	0.000422***	0.000518***	0.000357***
	(0.000169)	(0.000121)	(9.98e−05)	(6.36e−05)
chr		0.00108		0.000752*
		(0.000762)		(0.000431)
ln*edu*		−0.00239***		−0.000379
		(0.000724)		(0.000257)
fdi		0.0225		0.00750
		(0.0180)		(0.00876)
finance		−0.0202*		−0.00193
		(0.0116)		(0.00580)
ln*pop*		0.00359***		0.00387***
		(0.000749)		(0.000373)
ln*pgdp*		0.00291		0.000453
		(0.00177)		(0.000763)
constant	0.0237***	−0.0251	0.0192***	−0.0115
	(0.00343)	(0.0185)	(0.00204)	(0.00819)
地区固定	Yes	Yes	Yes	Yes
时间固定	Yes	Yes	Yes	Yes
observations	782	782	782	782
R-squared	0.446	0.676	0.549	0.844

注：系数下方括号内数值为城市层面稳健标准误；***、**、*分别代表1%、5%、10%的显著水平。

面板固定效应模型无法消除核心解释变量可能因双向因果产生的内生性问题。基于此，除了增加控制变量尽可能降低遗漏变量造成的内生性外，本章还利用工具变量法进行验证。按照构建工具变量的基本思路和逻辑，为满足“排他性约束”，需要寻找到仅与相对房价有着内在联系而与供给和需求水平没有直接联系的外生变量作为工具变量。本文用地理距离来刻画城市层级情况，由于该变量不随时间而变，这里用全国层面的汇率冲击乘以各城市到中心城市的地理距离作为工具变量。该做法的合理性在于，一是如果一个城市与上海距离较远，城市间劳动力和资本等要素流动的规模就会较低，产品之间的交换能力相对就较弱，产业分工能力整体较弱，不利于城市群层级的形成。二是由于各外围城市到中心城市的地理距离是城市固有的地理特征，不随时间而变，考虑到这一点，这里再选择汇率来刻画时间变化趋势。具体来看，人民币升值降低了产品出口竞争力，具有较低生产率的工业企业可能会通过将生产基地向外围城市转移来降低汇率冲击，这客观上加速了城市层级的形成。因此，本章最终选择各城市群外围城市与中心城市地理距离的倒数乘以汇率（以美元为计价单位）的倒数作为城市群层级的工具变量。检验结果显示，引入“1/（地理距离×汇率）”作为城市群层级的工具变量后，DWH检验在1%水平下显著，表明具有强烈内生性，F统计量大于Stock-Yogo弱识别检验1%水平下的临界值，拒绝弱工具变量假设。工具变量的检验结果见表7-4，检验结果与表7-3的基准检验结果完全一致，这进一步佐证了本章的命题1和命题2。

表7-4 **城市层级影响内循环的基准模型**

项目	(1)	(2)	(3)	(4)	(5)	(6)
	第一阶段		第二阶段	第一阶段		第二阶段
variables	*comprice*	*comprice*^{2}	*industrial*	*comprice*	*comprice*^{2}	*consumption*
ivdistance	−842.3921***	−2 939.36***	−0.0144***	−842.39***	−2 939.36**	−0.00821***
	(161.3747)	(1 435.27)	(0.00295)	(161.37)	(1 435.27)	(0.000999)
ivdistance^2	148 628.1***	−18 614.08	0.000677**	148 628.1***	−18 614.08	0.000960***
	(42 164.52)	(375 013)	(0.000388)	(42 164.5)	(375 013)	(0.000137)

续表

项目	(1)	(2)	(3)	(4)	(5)	(6)
	第一阶段		第二阶段	第一阶段		第二阶段
variables	*comprice*	*comprice*^{2}	*industrial*	*comprice*	*comprice*^{2}	*consumption*
comprice			-0.0144***			-0.00821***
			(0.00295)			(0.000999)
comprice^2			0.000677**			0.000960***
			(0.000388)			(0.000137)
constant	157.60***	1 516.39***	1.776***	157.604***	1 516.39***	-0.0446
	(38.261)	(340.30)	(0.492)	(38.261)	(340.30)	(0.128)
控制变量	Yes	Yes	Yes	Yes	Yes	Yes
时间控制	Yes	Yes	Yes	Yes	Yes	Yes
地区控制	Yes	Yes	Yes	Yes	Yes	Yes
地区特定趋势	Yes	Yes	Yes	Yes	Yes	Yes
observations	782	782	782	782	782	782
R-squared	0.7344	0.652		0.734	0.652	0.725

注：系数下方括号内数值为城市层面稳健标准误；***、**、*分别代表1%、5%、10%的显著水平。

7.4.2 异质性检验

沿海三大城市群中的京津冀城市群位于我国沿海地区北部，长三角城市群位于中间，而珠三角城市群位于南端，它们之间不仅区位有差异，而且城镇化水平、产业结构、所有制结构以及市场化程度等都存在比较明显的差异性，当前又呈现出经济增长“南快北慢”和经济总量占比“南升北降”的分化格局（盛来运等，2018），因此，城市群作为经济发展的核心载体，必然也会存在较大的经济发展差异性。基于此，这里将各个城市群作为子样本进行分开估计，结果见表7-5。可以发现，无论是从供给侧层面还是需求侧层面看，京津冀城市群的层级结构均无法助推其建立有效的经济循环体系，长三角和珠三角城市群的经济循环特征明显，有助于以中心城市引领城市群发展。这也证实了命题3，即城市群之间具有异质性，长三角和珠三角性质良好，而京津冀中心城市与外围城市之间良性的互动关系并没有得到有效建立。

表7-5 **城市层级影响国内大循环的异质性检验**

项目	(1)	(2)	(3)	(4)	(5)	(6)
	京津冀		长三角		珠三角	
variables	*industrial*	*consumption*	*industrial*	*consumption*	*industrial*	*consumption*
comprice	-0.000822	-0.000134	-0.00683**	-0.00614***	-0.00312**	-0.00450***
	(0.000613)	(0.000233)	(0.00259)	(0.000870)	(0.00106)	(0.000535)
comprice^2	9.57e-05	2.69e-05	0.000865***	0.000706***	0.000140**	0.000374***
	(6.37e-05)	(2.82e-05)	(0.000303)	(0.000109)	(7.39e-05)	(7.45e-05)
constant	-0.00208	-0.0193*	-0.0424	-0.00132	0.0273*	0.0134
	(0.0116)	(0.0102)	(0.0272)	(0.00957)	(0.0132)	(0.0180)
控制变量	Yes	Yes	Yes	Yes	Yes	Yes
时间控制	Yes	Yes	Yes	Yes	Yes	Yes
地区控制	Yes	Yes	Yes	Yes	No	No
observations	204	204	442	442	136	136
R-squared	0.928	0.991	0.699	0.872	0.881	0.877

注：系数下方括号内数值为城市层面稳健标准误；***、**、*分别代表1%、5%、10%的显著性水平。

关于京津冀不显著、长三角和珠三角显著的事实从下面可以大体得出一个基本结论，由图7-2和图7-3可以发现，京津冀城市群无论是工业企业数量还是消费占全国的比重，都存在显著的下滑趋势，分别由2003年的8.8%和10.5%降到2019年的5.5%和7.9%，长三角和珠三角两个城市群有所波动，但两者整体呈现出U形趋势。例如，长三角工业企业数量比重由2003年的30%逐步下滑，在2016年降到最低的25.4%，之后开始上升，2019年达到27.3%，消费比重在2017年降到最低的19.1%，之后开始上升，2019年达到20.1%；珠三角工业企业数量比重在2015年降到最低的8.2%，之后开始上升，2019年达到12.2%，消费比重在2015年降到最低的7.2%，之后开始上升，2019年达到7.9%。由此可见，京津冀城市群整体实力有所下滑，对外部资源的吸附能力较弱，北京没有完全发挥出中心城市的引领作用和地位，而长三角和珠三角两大南方沿海城市群尤其近些年来的虹吸效应逐步增强。

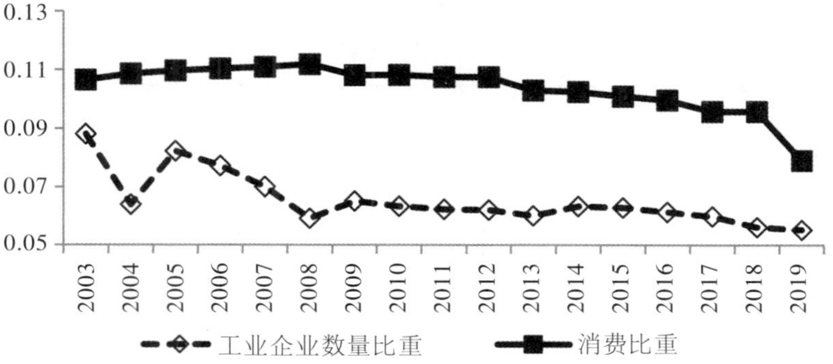

图7-2　京津冀城市群工业企业数量比重和消费比重

资料来源：根据《中国城市统计年鉴》历年数据计算整理得到。

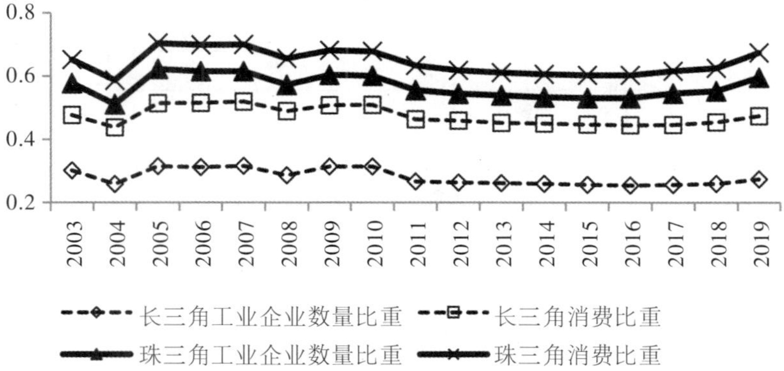

图7-3　长三角和珠三角城市群工业企业数量比重和消费比重

资料来源：根据《中国城市统计年鉴》历年数据计算整理得到。

7.4.3　稳健性检验

工资和房价之间的关系是相互关联的，具有正相关性，这在式（7-6）中体现得非常明显。一般来说，工资上涨使得家庭能够承受更高的房价，而当房价上涨时，劳动者的生存压力加大，这时就需要企业给劳动者支付更高的工资。因此，这里以相对工资作为相对房价的替代变量。与前面一致，同样引入“1/（地理距离×汇率）”作为城市群层级的工具变量后，DWH检验在1%水平下显著，表明具有强烈内生性，F统计量大于Stock-Yogo弱识别检验1%水平下的临界值，拒绝弱工具变量假设。检验结果见表7-6，与基准估计结果基本一致，上述检验也验证了本章基准计量结果的可靠性 。[①]

表7-6 **替换解释变量检验**

项目	(1)	(2)	(3)	(4)
	OLS		2SLS	
variables	*consumption*	*industrial*	*consumption*	*industrial*
wage	−0.0122***	−0.0213**	−0.184*	−0.383**
	(0.00424)	(0.00808)	(0.108)	(0.164)
$wage^2$	0.00288***	0.00422**	0.0590*	0.108**
	(0.00105)	(0.00195)	(0.0310)	(0.0487)
constant	−0.0177	−0.0171	−0.0656	0.139
	(0.0122)	(0.0270)	(0.0742)	(0.123)
控制变量	Yes	Yes	Yes	Yes
时间固定	Yes	Yes	No	No
地区固定	Yes	Yes	Yes	Yes
observations	782	782	782	782
R-squared	0.805	0.554		

注：系数下方括号内数值为城市层面稳健标准误；***、**、*分别代表1%、5%、10%的显著水平。

7.5 作用机制分析

发挥城市群优化空间布局和集聚生产要素的重要作用，实现创新链、产业链、资金链、人才链之间的协同配置，推动区域经济发展质量变革、效率变革、动力变革，是经济高质量发展的重要体现，也是实施区域协调发展战略的重要内容。房价上涨引致的工资等成本的上涨相当于对企业提出了更高要求，也变相提高了企业入驻城市的门槛。从空间

① 由于篇幅所限，各个城市群层面的稳健性检验这里不再给出，结果与表7-6一致，感兴趣的读者可向作者索取。

类分层面看，相对低端的、利润率较低的企业被迫选择搬离到外围房价相对较低的城市，相对高端的企业可以利用中心城市拥有更多高端生产要素优势更快、更好地提升其科技创新能力，通过科技创新开发出新技术、新服务和新产品等；从空间选择层面看，中心城市可以利用其营销端和科技端的强大优势，吸引更高端企业入驻，辐射和服务更广泛外围城市。

基于上述认识，这里结合微笑曲线特征，将城市功能划分为研发、制造和营销三大环节（孙军、高彦彦，2023）。研发环节主要包括基础研究、技术应用等；制造环节主要包括工业品的生产、加工制造等；营销环节主要包括营销、品牌和服务等。每个环节的能力大小用城市相关行业的从业人员来代替，研发环节用科学研究、技术服务和地质勘查等行业的从业人员表示，制造环节用采矿业、制造业、电力、热力燃气及水生产和供应业等行业的从业人员表示，营销环节用批发和零售业、租赁和商业服务业、交通运输仓储和邮政业等行业的从业人员表示。城市功能分工变量定义如下：

BFS 为城市功能分工变量：

$$BFS_{sh,\ j}(t)=\frac{city_{cor}^{service}(t)/city_{cor}^{manu}(t)}{city_{pe}^{service}(t)/city_{pe}^{manu}(t)} \tag{7-8}$$

这是本章的核心解释变量。$city_i^j(t)$ 表示城市 i 环节 j 的从业人员，上标 *service* 表示营销或研发人员，*manu* 表示生产制造人员，具体定义与前文一致，下标 *cor* 表示北京、上海和广州等中心城市的相关人员，*pe* 表示其他城市相关人员。该变量代表了三大城市群中心城市与其他城市的功能分工情况，结合上文的微笑曲线，我们可以理解为三大中心城市利用其微笑曲线的两端能力引领其他城市中间部分凸起。

$$marketing(t)=\beta_0+\beta_1 comprice_{it}+\beta_2 comprice_{it}^2+\gamma X_{it-p}+\lambda_t+\eta_i+\varepsilon_{it} \tag{7-9}$$

$$industrial=\beta_1 marketing(t)+\beta_2 comprice_{it}+\beta_3 comprice_{it}^2+\gamma X_{it-p}+\lambda_t+\eta_i+\varepsilon_{it} \tag{7-10}$$

由表 7-7 可以发现，从营销功能分工来看，城市相对房价与营销功能分工之间呈现出明显的正相关性，而营销功能分工有助于工业企业在外围城市的选址。从房地产相对价格上升的直接效应来看，仍然呈现 U 形结构。也就是说，从最终结果来看，中心城市房地产相对价格上升不论是从直接效应还是间接效应来看，均会加速工业企业地理的空间重塑效应。从研发功能分工来看，整体上看，房地产相对价格上升会加快中心城市研发，而中心城市的研发上升并不会加快工业企业的重塑效应，也就是说相对房价的变动并不通过研发分工这一中间机制实现。但具体计量检验结果显示，长三角具备该项功能，能够通过相对房价变量的上升而增强研发分工，进而推动产业经济地理重塑，而其他两个城市群则不具备该项特征。京津冀不具备的原因在于北京这个中心城市的辐射和带动功能明显不足，而在珠三角乃至粤港澳大都市圈中，深圳的研发实力甚至远强于广州。

表7-7 **机制检验结果**

项目	(1)	(2)	(3)	(4)	(5)	(6)
	沿海三大城市群		沿海三大城市群		长三角城市群	
variables	*marketing*	*industrial*	*rd*	*industrial*	*rd*	*industrial*
marketing		0.000453**				
		(0.000243)				
rd				0.0000224		0.000751***
				(0.000131)		(0.000125)
comprice	0.419***	-0.00462***	1.504***	-0.00417***	0.632**	-0.00539**
	(0.13)	(0.00107)	(0.521)	(0.00105)	(0.292)	(0.00202)
comprice^2		0.000463***		0.000425***		0.000751***
		(0.000120)		(0.000119)		(0.000264)
constant	-5.292***	-0.0217	-41.83	-0.0242	-0.202	-0.0380
	(3.540)	(0.0175)	(28.22)	(0.0164)	(4.460)	(0.0228)
控制变量	Yes	Yes	Yes	Yes	Yes	Yes
时间控制	No	Yes	Yes	Yes	No	Yes
地区控制	Yes	Yes	Yes	Yes	Yes	Yes
observations	782	782	782	782	442	442
R-squared	0.412	0.691	0.379	0.676	0.608	0.751

注：系数下方括号内数值为城市层面稳健标准误；***、**、*分别代表1%、5%、10%的显著性水平。

总体来看，中心城市要从区域或全国的视角来审视产业分工体系，从营销功能和科技功能出发，把自身定位于区域或全国产业发展的发动机、产业创新的策源地、产业组织的中心地等角色，疏散生产功能，强化服务功能。

7.6 外围城市供给侧驱动效应检验

在城市群发展初期，对于外围地区来讲，要素和产业存在着大量被虹吸的事实，因此，供给端严重不足，进而需求端也受到严重抑制。也就是说，对于外围城市来讲，它们要想实现经济崛起，就必须首先提升供给端的供给能力，譬如大量接收中心城市的产业转移，这实际上也是后发地区崛起的关键所在。基于此理念，构建简单的供给创造需求模型对此进行说明。不过，由于供需之间存在着非常严重的内生性问题，因此，这里对于供给侧进行一系列年限的滞后处理，并加入与上文一致的控制变量，并将相对房价和其二次项也加入其中，尽可能降低内生性[①]，计量结果见表7-8。可以发现，无论是供给侧的当前期还是相关滞后期，均在1%水平上显著促进需求侧。

表7-8　**供给侧驱动需求侧效应**

项目	(1)	(2)	(3)	(4)	(5)	(6)
variables	*consumption*					
industrial	0.219***					
	(0.0488)					
L.industrial		0.218***				
		(0.0497)				
L2.industrial			0.215***			
			(0.0508)			
L3.industrial				0.207***		
				(0.0516)		

① 相对房价和其二次项均在1%的水平下显著。

续表

项目	（1）	（2）	（3）	（4）	（5）	（6）
L4.industrial					0.199***	
					（0.0521）	
L5.industrial						0.196***
						（0.0524）
constant	0.00104	−0.00000791	−0.000992	−0.000871	−0.000990	−0.00141
	（0.00644）	（0.00649）	（0.00664）	（0.00676）	（0.00693）	（0.00708）
控制变量	Yes	Yes	Yes	Yes	Yes	Yes
时间控制	Yes	Yes	Yes	Yes	Yes	Yes
地区控制	Yes	Yes	Yes	Yes	Yes	Yes
observations	782	736	690	644	598	552
R-squared	0.885	0.885	0.885	0.885	0.887	0.888

注：系数下方括号内数值为稳健标准误；***、**、*分别代表1%、5%、10%的显著性水平。

需要注意的是，在上述回归的样本中还包含了一些省会城市和计划单列市等次中心城市，这些城市供需互动的能力相对普通城市更强，也就是说上述回归尽管对核心解释变量进行了滞后处理，但仍可能与被解释变量之间存在着一定的因果性。而且更为重要的是，越是外围城市，其供给侧驱动需求侧的效果也可能越为明显。基于此考量，这里将省会城市、直辖市（天津）和计划单列市（深圳市和宁波市）去掉，再次进行回归，结果见表7-9[①]。

表7-9 **去掉次中心城市的供给侧驱动需求侧效应**

项目	（1）	（2）	（3）	（4）	（5）	（6）
variables	*consumption*					
industrial	0.361***					
	（0.0439）					

① 相对房价和其二次项均至少在10%的水平下显著。

续表

项目	（1）	（2）	（3）	（4）	（5）	（6）
L.industrial		0.376***				
		（0.0422）				
L2.industrial			0.381***			
			（0.0427）			
L3.industrial				0.379***		
				（0.0441）		
L4.industrial					0.374***	
					（0.0457）	
L5.industrial						0.369***
						（0.0490）
L6.industrial						
constant	−0.000864	−0.00122	−0.00239	−0.00251	−0.00236	−0.00294
	（0.00744）	（0.00742）	（0.00746）	（0.00749）	（0.00770）	（0.00794）
控制变量	Yes	Yes	Yes	Yes	Yes	Yes
时间固定	Yes	Yes	Yes	Yes	Yes	Yes
地区固定	Yes	Yes	Yes	Yes	Yes	Yes
observations	663	624	585	546	507	468
R-squared	0.885	0.889	0.893	0.891	0.890	0.888

注：系数下方括号内数值为稳健标准误；***、**、*分别代表1%、5%、10%的显著性水平。

将表7-7和表7-8的核心解释变量的回归结果进行比较（如图7-4所示）可以发现，去掉次中心城市的供给创造需求的效应更加强大，这也证明了本章上述的结论，同时也证明了本章的命题4，即对于越处于外围地区的城市来讲，供给创造需求的效应就越明显。也就是说，它们的崛起过程必须伴随工业化进程，而这离不开与中心城市之间的良性互动。

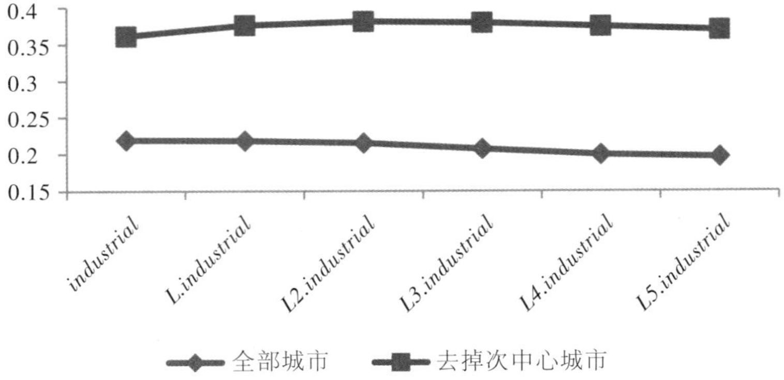

图 7-4 供给创造需求效应

7.7 结论与政策建议

依托中心城市和城市群实施城市间分工合作，实现供给侧和需求侧有效联动和循环已成为新发展格局下我国化解外部风险和畅通国内大循环的关键所在。研究表明，相对房价是城市群层级结构的有效代理变量，具有典型的中心-外围式关联特征，这种特征不仅从供给端推动了工业企业在空间上的转移，而且在需求端促进了外围城市需求规模的增加，进而通过供需两端的联动促进了区域内部大循环的有效形成。城市间功能分工是加速国内大循环有效形成的一个重要因素，但研发功能具有较大的差异性。另外，越是外围城市，供给侧驱动需求侧能力提升的效果也越明显，这表明它们的崛起必须伴随工业化进程，而这离不开与中心城市之间的良性互动。当然，需要注意的是，上述结论成立的前提，一是中心城市房价上涨不可过快，否则在相对低端产业外迁之后，高端产业因为过快的房价上涨而无法有效形成集聚，二是外围城市房价也不可过快上涨，否则可能会成为中心城市产业转移的“空白地带”，致使崛起过程受阻。基于上述结论，给出如下政策建议。

第一，加快推动城市群内产业链重塑。一是适当加大中心城市的土地供应，防止中心城市房价过快上涨给外围城市带来的“涟漪效应”，避免产业无法在城市群内部转移的现象发生。外围城市要以吸引中心城市产业转移为最终目的，要从土地供应、营商环境建设等各个层面做好产业转移的配套措施。二是各地需充分发挥自身比较优势，在要素禀赋的基础上从更高层面绘制区域产业地图，引导重点产业集中布局和统筹发展。中心城市要集中精力发展总部经济，打造面向国内和国际市场的研发中心和营销中心。外围城市要根据自身产业基础以及条件，发展与中心城市及周边城市紧密联动的相关产业。三是在区域间合理分工的基础上，组建城市群区域产业联盟等形式，优化引导产业链条延伸方向，鼓励企业间供应链信息平台建设，推动零部件供应、消费品生产、市场营销体系的构建，畅通产业链条信息快速传导机制。

第二，不断强化中心城市生产性服务业集聚能级。一是中心城市要通过营销和研发功能的集聚扩散效应不断突破城市的行政区域界线，着力建设开放的跨地理边界的服务网络，降低交易和交流成本，不断降低外围城市获取支持性服务的溢出成本，在更大的范围内与邻近城市产生交互作用。二是通过城市群内部的协同创新增强其创新策源能力，联合建立一批研发平台，并赋予该平台特殊政策和灵活机制，形成创新科技协同改革模式，基于优势产业和潜在优势产业建设一批产学研用合作共同体，加快科创中心、孵化基地、加速器的建设，搭建起创新与产业之间的桥梁，同时以区域技术交易市场为枢纽，搭建技术交易市场网络。三是实现信贷资源在区域内自由流通，不断探索城市群内部的跨省市联合授信机制，以及科技创新型企业新型信用机制，保证信贷资源有效服务于创新。要探索区域创新收益共享机制，搭建高效的股权类融资服务平台，建立起各类科技创新引导基金，发挥科创板对创新型企业的支持功能。

第三，加快城市群制度型开放步伐。一是按照产权中性、竞争中性和规制中性原则，加快清理、废除妨碍统一市场和公平竞争的各种非市场化规定，通过一体化破除行政壁垒和市场壁垒，鼓励城市间加强合作与协调，提高城市群要素流动性并加快企业兼并重组步伐，推动城市群产业分工和市场分工，提高产业政策的空间溢出作用，以此促进地区间产业升级的协同效应。畅通经济循环。二是在国际制度对接层面，城市群应对标世界银行国际营商环境评估标准体系，更加注重系统集成设计，强化要素配置保障，打造开放便捷、服务高效的营商环境与国际接轨的制度规则环境，建立更加符合国际规范和灵活高效的开放管理体制。三是在“放管服”制度协同深化方面，城市群各城市要以中心城市为龙头，携手推进商事制度集成化改革，最大程度精简行政审批事项与环节，共建“市场准入异地同标”便利化准入机制[①]，创新构建跨省份跨产业的“企业全生命周期”的一体化、系统化和全产业链式的准入准营服务制度。

① 重庆市人民政府办公厅，四川省人民政府办公厅.关于印发推动成渝地区双城经济圈市场一体化建设行动方案的通知［EB/OL］.（2023-02-05）［2023-08-15］. https：//www.sc.gov.cn/10462/10778/10876/2023/2/20/175d9e94a1fa442d90f2413fb905269f.shtml.

8　城市间功能分工变迁与国内大循环：基于长三角的经验分析

8.1　引言

当前，全世界科技革命下的机器人替代人工的趋势明显加剧，经济全球化逆流明显，单边主义取代多边主义，意识形态抬头，“在岸外包”、“近岸外包”和“友岸外包”现象明显，再加上新冠肺炎疫情和俄乌冲突，全球产业链、供应链和价值链正发生明显的“内向化”趋势，不稳定性、不确定性明显增加。这就需要加快实现从客场全球化向主场全球化转变的步伐，深入挖掘和激发国内市场供给与需求潜力，加快经济地理重塑，促进国内大循环形成，有效对冲外部风险和不确定性。党的二十大报告明确指出，“坚持高水平对外开放，加快构建以国内大循环为主体、国内国际双循环相互促进的新发展格局”，“增强国内大循环内生动力和可靠性，提升国际循环质量和水平”[①]。不过，省份间的循环仍然是国内大循环形成过程中最大的梗阻，“碎片化经济”弱化了国内市场的重要性，抑制了国内经济地理重塑进程（孙军等，2018）。

随着通信网络、高铁等基础设施网络的日益网络化和行政管理体制改革的不断深化，产业和人口进一步向优势区域不断集聚，我国经济发展的空间形态正经历深刻的调整，中心城市和城市群已成为经济发展的主引擎。党的二十大报告提出，要以城市群、都市圈为依托构建大中小城市协调发展格局。城市功能分工明确是城市群形成和发展的最主要特征之一（马燕坤、张雪领，2018），Van Oort等（2010）指出，城市群通过产业空间布局重塑形成的产业链分工体系，能够提高城市的分工水平，减少产业冲突，增强功能之间的互补性。而且，无论是技术层面的企业跨区域管理成本的减少，还是各种壁垒的降低等，都会使城市群城市之间的功能分工水平提升（张若雪，2009），这种结构和功能的革命性变化使单个城市的发展更加依附于所在的城市群或都市圈。尤为重要的是，基于功能分工发展国内价值链是巩固中国的内循环比较优势的关键所在（张少军、方玉文，2022）。例如，城市群中有些城市更加侧重于营销和研发等服务端，有些城市更加侧重于制造端，形成了U形或倒U形结构，每个城市形成了具有自身特征的微笑曲线，通过价值链分工形态促进了国内经济地理重塑，形成了国内大循环的基础。

长三角是我国规模最大、实力最强的城市群，覆盖的空间不断扩张，是当今全球最具活力的经济区域之一，是我国加快构建新发展格局的核心区域和关键着力点。基于此，本章对长三角城市微笑曲线变迁情况进行分析，探索城市功能分工事实和背后的驱动机制，寻求经济地理重塑机制乃至国内大循环的构建模式。本章的边际贡献包括：第一，选择长三角城市群作为本章研究的基本空间单元，从营销、制造和研发三个方面系统考察了城市群内代表性城市的功能分工特征，构建了城市微笑曲线指数，首次在直观上展示出了以上海为中心的中心-外围式功能分工形态。基于计量分析发现，这种城市群微笑曲线模式能够有效地促进国内经济地理重塑。

① 新华社．习近平：高举中国特色社会主义伟大旗帜 为全面建设社会主义现代化国家而团结奋斗——在中国共产党第二十次全国代表大会上的报告［EB/OL］.（2023-10-25）［2023-08-15］. http: //www.gov.cn/xinwen/2022-10/25/content_5721685.htm.

第二，本章以最具代表性的生产要素——劳动力作为城市群内城市间的连接中介，探究营销和研发功能分工影响城市功能分工的具体机制。发现营销功能分工会通过推动外围城市要素成本上升而弱化工业企业在外围城市的集聚，但研发功能城市间协同在推动外围城市要素成本上升的同时能够强化外围城市集聚能力。第三，本章采用经过汇率调整的地理距离作为城市功能分工的工具变量，在一定程度上缓解了计量过程的内生性问题，为准确刻画经济地理重塑效应提供了实证依据。

8.2 文献回顾与机理分析

8.2.1 产业空间分离与城市群组织

生产性服务业来源于制造业，又反过来与以制造业为首的各个行业相互渗透、融合、延伸和重构，是推动经济高质量发展的“加速器”。不过，与制造业等行业形成鲜明对比的是，高端生产性服务业对生活条件、就业环境和公共服务等要求较高，但对工资、土地等要素成本的上升并不敏感，这导致高端生产性服务业向中心城市集聚，而制造业等向要素价格较低的外围地区转移。因此，当生产性服务业与制造业在空间上分离时，城市之间在空间上的相互依赖性会增强。当然，这并不意味着生产性服务业与制造业之间一定要具有地理邻近性（刘志彪，2006），制造业集聚并不能完全解释生产性服务的地域集聚特征（Daniels，1985），其中的一个重要原因在于信息技术的迅猛发展。信息传输成本在很大程度上能够替代制造业中的运输成本，大大扩展了生产性服务业的服务半径（陈建军等，2009）。谭洪波（2015）的理论研究也表明，当生产性服务业贸易成本较低时，第二、第三产业会形成空间上分离式集聚。

产业空间分离与转移是重塑中国经济地理的重要力量（许德友，2016），但距离始终是决定产业链空间整合的一个重要因素和关键变量，尤其在生产性服务业不够强大时更是如此。因此，城市群这个空间组织是生产性服务业与制造业空间互动的“天然试验场”。Otsuka等（2010）指出，城市群功能分工有助于群内城市根据自身优势参与到自身擅长的某些制造环节或服务部分，形成功能互补、分工协作的空间产业组织形态。这种分工的结果是，居于生产性服务业中心的城市与外围城市之间构成了“指挥和控制”关系，进而形成了“核心—半边缘—外围”的空间经济地理格局，这是城市实施命令和控制功能的关键所在（马学广、李贵才，2011）。Bailly（1995）对欧洲的研究发现，高端生产性服务业主要集中在伦敦、巴黎、法兰克福等全球性大都市区，它们因生产性服务业的集中而成为对全球价值链的命令控制中心。应该说，中心城市基于生产性服务业引领的极化效应和扩散效应非常重要，但若没有一定数量的次中心城市存在，单个中心城市未必是城市群的高质量发展模式（李锦章等，2003），也无法实现城市群内城市协同高效发展。例如，刘修岩等（2017）研究发现，多中心城市群结构更加有助于经济效率的持续提升。因此，我国应在重视中心城市发展的同时，也要注意加强多中心城市网络建设，避免出现中心城市过于庞大所带来的资源过度集中和扭曲问题（陈旭等，2019）。

8.2.2 微笑曲线与城市群经济地理重塑

由于微笑曲线附加值更多体现在研发与营销两个端点，因此每一个城市都想抓住微笑曲线的两端提升自身位置，实现城市经济的跨越式发展，但城市功能来源于分工，分工位置产生不同的城市定位。因此，城市功能定位首先是要回答城市在区域、国家或全球不同层面的经济循环上应该扮演着什么样的角色，其中的关键是在区域循环上的城市角色定位问题。合理的城市定位，有利于突出城市特征和主导优势，有利于明确自身在城市群的战略方向，最终也有利于城市群高水平交互网络的形成和区域大循环能力的实现。

现实中我们注意到，当今一些国际中心城市的服务业增加值一般能达到地区生产总值的70%～90%，现代服务业、先进制造业和高新技术产业发达，对外围城市的引领能力非常显著。我国的中心城市也正在向发达国家的中心城市“看齐”，北京、上海、广州和深圳等尤为突出，生产性服务业的集聚和对外围城市的引领能力日益增强。由此可见，如果外围城市努力向微笑曲线两端攀升，而不注意与中心城市、次中心城市以及周边城市之间的功能分工和角色定位，不注重自身禀赋优势所在的话，就会导致城市功能不清或同质化，极易导致城市地位下降，甚至带来城市群整体衰落。当然，中心和外围城市之间的功能分工并不是绝对意义上的，并非外围城市一定要把自身定位到微笑曲线中的生产制造功能中去。实际上，在流动空间的城市群体系中，城市功能的空间分布以及城市之间的联系一直在发生变化。例如，一些需面对面交流，尤其是需要创造性思考和专业性服务的工作则仍需要在中心城市聚集，但其他城市同样也可以拥有商贸、会展、研发、教育等中级乃至高级功能。另外，一些外围城市在生活成本和自然环境等方面比大城市具有特定优势，在数字经济和高铁等基础设施不断完善的背景下，也同样具备吸引特定人才、资本和产业聚集的优势，各种拥有不同功能特色的城市将不断出现。由此，未来城市群中各类不同规模、不同类型和不同区位的城市完全有能力发挥各自独特的已有和潜在优势，依托政策、区位和产业基础等相关优势发展与中心城市互补的高端生产性服务业，也可以积极发展服务于中心城市和周边城市的以生活性服务业为主要功能的商贸型、物流型、休闲型和创意型文化旅游等相关行业，在微笑曲线的两端发挥自身优势，最终形成与中心城市优势互补、分工协作、功能特色突出的功能体系和网络体系，共同推动城市群经济循环体系构建。

总体来看，城市群能够有效打破国内“碎片化经济”发展模式，是促进经济地理重塑的“主战场”，是形成国内大循环的核心区域。其中，中心城市微笑曲线两端的引领能力将会更加凸显，是融通城市群经济循环的重要力量，其他城市则与中心城市实现功能错位和相互衔接，在合作中实现协同，在竞争中实现高质量发展，在发展中寻求突破。

8.3 城市微笑曲线测度与分析

8.3.1 城市微笑曲线测度

结合微笑曲线特征，本章将城市功能划分为研发、制造和营销三大环节①。其中，研发环节主要包括基础研究、技术应用等；制造环节主要包括工业品的生产、加工制造等；营销环节主要包括营销、品牌和服务等。每个环节能力大小用城市相关行业的从业人员来代表，研发环节用科学研究、技术服务和地质勘查等行业的从业人员表示；制造环节用采矿业、制造业、电力、热力燃气及水生产和供应业等行业的从业人员表示；营销环节用批发和零售业、租赁和商业服务业、交通运输仓储和邮政业等行业的从业人员表示。基于此，城市 i 的环节 j 的第 t 年的微笑曲线指数可以定义为：

$$FS_i^j(t) = [city_i^j(t)/city_i(t)]/[country^j(t)/country(t)] \tag{8-1}$$

式中：$FS_i^j(t)$ 表示城市 i 的环节 j 的第 t 年的微笑曲线指数，$city_i^j(t)$ 表示城市 i 的环节 j 的从业人员，$city_i(t)$ 表示城市 i 在第 t 年的全部从业人员数量；$country^j(t)$ 表示全国在第 t 年的 j 环节的从业人员数量，$country(t)$ 表示全国第 t 年从业人员数。

8.3.2 代表性城市微笑曲线分析

（1）中心城市情形

图 8-1 是上海市 2011 年和 2019 年微笑曲线，均呈现明显的 U 形特征。具体来看，上海市呈现出了营销功能大于研发功能，而研发功能又大于制造功能的微笑曲线特征。与 2011 年相比，2019 年上海市的研发功能与营销功能水平均持续上升，制造功能明显下降，微笑曲线特征更加明显。与研发功能相比，营销功能相对更为强大，这与上海是我国的国际贸易、金融和物流中心城市相一致。在研发层面，在国家明确提出支持武汉建立新的科技创新中心后，我国科创中心将形成上海市、粤港澳大湾区、成渝、北京市、武汉市的五大格局态势。由此，尽管上海的研发功能也在持续提升，但与营销功能相比，并不具备更大优势。

① 施振荣先生在 1992 年提出的微笑曲线以及之后加以修正形成的产业微笑曲线并没有涉及空间的概念，而产业跨区域分工合作导致了不同城市侧重于研发、制造和营销的不同环节，进而形成了具有不同特征的城市微笑曲线，这也正是本章提出城市微笑曲线的原因所在。

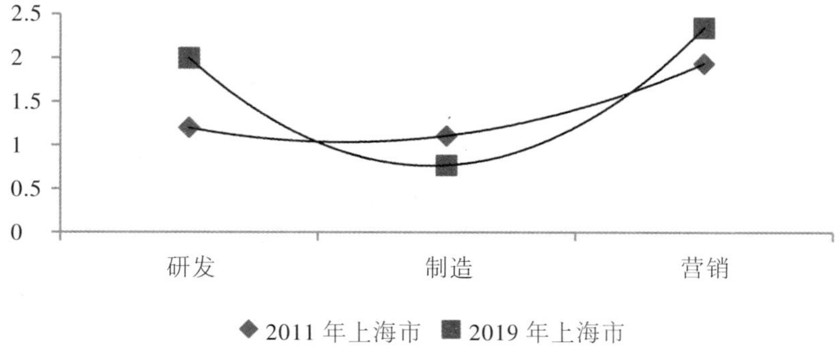

图 8-1　上海市微笑曲线

（2）次中心城市情形

长三角的次中心城市主要包括三大省会城市，即南京、杭州和合肥。由图 8-2 可以发现，南京市 2019 年微笑曲线与 2011 年相比，研发功能上升，制造功能下降，营销功能基本持平，但略有下降。究其原因，一是南京市近些年来研发投入持续加大。例如，全社会研发投入从 2012 年的 210 亿元增长到 2021 年的 588 亿元，研发投入强度从 2012 年的 2.9% 增长到 2021 年的 3.6%，每 10 万人中拥有大学文化程度人口从 2.6 万人增长到 3.5 万人，位居全国第二，全球创新城市排名从 2017 年的第 94 位上升到 2021 年的第 18 位[①]。二是由于上海的营销能力更强，辐射范围更广，这也反过来抑制了南京该功能的扩张，这一点在其他省会城市也体现得非常明显，以下将不再赘述。

由图 8-3 可以看出，杭州市 2019 年微笑曲线与 2011 年相比，不论是研发、营销还是制造功能均有所下滑。究其原因，一是杭州号称“中国电子商务之都”，2021 年数字经济核心产业增加值达到 4 905 亿元[②]，但数字经济在国民经济分类中属于信息传输、软件和信息技术服务业，并不属于研发和营销功能，因此并不能提升两者地位。二是杭州统计年鉴数据显示，其第二产业占其地区生产总值的比重从 2010 年的 47.8% 下降至 2020 年的 29.9%，降幅接近 18 个百分点，制造业比重偏低导致

① 数据来源：人民网-江苏频道．南京全社会研发投入十年增长近 400 亿元　全球创新城市排名上升至第 18 位［EB/OL］.（2022-06-23）［2023-08-15］. http://js.people.com.cn/n2/2022/0623/c360301-40008557.html.

② 数据来源：浙江省统计局．浙江省第十四次党代会以来经济社会发展成就之数字经济篇［EB/OL］.（2022-05-05）［2023-08-15］. http://tjj.zj.gov.cn/art/2022/5/5/art_1229129214_4920157.html.

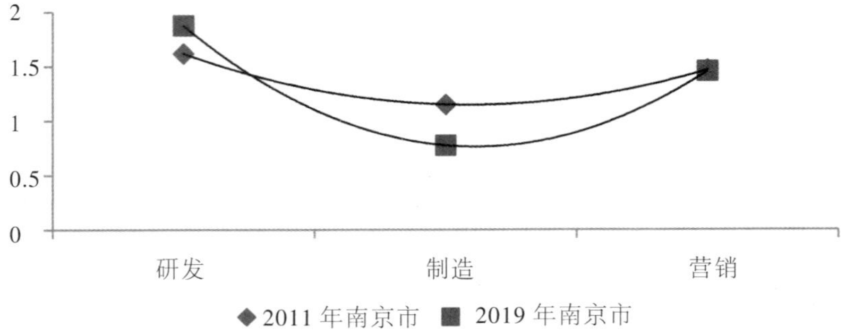

图 8-2 南京市微笑曲线

研发活动和营销功能失去了生存基础。上述两点导致了杭州市的微笑曲线整体出现下降。

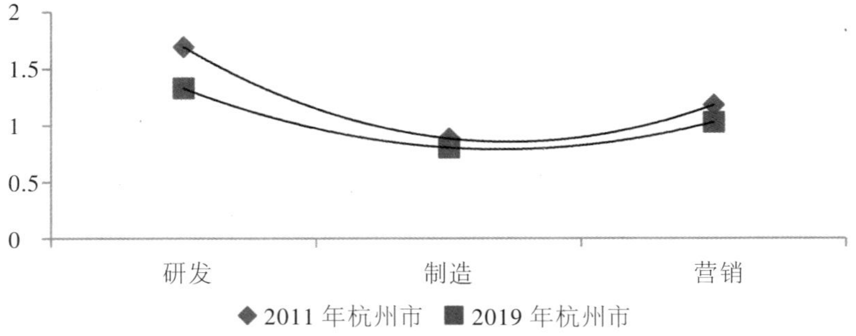

图 8-3 杭州市微笑曲线

由于合肥市 2011 年行政区划调整，这里用 2013 年的城市功能与 2019 年进行比较。由图 8-4 可以发现，与 2013 年微笑曲线相比，2019 年合肥的研发功能和制造功能上升比较明显，营销功能基本持平。其中的原因在于，一是近些年来合肥研发投入持续加大，创新能力持续提升。例如，《国家创新型城市创新能力评价报告 2021》显示，合肥与北京、上海、深圳等城市一同进入第一梯队，成为中国“科创领军城市”。二是合肥围绕“产业+科创+资本”，发挥国有资本引领带动作用，快速推动了工业企业的做大做强。2012 年到 2021 年，合肥规模以上工业企业增加值保持年均 12.2%的中高速增长，年均增速高于全国（6.3%）近 6 个百分点[①]，制造能力不断上升。

① 周雨濛. 合肥这十年：勇当产业创新的开路先锋［EB/OL］.（2022-07-07）［2023-08-15］. https：//www.hefei.gov.cn/ssxw/ztzl/zt/hfzsn/107925058.html.

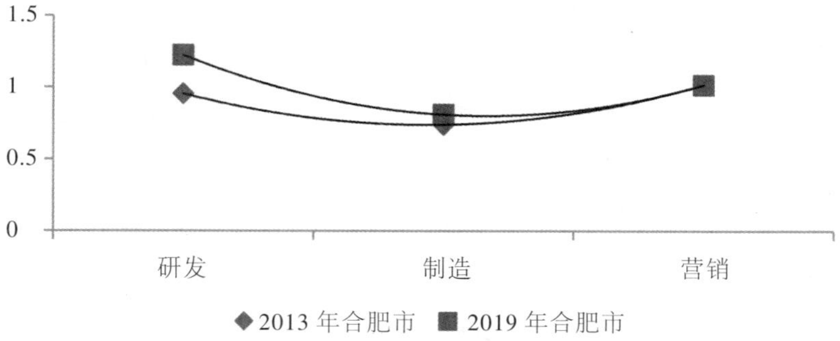

图8-4　合肥市微笑曲线

（3）代表性外围城市情形

这里选择三省具有代表性的生产制造功能发达的苏州、宁波和芜湖三个城市为例。由于上海在资金、技术、设备、人才、管理经验方面优于苏州，苏州自20世纪80年代起就确定了对接上海的理念，90年代确立接轨上海战略，大力发展制造业。目前，沪苏同城化理念也被写入了《长三角一体化发展规划"十四五"实施方案》。近些年来苏州围绕制造业加快了转型升级的步伐，设立质量奖励资金、建立全国首个质量提升评价指标等，科创综合实力连续十多年居江苏首位，以园区为平台打造高水平制造业创新集群，电子信息、装备制造业地位凸显。应该说，苏州依托与上海之间的区位优势，与上海之间进行功能分工，强化制造业的核心地位，并以制造业为根基不断提升自身的研发和营销能力，这使得苏州出现了典型的倒U形微笑曲线特征（如图8-5所示）。

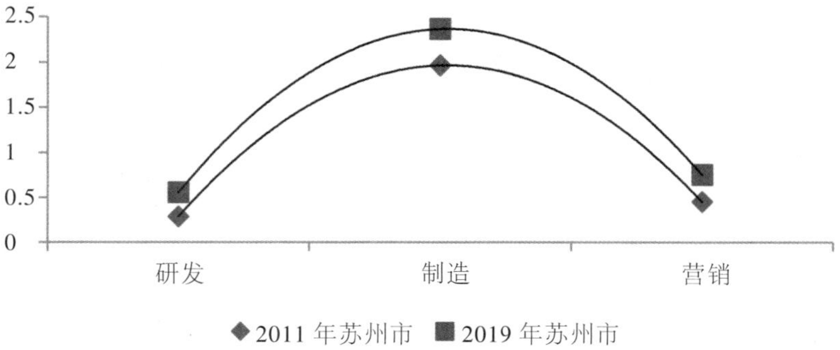

图8-5　苏州市微笑曲线

由图8-6可见，宁波市的微笑曲线特征与苏州相似，但制造功能略弱于苏州，营销功能略强于苏州。其中的原因，一是因为宁波市已经形成了石化、汽车制造、高端装备、关键基础件、新材料、电子信息、纺织服装和智能家电等一批产业集群，拥有“中国模具之都”、“中国紧固件之都”和“中国气动元件之乡”等称号，这使得其制造功能能够牢牢占据浙江省首位，但与苏州尚有差距。二是宁波舟山港已经连续十几年位列全球港口货物吞吐量第一位，营销功能相对比较强大。

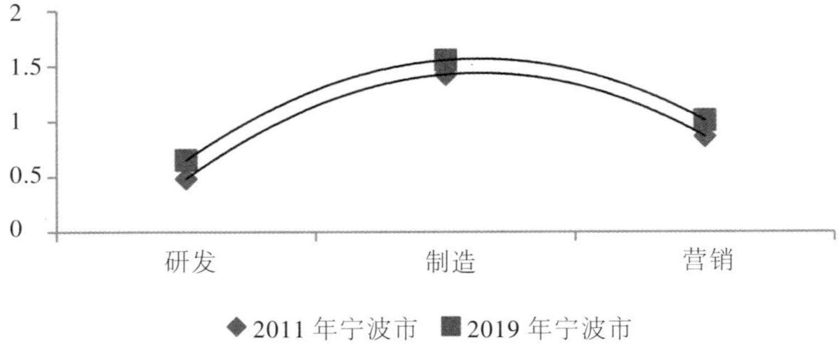

图 8-6 宁波市微笑曲线

由图 8-7 可见，芜湖市 2019 年与 2011 年相比，研发功能减弱，制造和营销功能上升。究其原因，一是芜湖市是安徽省乃至全国都享有盛誉的工业和制造业城市，拥有汽车及零部件、材料、电子电器、电线电缆四个支柱产业，机器人及智能装备、现代农业机械、新能源汽车等战略性新兴产业快速集聚，机器人、新型显示产业进入国家试点。二是随着合肥科创能力的快速提升，其研发的集聚效应和外溢辐射在一定程度上降低了芜湖自身的研发能力。三是芜湖港是我国内河主枢纽港和国家一类开放口岸，是安徽省乃至中部地区重要的水陆交通枢纽，有力地支撑了中部崛起战略，强化了芜湖的营销功能。

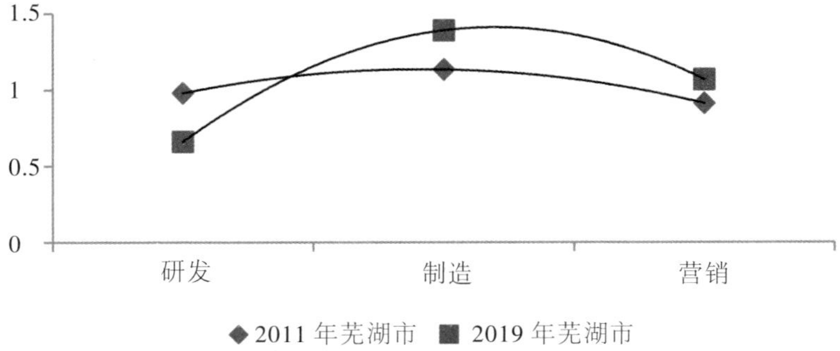

图 8-7 芜湖市微笑曲线

综上可见，上海作为长三角地区的中心城市，其城市功能呈现出愈加明显的微笑曲线特征，上海正利用其强大的研发和营销功能引领长三角其他城市发展，其中营销功能最为强大。作为次中心的三个省会城市，也呈现出一定的微笑曲线特征，但整体特征均是研发功能强于营销功能，但杭州三大功能均略有下滑。外围代表性城市均呈现出明显的倒U形微笑曲线特征。以上长三角代表性城市微笑曲线特征在直观上展示出了以上海为中心的典型的中心-外围式功能分工格局和循环形态。

8.4 计量模型构建及分析

8.4.1 计量模型构建

上述理论和事实分析表明，不同类型的城市具有不同的功能定位，展示出不同的微笑曲线特征，进而推动了一体化发展进程和内循环形成。为了对这一演化过程有一个更清晰和深入的理解，实证模型的设计思路主要着眼于城市功能分工是否影响了经济循环，这里用工业企业的区位选择表示，即工业经济地理重塑效应。计量模型设定如下：

$$Firm_{it} = \beta_0 + \beta_1 BFS_{sh,\ i}(t) + \gamma X_{it-p} + \lambda_t + \eta_i + \varepsilon_{it} \tag{8-2}$$

式中：下标 i 和 t 分别代表相关城市和具体年份；$Firm$ 为被解释变量，即区域规模以上工业企业数量比重，用城市规模以上工业企业数量占全国的比重表示；X 为控制变量；λ 是时间固定效应；η 是地区固定效应；ε 表示随机干扰项。

BFS 为城市功能分工变量，$BFS_{sh,\ i}(t) = \dfrac{city_{sh}^{service}(t)/city_{sh}^{manu}(t)}{city_{pe}^{service}(t)/city_{pe}^{manu}(t)}$①。这是本章的核心解释变量，代表了上海与其他城市的功能分工情况。上标 $service$ 表示营销或研发人员数量，$manu$ 为生产制造人员数量，下标 sh 表示上海市，pe 表示其他城市 i。结合上文的微笑曲线，我们可以理

---

① 与城市微笑曲线方程进行比较可以发现，BFS 为上海（微笑曲线营销或研发端就业/制造业端就业）与其他城市的相应比值，即 BFS 来源于城市微笑曲线。

解为，上海利用它在微笑曲线两端的引领能力带动其他城市中间部分凸起。

控制变量：经济发展（ln*pgdp*），经济发展能够有效扩大市场规模，增加对企业的吸引力，这里用实际人均地区生产总值的对数值表示。实际人均地区生产总值以2003年所在省份的价格指数进行调整。人口规模（ln*pop*），一般而言，城市人口规模越大，劳动力资源就越丰富，劳动力池的匹配能力就越强，就越容易吸引企业入驻，这里用年末人口规模对数值表示。政府支出（*finance*），为了提升当地经济发展水平，地方政府会运用包括财政补贴和基础设施建设等手段吸引企业，这里用财政预算支出与地区生产总值的比重表示。受教育程度（*edu*），教育是提升人力资本水平和质量的关键举措，有助于企业创新和全要素生产率提升，这里用每十万人中高等学校在校生数的对数值表示。外商直接投资（*fdi*），我国利用外资在空间上却呈现出显著的不均衡特征，经济区域之间分布不均衡，而且即使是同一经济区域内部，省份之间外商直接投资的区位分布也不均衡，这里用外商直接投资捕捉开放对于企业区位选择的影响，具体用FDI与地区生产总值的比值加以表示。消费（*consume*），理论上讲，地区的消费比例越高，市场规模相对就越大，但对工业企业区位选择的影响的正负性可能并不确定。原因在于，消费越高，可能本地市场越大，越有利于通过工业企业的本地化选择，但消费比例越高，用于积蓄的比例就越低，不利于政府用投资增加对工业企业的吸引力。这里用社会消费品零售总额与地区生产总值的比重来表示。高铁（*hsr*），主要通过工资和教育条件等调整人口流动状态。这里用两个变量表示：一个是城市是否与上海之间互通高铁（*Hu_hsr*），一个是城市是否与其他城市之间互通高铁（*City_hsr*），已开通设定为1，未开通设定为0。这里用设计开行250千米/小时的铁路线作为高铁开通标志。考虑到高铁开通的效果具有滞后性，本章将高铁开通年份加1年作为高铁开通年份。

高铁数据来源于国家铁路局，其他变量的数据均来自于历年中国城市统计年鉴，缺失值用插值法和城市统计公报加以补充。本章选取2011—

2019年长三角三省一直辖市共41个城市的面板数据作为实证样本[①]，变量的描述性统计见表8-1。

表8-1 变量的描述性统计

变量名称	均值	标准差	最小值	最大值
Firm	0.707	0.580	0.0534	3.042
rd	3.637	2.595	0.438	17.28
marketing	3.835	2.400	0.265	14.19
fdi	0.0276	0.0178	0.00193	0.0932
ln*pop*	6.049	0.587	4.286	6.979
finance	0.165	0.0635	0.0760	0.356
ln*pgdp*	10.95	0.601	9.219	12.20
consume	0.391	0.0858	0.198	0.656
edu	4.915	0.800	2.927	7.135
Hu_hsr	0.503	0.501	0	1
City_hsr	0.600	0.491	0	1

8.4.2 结果分析

Hausman检验表明双向固定效应模型更为适合，结果见表8-2。模型（1）~（3）是基于城市营销功能进行的实证分析，（4）~（6）是基于研发功能进行的实证分析。可以发现，无论是否控制其他变量，核心解释变量营销和研发功能均在1%水平下显著，而且前者大于后者，这与前面对上海微笑曲线的分析相一致。控制变量中，外商直接投资、财政支出、人口、人均地区生产总值等均在1%水平下显著，也就是说这四个变量均能够强化工业企业落户，这在变量说明中已有解释。教育为负，消费的影响并不显著，这表明一个地方教育水平的高低并不是工业企业选址的决定性因素，消费也不是企业本地化投资的理由。

① 中国城市统计年鉴在2020年（即2019年数据）之后不再公布各细分行业就业数据。

表8-2 **以上海为中心的基准检验**

变量	(1)	(2)	(3)	(4)	(5)	(6)
marketing	0.0595***	0.0735***	0.0743***			
	(0.0154)	(0.00886)	(0.00877)			
rd				0.0594***	0.0550***	0.0558***
				(0.0164)	(0.00968)	(0.00969)
fdi		1.736**	1.705**		1.986***	1.962***
		(0.671)	(0.668)		(0.744)	(0.744)
ln*pop*		0.715***	0.721***		0.653***	0.662***
		(0.0362)	(0.0356)		(0.0340)	(0.0338)
finance		3.711***	3.723***		2.666***	2.663***
		(0.575)	(0.577)		(0.470)	(0.472)
education		−0.180***	−0.183***		−0.144***	−0.147***
		(0.0262)	(0.0266)		(0.0260)	(0.0264)
ln*pgdp*		1.093***	1.100***		1.007***	1.014***
		(0.0840)	(0.0846)		(0.0811)	(0.0815)
consume		0.256	0.284		0.0441	0.0796
		(0.203)	(0.204)		(0.235)	(0.236)
city_hsr		0.0511**			0.0719***	
		(0.0222)			(0.0246)	
hu_hsr			0.0495**			0.0623**
			(0.0240)			(0.0249)
constant	0.479***	−15.79***	−15.89***	0.491***	−14.32***	−14.45***
	(0.0545)	(1.112)	(1.113)	(0.0538)	(1.063)	(1.061)
时间	控制	控制	控制	控制	控制	控制
地区	控制	控制	控制	控制	控制	控制
N	360	360	360	360	360	360
R^2	0.394	0.863	0.863	0.399	0.847	0.846

注：系数下方括号内数值为稳健标准误；***、**、*分别代表1%、5%、10%的显著性水平。

长三角城市群的核心城市是较早确立的26个城市，它们之间的关系理应更加紧密。基于此，这里对以上海为核心的长三角核心26城市研发和营销功能进行实证分析（见表8-3）。可以发现，无论是营销功能还是研发功能的系数均变大，营销功能的系数增幅更大，这表明这些城市受上海营销功能外溢的效果更加明显。

表8-3　**以上海为中心的长三角26个城市实证检验**

变量	（1）	（2）	（3）	（4）	（5）	（6）
marketing	0.112***	0.113***	0.113***			
	（0.0230）	（0.0139）	（0.0132）			
rd				0.100***	0.0690***	0.0695***
				（0.0261）	（0.0196）	（0.0194）
fdi		1.456*	1.223		2.689***	2.576***
		（0.847）	（0.834）		（0.936）	（0.914）
ln*pop*		0.760***	0.760***		0.710***	0.717***
		（0.0402）	（0.0390）		（0.0388）	（0.0393）
finance		5.984***	6.073***		3.851***	3.887***
		（0.781）	（0.784）		（0.674）	（0.692）
education		−0.134***	−0.153***		−0.156***	−0.173***
		（0.0378）	（0.0384）		（0.0445）	（0.0458）
ln*pgdp*		1.041***	1.057***		0.952***	0.971***
		（0.104）	（0.106）		（0.101）	（0.104）
consume		−0.423	−0.423		−0.986**	−0.941**
		（0.342）	（0.332）		（0.400）	（0.386）
city_hsr		0.0610			0.116***	
		（0.0373）			（0.0440）	
hu_hsr			0.106***			0.129***
			（0.0361）			（0.0388）
constant	0.434***	−15.95***	−16.05***	0.523***	−13.88***	−14.07***
	（0.0910）	（1.275）	（1.278）	（0.0914）	（1.176）	（1.195）
时间	控制	控制	控制	控制	控制	控制
地区	控制	控制	控制	控制	控制	控制
N	225	225	225	225	225	225
R^2	0.460	0.875	0.878	0.470	0.855	0.856

注：系数下方括号内数值为稳健标准误；***、**、*分别代表1%、5%、10%的显著性水平。

另外，当前各个地区尤其是省级政府均主要依托省会城市提高城市首位度，打造生产性服务业中心，上海第三产业比重超过70%，南京、杭州、合肥三大省会城市的第三产业占比均超过60%，是产业转型的领头羊，次中心城市的微笑曲线也展示了这一点。依托各自省会为核心的营销和研发功能分工的实证结果见表8-4。可以发现，依托各自省会城市的功能分工同样显著。但整体上看，两类功能的系数介于以上海为中心的长三角26个城市和整体城市功能系数之间，这表明了省会城市在引领经济地理重塑过程中也同样发挥着重要作用，这在一定程度上证明了多中心城市群的意义。

表8-4 **以省会为中心的实证检验**

变量	(1)	(2)	(3)	(4)
pcmarketing	0.124***	0.0918***		
	(0.0301)	(0.0140)		
pcrd			0.0728***	0.0442***
			(0.0177)	(0.00641)
fdi		1.225*		1.296*
		(0.625)		(0.674)
ln*pop*		0.799***		0.766***
		(0.0347)		(0.0336)
finance		3.555***		2.968***
		(0.494)		(0.408)
education		-0.0583***		-0.0146
		(0.0184)		(0.0226)
ln*pgdp*		1.095***		1.054***
		(0.0709)		(0.0679)
consume		0.512***		0.444**
		(0.186)		(0.200)

续表

变量	(1)	(2)	(3)	(4)
city_hsr		0.0446**		0.0553***
		(0.0206)		(0.0207)
constant	0.370***	-16.86***	0.385***	-16.25***
	(0.0694)	(0.981)	(0.0639)	(0.929)
时间	控制	控制	控制	控制
地区	控制	控制	控制	控制
N	333	333	333	333
R^2	0.434	0.896	0.442	0.891

注：系数下方括号内数值为稳健标准误；***、**、*分别代表1%、5%、10%的显著性水平。

8.5 内生性检验与机制分析

8.5.1 内生性检验

从城市功能分工层面看，中心城市的服务功能越强越有助于工业企业落户外围城市，这也会反过来强化中心城市服务功能的持续外溢，两者之间存在着比较严重的内生性问题。不过由于距离这一天然因素的存在，我们有可能低估中心城市的外溢功能。原因在于，在一体化政策等的加持和网络、高铁导致的时空压缩下，中心城市远距离服务能力会得到强化。对此，本章通过工具变量法来缓解内生性问题，以识别城市空间功能分工对企业区位选择的净效应。

本章用地理距离来刻画城市群空间功能分工情况，由于该变量不随时间而变，这里将全国层面的汇率冲击乘以地理距离作为工具变量。这一做法的合理性在于，如果一个城市与上海距离较远，文化习俗等差异也会较大，城市间劳动力流动速度和规模整体会较低，产品之间的交换能力相对就较弱，不利于城市间功能分工的提升。由此可见，地理距离始终是影响城市功能分工的重要因素。由于各个城市与上海的地理距离是城市固有的地理特征，不随时间而变，能够较好地满足工具变量的外生性假定。考虑到这一点，这里再选择汇率来刻画时间变化趋势。其原因在于，大城市激烈的竞争会对企业和劳动力进行事后筛选，使得高生产率企业倾向于在中心地区聚集，低生产率企业转向外围地区（Ottaviano，2011）。具体来看，人民币升值降低了产品出口竞争力，具有较低生产率的工业企业可能会通过将生产基地向外围城市转移来降低汇率冲击，这客观上也加速了中心城市生产性服务业发展。因此，本章最终选择长三角其他城市与上海地理距离的倒数乘以汇率（以美元为计价单位）的倒数作为城市群空间功能分工的工具变量。

检验结果显示，引入“1/（地理距离×汇率）”作为城市群空间功能分工的工具变量后，DWH检验在1%水平下显著，表明具有强烈内生性。F统计量大于Stock-Yogo弱识别检验10%水平下的临界值，拒绝弱工具变量假设，实证结果见表8-5。

表8-5 以上海为中心的内生性检验

变量	(1)	(2)	(3)	(4)
	第一阶段	第二阶段	第一阶段	第二阶段
	marketing	*Firm*	*rd*	*Firm*
IV	1 226***		1 219***	
	(311.5)		(347.6)	
marketing		0.333***		
		(0.0717)		
rd				0.335***
				(0.0850)
fdi	−2.079	1.734	−7.081	3.412
	(6.600)	(1.856)	(7.365)	(2.222)
ln*pop*	−1.054***	0.945***	−0.295	0.693***
	(0.215)	(0.0843)	(0.240)	(0.0696)

续表

变量	(1)	(2)	(3)	(4)
	第一阶段	第二阶段	第一阶段	第二阶段
	marketing	*Firm*	*rd*	*Firm*
finance	−27.45***	10.30***	−16.83***	6.799***
	(2.973)	(2.009)	(3.318)	(1.599)
ln*pgdp*	−1.500***	1.214***	−0.0927	0.746***
	(0.553)	(0.141)	(0.617)	(0.180)
consume	−5.947***	1.976***	−4.475**	1.495**
	(1.719)	(0.674)	(1.919)	(0.714)
education	−0.461**	0.0276	−1.415***	0.348**
	(0.214)	(0.0790)	(0.239)	(0.161)
constant	33.01***	−21.20***	16.01**	−15.58***
	(5.830)	(2.204)	(6.507)	(1.809)
时间	控制	控制	控制	控制
地区	控制	控制	控制	控制
N	360	360	360	360
R^2	0.441	0.198	0.405	0.191
F值	17.4982		16.11	
DWH检验	p = 0.0000		p = 0.0000	

注：系数下方括号内数值为稳健标准误；***、**、*分别代表1%、5%、10%的显著性水平。

可以发现，经过内生性处理后，无论是营销功能还是研发功能的系数均出现放大现象。对于这个问题，Jiang（2017）对三大国际金融期刊中运用工具变量进行回归估计的论文进行研究发现，工具变量法将回归估计系数平均放大了9倍。具体到本章，由于所用工具变量并非弱工具变量，因此我们认为放大的原因是局部平均处理效应导致的。具体来看，本章所用工具变量是距离上海远近的时间处理，不过距离上海的远近只会影响到那些想与上海进行功能分工的城市的抉择，对于那些无论距离远近都想建立与上海更加紧密关系的城市来讲，距离并不会改变它们的决定。在这种情况下，对想要与上海建立功能分工的城市的影响可能会远远大于无论距离上海远近都很难与上海建立功能分工的城市的影响，这种局部平均处理效应会造成IV的估计系数比OLS的估计系数大。

8.5.2 城市群功能分工的机制分析

理论上，当中心城市集聚、膨胀达到一定程度时，制造业等成本敏感性产业会受到劳动力价格和土地价格等生产成本的上升而向外围城市转移与扩散，进而导致这些城市劳动力流入与经济活动增加，最终可能出现外围城市工业集聚和规模经济现象。由此，这里以最具流动性的劳动力为城市群城市间的连接中介，分析城市群功能分工的相关机制，构建模型如下：

$$rwage_i(t) = \alpha BFS_{sh,\ i}(t) + \gamma X_{it-p} + \lambda_t + \eta_i + \varepsilon_{it} \tag{8-3}$$

$$Firm_{it} = \beta_0 + \beta_1 BFS_{sh,\ i}(t) + \delta rwage_i(t) + \gamma X_{it-p} + \lambda_t + \eta_i + \varepsilon_{it} \tag{8-4}$$

式中：$rwage$表示其他各城市职工平均工资与上海职工平均工资的比值；BFS与上文完全一致，代表上海与外围城市的营销功能分工和研发功能分工。

表8-6的模型（1）和（2）是营销功能分工模型，（3）和（4）是研发功能分工模型。整体上看，两者均能够显著促进工业企业在外围城市的选址，但影响机制却不尽相同。具体来看，关于营销功能分工，模型（1）和（2）显示，以上海为中心的营销功能分工提升了外围城市职工的工资水平进而弱化工业企业在外围城市的选址。其原因在于，上海已经基本建成了国际经济、金融、贸易、航运中心，外围城市在这个方面无法与上海竞争，其最好的策略是尽可能获得上海营销功能外溢，并在这个过程中根据自身特征形成一定的功能互补。因此，虽然上海营销功能越是强大对周边城市的外溢效应就越强，越有利于工业企业在外围城市的选址，但这个过程也会通过促使外围城市的工资上升在一定程度上弱化工业企业选址。

表8-6 **城市群功能分工的机制检验**

变量	(1)	(2)	(3)	(4)
	rwage	*Firm*	*rwage*	*Firm*
rwage		-0.645^{***}		0.998^{***}
		(0.216)		(0.250)
marketing	0.00557^{***}	0.0786^{***}		
	(0.00202)	(0.00895)		
rd			-0.00431^{***}	0.0365^{***}
			(0.00167)	(0.00932)
fdi	−0.119	1.737^{**}	−0.196	3.543^{***}
	(0.177)	(0.693)	(0.187)	(0.893)
ln*pop*	0.0159^{***}	0.738^{***}	0.0100	0.626^{***}
	(0.00541)	(0.0360)	(0.0362)	(0.0396)
finance	0.760^{***}	4.212^{***}	0.392^{***}	0.414
	(0.0891)	(0.580)	(0.0993)	(0.405)
ln*pgdp*	0.149^{***}	1.193^{***}	0.0824^{***}	0.392^{***}
	(0.0144)	(0.0927)	(0.0291)	(0.0482)
consume	0.232^{***}	0.440^{**}	−0.00584	-1.210^{***}
	(0.0503)	(0.211)	(0.0614)	(0.257)
education	0.0290^{***}	-0.155^{***}	0.000905	-0.0673^{***}
	(0.00682)	(0.0249)	(0.0143)	(0.0241)
constant	-1.531^{***}	-16.92^{***}	−0.437	-7.432^{***}
	(0.156)	(1.177)	(0.521)	(0.637)
时间	控制	控制	控制	不控制
地区	控制	控制	控制	控制
N	360	360	360	360
R^2	0.705	0.865	0.924	0.778

注：系数下方括号内数值为稳健标准误；***、**、*分别代表1%、5%、10%的显著性水平。

关于研发功能分工，模型（3）和（4）显示，以上海为中心的研发功能分工弱化会提升外围城市相对工资水平，进而强化工业企业在外围城市的选址。实际上，研发功能分工弱化反过来讲就是协同性增强，即以上海为中心的城市间研发功能协同在推动要素成本上升的同时能够强化外围城市工业企业集聚。导致上述现象的可能的原因在于，一是近些年来为了推动经济转型升级，各地区均持续加大研发投入强度和人才引进力度，研发竞争激烈，相对来看这会在一定程度上弱化中心城市的研发功能。例如，虽然上海的研发投入强度和规模均位居我国城市前三甲，仅次于北京，但从增长幅度来看，却并不是很高。由图8-8可以看出，不论是从研发投入强度增长倍数还是研发投入倍数来看，江苏、浙江和安徽省均领先于上海市。二是第十四个五年规划和2035年远景目标纲要明确提出[①]，要“瞄准国际先进科创能力和产业体系，加快建设长三角G60科创走廊和沿沪宁产业创新带，提高长三角地区配置全球资源能力和辐射带动全国发展能力”。由此可以得出，外围城市创新驱动有利于研发要素资源由外围地区流向中心地区的单向流动转变为非线性的网络式流动，使得上海和周边城市共同依托产业创新链条进行研发功能分工与有效合作。

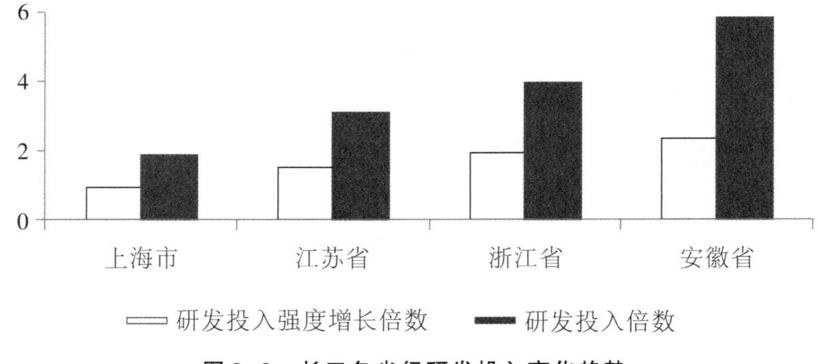

图8-8 长三角省级研发投入变化趋势

注：研发投入强度增长倍数是2019年各省份科技支出投入强度与2011年投入强度比值；研发投入倍数是2019年各省份科技支出投入金额与2011年的比值。数据来源于《中国统计年鉴》相关各期。

① 新华社. 中华人民共和国国民经济和社会发展第十四个五年规划和2035年远景目标纲要［EB/OL］.（2021-03-13）［2023-08-15］. http：//www.gov.cn/xinwen/2021-03/13/content_5592681.htm.

8.6 结论与政策建议

本章将微笑曲线应用到城市层面，把城市功能划分为研发、制造和营销三大部分，在构建城市微笑曲线指数基础上，基于长三角数据揭示了城市群呈现出中心城市、次中心城市以研发与营销功能为主，外围城市以制造功能为主的分工模式。实证分析发现，依托中心城市和次中心城市的营销功能分工和研发功能分工显著促进了长三角工业经济地理重塑，推动了内部经济循环的形成。营销功能分工会通过推动外围城市要素成本上升而在一定程度上弱化工业企业在外围城市的选址，但研发功能协同在推动要素成本上升的同时能够强化外围城市工业企业集聚。这表明我们在继续强化长三角营销和研发功能分工的同时，更要注意城市间研发能力协同问题，推动城市微笑曲线变迁，强化区域经济地理重塑效应。为此，本章提出以下三个方面的政策建议：

第一，不断强化中心城市生产性服务业集聚能级，提升引领能力。中心城市要通过营销和研发功能的集聚扩散效应不断突破城市的行政区域界线，着力建设开放的跨地理边界的服务网络，降低交易和交流成本，不断降低外围城市获取支持性服务溢出的成本，在更大的范围内与邻近城市产生交互作用。持续提升南京、杭州和合肥等次中心城市在连接上海中心城市和外围城市之间的角色定位，落实竞争中性原则，拆除要素和资源自由流动的壁垒，鼓励区域内企业的收购兼并重组行为，积极构建垂直整合的产业链集群，与上海中心城市和外围城市之间形成生产链、创新链、营销链和产业链共同联动，互补与竞争并存的新发展格局。发挥好中心和次中心城市从国际循环中努力获取经济发展所急需的高端生产要素的能力，加快城市群整体功能升级，提升内循环级别和质量。

第二，持续加强城市群协同创新能力，提升整体创新水平。构建一体化创新的制度供给，理顺各级政府的协同创新联动机制，探索城市间空间联动创新布局，完善跨区域的资源优化组合。打造区域关键共性技术创新平台，以交互式多节点的方式推进协同创新，通过科技创新走廊等方式实现创新空间联动，推动创新链和产业链的空间衔接，形成围绕产业链布局创新链和围绕创新链打造高科技产业链新形态。设立城市群产业创新基金，促进中心城市和外围城市间科创资源的开放式交流和创新成果的异地转化，形成“创新+产业+资本”城市群内科技创新、成果转化和市场匹配一体化、网络化互动新态势。重视发挥大型国有企业、民营企业在协同创新平台中的作用，以它们为“链主”打造创新链、产业链、资金链等一体化的价值链新模式。构建和培育城市群内统一规范和有序的知识产权交易市场，不断强化成果转化的市场化主导机制。

第三，协调好城市间资源配置基础，提升外围城市对接能力。不断强化城市间和城市内部规则、规制、标准和管理等制度层面的开放和衔接，改变公共资源空间配置的行政等级属性，强化城市群内统一大市场建设，推动优质公共资源共建、共享和共用，不断缩小城市之间和城乡之间公共服务落差。鼓励中心城市与周边即外围城市之间合作建设“经济飞地”，按照市场机制商定利益分享机制与风险共担机制，提升城市群内部合作广度和效能。外围城市要充分发挥各自独特的已有和潜在优势，依托政策、产业基础等优势发展与中心城市互补的高端生产性服务业，在微笑曲线的两端发挥自身优势，形成依托城市群的紧密的网络体系，防止要素成本上升带来的产业“空心化陷阱”，明确自身在城市群中的分工定位，加速经济地理重塑效应。

9 “一带一路”倡议下中国省际贸易演变特征与流向蜕变

9.1 引言与文献综述

2008年国际金融危机后，中国适时开启了两大部署，一是对内启动了扩大内需战略，以期利用广阔的内部市场在一定程度上替代外需，驱动中国经济持续稳定增长和产业转型；二是对外我国于2013年提出了“一带一路”倡议，倡议以“五通”为核心，构建内外联动、海陆统筹的对外开放新布局。这两大部署之间互为关联，共同开启了新常态背景下中国经济发展新空间：一方面，“一带一路”本质上属于中国区域协调发展4.0中的重点任务，是中国区域发展体系中的重要组成（张可云、蔡之兵，2015），能够通过中国经济格局的再调整，促进合作相关区域整体的协调化，整合内部市场空间；另一方面，内需的扩大有助于国内价值链培育（刘志彪、张杰，2007），有助于中国企业基于内需沿“一带一路”带动关联产业发展，是实现区域经济协调发展，最终完成产业升级的重要途径和对策之一，将助推中国经济加速进入创新驱动发展新阶段（刘志彪，2017）。对于中国这样一个国土面积巨大、多地区的国家来讲，国内大市场对于出口竞争力的形成极其重要（易先忠等，2016），省际贸易既是扩大内需的重要渠道（张少军、李善同，2013），又是沿“一带一路”构建国内价值链，形成新的经济增长点，实现区域协调发展的一个重要支撑。

当前，关于“一带一路”与贸易关系的研究主要集中在国际贸易领域，韩永辉等（2015）、魏龙和王磊（2016）、孟祺（2016）、张会清和唐海燕（2017）均认为，中国与“一带一路”沿线国家之间的贸易互补性强于竞争性，且占据了价值链的高附加值环节，中国有能力也有必要构建全球价值链。关于实现的路径和方式，钟飞腾（2015）认为，选择重点国家和产业是推进“一带一路”建设的关键一步。要以在全球范围内构建完善的“母子工厂”体系为核心（卓丽洪等，2015），沿“一带一路”产能国际合作打造自身的利益环流，逐步形成以中国为枢纽的“双环流”价值链体系（刘伟和郭濂，2015；张辉，2015；蓝庆新和姜峰，2016；黄先海和余骁，2017）。不过，上述文献并没有与省际贸易问题联系起来。当前来看，对于省际贸易流向、贸易特征、贸易模式及作用机制等问题的研究，一是基于投入产出表，二是基于铁路货运数据。陈家海（1996）利用中国25个省1987年的投入产出表发现，中国省际贸易的依存度高达41.5%。Naughton（1999）基于中国地区投入产出表的测算表明，1987—1992年中国省际工业品的贸易流量有所增长。Poncet（2003）利用地区投入产出表的计算发现，1987—1997年省际贸易在GDP和贸易总额中的比重显著降低。许召元和李善同（2009）利用2002年中国31个省（自治区、直辖市）中的30个省份的投入产出表和省际铁路运输的数据进行分析发现，京津冀地区、长三角地区和珠三角地区是中国区域间贸易的三个中心。张少军和李善同（2013）利用中国5年投入产出表总结了1987—2007年间中国省际贸易的演变趋势与特征，发现省际贸易的增长速度要慢于国际贸易的增长速度，国内市场一体化的速度也慢于国际市场一体化的速度。不过，采用投入产出表存在着一系列的缺陷，一是过程较为复杂，多次利用交叉熵法对贸易矩阵进行调整，很可能会与实际存在较大的偏差（李善同，2010、2016）；二是由于投入产出表每5

年才做一次编制，目前最新的是到2012年，无法对最新的省际贸易情况做出分析，时滞比较严重。为了解决投入产出模型分析的不足，不少研究开始从铁路运输数据出发，对此问题进行研究。钱勇生和张孝远（2007）通过分析1988—2004年省际铁路产品运输的数据发现，东部与中西部货运联系的范围和广度在扩大，中西部省份货运联系的重点开始向南和向东转移。徐现祥和李郇（2012）采用1995—2008年中国省际双边铁路货运贸易数据发现，省际贸易以本省份及周边市场为主，外需导向的省际贸易主要受外贸的影响，内需导向的省际贸易主要受国内贸易成本的影响，省际贸易已被纳入全球经济循环，产生为外贸而进行内贸的省际贸易。于洋（2013）运用引力模型对1993—2010年中国各省份之间产品和服务的贸易流量进行估算发现，各经济区域内贸易联系较强，区域外贸易对象明确，且区域内贸易份额有所下降，区域外贸易份额有所上升。另外，行伟波和李善同（2009）基于国家税务总局金税工程数据，对2003—2005年中国省际贸易的研究发现，省际贸易呈现一定的空间相关性，且省际贸易出现集聚的趋势。

对于省际贸易影响因素的相关研究，大量文献将影响其增长的主要障碍归结为市场分割和贸易保护（樊纲、王小鲁，2000；Poncet，2003；李善同等，2004；白重恩等，2004；桂琦寒等，2006）。基于此，不少研究主要从贸易成本或“距离”的角度来考量省际贸易问题。黄玖立和徐旻鸿（2012）发现境内运输成本不仅显著制约地区出口流量，而且对省际贸易的影响也很大。刘建（2013）运用我国31个省（自治区、直辖市）中的28个省份1994—2010年的面板数据，利用价格指数法对国内贸易成本进行的测算表明，交通基础设施水平的提高显著降低国内贸易成本，对外开放明显限制了地方政府的保护行为。许统生等（2013）利用Novy模型基于2002年和2007年地区投入产出表的分析表明，经济增长对国内贸易的贡献超过了贸易成本下降的贡献度，交通基础设施降低贸易成本的作用最为明显。王庆喜和徐维祥（2014）基于1998—2011年中国铁路货运输数据的实证分析表明，贸易双方的工业增加值比例对省际贸易有着正向影响，地理距离对省际贸易的影响最大，经济距离和产业距离有利于省际贸易，技术距离则不明显。谢莉娟和张昊（2015）运用面板数据模型和多案例分析方法研究发现，互联网发展倾向于增进流通业效率而可能妨碍统一市场。陈永伟（2016）则利用“姓氏距离”来度量文化差异对省际贸易造成的影响，发现文化差异不仅对省际贸易存在着显著的负面影响，而且这种负面影响在逐年增强。应该说，当前中国学术界对省际贸易相关问题的研究开始增加，不过鲜有文献从“一带一路”视角对其进行考察。

基于此，本章的主要贡献在于：首先，以2008—2016年31个省（自治区、直辖市）省际铁路货物运输数据流为基础，并通过一定的方法将服务数据流也融入其中，实现了对31个省（自治区、直辖市）省际贸易活动的全覆盖。这不仅摒弃掉了投入产出表核算模式的时滞性，而且有助于我们了解“一带一路”倡议对于中国省际贸易演变的影响。其次，发现了省际贸易在中国近年来经济发展中所起到的主导性作用，揭示了国际贸易顺差地区逐步扩散，区域一体化不断加强，沿海地区间贸易比重降低而流向中西部地区的贸易上升，流向东北地区的贸易比重下降等事实。这些证据有利于我们更好地认识扩大内需战略、“一带一路”倡议的现实意义以及当前存在的问题，有助于政府制定更有针对性的区域产业政策。再次，本章首次揭示了中国南北向的省际贸易联系正在与东西向的省际贸易“交相辉映”，省际贸易流发生蜕变，且“一带一路”倡议在其中扮演着重要角色。上述发现不仅对于中国下一步整合内需推动区域协调发展具有重要价值，而且对于沿“一带一路”加快构建以国内大循环为主体、国内国际双循环相互促进的新发展格局具有重要指导意义。本章接下来的安排如下：第二部分是计算方法与数据来源，第三部分是省际贸易的特征分析，第四部分是“一带一路”倡议与省际贸易之间的关系分析，第五部分是结论与政策建议。

9.2 计算方法与数据来源

9.2.1 计算方法

（1）省际贸易流量测算

把引力方程应用于实证研究是经济学上所取得的最伟大的成功之一

(Andersen, Wincoop, 2004)。地区间引力模型是由Leontief和Strout(1963)最先提出的，这是为解决地区间各种产品流数据获取困难而设计的一种方法。根据该模型，i地区供应j地区某种产品的规模是由以下因素决定的：一是i地区该产品供应的规模与该地区这种产品生产总量成正比；二是j地区对该产品的需求量越大，则从i地区的调入量就越大；三是全国该产品生产的数量越大，j地区可获取该产品的范围越广，则从i地区的调入量也就相对越少。基于此，本章将具体产品扩展到宏观层面，给出如下计算公式：

$$IPT_{ij}^{t}=\frac{S_i^t D_j^t}{\sum_i S_i^t}\cdot\frac{H_{ij}^t H_{TT}^t}{H_{iT}^t H_{Tj}^t} \quad (9-1)$$

式中：IPT_{ij}^{t}表示t时期货物、服务从i省份到j省份的流出量；S_i^t表示t时期i省份货物、服务的总供给量；D_j^t表示t时期j省份货物、服务的总需求量；$\sum_i S_i^t$表示t时期全部省份的总供给量[①]；$\frac{H_{ij}^t H_{TT}^t}{H_{iT}^t H_{Tj}^t}$表示$t$时期货物、服务从$i$省份流动到$j$省份的贸易摩擦系数或贸易参数$Q_{ij}^t$，本章采用井原健雄（1996）提出的运输量分布系数来测算，其中，H_{ij}^t表示t时期从i省份到j省份的产品发送量，H_{iT}^t表示t时期i省份总的产品发送量，H_{Tj}^t表示t时期j省份的总的产品到达量，H_{TT}^t表示t时期全部省份产品的总发送量（等于总到达量）。

（2）省际贸易额测算

根据（9-1）式得出的数值，可以获得每个省份的省际贸易额以及总的省际贸易额。具体来看，i省份t时期的贸易额为：

$$IPT_i^t=\sum_{j=1}^{31} IPT_{ij}^t+\sum_{j=1}^{31} IPT_{ji}^t-IPT_{ii}^t \quad (9-2)$$

其中，右边第一项表示i省份t时期总的货物、服务发送量，第二项表示i省份t时期总的货物、服务到达量，第三项为i省份t时期货物、服务内部发送量，减去它是因为在前两项中被重复计算了。

t时期中国总的省际贸易额为：

$$IPT^t=\sum_{i=1}^{31}\sum_{j=1}^{31} IPT_{ij}^t-\sum_{i=1}^{31} IPT_{ii}^t \quad (9-3)$$

---

① 需要注意的是，理论上全部省份的总供给等于总需求，但由于本章对进出口数据进行了调整，鉴于误差的存在，这两者并不完全一致。

9.2.2 数据来源

（1）省际产品运输的相关数据获取

现实中，省份之间的货物运输方式主要有铁路、公路、水运和航空等。目前，在中国统计省份间产品运输的数据为《中国交通年鉴》公布的国家铁路行政区域间产品交流数据，这些数据表明了铁路产品在全国各省份之间的流向和流量[①]。由于其他运输模式并没有省份之间流入、流出数据，本章与于洋（2013）一致，首先，根据《中国交通年鉴》获取各年份省份之间铁路运输流入、流出数据；其次，根据《中国统计年鉴》公布的各省市历年总的运输量和铁路货物运输量，将两者相除获得放大系数，并在此基础上把对应年份对应省份的铁路行政区域间货物交流数据放大得到2008—2016年中国各省市货物交流数据的估算值；最后，根据上述数据计算出省际货物运输贸易参数Q_{ij}^{t}。

（2）各省份总供给和总需求数据获取

本章所说的一省份的总供给和总需求都是发生在本国的供给和需求。基于此，全部省份的总供给=全部省份的总需求=GDP-净出口。对某一省份i来说，i省份的总供给=地区生产总值$_{it}$-净出口$_{it}$[②]，i省份的总需求=地区生产总值$_{it}$-净流出$_{it}$=地区生产总值$_{it}$-净出口$_{it}$-（t时期i省份的省份内调出-t时期i省份的省份外调进）。

由此，为了获得各省份的总供给、总需求数据，需要获得的是各省份的地区生产总值、净流出和净出口数据。其中，各省份地区生产总值数据均来自《中国统计年鉴》，各省份净流出数据均来自《中国统计年鉴》相关各期。需要注意的是，由于各省份的进出口统计数据均不包括服务业，而各省份的净流出数据却包含。基于此，本章在统计净出口数据时按照如下方式折算：某省份支出法产品和服务净出口额=某省份目的地货源地出口额×（中国国际收支表全国产品和服务出口额/目的地货源地全国出口额）-某省份目的地货源地进口额×（中国国际收支表全

① 《中国交通年鉴》给出的国家铁路地区间货物交流数据均是货运吨数，而不是货运值，这是我们计算贸易摩擦系数的主要原因。

② 需要注意的是，在这里，i省份的总供给是i省份本身生产的减去净出口剩下的部分。这样做的原因在于：一方面，i省份省际调出的能力依赖于该省份的生产能力；另一方面，别的省份最终调入的部分，该省份将不会再重新调出参与省际贸易。

国产品和服务进口额/目的地货源地全国进口额），上述数据以及各年的汇率折算均取自相应年份的《中国统计年鉴》。

9.3 省际贸易演变特征分析

9.3.1 省际贸易演变情况分析

中国省际贸易额从2008年的55.75万亿元人民币上升到了2016年的140.01万亿元人民币，2016年的中国省际贸易额是2008年的2.51倍，而2016年中国GDP是2008年的2.34倍，前者超过了后者（如图9-1所示）①。两者之间的剪刀差持续扩大，省际贸易相对于经济增长的拉动作用更加明显，内需在经济增长中的作用不断显现。

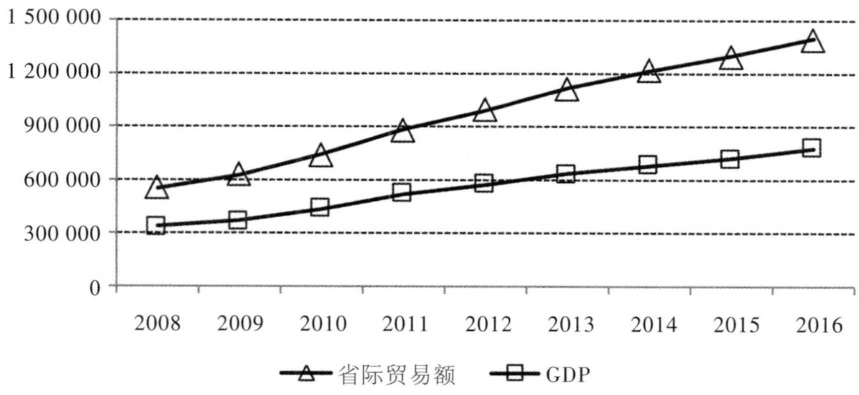

图9-1 2008—2016年中国省际贸易额与GDP演变趋势（单位：亿元）

资料来源：根据第二部分数据计算整理得到。

从区域层面来看（如图9-2所示），东部地区省际贸易流量占全国的比重从2008年的54.35%下滑到2013年的52.21%，在这之后略有上升，目前维持在53%左右；中部地区省际贸易流量占全国的比重基本保持平衡，虽然近年来略有下滑，但均维持在25%以上；西部地区省际贸易流量占全国的比重略有上升，从2008年的19.76%上升到2016年的21.89%。总体来讲，西部地区省际贸易比重存在上升趋势，东部和中部略有下降。

① 这里和后文的数据均没有经过价格指数折算，鉴于这是同年份相关数据之间的比较，这并不影响本章结论。

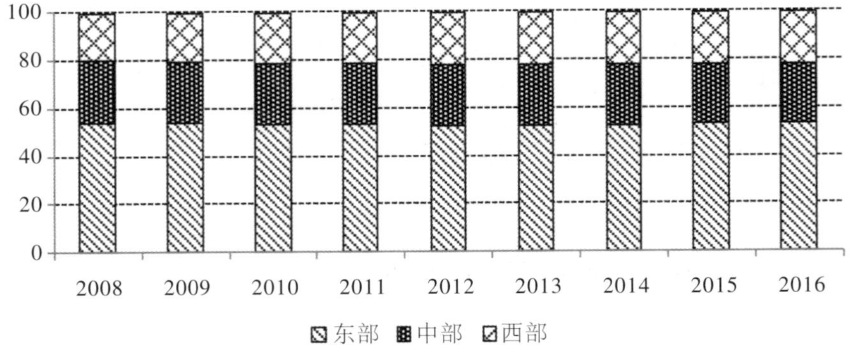

图 9-2　中国东部、中部和西部的省际贸易流量份额（单位：%）

资料来源：根据第二部分数据计算整理得到。

从省份来看（如图9-3所示），2008年到2016年9年间，省际贸易增长最快的是西藏，2016年是2008年的4.97倍，前五名余下的依次是宁夏的4.34倍、青海的3.50倍、新疆的3.48倍和云南的3.35倍；省际贸易增长最慢的是辽宁，2016年仅是2008年的1.41倍，后五名剩下的依次是湖南的2.02倍、吉林的2.07倍、河北的2.11倍和黑龙江的2.17倍。可以发现，增长最快的省份均在西部地区，增长较慢的省份主要是东北三省。整体来看，有17个省份超过全国平均值2.51，14个省份落后于全国平均值。

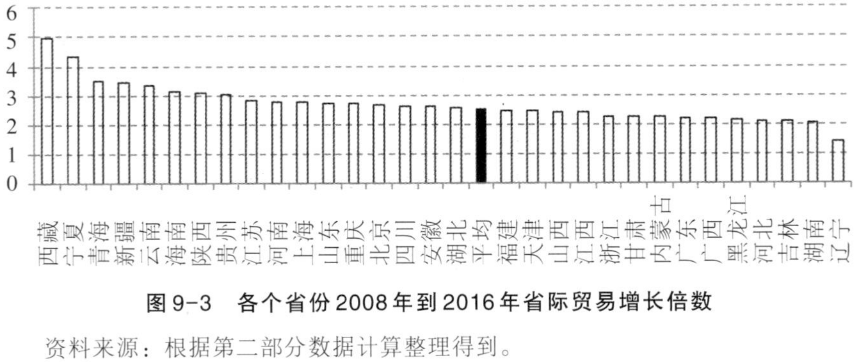

图 9-3　各个省份2008年到2016年省际贸易增长倍数

资料来源：根据第二部分数据计算整理得到。

9.3.2　省际贸易与国际贸易变化特征比较

（1）贸易规模的比较

从省际贸易额与国际贸易额变化趋势来看（如图9-4所示），这两者之间的剪刀差在不断扩大。2008年省际贸易额是国际贸易额的2.85

倍，2009年因为金融危机启动内需的缘故，一下子上升到了3.76倍，在这之后比值下滑，但上升趋势已经形成，到了2016年该比重已经上升到了4.47倍。总体上看，省际贸易相对于国际贸易上升的趋势非常明显，前者对于后者的替代作用愈发明显。

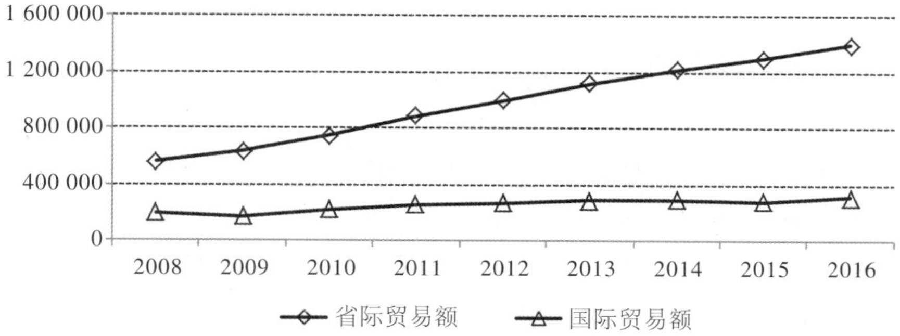

图9-4　2008—2016年中国省际贸易额与国际贸易额变化趋势（单位：亿元）

资料来源：根据第二部分数据计算整理得到。

从分区域省际贸易额与国际贸易额的比值来看（如图9-5所示），比值最低的是东部地区，最低为2008年的1.61倍，最高是2015年的2.72倍，中部地区最低为2008年的13.18倍，最高为2009年的19.56倍，西部地区最低为2014年的14.94倍（2008年次低），最高为2009年的21.0倍。2009年金融危机对中西部的影响最为巨大，省际贸易的作用更为凸显，而东部地区虽也上升，但变动趋势却较小。总体来看，不论是东部、中部还是西部地区的省际贸易/国际贸易比值都较2008年金融危机后有所上升，均维持在高位运行。

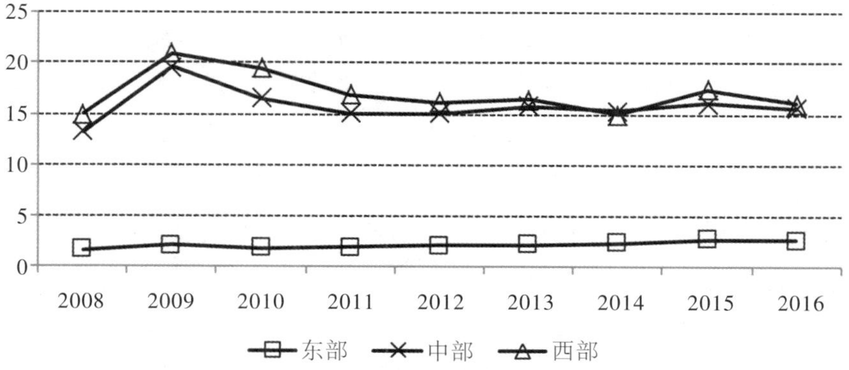

图9-5　中国三大区域省际贸易/国际贸易比值

资料来源：根据第二部分数据计算整理得到。

（2）贸易差额的比较

在国际贸易顺差方面，2008年，国际贸易顺差主要集中在沿海及与沿海地区相毗邻的地区，属于第一阵营的是广东省，其顺差达到了8 403.16亿元人民币，属于第二阵营的是江苏、浙江、上海及福建等地区，属于第三阵营的是山东、辽宁、河北、山西、陕西、河南、安徽、湖南、重庆和新疆等地区，其中新疆的国际贸易顺差达到927.87亿元人民币。剩余地区主要是贸易顺差不明显和国际贸易逆差地区，其中逆差最大的是北京的-1 894.64亿元人民币。2016年，国际贸易顺差或逆差减少地区开始向中西部地区扩散，越来越多的中西部省份开始从国际贸易中获益。其中值得注意的是，重庆的国际贸易顺差从2008年到2015年扩大接近10倍，2016年略有下滑，重庆在中西部的地位更加重要，东部沿海的辽宁、山东和上海由贸易顺差转向了逆差。在省际贸易顺差方面，2008年，属于第一阵营的是江苏、山东、浙江、上海、安徽，其中顺差最大的是江苏的5 560.94亿元人民币，属于第二阵营的是河北、福建、重庆、甘肃、宁夏和新疆，属于第三阵营的较多，均为省际贸易顺差，剩下的则是省际贸易顺差不明显和省际贸易逆差地区，其中逆差最大的是北京，达到了-5 747.25亿元人民币。2016年省际贸易顺差地区略有减少，其中顺差最大的仍然是江苏，金额达到了37 876.92亿元人民币。要注意的几个变化是，上海由较小的贸易顺差转向了较大的贸易顺差，沿海地区的辽宁仍然是贸易逆差，西部地区的逆差区增多，规模变大。

将国际贸易与省际贸易差额的上述变化趋势综合起来，大致可以得出以下几个结论：一是中国从国际贸易中获利的区域开始从沿海向中西部地区扩散。与此同时，这些地区出现了省际贸易逆差，这表明越来越多的省份加入全球分工链中；二是江苏、浙江、福建、安徽和河北等地持续双顺差，上海、山东等地区国际贸易出现了逆差，天津、广西和海南等地持续双逆差，双顺差表明了这些地区强大的对内对外盈利能力，双逆差则表明这些地区对内对外较差的盈利能力；三是西部地区的重庆、贵州、新疆和宁夏等省份在保持国际贸易顺差的同时，省际贸易逆差迅速扩大，表明了这些地区正在成为中国内陆重要投资地；四是东北三省国际贸易逆差持续扩大，省际贸易逆差比较明显，这表明了东北三省竞争力不够强。

9.4 “一带一路”倡议下中国省际贸易流向蜕变

《推动共建丝绸之路经济带和21世纪海上丝绸之路的愿景与行动》提出，建设中蒙俄、新亚欧大陆桥、中国-中亚-西亚、中国-中南半岛、中巴、孟中印缅六大经济走廊。由此可见，“一带一路”倡议具有明确的空间指向，本质上既非仅仅是内部的互联互通，又非单独的外部的互联互通，而是陆海内外联动、东西双向互济。也就是说，东部与中西部之间省际贸易流的变动情况是考察“一带一路”推进效果的重点所在。为了观察省际贸易流向与“一带一路”倡议之间的关系，本章接下来首先对省际贸易流向进行分析，然后研究“一带一路”倡议对它的具体影响。

9.4.1 八大经济区贸易流向

《推动共建丝绸之路经济带和21世纪海上丝绸之路的愿景与行动》的第六部分“中国各地方开放态势”将国内主要分成了八大区域进行论述。作为一个纲领性文件，我们认为国家各部门和各地区也主要是按照此文件行动的。基于此，本章将中国各地区沿“一带一路”的开放分为了西北、东北、西南、沿海和港澳台地区。基于数据的可获得性，将港澳台的数据从样本中剔除，基于上述划分标准，把中国区域共划分为八大部分，具体见表9-1。

表9-1 八大经济区域划分

环渤海	北京、天津、河北、山东
长三角	上海、江苏、浙江
珠三角	广东、海南
海峡西岸	福建
西北	内蒙古、陕西、甘肃、青海、宁夏、新疆
东北	辽宁、吉林、黑龙江
西南	广西、云南、贵州、西藏
内陆地区	安徽、江西、河南、山西、四川、重庆、湖北、湖南

资料来源：根据《推动共建丝绸之路经济带和21世纪海上丝绸之路的愿景与行动》整理得到。

基于上述分类，我们计算出了2008年和2016年八个经济区域贸易份额变动情况（见表9-2），并对其流向特征进行了分析：一是区域内贸易是省际贸易的最主要组成部分，内部贸易非常紧密，这在东北地区尤其突出。2008年东北区域内贸易所占比重达到了75.98%，2016年区域内贸易比重上升到了76.24%。二是长三角内部的省际贸易比重出现了下降，从2008年的42.24%降到了2016年的38.56%。而除了长三角之外，其他所有地区的区域内贸易比重均有所上升。[①]三是东部沿海区域之间的区际贸易比重基本都在降低，环渤海、长三角和珠三角流向中西部地区的省际贸易比重以上升为主，海峡西岸流向它们的比重有所降低，而所有沿海地区流向东北地区的省际贸易比重都在下降。四是中西部地区流向沿海地区的省际贸易比重基本都在下降，而流向自身的省际贸易比重基本都有所上升。

表9-2 **相关年份八个经济区域的贸易流向及其份额**

单位：%

2008年								
地区	环渤海	长三角	珠三角	海峡西岸	西北	东北	西南	内陆地区
环渤海	62.75	9.43	0.85	0.38	6.72	3.81	0.66	15.40
长三角	8.55	42.24	3.39	2.74	8.92	6.64	3.14	27.49
珠三角	2.26	2.16	46.47	0.74	3.36	0.27	16.56	28.22
海峡西岸	3.34	12.33	10.20	52.27	3.95	0.69	1.53	15.67
西北	20.01	13.07	1.77	0.28	39.20	10.44	1.07	14.16
东北	9.41	3.74	0.27	0.20	5.37	75.98	0.68	4.35
西南	4.90	8.96	17.59	0.85	5.41	1.20	39.10	22.00
内陆地区	11.96	16.05	14.75	2.38	3.38	1.79	5.16	44.54

① 区域内尤其是东北地区贸易比重过大，并不能得出区域经济一体化加强的结论，这应该与市场分割等现象密切相关。鉴于这不是本章研究的主要问题，在这里不加以详细分析。

续表

2016年								
地区	环渤海	长三角	珠三角	海峡西岸	西北	东北	西南	内陆地区
环渤海	65.70	5.15	1.11	0.19	8.05	2.33	0.69	16.78
长三角	6.14	38.56	2.65	1.26	14.95	1.45	3.04	31.95
珠三角	2.81	2.19	60.59	0.10	1.73	0.18	18.95	13.44
海峡西岸	1.10	7.97	8.36	68.40	1.51	0.51	1.51	10.65
西北	16.33	9.75	1.94	0.24	40.88	10.63	2.21	18.02
东北	8.43	3.35	0.40	0.13	6.59	76.24	0.72	4.15
西南	4.25	8.78	13.17	0.96	7.20	1.20	46.18	18.28
内陆地区	7.16	15.20	8.43	2.39	4.50	1.25	7.26	53.81

资料来源：根据上文计算方法整理得到。

9.4.2 省际贸易流演化特征

为了清晰地展示省际贸易流向的变化趋势，我们运用Agcgis10.2软件中的流分析功能，将省际贸易流量通过连线形式标示出来，画出了2008年和2016年中国省际贸易流[①]，进行比对后大致得出以下结论：

一是省际贸易的规模和密度增长迅速，重要贸易节点的范围扩大；二是省际贸易总的分布规律是东中部密集，西部稀疏，向西递减，但目前已逐步得到改观，向西的贸易流正在得到加强；三是西部地区的内蒙古、新疆、昆明和重庆等地在省际贸易中的地位在不断增强，与东中部的贸易往来进一步加强，省际贸易的中枢功能开始显现；四是中国传统的南北向的省际贸易联系依然紧密，但东西向的省际贸易正在得到加强，南北向的省际贸易与东西向的省际贸易“交相辉映”，贸易流发生

① 受篇幅限制，笔者并未在此报告。感兴趣的读者可以向我们索取。

蜕变，“一带一路”所倡议的东西互济效应正在显现。

综合起来看，中国省份之间贸易联系的演变趋势与“一带一路”倡议国内空间规划的走向开始吻合，变动的主要方向基本是按照东西方向在进行。本章认为，其原因在于，虽然数据显示，海上丝绸之路国际贸易额更大，不过，由于绝大多数海上丝绸之路国家和地区一直是我国的主要贸易投资区域，因此带动省际贸易的变化幅度相对来讲也较小。而近些年来东西互济的丝绸之路经济带发生的变化相对较大，中西部尤其西部作为“主战场”，所带动的东西向的省际贸易增速相对来讲也较大。当然，由于上述分析主要是对事实的直观观察，并不能由此得出是“一带一路”倡议的实施推动了省际贸易流蜕变这一结论。为了对此有一个更深入精确的判断，本章接下来通过实证进行研究。

9.4.3 “一带一路”倡议推动省际贸易流向蜕变的相关佐证

(1) 计量分析

鉴于“一带一路”流向在国内主要以东西方向为主，南北方向受到的影响较小，本章采用倍差法（DID）来估计“一带一路”倡议对省际贸易流向的影响。具体来说，我们将省份之间的贸易分为两大部分，一部分是中国传统的南北贸易，本章用东中部地区各个省份之间的相互省际贸易来代替，这也是中国传统的经济增长核心区和省际贸易集中地；另一部分是受“一带一路”倡议影响的东西贸易，在这里我们用西部地区各个省份与除了自身之外的所有其他省份之间的相互省际贸易来代替[①]。

数据的获取方法如下：首先，根据本章第二部分引力模型计算获取的数据，将i省份到j省份的发送量和j省份到i省份的发送量进行加总，计算出两个省份之间的货物、服务贸易总额；其次，根据传统的南北贸易和受“一带一路”影响较大的东西贸易划分方法，对省份之间的贸易进行归类，由此获得2008—2016年东西省际贸易的数据2 673个，南北

① 这样一种划分方法虽然并不完全准确，但却基本能够从宏观层面上反映“一带一路”倡议对省际贸易流向的影响。

省际贸易的数据1 467个。

为了实施倍差法（DID）估计，本章将南北贸易作为对照组，东西贸易作为处理组。计量模型如下所示：

$$Trad_{it} = \alpha_0 + \alpha_1 Treat_i + \alpha_2 After_t + \alpha_3 Treat_i \times After_t + f_i + \theta_t + v_{it}$$

式中：*Trad*为各省份相互之间的贸易额，在具体实证过程中我们取其对数值；*Treat*为一个虚拟变量，是受“一带一路”倡议影响的省级贸易变量，取值为1，否则为0；*After*为2013年“一带一路”倡议提出以后的效果，由于存在着滞后效应，因此我们取2015年和2016年为1，此前取值为0；f_i为个体固定效应，θ_t表示时间固定效应，v_{it}为随机扰动项，α_t为待估参数。因此，*Treat*和*After*的交互项的估计系数为倍差法得到的“一带一路”倡议对省际贸易的影响系数。

估计结果见表9-3。其中，第（1）列是没有控制年份的固定效应，第（2）列则进一步控制了年份固定效应。结果发现，无论是否控制年份固定效应，“一带一路”倡议对省际贸易均具有显著的促进作用。具体而言，在1%的显著性水平之下，“一带一路”导致了省际贸易增加16.7%。另外，由第（1）列可知，“一带一路”倡议提出以来的平均省际贸易额相对于此前有显著的增加，这意味着“一带一路”倡议提出以来，即使涉及较小省份的省际贸易量也实现了增长，亦即实现了贸易传递效应①。

表9-3　**“一带一路”倡议与省际贸易额增长**

项目	(1)	(2)
variables	ln(省际贸易额)	
“一带一路”倡议	0.167^{***} (0.050)	0.167^{***} (0.050)
“一带一路”倡议期	0.188^{***} (0.038)	

① 本章仅提供一个初步的分析，更细致的因果推断仍有待于进一步的研究。我们知道，倍差法需要满足共同趋势假说。对此，我们绘制了南北贸易和东西贸易总额以及加总增长率的变化趋势，可以发现“一带一路”倡议期以后东西贸易增长趋势更明显。受篇幅限制，我们并未在此报告。感兴趣的读者可以向作者索取。

续表

项目	（1）	（2）
constant	5.186*** （0.006）	4.828*** （0.025）
年份固定效应	否	是
个体固定效应	是	是
observations	4 140	4 140
R-squared	0.065	0.229
截面数	460	460

注：***表示1%的显著性水平；括号中的值为稳健性标准误。

（2）现实佐证

一是中国东部地区产业沿“一带一路”向中西部转移的过程导致了省际贸易流蜕变。随着中国东中西三大地区之间的投资贸易往来日益频繁和密切，产业链条之间的互动推动了国内价值链的构建（李跟强、潘文卿，2016），国内价值链深度逐年提升，内资主导及市场导向型外资推动的国内价值链深度相对较高（黎峰，2016）。“一带一路”倡议明确提出了“充分发挥国内各地区比较优势，进一步加强东中西互动合作”的要求，东部地区在进行产业转移过程中，将产业链条的一些低端环节沿着“一带一路”向中西部配置，形成了区域错位竞争、协同互补效应，拉动了区际贸易，促使了贸易流规模提升和方向转换。统计资料显示，西部的四川省从2012年到2016年累计引进到位国内省外资金4.4万亿元，规模居西部第一，超六成来自京、粤、渝、浙、沪五个省（直辖市）①。中西部地区利用的省份外资金中，有60%以上均来自东部发达地区（陈雪琴，2016）。

二是“一带一路”倡议加速国际产业向中西部转移的同时引致省际贸易流蜕变。以重庆为例，随着2011年渝新欧铁路的开通②，各类贸易

① 曾小清．四川五年累计引进到位国内省外资金4.1万亿元［EB/OL］．（2016-01-23）［2023-08-15］．https：//www.sc.gov.cn/10462/10464/10797/2016/1/23/10366134.shtml.

② 虽然渝新欧铁路开通时间早于“一带一路”倡议，但前者恰是为后者服务的主要通道。

阻碍政策的消除以及对内对外开放大平台等的建设，大量外资企业开始从中国东部地区和国外向重庆转移，重庆外向型经济获得了快速发展，对外开放水平跃上了一个新台阶（如图9-6所示）。近些年来，重庆引进了惠普、宏碁等五大国际知名品牌商，富士康、广达、英业达等六大代工商和850多家零部件配套厂商，形成了世界级的电子信息产业集群。引进了福特等整车制造企业，通过中德汽车产业园、中韩产业园等引进了一批汽车零部件厂商，最终形成了品牌商、代工商、零部件制造商垂直集群和产品的水平集群，形成了全球重要生产基地。与此一致，重庆这些相关行业均获得了突破性发展，具体如图9-7所示。以笔记本电脑为例，2017年重庆制造的笔记本电脑产量占到全球的40%左右，笔记本电脑出口台数占生产总量的79.7%，占重庆同期出口总值的44.6%，成为拉动出口增长的“第一引擎”。2017年中欧班列（重庆）开行量达到663班，商品集中于笔记本电脑、微型电脑、平板电脑等的去程班列开行406班，实现出口额158.7亿元，同比增长42%[①]。由此可见，这些产品中的一小部分会流向中国其他地区尤其是东部沿海地区，而绝大部分会沿着“渝新欧”通道流向欧洲等地，重庆与国际以及东部等地区的这种产业互动有力地引致省际贸易流蜕变。在本章第三部分的分析中也说明了这一点。

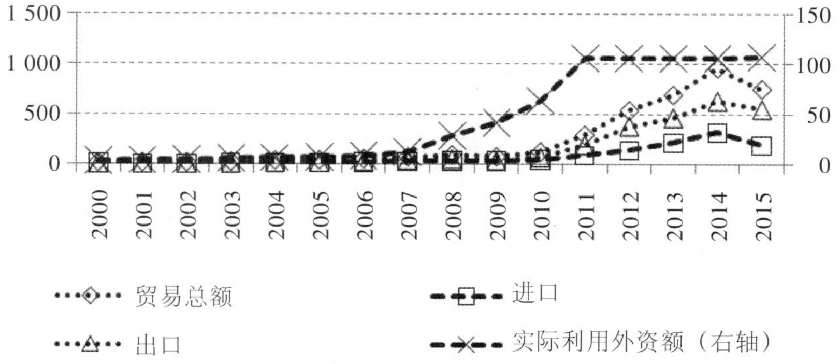

图9-6 重庆开放型经济发展情况（单位：亿美元）

资料来源：根据《重庆统计年鉴2016》整理得到。

① 何宗渝. 2017年中欧班列（重庆）开行663班［EB/OL］.（2018-01-09）［2023-08-15］. https://www.gov.cn/xinwen/2018-01/09/content_5254778.htm.

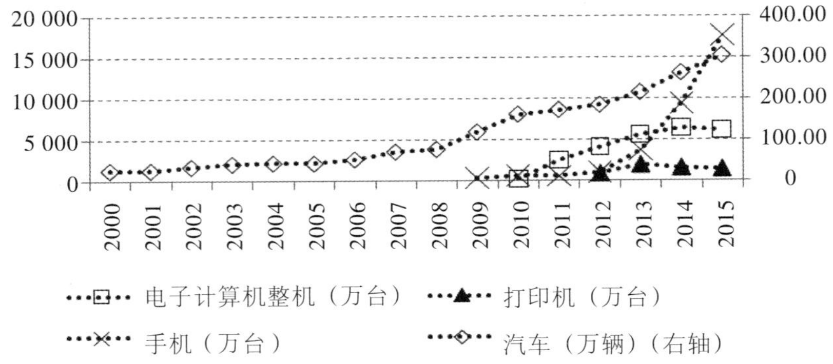

图9-7 重庆四大产业发展情况

资料来源：根据《重庆统计年鉴2016》整理得到。

三是中西部地区对于通信、交通、教育等固定资产投资的快速上升同样引致了省际贸易流蜕变。图9-8描述的是中国三大地区2008—2016年全社会固定资产投资比重趋势，可以看出，中国东部地区固定资产投资比重一路下滑，从2008年的53.00%下滑到2016年的44.24%，中部地区从2008年的25.28%持续上升到2016年的28.98%，西部地区从2008年的21.71%上升到2016年的26.78%，缺口日益收窄。实际上，中西部地区迅速增大的省际贸易赤字在很大程度上反映了“一带一路”倡议下，中西部相对落后地区从东部沿海地区大量调入商品和服务的事实，这显然引致了省际贸易流的蜕变。

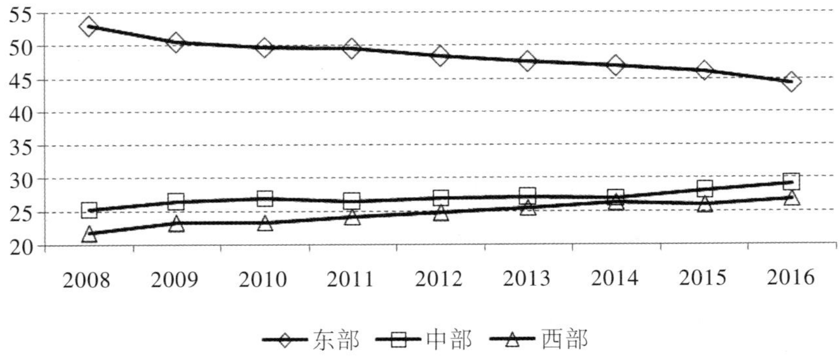

图9-8 2008—2016年中国三大地区社会固定资产投资比重（单位：%）

资料来源：根据2009—2016年《中国统计年鉴》数据整理得到。

9.5 结论与政策建议

重新审视省际贸易有助于整合内需，深化分工网络，构建国内价值链，推动产业转型升级和区域之间的协调发展，也有助于深刻认识与“一带一路”倡议之间的关系，逐步化解中国经济发展中的不平衡不充分问题。本章运用引力模型对2008—2016年中国省际贸易数据进行测算并深度挖掘，估算了国际金融危机后中国省际货物和服务的贸易流变化情况，对省际贸易特征、流向以及与“一带一路”倡议之间的关系进行了分析，主要得出了以下结论：（1）省际贸易额与GDP和国际贸易额之间的剪刀差持续扩大，省际贸易正成为中国经济增长中的主导力量，地位日益提升。（2）国际贸易顺差逐步从沿海地区向中西部扩散，东部地区的江苏、浙江、福建、安徽和河北等地持续双顺差，山东、上海等地出现了国际贸易逆差，天津、广西和海南等地持续双逆差。西部地区的重庆、贵州、新疆和宁夏等省份在保持国际贸易顺差的同时，省际贸易逆差迅速扩大。东北三省国际贸易逆差持续扩大，省际贸易逆差比较明显。（3）区域内贸易是省际贸易的最主要组成部分，这在东北地区尤其突出。除了长三角，其他所有地区的区域内贸易比重均有所上升，东部沿海区域间的区际贸易比重基本都在降低，东部沿海地区流向中西部地区的省际贸易以上升为主，流向东北地区的省际贸易在下降。中西部地区流向沿海地区的省际贸易比重基本在下降，流向自身的比重基本都上升。（4）省际贸易总的分布规律是东中部密集，西部稀疏，但向西的贸易流正在得到加强，内蒙古、新疆、云南和重庆等地在省际贸易中的地位不断增强，传统的南北向的省际贸易正在与东西向的省际贸易“交相辉映”，贸易流发生蜕变，与“一带一路”倡议的空间方向趋于一致。继而，本章通过2008—2016年省际贸易数据，采用倍差法（DID）也证明了“一带一路”倡议是省际贸易流向蜕变的重要因素。

鉴于本章实证揭示的问题和下一步更好地沿“一带一路”整合省际贸易，畅通双循环，尝试给出如下建议：

一是继续深入推进东中西部之间航空航线、高速铁路、公路、通信以及管道建设等基础设施建设，实现无缝衔接；加快沿边地区与“一带一路”沿线国家基础设施建设，打通内外贸易联系通道，畅通双循环。

二是提升东部地区参与国际产能合作和产业向中西部转移步伐，加快自由港落地布局速度，重塑开放新优势；中西部地区主动对接“一带一路”倡议，通过功能性经济开放特区（例如自贸试验区和自由贸易港等）的建立加快形成内陆和沿边开放大格局；加大中西部和东北地区改革开放力度，着力解决体制性、机制性障碍，强化市场机制主导的环境再造，推动高端要素持续流入，提高省际合作深度，提升国内大循环规模。

三是设立具有实质性权力的跨区域的规划统筹协调机构，对涉及区域规划的重大决策、重大问题、规划方案进行统筹规划，实现“一带一路”建设方案的协同；实现政绩目标考核多元化和财政税收分配合理化，弱化地区间行政体制束缚，有效打破和消除省际分割封闭、无序竞争的局面，促进要素有序自由流动，实现产业跨区域布局和双循环新发展格局构建。

10 “一带一路”倡议下中国城市群体系构建与价值链重塑

10.1 引言

加入WTO以来，我国沿海地区通过嵌入由发达国家跨国公司所掌控的全球价值链（GVC）实现了快速发展。不过这也引致了两个值得深思的问题：一是广大的中西部地区受制于区位因素，融入全球化的广度和深度不够，与东部地区的经济发展差距尽管近些年来有所缩小，但始终缺乏一个有效的长效机制支撑；二是东部企业嵌入GVC的过程导致了企业外向型发展模式，转型升级困难，由我国企业主导的价值链体系迟迟不能构建（刘志彪，2017）。

“一带一路”倡议的提出奠定了新时代我国全面开放的新格局。2015年，国家发展改革委、外交部、商务部联合发布了《推动共建丝绸之路经济带和21世纪海上丝绸之路的愿景与行动》。2017年，国家发改委和海洋局又制定并发布了《“一带一路”建设海上合作设想》。党的十九大报告指出，要以“一带一路”建设为重点，形成陆海内外联动、东西双向互济的开放格局、优化区域开放布局，加大西部开放力度以及创新对外投资方式，加快培育国际经济合作和竞争新优势等。需要注意的是，实现上述目的的关键在于城市群体系的构建和功能的发挥。21世纪国际竞争的基本单位既不是企业也不是国家，而是大城市群，城市群之间的分工、合作和竞争将决定21世纪世界经济、政治的格局（桂强芳，2010）。具体来看，在微观层面上，世界500强企业基本集中在城市群，像阿里、腾讯、百度、华为、京东等代表中国先进生产力的企业更是如此；在宏观层面上，全球40个巨型区域中生活着1/5的世界人口，制造了全球2/3的经济产出和85%以上的全球创新（Florida等，2008）；在全球竞争层面上，传统城市间的产业竞争模式正在向产业链的管理决策、研发、营销等价值链高端环节拓展，而城市群里的中心城市更是实现上述目的的最重要平台。与此相对应，我国“十一五”规划、“十二五”规划、党的十八大报告、《国家新型城镇化规划（2014—2020年）》、“十三五”规划和党的十九大报告等均明确提出了构建城市群体系，长三角城市群一体化也上升为国家战略。应该说，城市群已成为我国区域分工合作和协调发展的最主要空间形态。从“一带一路”倡议的国内空间走向可以发现，“一带一路”倡议贯穿了我国已有的绝大部分城市群，城市群作为国家参与全球竞争与国际分工的全新地域单元，正成为“一带一路”建设的主阵地（方创琳等，2015）。基于此，本章结合目前我国三大区域发展特点和价值链重塑困境，探讨下一步如何依托“一带一路”构建城市群体系，更好地实现全方位开放和价值链升级。

10.2 沿“一带一路”构建城市群体系意义重大

10.2.1 沿“一带一路”构建城市群体系有助于实现区域协调发展

党的十九大报告指出，当前我国社会主要矛盾已经转化为人民日益增长的美好生活需要和不平衡不充分的发展之间的矛盾，而区域之间经济发展的不平衡又是其中的一个主要矛盾。基于区位优势，我国东部地区在对外开放中率先崛起，城市群随之发展壮大，区域之间的发展差距也开始持续拉大。随着西部大开发、中部崛起和东北振兴等国家战略的提出，中西部地区对外开放程度和经济发展水平也得到了很大的提高，但与东部地区相比差距仍然非常大（见表10-1）。

表10-1　**我国四大板块开放度比较**

项目	进出口总额占全国比重			外商企业投资总额占全国比重		
	2000	2015	2020	2000	2015	2020
西部占比	3.62%	7.36%	9.2%	6.25%	8.41%	9.3%
中部占比	3.11%	6.41%	8.3%	6.99%	9.48%	8.2%
东部占比	88.09%	82.79%	79.6%	76.62%	76.29%	77.7%
东北占比	5.18%	3.44%	2.9%	10.14%	5.82%	4.8%

资料来源：根据各地区2001年、2016年和2021年中国统计年鉴数据整理得到。

城市群是经济发展的重要引擎。《国家新型城镇化规划（2014—2020年）》指出，要培育发展中西部城市群，使之成为推动国土空间均衡开发、引领区域经济发展的重要增长极。不过，上述规划也指出，中西部地区发展相对滞后的一个重要原因就是城镇化发展很不平衡，中西部城市发育明显不足。《中国城市群发展报告2016》指出，中部城市群当前面临的最大问题可能是“隐形塌陷”，而西部城市群由于地理位置欠佳，它们一般在区域发展中竞争力有限，在人力、资源的抢夺中劣势明显，难以突破各种现实的客观条件限制。

“一带一路”倡议的实施有助于我国西北、西南、东北等沿边地区由对外开放的“末梢”变为前沿，但为了更好地与“一带一路”沿线的中西亚和欧洲的国家和地区展开合作，提升中西部国际化能力和全球竞争力，就必须以经济发展的重要引擎——城市群——为抓手，打造辐射丝绸之路的发展动力源，这能够形成拉动区域经济发展的稳定增长源，为化解我国四大区域板块之间不平衡不充分发展提供强大支撑。

10.2.2 沿“一带一路”构建城市群体系有助于构建NVC

《国家新型城镇化规划（2014—2020年）》提出，要建立城市群发展协调机制、建立完善跨区域城市发展协调机制。以城市群为主要平台，推动跨区域城市间产业分工、基础设施、环境治理等协调联动。潘文卿等基于区域间投入产出层面的实证分析表明，沿海地区经济发展对内陆地区的溢出效应并不明显，甚至还不及内陆地区对沿海地区的溢出效应（潘文卿、李子奈，2007）。目前城市群建设仍存在着滥圈滥划、规划重叠、产业定位雷同、扩容贪大、拔苗助长、无中生有、拼凑成群等问题（方创琳，2015）。区域的核心是城市群，因此，区域之间联动能力弱、定位雷同等表明了我国各大城市群之间的互动能力尚弱。另外，自2008年以来，中国先后将数十个区域城市群规划上升为国家战略，《全国主体功能区规划》明确了构建“两横三纵”为主体的城市化战略格局，“十三五”规划提出要建设19个城市群。

习近平总书记指出，只有实现了城乡、区域协调发展，国内大循环的空间才能更广阔、成色才能更足。区域协调发展是中国现代化城市发展的基本格局，提升城市联结度，打造城市群经济带、湾区经济带成为新时期城市经济发展的新形态，而“一带一路”的提出和实施要求内部立足区域特点，各有分工，协同发展，形成人才、产业、资本、技术、信息的要素聚集高地，能够显著增强区域重大战略的引领辐射效应，提升共建“一带一路”的增长扩散效应，构建国内价值链（NVC），为形成国内大循环提供强大动力。NVC可以充分发挥国内外产业特别是国内循环的产业间的关联效应，带动上下游产业的发展，改变GVC在国内链条太短的缺陷，在更广区域、更深层面实现东中西三大地区之间的良性互动。这不仅可以化解各地区之间的重复竞争，而且可以获得规模经济、范围经济、提高产品质量、积累高端的人力资本和知识资本，同时也会使更可能多的企业利润留在本国，而不是汇出和外流（刘志彪，2017），推动价值节点衔接，做长做深NVC。

例如，京津冀、长三角与粤港澳大湾区等地区着力打造“一带一路”门户枢纽；长江经济带涵盖长三角、长江中游、成渝以及滇中、黔中“三大两小”城市群，是我国东中西互动合作的协调发展带和高质量发展的重要支撑带，发挥长江经济带贯通东中西、上中下游协调发展和绿色发展等特色优势，可为“一带一路”建设提供全方位、多层次的经济腹地支撑和国内大通道支撑。

10.2.3 沿“一带一路”构建城市群体系有助于NVC与GVC对接

2008年金融危机过后，逆全球化趋势显现，中美贸易冲突不断，各国都竞相攀爬GVC顶端，希望掌握国际竞争主导权，获取更高的市场回报。我国也希望通过“一带一路”推动企业“走出去”，构建由我国企业主导的GVC体系，推动全球共同繁荣。中国过去外向型经济的发展是依托沿海地区加入以美欧日为主导的GVC，在其底部进行以加工制造为主要特征的国际代工，但由此导致的结果是，中国的GVC与NVC之间，区域内价值链与区域间价值链之间均存在显著的负相关关系，NVC并没有成功对接GVC（张少军、刘志彪，2013）。

“一带一路”倡议的提出，不仅意味着要继续扩大和深化对东向开放，而且还要通过向西南方向的开放，建设以我为主的GVC，即要把在过去为西方国家进行国际代工的经验灵活地运用到对西南方向的“一带一路”开放上，充分利用自己丰富的有国际竞争力的产能，建立中国与“一带一路”国家和地区的国际产能合作机制，构建GVC，实现NVC与GVC有效对接。“一带一路”和长江经济带是我国横贯东西、畅通南北、连接陆海的重要通道，是新常态下推动我国经济高质量发展的两大支撑带，两者在空间上密切相关，在本质上一脉相承，在功能上优势互补。由此，这里以长江经济带为例对其加以系统性阐释，一是沿“一带一路”加快推进长江经济带三大世界级城市群（长三角、武汉、成渝）建设，有助于让城市群成为NVC或GVC的总部经济集聚区或链主城市。二是以总部经济效应沿长江经济带中上游或“一带一路”沿线建设互联互通的基础设施体系，转移缺乏比较优势但有国际竞争力的产能和产业，有助于沿“一带一路”GVC的建立。三是长江下游尤其是长三角地区的链主企业可以抱成团到长江中上游或“一带一路”沿线国家投资建设以制造加工为主要内容的技术经济开发区，建立更加稳固的GVC体系。四是通过GVC和NVC内在的治理机制和管理方法，把总部的研发、设计、金融、物流、品牌、销售等生产性服务业活动，与产业转移地的加工制造有机地连接起来。这样既提升了整个产业的世界分工水平，消化了国内的过剩产能，提升了中国在GVC中的地位，又可以带动长江中上游和“一带一路”相关国家的经济发展，提升当地人民的生活水平，实现互利共赢[①]。

由此可见，沿“一带一路”构建城市群体系有助于通过在各个城市群形成的NVC节点的共同支撑逐渐形成以中国为主导的区域性乃至全球性的生产网络和GVC体系，助推双循环新发展格局的有效形成。

10.3 沿“一带一路”城市群体系构建设想

新的城市群体系布局应该为“一带一路”倡议服务，反过来说，“一带一路”倡议的顺利推进需要对城市群从价值链的视角进行重新梳理和功能整合。

10.3.1 城市群体系划分

《推动共建丝绸之路经济带和21世纪海上丝绸之路的愿景与行动》提出建设的中蒙俄、新亚欧大陆桥、中国-中亚-西亚、中国-中南半岛、中巴、孟中印缅六大经济走廊均具有明确的空间指向，其影响在国内存在着显著的区域性，不同经济走廊影响的重点区域不同（刘慧等，2015）。另外，《“一带一路”建设海上合作设想》指出，“一带一路”建设海上合作以中国沿海经济带为支撑，密切与沿线国家的合作，连接中国-中南半岛经济走廊，经南海向西进入印度洋，衔接中巴、孟中印缅经济走廊，共同建设中国-印度洋-非洲-地中海蓝色经济通道；经南

① 南京大学长江产业经济研究院．长江产经智库圆桌会：长江经济带战略如何与“一带一路”倡议对接？[EB/OL]．(2019-04-16)[2023-08-15]．https://idei.nju.edu.cn/1e/26/c26393a532006/page.htm.

海向南进入太平洋，共建中国-大洋洲-南太平洋蓝色经济通道；积极推动共建经北冰洋连接欧洲的蓝色经济通道。后者在2018年中国政府发表的首份北极政策文件《中国的北极政策》中也被称作“冰上丝绸之路”。基于此，本章结合目前各城市群区位和功能特征，基于六大经济走廊、三条蓝色经济通道与城市群体系构建相衔接的目的，把我国城市群主要分为四个层面。

第一层面的城市群位于我国东部地区，包括环渤海湾城市群、长三角城市群、珠三角城市群以及较小的海峡西岸城市群。其中，环渤海湾城市群包括京津冀城市群、山东半岛城市群和辽中南城市群；泛长三角城市群包括上海、江苏、浙江和安徽地区；海峡西岸城市群与已有规划一致；珠三角城市群与已有规划一致，以粤港澳大湾区为核心。

第二层面的城市群主要位于中部和东北地区，包括哈长城市群、中原城市群和长江中游城市群。哈长城市群是以哈尔滨和长春为核心的城市群，中原城市群是以郑州、太原为核心的城市群，长江中游城市群是以武汉、长沙和南昌为核心的三角形城市群。

第三层面的城市群位于我国西部地区，包括西部城市群以及长江上游城市群。西部城市群是以银川、西安、兰州和西宁为核心的四边形城市群，长江上游城市群是以成都、重庆、昆明和贵阳为核心的四边形城市群。

第四层面的城市群主要位于我国沿边地区，包括西北城市群，北部城市群以及南部的北部湾城市群。西北城市群是以乌鲁木齐、喀什和伊宁为核心的三角形城市群，北部城市群是以呼和浩特、包头、鄂尔多斯和榆林为核心的城市群，北部湾城市群与现有规划一致。

10.3.2 城市群体系构建

将上述四个层面的城市群与《推动共建丝绸之路经济带和21世纪海上丝绸之路的愿景与行动》提出的六大经济走廊以及《“一带一路”建设海上合作设想》相匹配，可以形成如下五大主要城市群体系（如图10-1所示）①。

① 需要注意的是，本章给出的沿“一带一路”的五大城市群体系划分方法还是比较粗略的。现实中，每个大的城市群内部又包含次一级的城市群。由于篇幅所限，在此不再详细罗列。

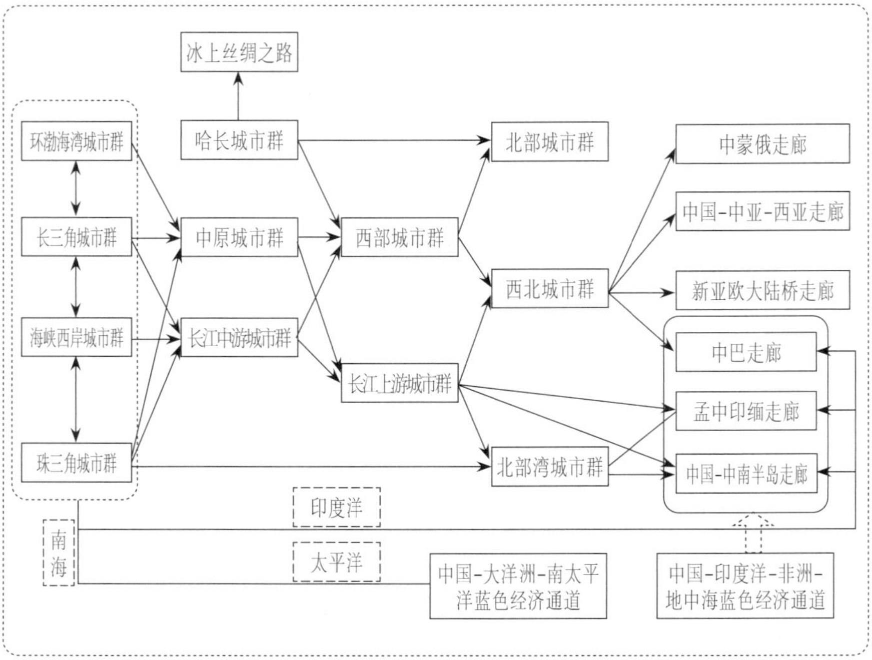

图 10-1 沿“一带一路”城市群体系构建

资料来源：由作者绘制而成。

第一个城市群体系起始于环渤海湾城市群，包括哈长城市群和北部城市群，该群对内要承载京津冀协同、东北振兴和内蒙古崛起计划，对外则是打通中蒙俄经济发展走廊，是“一带一路”倡议构想中最北边的经济走廊。其中，哈长城市群也是“冰上丝绸之路”的核心城市群，其功能是通过北冰洋连接北美、东亚和西欧三大经济中心，开辟国际海运航道。

第二个城市群体系起始于环渤海湾城市群和长三角城市群，包括中原城市群、西部城市群和西北城市群，最后与新亚欧大陆桥经济走廊、中国-中亚-西亚经济走廊和中巴经济走廊相联通。该城市群体系穿越中国的东中西三大区域，并且将核心城市相连接。

第三个城市群体系起始于长三角城市群和海峡西岸城市群，包括长江中游城市群、长江上游城市群、西北城市群以及北部湾城市群，这个城市群体系的核心是长江经济带，该城市群体系与除了中蒙俄经济走廊之外的其他经济走廊相联通。

第四个城市群体系起始于海峡西岸和珠三角城市群，包括长江中游城市群、长江上游城市群，西北城市群以及北部湾城市群，该城市群体系穿越中国的东中西三大区域，并且向北和西北穿越，与六大经济走廊都联通（核心是孟中印缅经济走廊和中国-中南半岛经济走廊）。

第五个城市群体系起始于中国沿海四大城市群，包括环渤海湾城市群、长三角城市群、海峡西岸城市群和珠三角城市群，四大沿海城市群连接中国—中南半岛经济走廊，经南海向西进入印度洋，衔接中巴、孟中印缅经济走廊，共同建设中国-印度洋-非洲-地中海蓝色经济通道。经南海向南进入太平洋，共建中国-大洋洲-南太平洋蓝色经济通道。

上述五大城市群体系为梳理我国各个城市群内部及其城市群之间的关系提供了支撑，也指出了打造NVC进而构建由我国企业主导的GVC的基本路径，是我国下一步全面对外开放的全新平台和载体。

10.4 “一带一路”城市群功能定位与价值链重塑

构建由我国企业主导的GVC体系还需要我们厘清不同城市群的功能、在价值链中的具体定位以及价值链体系运行的具体环流模式。

10.4.1 城市群在价值链中的定位

第一，凸显东部城市群“链主”功能。现实中，价值链的“链主”企业都集聚在中心城市，并以此为关键节点在区域内和区域间进行价值链的拓展和延伸，成为国内产业转移的组织者和价值链治理者。在我国产业层次总体仍不高、企业竞争力不强、优质资源仍然有限的背景下，为了构建本土“链主”企业，就应该集中优势资源，精准发力。

根据我国目前经济发展现实，东部的三大城市群无疑是我国企业构建价值链条的龙头区域（海峡西岸城市群稍次）。这就要强化它们先行先试、创新引领潜能和龙头地位，在创新驱动、体制创新和全面开放等方面率先突围，沿“一带一路”将不具有比较优势的产业环节向中西部地区转移，衔接NVC链条。继续深度参与由美日欧等发达国家（地区）

主导的国际分工，更为有效地虹吸全球创新要素，重点在科技创新、技术密集型环节、销售环节以及全局性和复杂性的生产性服务业等方面实现突破，不断向GVC顶端攀升，逐步融入全球创新链（GIC）。加强东部沿海城市群之间联系与联通，逐步建设全方位开放的世界级巨型城市带，打通六大经济走廊和三条蓝色经济通道，通过“丝绸之路经济带”与“21世纪海上丝绸之路”的有机衔接，成为全球城市群的“领头雁”，逐步成为GVC“链主”。

第二，体现内陆城市群链接功能。中原城市群和长江中游城市群处于中国东西部接合地带，在资金流、人才流、信息流、货物流中起中转作用，东部承接环渤海城市群和长三角城市群的先进技术和管理理念等先进生产要素，它们在价值链中的定位是加强分工合作，各自重点发展具有比较优势的资本、劳动和资源密集型价值链环节，塑造内陆开放合作、智能制造、人力资源、科教和资源等新优势。通过交通、信息等网络体系建设和共享缩小城市群内群间的距离，加速要素流动和相互间对接，使其与东部乃至世界城市群发生广泛的联系，衍生新的城市带，成为“一带一路”价值链的关键衔接点。哈长城市群是“一带一路”中东北方向的经济发展走廊，也是“冰上丝绸之路”的核心城市群，在价值链中的定位是通过进一步改革开放，全面放活体制机制，振兴传统产业，挖掘潜在比较优势产业，并通过“冰上丝绸之路”的构建，开辟海运航道，建成在东北亚具有核心竞争力和重要影响力的城市群，使其成为“一带一路”东北方向价值链的构建者和战略支点。

尽管西部城市群具有丝绸之路经济带的历史基础和文化底蕴，但却是技术、资金、人才的受援城市，经济相对欠发达。该城市群具有承上启下的功能和地位，在自身获得发展的同时又能够使东部的生产要素往西流向北部城市群和西北城市群。因此，西部城市群不仅应在中国西部地区成为经济中心，而且要向北部城市群和西北城市群进行辐射，所承担的角色是经济辐射中心和价值链关键性衔接点。长江上游城市群不仅衔接NVC，而且其南北走向的两条边都会延伸到国外，一条是经滇中城市群延伸到缅甸直到印度洋沿岸，另一条是经北部湾城市群延伸到整个中南半岛，这里恰恰是中缅经济走廊和中国与中南半岛国家（地区）的泛亚经济区（中国-东盟自贸区）。这个城市群在价值链中的定位是加强分工合作，各自重点发展具有比较优势的资本、劳动和资源密集型产业环节，上承下连，大力发展外向型产业。通过加速城市群间和城市间要素流动和相互间的时空联系，形成价值链关键衔接点。

第三，彰显沿边城市群开放功能。北部城市群、西北城市群和北部湾城市群承担着打通“一带一路”六大经济走廊的重要任务，该地区经济欠发达，但是却极为重要，这些城市群可以依据自身资源禀赋优势和开放核心节点地位，打造全新开放型经济体系。通过进一步加强基础设施建设、提高市场化水平、提升基本公共服务水平，增强对于城市群的支撑能力。按照《国务院关于支持沿边重点地区开发开放若干政策措施的意见》，重点开发开放试验区以及沿边口岸、边境城市、边境经济合作区和跨境经济合作区等，深化对外开放合作平台，并在此基础上探索建立功能性开放经济特区（例如自贸试验区和自由贸易港），形成GVC向外延伸的开放门户和对外大通道，逐步融入全球城市网络中去，成为实施“一带一路”倡议的“先手棋”和“排头兵”。

10.4.2　由我国企业主导的价值链体系塑造

基于上述分析，下一步构建由我国企业主导的价值链体系，一是要打造NVC环流。这里面的关键是将五大城市群体系贯通，实施区域分工合作，以沿海经济带为核心，向西打造NVC体系。二是要通过与东南亚、西亚、欧洲、非洲和俄罗斯等国家和地区产能合作，将NVC与六大经济走廊和三条蓝色经济通道相互衔接。这里面的关键是通过国际产能合作构建基于“一带一路”的价值链环流。三是要与过去嵌入发达国家所掌控的GVC不同，这次要主动逐步融入发达国家所构建的GIC，实施创新驱动发展战略，通过创新战略主动对接全球创新链条。在这个过程中，NVC、“一带一路”价值链与GIC将会不断融合，最终形成全新的由我国企业主导的价值链体系（如图10-2所示）。

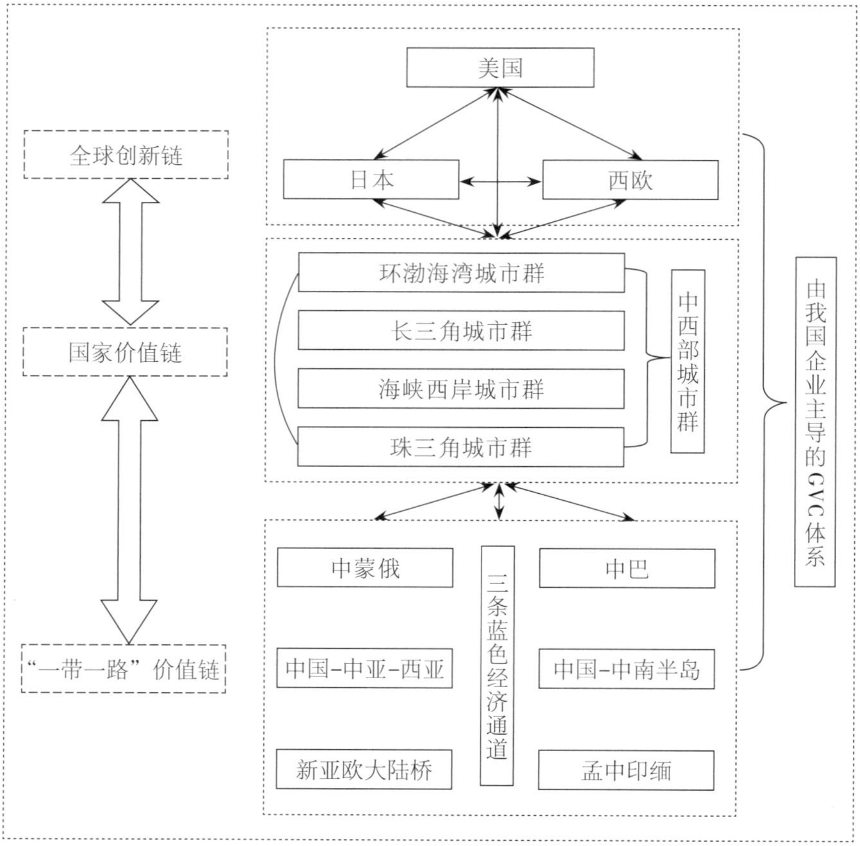

图10-2 价值链体系构建

资料来源：由作者绘制而成。

10.5 结论与对策建议

“一带一路”倡议不是孤立的，其本质在于互联互通，在于全面对外开放，包括了国际和国内两大板块。内因决定外因，国内问题如果不能得到优先解决必会严重影响其整体推进。“一带一路”倡议能够增强我国区域发展的协同性、联动性和整体性，从根本上解决中西部地区相对闭塞、经贸不发达的状况，能够使内陆和沿边地区开放的短板得到补齐，深化东部沿海地区链接世界的深度和高度。在城市群已成为国家参与全球竞争与国际分工主阵地的大背景下，我们理应抓住这一历史性机遇，顺应“一带一路”倡议下GVC重塑的趋势，以价值链衔接为根本目的，以城市群为支撑，加快城市群体系构建，实施功能化布局，打通六大经济走廊和三条蓝色经济通道，衔接NVC，培育由我国企业主导的价值链体系。基于此，本章给出如下引导之策：

第一，以“一带一路”为引领，设立“六大经济走廊”和“三条蓝色经济通道”跨区域的规划统筹协调机构。拓展“一带一路”框架下城市群结对合作，探索以城市群和大都市群为空间单元，对涉及区域规划的重大决策、重大问题、规划方案进行统筹规划，建立“一带一路”主要城市群协调发展的体制机制，提高大区域框架的一体化制度设计水平。

第二，以市场“无形之手”为主导，政府“有形之手”相配合，科学培育和建设城市群。将倡议中的政策沟通、设施联通、贸易畅通、资金融通、民心相通在城市群内部坚决贯彻落实，有效打破城市间分割封闭、无序竞争的局面。实现政绩目标考核多元化，创新城市群发展的公共财政制度与财政储备机制，并将区域政策与产业政策更好地结合起来，支持不同城市发展特色比较优势产业，实现城市群内产业有效分工。

第三，以中心城市为关键平台，基于城市群等级和区位，打造总部经济。城市群等级不同，中心城市功能定位也就不同，对企业的影响力自然就不同。因此，应构建不同层次的总部经济来应对企业需要。例如，可以将香港、上海、北京和深圳等城市群中的核心城市打造成核心总部，南京、武汉、重庆、成都等打造成次核心总部，其他重要城市为一般的总部，整合区域经济，支撑NVC塑造，为企业“走出去”提供坚强支撑。

第四，以东部三大城市群为关键支撑，将产业向外转移与六大经济走廊和三条蓝色经济通道相结合，共筑开放型合作网络，让“一带一路”沿线国家成为中国产品GVC中的重要组成部分。继续深度参与由欧美等发达国家及地区主导的国际分工，更为有效地虹吸全球创新要素和各类先进资源，并融入GIC，不断向GVC顶端攀升，最终逐渐形成由我国企业主导的价值链体系。

11 “一带一路”倡议下依托中心城市引领长江经济带崛起

11.1 引言

从地理范围来看，集聚带来的技术外部性与空间距离密切相关（Fujita，Thisse，2002），世界各国的经济都在向少数大城市或大都市圈集聚，而且越是发达的国家经济集聚程度越高[①]。其理论基础是空间集聚效应和新经济地理学里的“中心-外围”模型，中心城市通过聚集作用、辐射作用和示范作用，在城市群的发展中具有不可忽视的作用，是提升城市群竞争力的首要突破口。“十一五”规划、《国家新型城镇化规划（2014—2020年）》、“十三五”规划、《中共中央 国务院关于建立更加有效的区域协调发展新机制的意见》以及《关于培育发展现代化都市圈的指导意见》等文件均不同程度指出了中心城市和城市群在支撑全国经济增长、促进区域协调发展乃至参与国际竞争合作中的重要地位。

① WORLD BANK. World development report 2009: Reshaping economic geography［R］. Washington, DC: World Bank, 2008.

2018年《中共中央 国务院关于建立更加有效的区域协调发展新机制的意见》提出了，建立以中心城市引领城市群发展、城市群带动区域发展新模式，推动区域板块之间融合互动发展。2019年中央财经委员会第五次会议和十九届四中全会同时指出，下一步要不断提高中心城市和城市群综合承载和资源优化配置能力。

2020年11月14日习近平总书记在全面推动长江经济带发展座谈会上指出，“要推动长江经济带发展和共建‘一带一路’的融合，加快长江经济带上的‘一带一路’战略支点建设，扩大投资和贸易，促进人文交流和民心相通”[①]。推动长江经济带同“一带一路”统筹衔接，让区域重大战略同“一带一路”倡议重大政策形成叠加优势，既有助于将长江经济带的区位优势、产业基础等发挥出来，也有助于将“一带一路”的开放优势、政策优势等释放出来，更好促进长江经济带绿色发展和共建“一带一路”高质量发展，打造成为国内大循环的战略枢纽和国内国际双循环的战略链接（刘保奎、张舰，2022）。长江经济带覆盖11个省市，拥有长江三角洲、长江中游和成渝三个主要城市群，将我国三大区域连为一体，面积约占全国的21.4%。集聚的人口和创造的地区生产总值均占全国40%以上，进出口总额约占全国40%，是我国经济中心所在、活力所在[②]。《长江经济带发展规划纲要》确立了长江经济带“一轴、两翼、三极、多点”的发展新格局。其中，“一轴”主要是发挥上海、武汉、重庆的核心作用；“两翼”主要是发挥长江主轴线的辐射带动作用，向南北两侧腹地延伸拓展；“三极”是以长江三角洲城市群、长江中游城市群、成渝城市群为主体；“多点”是发挥三大城市群以外地级城市的支撑作用。这与“点-轴系统”理论是一脉相承的（陆大道，2014）。根据该理论，在国家和区域发展过程中，大部分社会经济要素（客体）在“点”上集聚，并由线状基础设施联系在一起而形成“轴”。轴线上集中的社会经济设施通过产品、信息、技术、人员、金融

① 新华社．习近平主持召开全面推动长江经济带发展座谈会并发表重要讲话［EB/OL］．（2020-11-15）［2023-08-15］．https：//www.gov.cn/xinwen/2020-11/15/content_5561711.htm.

② 新华网．习近平：在深入推动长江经济带发展座谈会上的讲话［EB/OL］．（2018-06-13）［2023-08-15］．http：//www.xinhuanet.com/politics/leaders/2018-06/13/c_1122981323.htm.

等，对附近区域有扩散作用。扩散的物质要素和非物质要素作用于附近区域，形成新的生产力。随着社会经济的进一步发展，“点-轴”必然发展到“点-轴-集聚区”。这里的“集聚区”在实践中表现为城市集聚区和城市群。由此，长江经济带发展的核心就在于依托“一轴”中的中心城市建设，以多个中心城市建设形成轴，以“点”和“轴”引领城市群崛起，最终实现区域之间融合发展。

11.2 文献回顾

关于长江经济带中心城市的相关研究中，方大春和孙明月（2015）测算得出，上海市影响力范围要远远大于其他中心城市，南京、武汉和重庆的辐射影响主要集中于周围城市。吴常艳等（2017）发现，上海、武汉、长沙、重庆、成都等城市已成为经济联系网络中重要的中介城市。蔡之兵和张可云（2017）实证分析发现，成都、重庆、武汉、南京、上海等五个特大城市显著地带动了周边区域。陆江潇等（2020）基于百度指数测算发现，长江沿岸中心城市城际网络联系在长江经济带发展上升为国家战略后有明显增强，上海、武汉、南京成为网络结构中的极核，但区域中六成以上城市还属于低点入度、低点出度的Ⅲ型城市。具体到中心城市所在的城市群，赵勇和白永秀（2012）基于2003—2010年数据发现，长三角城市群高于中西部的成渝等城市群且差距逐渐拉大。齐讴歌和赵勇（2014）基于2003—2011年数据发现，东部地区城市群功能分工程度远远高于东北地区和中西部地区。方创琳等（2015）指出，长江经济带六大城市群整体发育程度弱于沿海城市群，越往上游城市群发育程度越弱，资源与生态环境保护形势严峻，城市群内部城市之间竞争大于合作，缺乏协调机制。何雄浪和叶连广（2020）基于长江经济带城市群2007年至2016年共70个城市面板数据的实证研究显示，长江经济带城市群间的空间相关性和城市间的空间集聚性特征十分显著，城市群间经济关联与经济增长的溢出效应显著，第三产业发展与对外经济联系增强对其他地区经济增长的溢出作用更为显著。张超等（2015）基于1996—2010年城市夜间灯光数据的研究表明，长江经济带城市体系总体呈现东部相对密集、中西部相对稀疏的条形核心-边缘结构，长三角地区已进入都市连绵化阶段，内陆城市群则基本处于以都市郊区化和多中心化为主导的发展阶段。白永亮和郭珊（2015）指出，长江经济带逐步从核心-边缘模式演变为多中心发展模式，但核心区域（例如武汉、重庆）对于边缘区域的带动扩散作用不够明显。谈佳洁和刘士林（2018）指出，长三角城市群内部都市圈主次明确，长江中游城市群、成渝城市群内部都市圈主次不明，中心城市辐射能力相对较弱。王圣云等（2019）发现，长江经济带城市群城市网络密集程度整体不高，结构西疏东密。晁静等（2019）基于夜间灯光数据和1995—2015年长江经济带三大城市群数据的分析表明，三大城市群经济规模呈东中西梯度递减特征。

本章感兴趣的是，长江经济带城市之间是否存在着比较强的经济关联性？以生产性服务业为支撑的城市群中的中心城市发挥了什么样的作用，辐射能力有多强，下一步的着力点是什么？基于此，本章基于长江经济带108个城市的面板数据，探讨长江经济带中心城市的引领辐射能力，这既有助于弥补现有长江经济带研究文献的不足，同时也有助于各级政府科学有效决策，通过以超级中心城市的建设为核心，推动城市群内外的互联互通，促进生产性服务业和制造业的空间融合，最终达到以中心城市和城市群建设引领长江经济带崛起的目的。

11.3 指标构建与变量说明

11.3.1 指标构建

城市空间功能分工水平是由中心城市与外围城市之间的产业关联度和距离共同决定的，其中的关键在于制造业与生产性服务业之间的互动与协调能力。在对生产性服务业的行业分类进行界定和统计时，具体哪些行业属于生产性服务业仍有争议。本章界定的办法是通过投入产出表计算产业的中间需求率，即该产业产品的中间需求量与该产业总需求量之比。基于《中国2007年投入产出表》和《中国2012年投入产出表》

的测算，我们从服务业部门中选取了制造业对其消耗系数较高的交通运输、仓储及邮政业，批发和零售业，金融业，租赁和商务服务业，住宿和餐饮业，科学研究、技术服务和地质勘查业，信息传输、计算机服务和软件业7个行业作为生产性服务业的代表。基于此，城市i的功能分工定义为（Duranton和Puga，2001；Bade等，2004）：

$$FS_i(t)=\frac{L_{i\text{生产性服务业人员}}/L_{i\text{制造业人员}}}{L_{N\text{生产性服务业人员}}/L_{N\text{制造业人员}}} \tag{11-1}$$

式中：L_i表示城市i的就业；L_N表示全国的就业。FS大于1且越大表示城市越倾向于集聚生产性服务业部门，FS趋于0表示该城市的制造业部门相对集中度大，FS趋于1时，表明城市职能专业化并不明显。

根据2014年城市规模划分标准和《中国城市建设统计年鉴》提供的2016年数据对长江经济带沿线城市进行分类可以发现，上海市、重庆市、武汉市、成都市、杭州市以及南京市既是长江经济带上最主要的大城市，又是各自省份或者区域内部的中心城市。其中，上海市属于超大城市，其他五个城市属于特大城市。但鉴于在长三角内部上海一支独大，是毫无疑问的龙头，因此将杭州和南京删除。这样，本章的中心城市包括了上海、武汉、重庆和成都四个城市。由于这里主要研究长江经济带四大中心城市生产性服务业的辐射能力，因此本章以上述四大城市与各个城市FS的比值来衡量各个城市相对功能分工水平：

$$FS_{ijt}=FS_{it}(t)/FS_{jt}(t) \tag{11-2}$$

式中：i分别代表上海、武汉、重庆和成都四个中心城市；j代表其余各个城市。该比值越大，表明长江经济带各城市与四大中心城市间的产业非一体化现象越显著，即四大中心城市的辐射能力理论上也就应该越强。

11.3.2 其他变量说明

被解释变量：城市生产率是本章的被解释变量，以各城市人均地区生产总值来测度，并以各省（自治区、直辖市）的居民消费价格指数折算为以2003年为基期的实际值。另外，在稳健性检验中，本研究又以经过价格指数调整的城镇职工平均工资作为城市劳动生产率的替代变量，这并没有改变本章的主要结论。

对距离的度量采用的是直线距离，我们根据Google Earth测度了各个城市到上海、成都、重庆和武汉的直线距离。在考察距离变量与城市生产率的关系的同时，还控制了其他一些解释变量。这些变量包括：初始年人均地区生产总值，以2003年人均地区生产总值来表示，来观察一个城市初始经济发展水平对以后生产率的影响；城市人力资本，用每万人中在校大学生数作为代理变量；投资规模，用固定资产投资占地区生产总值比重表示；城市间交易成本，用人均公路货运量来表示；开放度，以美元计算的FDI按当年平均兑换率换算成人民币数值，以其与地区生产总值的比值来表示；政府参与程度，用财政支出与地区生产总值的比值来表示；信息化水平，用人均国际互联网用户数来度量；市场规模，用社会消费品零售总额与地区生产总值比值来表示；人口密度，用城市常住人口与面积的比值来度量；其他一些和地理因素相关的哑变量，如是否开通高铁，是否属于长三角城市群、长江中游城市群和成渝城市群，中部还是西部。这组变量可以控制城市间地理和政策的差异，减少可能的自相关问题；*T*表示一组控制时间因素的年份哑变量。

由于很多解释变量是距离等不随时间变化的地理因素，与陆铭和向宽虎（2012）一致，本章未采用固定效应估计。另外，为了控制样本的异方差问题，我们采用面板数据的GLS回归作为研究的基本方法。研究所用数据主要来自2004—2017年《中国城市统计年鉴》[①]，个别缺失值利用《中国区域统计年鉴》和插值法得到。高铁是否开通数据来自作者整理。变量的描述性统计见表11-1。

表11-1　**变量的描述性统计**

变量	意义	观测值	均值	标准差	最小值	最大值
pgdp	城市人均地区生产总值（元/人）	1 512	23 908	18 622	2 374	100 989

① 长江经济带共由11个省（直辖市）构成，规划主要涉及39个城市，鉴于本章研究的目的，我们将11个省（直辖市）所包含的地级市也纳入其中，因为数据的可得性去掉铜仁和毕节两市，对剩下的108个城市进行分析。

续表

变量	意义	观测值	均值	标准差	最小值	最大值
shdis	到上海的距离（千米）	1 512	871.019	596.823	15.000	2 271.000
whdis	到武汉的距离（千米）	1 512	581.157	346.252	0.000	1 597.000
cqdis	到重庆的距离（千米）	1 512	805.093	394.719	0.000	1 489.000
cddis	到成都的距离（千米）	1 512	956.546	472.728	0.000	1 710.000
density	人口密度（万人/平方千米）	1 512	479.269	389.110	36.573	3 817.687
gdp0	2003年人均地区生产总值（元/人）	1 512	10 366	8 513	2 374	47 693
shpro	以上海为中心的城市功能分工	1 512	1.940	1.347	0.058	18.193
whpro	以武汉为中心的城市功能分工	1 512	1.566	1.104	0.062	17.137
cqpro	以重庆为中心的城市功能分工	1 512	1.791	1.265	0.056	15.531
cdpro	以成都为中心的城市功能分工	1 512	1.978	1.647	0.046	13.049
CHSR	是否通高铁	1 512	0.284	0.451	0.000	1.000
mid	是否中部	1 512	0.481	0.500	0.000	1.000
west	是否西部	1 512	0.287	0.453	0.000	1.000
YR	是否长三角城市	1 512	0.241	0.428	0.000	1.000
MYR	是否长江中游城市	1 512	0.278	0.448	0.000	1.000
chengyu	是否成渝城市	1 512	0.148	0.355	0.000	1.000
fixed	固定资产投资占地区生产总值比重	1 512	0.651	0.259	0.198	2.176

续表

变量	意义	观测值	均值	标准差	最小值	最大值
consum	社会消费品零售总额占地区生产总值比重	1 512	0.393	1.462	0.000	57.104
fiscal	财政支出占地区生产总值比重	1 512	0.163	0.092	0.049	1.485
fdi	FDI占地区生产总值比重	1 512	0.024	0.022	0.000	0.201
internet	人均国际互联网用户数	1 512	0.104	0.103	0.001	1.262
road	人均公路运量（万吨/万人）	1 512	19.337	19.416	0.702	341.876
student	每万人中在校大学生数（人/万人）	1 512	151.72	192.22	0.000	1 146.3

11.4 经验结果与分析

11.4.1 基于生产性服务业的实证结果

基于本章研究的目的，参照Dobkins和Ioannides（2001）和许政等（2010）捕捉距离非线性影响的做法，建立计量方程。同时，采用城市生产率作为被分析对象，具体的实证模型如下：

$$gdp_{it} = \alpha_0 + \alpha_1 FS_{it} + \alpha_2 dis_i + \alpha_n FS_{it} \times [\sum_{i=1}^{3} dis_i]^3 + \gamma control_{it} + T + \xi_{it} \qquad (11-3)$$

结果见表11-2的模型（1）～（4）。可以看出，以上海为中心，随着到上海距离的增加，劳动生产率先是下降，到969千米左右达到最低，然后开始上升。当距离接近1 747千米时，又开始下降。以重庆和成都为中心，其三次项虽然为负，但并不显著。如果直接按回归结果看，随着到重庆距离的增加，劳动生产率先是下降，到101千米左右达到最低，然后开始上升。当距离接近1 480千米时，又开始下降。随着到成都距离的增加，劳动生产率先是下降，到249千米左右达到最低，然后开始上升。当距离接近1 745千米时，又开始下降。

表11-2 基于生产性服务业的城市生产率决定因素

模型	(1)	(2)	(3)	(4)	(5)	(6)	(7)
城市	上海	武汉	重庆	成都	武汉	重庆	成都
时期 城市群	2003—2016 长江经济带	2003—2016 长江经济带	2003—2016 长江经济带	2003—2016 长江经济带	2003—2016 中游城市群	Year≥2009 长江经济带	Year≥2004 长江经济带
$pro\times dis^{3}/10\ 000$	-0.0335*** (0.00274)	0.0555*** (0.0101)	-0.0102 (0.0131)	-0.0110* (0.00658)	-4.289*** (0.681)	-0.0423*** (0.0134)	-0.0159** (0.00668)
$pro\times dis^{2}/100$	1.365*** (0.0966)	-1.376*** (0.216)	0.242 (0.292)	0.329** (0.165)	29.85*** (5.081)	0.776*** (0.291)	0.427** (0.168)
$pro\times dis$	-17.02*** (1.014)	8.770*** (1.325)	-0.459 (1.948)	-1.435 (1.151)	-63.80*** (11.71)	-2.387 (1.889)	-1.920* (1.170)
dis	7.183*** (0.613)	0.307 (0.914)	-1.114* (0.623)	-0.934 (0.620)	16.47*** (2.995)	-2.728*** (0.680)	-1.066* (0.635)
pro	6 415.6*** (337.2)	-439.6 (256.6)	-899.5** (404.9)	-401.2** (198.1)	3 935.5*** (849.4)	-81.10 (367.2)	-350.0* (197.3)
gdp0		1.058*** (0.0298)	1.055*** (0.0319)	1.080*** (0.0308)	1.021*** (0.114)	1.418*** (0.0398)	1.134*** (0.0327)
CHSR	953.7*** (263.9)	427.5* (252.7)	-5.848 (240.1)	79.34 (235.7)	1 048.9** (491.3)	-1 063.5*** (222.5)	12.26 (230.3)
density	4.592*** (0.440)	-0.325 (0.423)	-0.264 (0.412)	-0.400 (0.402)	-6.460*** (1.607)	-1.528*** (0.436)	-0.550 (0.406)
mid	-8 627.8*** (437.1)	-3 663.3*** (377.7)	-3 162.8*** (473.3)	-3 413.1*** (450.1)		-8 396.4*** (595.8)	-3 943.1*** (473.2)
west	-11 700.2*** (869.3)	-1 361.5** (602.1)	-791.6 (623.1)	-962.0 (690.1)		-6 285.6*** (749.7)	-1 424.1** (707.0)
YR	6 732.8*** (481.7)	3 397.1*** (334.0)	3 165.1*** (366.3)	3 263.1*** (360.9)		4 940.8*** (453.6)	3 692.7*** (381.4)

续表

模型	(1)	(2)	(3)	(4)	(5)	(6)	(7)
MYR	5 580.2*** (307.8)	2 012.5*** (368.0)	2 147.5*** (326.5)	2 023.4*** (326.7)		4 070.9*** (361.7)	2 114.9*** (331.7)
chengyu	−727.8* (435.7)	−867.7** (388.1)	−336.2 (414.1)	−719.4 (442.8)		641.9 (490.7)	−624.8 (453.8)
fixed	−5 315.2*** (551.0)	−2 966.4*** (480.3)	−3 339.4*** (492.0)	−2 899.4*** (491.2)	1 217.3 (1 341.1)	−1 354.6** (537.3)	−2 758.2*** (495.0)
consum	−201.5 (145.0)	−222.6* (130.5)	−159.8 (112.1)	−165.5 (113.3)	−29.81 (92.94)	−171.1 (137.5)	−162.7 (116.1)
fiscal	−22 682.7*** (1 855.4)	−21 355.2*** (1 909.6)	−21 652.5*** (1 834.3)	−21 963.2*** (1 835.7)	−76 215.0*** (7 937.7)	−17 632.2*** (1 960.8)	−21 723.3*** (1 843.7)
fdi	−2 080.3 (6 007.9)	−24 543.7*** (6 090.7)	−28 979.4*** (6 323.0)	−27 411.6*** (6 256.4)	42 070.0*** (12 981.8)	−5 553.7 (8 208.6)	−22 023.3*** (6 564.3)
internet	42 464.6*** (2 594.1)	27 884.9*** (2 360.4)	23 662.2*** (2 303.9)	22 406.7*** (2 371.7)	72 215.7*** (6 372.2)	11 085.4*** (2 291.4)	20 721.7*** (2 377.4)
road	120.0*** (8.575)	65.71*** (6.993)	73.92*** (7.310)	73.70*** (7.300)	135.0*** (16.37)	82.43*** (7.508)	73.00*** (7.352)
student	22.14*** (1.037)	12.37*** (0.921)	12.69*** (0.935)	12.30*** (0.933)	1.894 (1.814)	16.23*** (1.152)	12.14*** (0.957)
_cons	5 381.7*** (697.1)	2 799.4*** (719.4)	3 492.6*** (843.2)	3 738.8*** (960.1)	154.4 (1 774.3)	26 105.3*** (1 043.8)	24 495.3*** (1 121.5)
T	控制	控制	控制	控制	控制	控制	控制
N	1 512	1 512	1 512	1 512	420	864	1 404
R^2	0.8793	0.9151	0.9170	0.9165	0.9122	0.8741	0.9216

注：系数下方括号内数值为稳健标准误；***、**、*分别代表1%、5%、10%的显著性水平；调整的R^2报告的是同样方程的OLS回归的值，后表同。

对于武汉来讲，情况有些特殊，其三次项为正，这与直观认识不相符。笔者认为，可能的原因在于：一是武汉处于长江经济带的中部，距离其他中心城市相对较近。例如，武汉到长江经济带其他核心城市的距离分别是，到杭州560千米左右，到南昌250千米左右，到长沙280千米左右，到重庆750千米左右，到合肥320千米左右，到南京450千米左右，到上海690千米左右。也就是说，武汉周边600千米左右的范围内，分布着大量的各级别中心城市，这些城市的生产率很多并不比武汉低，甚至有些更高。因此，从距离层面看，并没有显示出武汉的辐射能力。二是武汉经济发展走上快车道相对较晚。例如，2015年《推动共建丝绸之路经济带和21世纪海上丝绸之路的愿景与行动》的提出，为中部中心城市的武汉带来了巨大机遇。2015年国务院正式批复的《长江中游城市群发展规划》，2018年中共中央、国务院明确要求以武汉为中心引领长江中游城市群发展等等，都是最近几年的事情。由此，我们预测，武汉的辐射能力可能更多集中于长江中游城市群，后面的计量分析也证明了这一点。

关于控制变量。以武汉、重庆和成都为中心的初始城市生产率这一项显著为正，表明了城市初始经济发展水平对后来的经济发展具有显著的影响。但以上海为中心的回归结果显示初始城市生产率这一项并不显著，而且对其他变量造成的扰动也较大，因此我们将其删掉。其原因可能在于，上海周边城市的发展并不完全受其初始发展的影响，这可能与上海日益强大的辐射引领能力密切相关。高铁、长三角城市群、长江中游城市群、人均国际互联网拥有量、人均公路运量、每万人中在校大学生数等变量均对城市生产率产生非常显著的正向作用。是否属于成渝城市群、固定资产投资比重、消费比重、财政支出比重等变量均对城市生产率产生抑制作用。上海的人口密度对城市生产率有支撑作用，其他三个城市均为负，这表明了其他城市仍然要继续做大，集聚人口。FDI对上海城市生产率的影响显著为正，其他城市均为负，这暗示了西部三大中心城市的开放度仍然不足，需要继续加强对外资的吸引。中部哑变量和西部哑变量的系数都为负且很显著，说明在其他条件相同时，和东部相比，中西部发展服务业处于不利地位。值得注意的是，以上海为中心的计量结果中，中部哑变量的系数绝对值比西部哑变量小，说明中部比西部面临更小的劣势。而以武汉、重庆和成都为中心的计量结果中，中部哑变量的系数绝对值比西部哑变量更大，这说明构建上述三大中心城市有利于西部城市更快地发展。

由于除了上海之外的其他三个城市回归结果均不理想，笔者接下来再分别对其余三个城市重新进行分析。根据上文分析，武汉的辐射能力可能主要局限于其所在的长江中游城市群，重庆和成都与上海相比差距仍然较大，可能是最近一些年才开始具备了更大的辐射能力，基于这些考量，重新回归后的结果见表11-2的模型（5）～（7）。

在基于长江中游城市群的三次项回归中，以武汉为中心距离的三次项回归变得非常显著且为负，随着到武汉距离的增加，劳动生产率先是下降，到181千米左右达到最低，然后开始上升，到514千米之后又开始下降，这基本符合武汉的区位现状和事实。对于重庆和成都来讲，其三次项开始变得显著。具体来看：2009年之后，随着到重庆距离的增加，劳动生产率先是下降，到390千米左右达到最低，然后开始上升，当距离接近1 444千米时，又开始下降。2004年之后，随着到成都距离的增加，劳动生产率先是下降，到571千米左右达到最低，然后开始上升，当距离接近2 114千米时，又开始下降。由此可见，武汉、重庆和成都三个城市均呈现出了三次型的“∽”曲线关系，但显而易见，成都的辐射能力高于重庆，而重庆又高于武汉，武汉的辐射能力主要局限在长江中游城市群。

11.4.2 基于距离的比较分析

为了更深入地分析生产性服务业在空间距离方面可能产生的突破性作用，接下来笔者再对距离因素直接进行实证分析，并将其与方程（11-3）的结果进行比较。计量方程如（11-4）式所示，结果见表11-3。

$$gdp_{it} = \alpha_0 + \alpha_n[\sum_{i=1}^{3} dis_i]^3 + \gamma control_{it} + T + \xi_{it} \tag{11-4}$$

可以看出，以上海为中心，随着到上海距离的增加，劳动生产率先是下降，到713千米左右达到最低，然后开始上升。当距离接近1 978千米时，又开始下降。以重庆为中心，随着到重庆距离的增加，劳动生产率先是下降，到402千米左右达到最低，然后开始上升。当距离接近

1 247千米时，又开始下降。以成都为中心，随着到成都距离的增加，劳动生产率先是下降，到434千米左右达到最低，然后开始上升。当距离接近1 310千米时，又开始下降。由此可见，在上述三大中心城市中，上海的辐射能力最强，成都和重庆相对上海来讲，辐射距离减少300千米左右，这两个城市的辐射能力基本差不多，成都相对来讲比重庆更强一些。这三个城市也均呈现出三次型的“∽”曲线关系。对于武汉来讲，情况与基于方程（11-3）的回归一致，基于长江经济带的整体分析三次项仍然显著为正，因此继续基于其所在的长江中游城市群进行分析。可以看到，随着到武汉距离的增加，劳动生产率开始下降，到310千米时达到最低，然后开始上升，当距离接近408千米时，又开始下降。

表11-3 **基于距离的城市生产率决定因素**

模型	（1）	（2）	（3）	（4）
城市 城市群	上海 长江经济带	武汉 长江中游城市群	重庆 长江经济带	成都 长江经济带
$dis^3/10\ 000$	-0.166^{***} （0.0115）	-5.247^{***} （1.227）	-0.0783^{***} （0.0261）	-0.0754^{***} （0.0197）
$dis^2/100$	6.700^{***} （0.453）	37.73^{***} （9.290）	1.937^{***} （0.528）	1.973^{***} （0.467）
dis	-70.23^{***} （4.958）	-69.08^{***} （20.76）	-11.78^{***} （3.523）	-12.88^{***} （3.536）
$\_cons$	$31\ 600.0^{***}$ （1 552.6）	$6\ 510.6^{***}$ （2 388.6）	$4\ 238.3^{***}$ （1 089.9）	$4\ 649.8^{***}$ （1 283.6）
其他变量	控制	控制	控制	控制
T	控制	控制	控制	控制
N	1 512	420	1 512	1 512
R^2	0.8673	0.9076	0.9109	0.9107

注：系数下方括号内数值为稳健标准误；***、**、*分别代表1%、5%、10%的显著性水平；调整的R^2报告的是同样方程的OLS回归的值，后表同。

将表11-3与表11-2的实证结果相比较可以发现，对于上海来讲，在生产性服务业带动和加持下，其辐射距离从713千米上升到969千米，这显示了上海生产性服务业的强大。而对于其他三个城市来讲情况却正好相反，具体来看：重庆基于距离的辐射可以达到402千米，但在生产性服务业的加持下，辐射距离仅为101千米，若以2009年为界线辐射距离则为390千米，仍然低于基于距离的辐射范围。成都基于距离的辐射范围是434千米，高于基于生产性服务业的辐射距离249千米，但若以2004年为界则提升到了571千米，这表明了成都生产性服务业的发展水平相对重庆更高，但仍然与上海存在较大差距。对于武汉来讲，它仅在长江中游城市群内部具有一定的中心-外围模式，但也从基于距离的310千米降到了生产性服务业加持下的181千米，这显示了其更弱的生产性服务业辐射带动能力。由此可见，长江经济带上这四个国际中心城市的城市功能能够辐射的距离上海最远，其次是成都，再次是重庆，最后是武汉。

11.4.3 稳健性检验

劳动生产率和工资是国民经济运行中反映劳动者投入与生产贡献之间关系的一对变量，也是经济学研究中备受关注的一大主题。新古典增长理论认为，在完全竞争、信息充分等假设条件下，均衡时的劳动要素的价格等于边际劳动生产率，工资和劳动生产率的增长速度应基本一致。效率工资理论也认为，劳动生产率与工资水平呈正相关关系。具体到我国，丁元（2007）发现，劳动生产率是工资增长的内生决定性因素，工资会随劳动生产率的提高而有效提高。林水明等（2013）发现，劳动生产率的提高会带动工资性收入的增长，而工资性收入的增长又会反过来拉动劳动生产率的提高。王宏（2014）发现工资中长期增长趋势与劳动生产率接近。当然，政策性扭曲也限制了两者之间的一致性。例如，张军和刘晓峰（2012）认为，企业的所有制结构对于企业劳动生产率和工资之间的关联有着显著的影响。陆铭等（2015）发现，2003年以来政府开始实行倾向于中西部的土地供应政策，相应压缩东部的土地供应，造成东部地区房价快速上升，并进而推升了东部地区的工资上涨。不过，虽然工资与生产率之间并非步调始终一致，但存在紧密的正相关性却是不争的事实。

基于此，我们用经过居民消费价格指数调整的城镇职工平均工资作为城市劳动生产率的替代变量，并以2003年作为基期，其他变量定义均不变。回归结果见表11-4。

表11-4 **基于工资的城市生产率决定因素**

模型	(1)	(2)	(3)	(4)
城市 城市群	上海 长江经济带	武汉 长江中游城市群	重庆 长江经济带	成都 长江经济带
$pro \times dis^3/10\,000$	-0.0149^{***} (0.00181)	-2.182^{***} (0.844)	-0.0312^{***} (0.00746)	-0.00884^{**} (0.00365)
$pro \times dis^2/100$	0.494^{***} (0.0572)	13.11^{**} (6.380)	0.854^{***} (0.177)	0.307^{***} (0.0971)
$pro \times dis$	-3.903^{***} (0.492)	−10.96 (13.87)	-6.827^{***} (1.275)	-2.873^{***} (0.729)
dis	-0.696^{*} (0.414)	-12.70^{***} (3.449)	1.157^{**} (0.461)	2.075^{***} (0.440)
pro	346.0^{***} (106.0)	−1 074.3 (882.7)	$1\,413.3^{***}$ (282.7)	498.1^{***} (139.7)
$\_cons$	$14\,513.2^{***}$ (536.9)	$32\,186.9^{***}$ (3 539.1)	$-1\,760.9^{***}$ (682.5)	$-3\,137.1^{***}$ (739.4)
其他变量	控制	控制	控制	控制
T	控制	控制	控制	控制
N	1 512	90	1 512	1 512
R^2	0.7363	0.8655	0.7608	0.7606

注：系数下方括号内数值为稳健标准误；***、**、*分别代表1%、5%、10%的显著性水平；调整的R^2报告的是同样方程的OLS回归的值。

可以发现，以职工平均工资作为城市劳动生产率的代理变量，其回归结果与表11-2极其相似，这在很大程度上说明了本章计量结果的稳健性。另外，我们又以职工平均工资作为代理变量重复了表11-4的全部回归过程，并且基于距离因素进行了实证分析，结果均与前面的基本分析结果相似。由此可见，本章的实证结果具有稳健性。

11.5 结论与对策建议

新经济地理学的“中心-外围”理论以及“点-轴系统”理论在长江经济带中心城市中得到了较好的体现。本章的实证研究发现，上海的辐射能力最强，其次是成都，再次是重庆，能力最差的是武汉，武汉的辐射仅限于长江中游城市群。在生产性服务业的作用下，上海的辐射距离增加，成都2004年之后开始增加，而重庆和武汉则并不是这样。另外，根据2016年截面数据的测算，在生产性服务业的带动下，这四个中心城市所辐射的距离超过2 000千米，仍然远低于长江经济带所覆盖的距离。根据虹吸效应的四个划分阶段，即都市圈形成阶段、都市圈成长阶段、都市圈全面提升阶段和都市圈成熟阶段（冯奎，2018），上海目前大体处于都市圈的全面提升向成熟阶段过渡时期，成都、重庆目前大体处于都市圈的成长阶段向全面提升阶段的过渡时期，武汉可能目前正处在都市圈成长阶段。基于以上经验事实和判断，给出长江经济带下一步发展的政策取向如下：

第一，继续加快推进长江经济带三大世界级城市群尤其是中心城市的建设，让它们成为国家价值链乃至全球价值链的总部经济集聚区或链主城市。建立跨行政区域的产业转型升级工作协调机制，充分发挥枢纽性中心城市在产业、科技、人才、信息等方面的绝对优势，把总部的研发、设计、金融、物流、网络、品牌、销售等生产性服务业活动与传统制造业转移以及沿线城市战略性新兴制造业发展相融合，并沿“一带一路”向外延伸构建“以我为主”的全球价值链体系。

第二，实现城市群中心城市和周边不同规模的城镇体系的协调互补。以合作协议、联合立法、行政改革、设施互联互通等方式形成有利于地区间合作的框架体系，既要突破现有行政属地壁垒、推动生产要素自由流通、降低要素流通成本，又要防止落入行政区合并和完全依赖上层政府行政管辖的传统思维，其中的重点是发挥各地比较优势，运用好市场机制，引导要素更多地向城市群和中心城市集聚，构建依托“一带一路”的长江经济带循环体系。

第三，进一步提高上海经济密度和人口密度，放松土地功能管制，按照比较优势加强与杭州、南京、合肥三大副中心城市之间的功能分工和协调，在公共领域从简单事情例如交通一体化做起，逐步推动长三角一体化发展。重庆和成都可以利用优美的环境和一流的服务吸引“一带一路”众多的国际组织、商业金融机构集聚，不断提升高端生产性服务业发展水平。武汉可以依据高校科研机构集聚的优势大力发展战略性新兴产业，成为中国战略性产业的全球城市，并实现与长沙和南昌等副中心城市之间的交流合作。皖江、黔中和滇中三大省内城市群要利用自身的比较优势，积极呼应世界级三大城市群尤其是中心城市的供给特征，实施差异化城市发展战略。最后，在中心城市的建设过程中，要不断突破城市公共服务和社会治理能力缺失的瓶颈，超前做好资源环境承载力监测预警工作。

12 “一带一路”、旅游崛起与中国区域经济协调发展

12.1 引言

2000年以来，西部大开发战略、东北振兴战略、全面实施中部地区崛起战略、主体功能区战略、长江经济带战略以及“一带一路”倡议等相继被提出。大量实证研究表明，它们的实施的确起到了拉动中西部地区崛起，缩小区域经济差距的作用（刘生龙等，2009；范恒山，2011；覃成林等，2013；王一鸣，2016）。但一个不容回避的事实是，其可持续性存疑。例如，刘生龙等（2009）认为，西部大开发主要是通过大量的实物资本特别是基础设施投资实现的，教育发展、科技进步及软环境并没有因为西部大开发而得到显著改善。刘瑞明和赵仁杰（2015）发现，西部大开发存在着“政策陷阱”。新经济增长理论认为，构建内生驱动力量才是现代经济可持续发展的决定性因素。也就是说，对经济可持续增长的内生机制的挖掘才是

保证中西部地区能够摆脱困境，最终实现区域协调发展的关键所在。

刘伯温曾经做过一个有名预言，“江南千条水，云贵万重山，五百年后看，云贵赛江南”①。时至今日，刘伯温预言背后的原因已不得而知，不过若与中西部经济发展现实相结合，一个自然而言的疑问便是，刘伯温的预言错了吗？2015年6月，习近平总书记访问贵州时，对贵州相关领导作出了“要走一条有别于东部、不同于西部其他省份的发展新路”的重要指示。显然，刘伯温预言与习近平总书记的指示之间是有某种一致性的，也与内生发展机制相契合。

当前，中国正处在实现经济发展方式转变、结构优化调整和增长动力转换的关键时期，但经济脱实向虚的迹象比较明显，中美贸易冲突不断，出口作为中国经济增长的动力已开始减弱。在上述背景下，继续加快产业结构调整，大力发展现代服务业，扩大内需便是其中的一个关键应对。当前，作为扩大内需重要产业的旅游业已成为全球经济发展中势头最强劲和规模最大的产业之一，日益凸显出它在国民经济发展中的重要性。党的十八大以来，习近平总书记就我国旅游业发展发表了一系列重要讲话，并指出，“旅游业是综合性产业，是拉动经济发展的重要动力”。并多次强调，绿水青山就是金山银山，保护生态环境就是保护生产力，改善生态环境就是发展生产力。《国务院 办公厅关于进一步促进旅游投资和消费的若干意见》《“十三五”旅游业发展规划》《关于促进全域旅游发展的指导意见》《“十四五”旅游业发展规划》等意见和规划也相继下发，党的十九大报告作出的中国特色社会主义进入新时代、我国社会主要矛盾发生新变化的重大政治判断更是为旅游业崛起带来了新机遇、赋予其新使命。2015年旅游业对国民经济的综合贡献度达到了10.8%，而到了2017年，旅游业综合贡献了8.77万亿元，对国民经济的综合贡献度达11.04%。现实中，我国中西部地区不仅具有大量矿产等自然资源，而且拥有“绿水青山”、沙漠等自然资源以及深厚的社会文化资源等。由此带来的疑问是，我国中西部地区能否依赖旅游等产业走出一条与东部地区不同的发展道路进而实现区域经济协调发展呢？有

① 也有人认为刘伯温诗的最后一句应为“云贵胜江南”。不管是“赛”还是“胜”，意思完全一致。

鉴于此，本章通过理论构建和实证分析，对旅游在我国区域经济协调发展中的作用进行了翔实分析，并得出了一系列有价值的结论。这将为我国下一步深入利用中西部地区禀赋优势实施可持续发展，进而实现区域协调发展具有很大的启示。

12.2 文献回顾

我国中西部地区拥有大量的矿产资源、土地资源、水能资源和旅游资源等。不过大量研究发现，资源丰裕地区存在着"资源诅咒"现象（Sachs & Warner，1995、2001；徐康宁、韩剑，2005；徐康宁、王剑，2006）。结合本章研究重点，这里关注的重点是，诱致"资源诅咒"发生的资源是否具有一些共同特征呢？在对"资源诅咒"现象的验证中，国外学者采用的指标体系主要包括了耕地数量、牧场面积、能源储量、矿产储量、初级产品部门的就业比例、初级产品出口占GDP的比重、农产品产值占GDP比重以及资源租占GDP的比值等，国内学者选用的测度"资源诅咒"的指标体系与国外基本一致，集中体现在资源充裕度指数（RAI）和"资源诅咒"指数上（安锦、王建伟，2015）。由上述指标选取情况可见，引致"资源诅咒"的自然资源中，煤炭、石油、天然气以及各种矿产等既是耗竭性资源中的不可更新资源，同时也是可移动性资源，耕地和牧场等属于耗竭性资源中的可更新资源，不过在移动性方面，本章发现它们具有"双重"属性：若耕地和牧场被用来生产初级产品，即产品属于第一产业时，耕地和牧场可以被看作可移动的，容易陷入到"资源诅咒"陷阱中去。但若是在其上经营类似"农家乐"、观光、休闲体验等旅游产品，即产品属于第三产业时，却是不可移动的，而且迄今为止没有研究认为它们会陷入到"资源诅咒"中去。与此对应的，邵帅和齐中英（2009）指出，资源的可输出性是导致西部地区陷入"资源诅咒"的重要原因，李强和徐康宁（2013）也发现，资源的跨区域流动是导致资源生产和消费对地区经济增长影响存在差异的根本原因。由此可见，"资源诅咒"现象的形成与自然资源所塑造产品的可移动性紧密联系在一起[①]。

现实中，我国中西部地区不仅具有大量可移动性自然资源，而且还拥有“绿水青山”、沙漠等不可移动性自然资源以及深厚的社会文化资源等。随着人均收入水平的提高和《文化产业振兴规划》的实施，社会文化资源日益受到重视。文化资源既包括像孔孟之道、道家文化等在很大程度上可以移动、传播的无形资源，也包括诸如历史文化古迹、文化传统习俗、古建筑等具有地域差异性、适境性等与文化载体相匹配的有形资源，有形资源在很大程度上是不可移动的。在中国的传统文化里，有许多关于对生活的向往和追求的内容，“采菊东篱下，悠然见南山”“松下问童子，言师采药去。只在此山中，云深不知处”等，今天的中国在快速工业化和城市化中形成了巨大的购买力和比较差的生活环境，度假休闲旅游已经形成了巨大的刚需，而旅游与不可移动性资源之间恰恰能够完美匹配[②]。

关于旅游经济作用的研究越来越多。Chang等（2009）指出，旅游对经济增长的贡献随着人们收入水平的提高而愈发重要。旅游能够对经济活动产生积极有利的影响，是提高整体经济水平的重要推动力（Dwyer等，2004）。赵磊（2012）、刘睿等（2013）对国外旅游和经济增长之间的关系进行了文献综述，发现旅游能够推动经济增长，而且这两者还经常互为因果关系。周文丽（2011）关于我国旅游与经济增长关系的文献回顾发现，已有研究均支持旅游促进经济增长的观点。赵磊等（2014、2015a、2015b）利用省级层面数据的研究也支持这种观点，并且发现两者之间愈发呈现出长期稳定的关系。根据《中国旅游发展报告（2016）》发布的数据，2015年世界旅游业带动的产业综合增加值中的1/6由中国贡献，旅游业创造就业中的1/4来自中国。具

---

① 当然，这句话并不意味着产品的可移动导致了“资源诅咒”现象，而是说后者的发生来自资源产品的可移动性。其中的机理在于，资源产业的发展往往以其他行业发展为代价——高素质的劳动力和资本被吸走，随着该资源的耗竭，容易引发“荷兰病”，即资源诅咒现象。

② 关于旅游资源的不可移动性，刘振礼（1994）发现，基本上说来，都是旅游者移动来找旅游资源，旅游资源并不移动，谢彦君（2004）也认为旅游资源本体不能向旅游者移动。当然，也有一小部分学者对旅游资源是否不可移动提出了疑问（李涛，1993），但旅游资源基本不可移动这个观点还是得到认可的。参见：[1] 刘振礼. 创造性，旅游开发的灵魂——关于旅游资源移动性的商榷 [J]. 旅游学刊，1994，9（4）：40-43. [2] 谢彦君. 基础旅游学 [M]. 2版. 北京：中国旅游出版社，2004. [3] 李涛. 论旅游者与旅游资源的双向吸引模式 [J]. 旅游学刊，1993，8（1）：38-40.

体到旅游在区域经济协调发展中的作用。Williams和Shaw（1988）对旅游在欧洲一些国家经济发展中的作用的研究发现，旅游发展能促使财富由北向南、由富裕国家向贫困国家分配，在欧洲国家间经济的收敛上作出了贡献。著名经济学家张五常在其博客上连续推出了三篇文章，分别为《是打开始皇陵墓的时候了》《如果我是秦始皇》《始皇陵墓的经济分析》。在文章中，张教授简单估算了打开秦始皇陵可能给西安带来的巨大的商业价值，并指出了其对于开发西部地区的巨大意义[①]。周文丽（2012）基于1997—2010年数据的实证分析发现，旅游发展对我国经济增长及其地区差距的缩小具有积极的影响。鲁小波等（2012）基于辽宁2001—2010年数据的分析发现，旅游经济在辽宁区域经济差距缩小过程中起到了积极的协调作用。赵传松等（2018）通过1996—2015年数据的实证分析发现，中国旅游业与区域发展综合指数逐渐上升，旅游发展与区域发展呈现交错向上发展态势，旅游业与区域发展耦合协调度稳步上升。徐海峰（2019）发现，旅游产业与区域经济之间存在着显著的耦合协调作用，当两个系统发展水平较高且趋于一致时，系统组合的协调等级提高。不过，总体来看，这方面的文献相对较少，研究才刚刚起步。

12.3 旅游经济与区域协调发展：理论与实证分析

12.3.1 旅游协调区域经济的机制

范剑勇和谢强强（2010）指出，"中心-外围"模型下产业集聚的后果是地区间收入差距扩大，而资本的跨区域流动和同质低技能劳动力有限流动乃至不流动是产业集聚的另一个重要机制，即"本地市场效应"。在这种效应下，跨区域牟利的资本收益最终返回到初始地，利息仍然归原地区的劳动者所有，地区间的人均收入差距不会拉大，这保证

① 感兴趣的读者可以到以下链接查询这三篇文章：http://blog.sina.com.cn/zhangwuchang。张五常教授的文章引来了大量的争议，就连他自己也感觉到打开秦始皇墓会存在着很多的风险。不过，张教授的这些言论实际上是在证明，随着经济的持续发展，历史文化等不可移动资源的价值正在急剧上升。

了区域间协调发展的可能性。与上述机制相反，本章认为，随着东部地区人们收入水平的不断提高，对于休闲旅游等的需求会逐步增加，中西部地区不可移动的自然资源禀赋高、文化资源丰富的优势就会得以凸显，大量东部居民乃至国外人士会到中西部旅游，这会导致收入转移到中西部，带动当地的经济增长，提升当地人均收入水平，同样能够保证区域协调发展的可能性，在这里笔者暂且将其称之为“资源稀缺效应”。并且，由“资源稀缺效应”所驱动的经济增长更具内生性。

为了对上述观点进行更深刻的揭示，本章假设整体人口比重为1，东部地区的人口比重为θ（$0 < \theta < 1$），中西部地区的人口比重为$1 - \theta$。在初始阶段，各区域人均工资水平相同，也假设均为1。由于东部地区有某种优势，中西部地区人口向东部地区转移，假设转移到东部地区的人口比重为λ（$0 < \lambda < 1$），则东部地区的人口比重为$\theta + (1 - \theta)\lambda$，而中西部地区的剩余人口比重为$(1 - \theta)(1 - \lambda)$。再假设转移到东部地区的人们将工资中的$\gamma$（$0 < \gamma < 1$）比例在东部地区消费，而$1 - \gamma$返回到中西部地区消费。由此，东部地区的人均收入水平为$1 + (1 - \theta)/\theta \cdot \gamma\lambda$，中西部地区的人均收入水平为$1 - \gamma\lambda$[①]，进而，东部与中西部地区人均收入水平的差距可以定义为：

$$\phi = \frac{1 + \frac{(1 - \theta)}{\theta}\gamma\lambda}{1 - \gamma\lambda} \tag{12-1}$$

显而易见，$\phi > 1$。也就是说，即使初始时刻东部和中西部地区的工资水平相同，但是若东部地区获取了某种优势（譬如改革开放之后的区位优势），最终其收入水平将会超过中西部地区。假设随着ϕ值的增加，即东部地区人均收入水平的不断提高，对于休闲娱乐等的需求开始增加，由于中西部地区旅游资源禀赋高，大量的东部游客会到中西部休闲度假，这将引致中西部人均收入水平的提高。再假设东部地区居民在中西部地区消费其收入的τ（$0 < \tau < 1$）倍，则中西部地区人均收入水平将会增加为：$1 - \gamma\lambda + \tau(\theta/(1 - \theta) + \gamma\lambda)$。若最终东部与中西部地区

① 需要注意的是，在计算区域人均收入水平时，东部地区的人口规模仍为θ、中西部地区为$1 - \theta$是一个非常强的假设。实际上，在生产规模报酬不变的假设下，只要保证去东部工作的中西部劳动人员没有全部留在东部地区，得出的结论与本章是一致的。

人均收入持平，经过简单处理可以得到：

$$\tau = \frac{1-\theta}{\theta} \cdot \frac{\phi - 1}{\phi} \tag{12-2}$$

具体说来，东部地区的人口比重θ越大，τ就越小，即区域协调发展越容易。这实际上表明了，若去东部工作的中西部人员能够真正留在东部的话，区域协调发展将更容易实现；转移到东部地区工作的中西部人员在东部地区消费比例γ越大，转移到东部地区的人口比重λ也就越大，我国区域间的收入差距将会继续拉大。这意味着，如果大量中西部劳动人员去东部地区打工，收入的很大一部分已在东部消费，但是最终因为户籍制度等原因不能留在东部而只能返回到中西部地区的话，则地区间的差距将会越拉越大。

当然，还有很多其他因素会对上述过程产生影响。例如，随着2010年《国务院关于中西部地区承接产业转移的指导意见》的实施，产业转移在区域之间迅速展开，虽然大量文献对于产业转移的效果存在着疑问，但产业转移增加了中西部地区的人均收入却是共识。若是如此，则在$\tau < \frac{1-\theta}{\theta} \cdot \frac{\phi - 1}{\phi}$的某个点可以实现区域协调发展，令该点为$\tau^*$。由此，若$\tau < \tau^*$时，东部地区在集聚经济的作用下，比中西部地区更发达；若$\tau \geqslant \tau^*$时，则表明中西部地区的不可移动资源变得日益重要，区域之间的人均收入差距甚至会发生反转。不过，若产业转移导致了大量污染的出现，进而影响了中西部地区旅游资源价值的话，则效果将会发生反转。①

12.3.2 旅游协调区域经济的典型特征、测度与计量分析

（1）旅游经济发展趋势和特征

与国家统计局口径相同，东部地区包括京、津、冀、辽、沪、苏、浙、闽、鲁、粤、琼11个省和直辖市，中部地区包括晋、吉、黑、皖、赣、豫、鄂、湘8个省份，西部地区包括内蒙古、桂、渝、川、黔、云、藏、陕、甘、青、宁、新12个省（自治区、直辖市）。各地区生产

① 除了产业转移之外，还存在着各种各样的其他影响因素，例如道路等基础设施、互联网等，在这里就不一一列举了。下一部分的实证分析将会深入地分析这个问题。

总值数据来自历年《中国统计年鉴》，数据截取时间是从2000年到2016年。旅游收入为国内旅游收入和国际旅游收入之和，国际旅游收入由当年汇率中间价折算成人民币。旅游收入数据主要来源于各地区历年统计年鉴，对于早期统计年鉴中没有包括国内旅游和国外旅游收入的地区，数据则是通过各地区当年统计公报获取的。

旅游在我国三大区域经济地位的变化趋势如图12-1所示。显而易见，旅游收入占地区生产总值的比重无论是在区域层面还是全国层面上，除了2003年因为非典、2008年因为金融危机出现一定程度的下滑外，其余年份均保持着较快上升的态势。具体说来，东部地区从2000年的10.18%上升到了2016年的14.41%，中部地区从2000年的5.45%上升到了2016年的17.89%，西部地区则从2000年的7.0%上升到了2016年的21.87%。由此可见，西部地区旅游收入占地区生产总值比重上升的幅度最大，中部次之，东部地区上升的幅度最小。

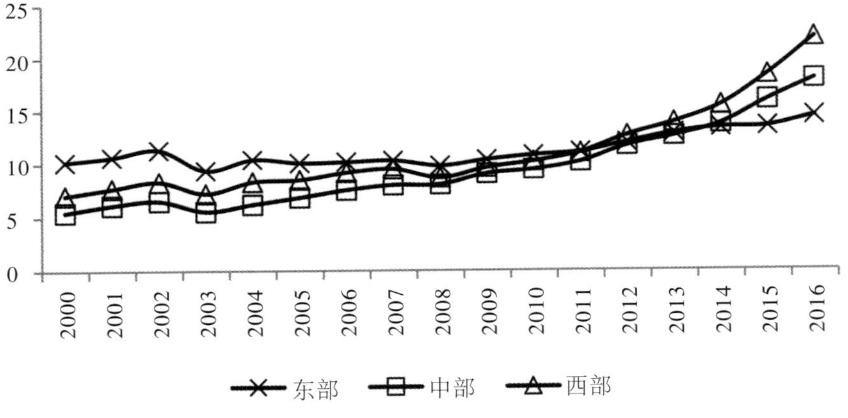

图12-1 旅游收入占地区生产总值比重的演变趋势（单位：%）

资料来源：作者根据数据整理得到。

（2）旅游协调能力测度

为了准确了解旅游在区域经济中的协调能力，需要进行更具体的测度，而测度不能仅用各区域旅游收入占地区生产总值比重的差异性来分析，原因在于，当旅游收入比重和区域经济比重的变动趋势一致时，无法对协调能力的大小进行测度。如果出现这种情况，就要具体地看是前者拉动了后者，还是后者推动了前者。若旅游收入比重和区域经济比重变动趋势相反，则旅游收入比重变动将对区域经济比重变动趋势产生相反的影响。当然，现实中这两者之间的关系绝不仅是这两种模式，完全可能更复杂。不过，较幸运的是，由图12-2可以发现，这两者表现出来的变动趋势大致就是上述两种模式。

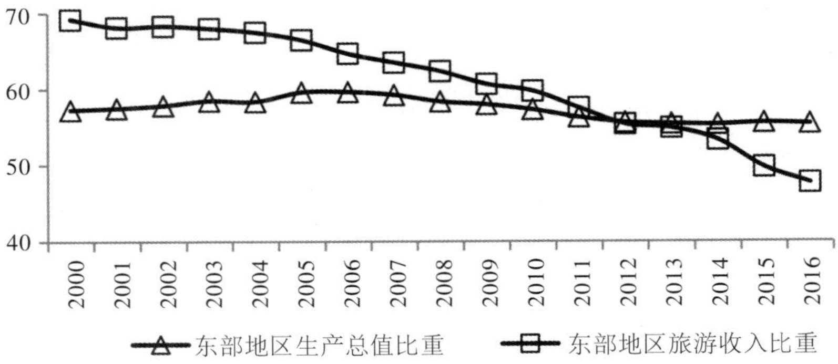

（a）

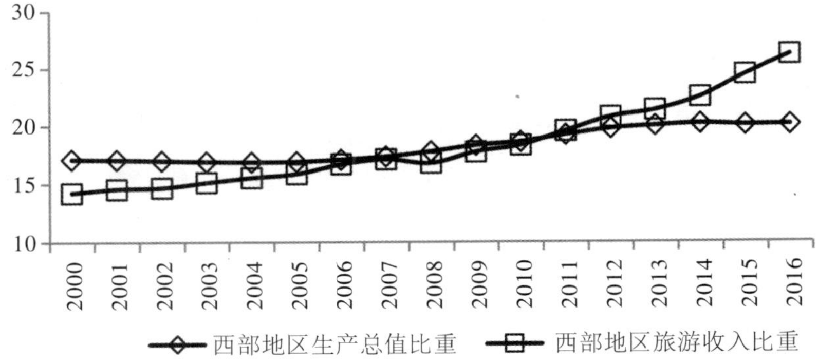

（b）

图12-2　我国东西部旅游收入比重与地区生产总值比重各自演变趋势（单位：%）

资料来源：作者根据数据整理得到。

具体说来，东部地区旅游收入比重从2000年以后持续下滑，东部地区生产总值比重在2006年达到最高峰，在这之后开始下滑，旅游收入比重下滑的速度远远快于地区生产总值比重下滑的速度，到了2012年旅游收入比重趋势线向下穿越地区生产总值趋势线；西部地区的旅游收入比重拉动地区生产总值比重上升的态势非常明显和强劲，2011年旅游收入比重实现了对地区生产总值比重趋势线的向上穿越，拉动地区生产总值比重向上的趋势非常明显。中部地区的趋势在图12-2中并没有标出，其趋势线位于东西部变动趋势线之间，2015年中部旅游收入比重超越地区生产总值比重。

更具体地，我们用各区域旅游收入比重（T_i）除以区域生产总值比重（G_i）来表示协调能力，若该值大于1，则表明旅游拉动了经济上升，若小于1，则表明抑制了经济上升。更具体地，由于东部是我国经济最发达地区且其旅游收入在三大地区中也是最高的，因而可设东部地区旅游经济协调指数为$P_i = 1 - T_i/G_i$（i=东部）。由于这里考察的是旅游经济的协调能力，所以与东部正好相反，假设中、西部旅游协调指数为$P_i = T_i/G_i - 1$（i=中部，西部）。由此，旅游经济的协调能力指数可以定义为：

$$P = P_{东部} + P_{中部} + P_{西部} \tag{12-3}$$

由（12-3）式计算出来的结果如图12-3所示。旅游协调能力指数从2000年的-0.73开始，此后虽也有波动，但向上趋势显而易见，到2016年达到了0.51，旅游在我国区域经济协调中的能力日益增强。需要注意的是，2012年之前，虽然协调能力指数是在增加，但仍然是负的，这意味着旅游仍然在扩大区域经济差距，不过力度却在不断减弱。2012年之后，旅游经济的作用力发生反转，直接起到了缩小地区差距的作用。

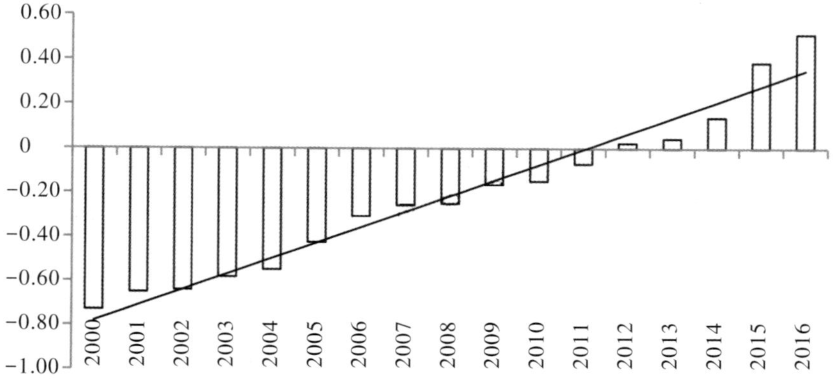

图12-3 旅游区域协调能力指数

资料来源：作者根据计算整理得到。

（3）旅游驱动区域协调发展的进一步分析

作为上述观点的一个辅助性证据，本章进一步估计旅游与经济增长之间的关系。这里采用人均地区生产总值增长率作为各省（自治区、直辖市）经济增长的度量，采用旅游收入作为各省（自治区、直辖市）旅游发展水平的度量，估计旅游发展对地方经济增长的影响，并采用各省（自治区、直辖市）旅游收入与各区域的交互项来识别旅游收入对不同区域的影响差异。基于经济增长收敛理论的双向固定效应面板数据模型如下所示：

$$Growth_{it} = c + \lambda \ln Gdppc_{i,\ t-1} + \alpha \ln Tou\_inc_{it} + \sum_{j=\text{中部，西部}} \beta_j D_j \times \ln Tou\_inc_{it} + \phi X_{it} + p_i + \theta_t + \varepsilon_{it} \tag{12-4}$$

式中：$Growth_{it}$为i地区t年人均地区生产总值的对数差分值，即$\ln(Gdppc_{i,\ t}/Gdppc_{i,\ t-1})$；$\ln Tou_inc_{it}$为$i$地区$t$年人均旅游收入或旅游收入的对数；$D_j$为中西部省份虚拟变量；$X_{it}$为其他控制变量；$p_i$和$\theta_t$分别为省份和年份固定效应；$\varepsilon_{it}$为随机扰动项。控制变量包括劳动、资本以及开放。在此，由于因变量为人均值，因而劳动和资本均采用人均值，即劳动人口比和人均资本存量。资本存量采用单豪杰（2008）的方法以2000年为基期进行估计得到，开放度采用外商实际直接投资占地区生产总值的比值来度量。中西部虚拟变量与旅游（人均）收入的交互项度量了旅游发展促进经济增长过程中中西部地区和东部地区之间的差异。如果旅游发展具有促进经济收敛缩小地区经济发展差距的作用，本章预期β_j大于0，且具有统计显著性。

所用数据来自历年《中国统计年鉴》、《中国旅游统计年鉴》和各地区统计年鉴相关各期，数据跨度从2000年到2016年，涉及我国全部31个省、自治区和直辖市。为消除物价因素的影响，各名义变量均通过以2000年为基期的居民消费价格指数或者全国人均GDP指数进行了换算。所有变量的描述性统计见表12-1。

估计结果见表12-2，其中模型（1）～（4）是关于旅游收入的各项估计，模型（5）～（6）是关于人均旅游收入的相关估计。由模型（1）可以发现，在整体层面上，旅游收入对各省（自治区、直辖市）人

表12-1 **变量的描述性统计**

变量	观察值	均值	标准差	最小值	最大值
人均地区生产总值	527	9.715	0.718	7.923	11.478
旅游收入	527	6.455	1.505	1.933	9.253
人均旅游收入	527	2.993	1.203	-0.101	5.443
劳动人口比	527	0.553	0.069	0.364	0.768
人均资本存量	527	5.242	4.539	0.410	28.103
经济开放度	527	0.026	0.023	0	0.154

注：人均地区生产总值、旅游收入、人均旅游收入均为自然对数值。

均地区生产总值增长促进作用并不明显。为了估计旅游对中西部地区的影响，模型（2）~（4）加入了中西部地区与旅游收入的交互项和其他控制变量，结果发现旅游收入在西部地区对经济增长的促进作用比东部地区高1.06%和0.6%，且非常显著（参见模型（2）~（4））。为了进一步展示估计结果的稳健性，模型（5）和（6）运用人均旅游收入作为旅游发展的度量，结果同样发现西部地区的人均旅游收入对经济增长的促进作用显著高于东部地区。在上述模型中，人均地区生产总值的滞后项为负值，但不够显著，说明我国三大地区人均地区生产总值条件收敛的特征并不明显。上述分析可以非常明显地看到，旅游发展在中部地区对经济增长的影响并不显著，但在西部地区却尤其明显。

表12-2 **旅游对区域协调发展的影响**

模型	被解释变量：ln(人均地区生产总值（t）/人均地区生产总值（t-1）)					
	（1）	（2）	（3）	（4）	（5）	（6）
ln(人均地区生产总值（t-1）)	-0.0404	-0.0421	-0.0193	-0.0533*	-0.0521	-0.0240
	（0.0289）	（0.0298）	（0.0208）	（0.0299）	（0.0308）	（0.0231）
ln(旅游收入)	0.0145	-0.000996	-0.00325			
	（0.00969）	（0.0103）	（0.00953）			

续表

模型	被解释变量：ln(人均地区生产总值（t）/人均地区生产总值（t-1）)					
	(1)	(2)	(3)	(4)	(5)	(6)
ln(旅游收入)×中部		0.00658*	−0.000108			
		(0.00356)	(0.00439)			
ln(旅游收入)×西部		0.0106***	0.00601**			
		(0.00335)	(0.00335)			
ln(人均旅游收入)				0.0168**	0.00615	−0.000653
				(0.00823)	(0.00842)	(0.00814)
ln(人均旅游收入)×中部					0.00464	−0.000182
					(0.00355)	(0.00429)
ln(人均旅游收入)×西部					0.00866**	0.00592*
					(0.00327)	(0.00317)
经济开放度			0.160			0.157
			(0.130)			(0.121)
人均资本存量			−0.00300**			−0.00291**
			(0.00128)			(0.00117)
劳动人口比			0.0498			0.0500
			(0.0385)			(0.0404)
年份固定效应	是	是	是	是	是	是
省份固定效应	是	是	是	是	是	是
常数项	0.366	0.434*	0.233	0.526**	0.529*	0.268
	(0.220)	(0.228)	(0.153)	(0.254)	(0.261)	(0.193)
观察值	496	496	496	496	496	496
R^2	0.598	0.612	0.650	0.609	0.624	0.657
省份数	31	31	31	31	31	31

注：*，**，***分别表示10%，5%和1%的显著性水平；括号中的值为在省级层面聚类的稳健性标准误。以下皆同。

12.3.3 旅游协调区域经济发展的稳健性分析

上述机理分析和实证检验表明，旅游在协调我国三大区域经济差距中的作用已开始彰显。那么，与此相关联的一个重要问题是，这个趋势是否具有稳健性。回答这个问题须借助对旅游经济驱动因素的具体考察，本章采用一个面板数据模型对此进行分析。

（1）实证模型设计与变量、数据说明

为了估计各因素如何影响各省份旅游，借鉴上文关于旅游协调能力机理的分析，本章构建如下双向固定效应模型：

$$Tou\_gdp_{it} = c + \alpha \ln Gdppc_{i,t} + \beta net\_system_{it} + \rho ind\_transfer_{it} + interacts_{it}'\theta + controls_{it}'\lambda + \rho_i + \theta_t + \varepsilon_{it} \quad (12-5)$$

式中：$\ln Gdppc_{i,t}$代表全国各年份人均GDP对数值；net_system_{it}代表网络体系相关变量；$ind_transfer_{it}$代表产业转移相关变量；$interacts_{it}$代表相应的交互项；$controls_{it}$代表其他控制变量；p_i和θ_t分别为省份固定效应和年份固定效应，ε_{it}为误差项。

由于部分数据的可得性，例如互联网各地区最早的统计数据是从2001年才开始有的，因此，本章实证部分所用数据的期间是从2001年到2016年。因变量为各地区历年旅游收入占当年地区生产总值的比重（Tou_gdp_{it}）。

自变量主要包括：人均GDP（$\ln Gdppc_{i,t}$），用我国人均GDP对数值表示。考虑到通货膨胀因素，我们以2000年为基准，通过人均GDP指数对名义人均GDP进行平减，并对其取对数。本章用全国人均GDP而不是各地区的人均地区生产总值作为自变量的根本原因在于“全国一盘棋”思想和跨区域旅游的兴起。例如，海南的旅游发展如何并不仅受海南人均地区生产总值的影响，更多是受全国人均GDP变化的影响。网络系统（net_system_{it}），用互联网覆盖率即每百人网民数量来度量网络系统，用各地区等级公路里程（千米）来表示交通网络的发达程度。考虑到以互联网为代表的信息流和以交通为代表的人流相互配合正成为常态，因此，在实证分析中，用两者的交叉项进行表示。产业转移变量

($ind\_transfer_{it}$)，产业向中西部转移会推动该地区的经济增长，提升居民收入水平，进而驱动旅游行业发展。不过产业在向中西部地区转移的同时，污染也随之而至（豆建民和沈艳兵，2014；徐志伟，2016），污染的增加会在一定程度上恶化环境，抑制本地旅游发展。本章选择各地区人均废水排放量和人均二氧化硫排放量对污染进行表示，这两者的计量单位均为万吨。值得注意的是，废水排放的数据，2004—2016年的数据直接从各省（自治区、直辖市）相关年份统计年鉴中获取，2001—2003年的数据在统计年鉴中并没有，但是有工业废水排放总量和生活废水排放总量数据，将这两者相加获取到这三年的废水排放总量。其他控制变量（$controls_{it}$），与上文一致，开放度采用进出口总额占地区生产总值的比重来度量。与前文数据来源方式一致，变量的描述性统计见表12-3。

表12-3　**变量的描述性统计**

变量	观察值	均值	标准差	最小值	最大值
旅游收入占地区生产总值的比重	496	11.156	5.980	1.812	42.690
ln(人均GDP)	496	9.745	0.413	9.053	10.339
网民比重	496	0.269	0.202	0.005	0.7981
人均公路里程	496	25.836	22.918	4.208	215.577
人均废水排放量	496	44.033	22.774	0.004	164.349
人均二氧化硫排放量	496	0.018	0.0128	0.0003	0.065
地区开放度	496	0.026	0.0226	0.0004	0.154
网民比重×人均公路里程	496	7.962	10.510	0.034	97.042

（2）实证结果与说明

考虑到人均GDP与因变量之间可能存在的双向因果关系，本章将人均GDP的对数滞后一期。基于双向固定效应模型得到的估计结果见表12-4。与预测相一致，人均GDP的增长与因变量之间呈显著的正相关。根据模型（2）可知，在网络系统中，互联网覆盖率与因变量之间的关系并不显著，而道路交通网的发展则与其呈显著的正向关系。但是，一旦我们剔除互联网覆盖率和人均公路里程，仅保留交互项，该交互项则对因变量有着显著的促进作用（参见模型（3））。这说明，这种交互效应纯粹由公路变量的显著影响所致。在产业转移的相关变量中，二氧化硫的排放抑制了因变量的上升，不过却不是非常显著，污水的排放在模型（2）~（3）中显著为正，但在其他模型中不显著。在其他影响变量中，开放度提高对因变量的影响显著为正，这可以解读为我国旅游在一定程度上也是由国外引致。另外，考虑到各省（自治区、直辖市）旅游收入占地区生产总值的比重存在差异，本章进一步在实证模型中控制了各省份特定趋势，即各省份虚拟变量与时间变量的交互项，结果如模型（4）和（5）所示，结果与前面基本相似。

表12-4　　**旅游经济发展驱动因素（全国）**

模型	被解释变量：旅游收入占地区生产总值的比重				
	（1）	（2）	（3）	（4）	（5）
ln(人均GDP（t-1）)	7.414***	7.949***	5.131***	3.128**	3.128**
	（1.452）	（2.377）	（1.462）	（1.561）	（1.561）
网民比重		-8.102		4.310	4.310
		（6.968）		（4.497）	（4.497）
人均污水排放量		0.105***	0.0903***	-0.0162	-0.0162
		（0.0356）	（0.0321）	（0.0262）	（0.0262）
人均二氧化硫排放量		-88.29	-78.93	-13.67	-13.67
		（85.99）	（90.92）	（42.09）	（42.09）
人均公路里程		0.0868***		0.00408	0.00408
		（0.0159）		（0.0362）	（0.0362）
开放度		80.54***	103.1***	33.74*	33.74*
		（19.25）	（18.61）	（19.88）	（19.88）

续表

模型	被解释变量：旅游收入占地区生产总值的比重				
	(1)	(2)	(3)	(4)	(5)
网民比重×人均公路里程			0.129***		
			(0.0430)		
年份固定效应	是	是	是	是	是
省份固定效应	是	是	是	是	是
省份特定趋势	否	否	否	是	是
常数项	-57.73***	-68.26***	-42.47***	-550.3***	-550.3***
	(13.93)	(21.42)	(13.57)	(74.06)	(74.06)
观测值	465	465	465	465	465
R^2	0.522	0.666	0.646	0.903	0.903
省份数	31	31	31	31	31

表12-5进一步报告了分三大地区和分时间进行估计的结果。从中可知，全国收入水平的提高仅仅对西部地区旅游收入占地区生产总值的比重具有显著的促进作用，这进一步说明西部地区旅游发展的滞后性和旅游资源的独特性；东中部地区的旅游经济发展已相对成熟，对于收入水平的增长已不太敏感，甚至东部和中部地区对旅游的过度同质开发已导致经济发达地区的居民更倾向于前往更具有特色旅游资源的西部地区旅游（系数为负）。在其他自变量中，互联网覆盖率对旅游收入占地区生产总值的比重的抑制效应主要发生在东部地区，这实际上可以反过来说明中西部对东部居民的吸引力。比较模型（1）~（3）可知，人均公路里程对因变量的促进作用在西部最大，而在中部地区甚至为负。与表12-4预测一致，互联网的覆盖率和公路基础设施的改善之间并不存在交互作用。中部地区的污水排放对于因变量具有比较明显的促进作用，而在东部和西部，污水排放的上述效应并不显著。人均二氧化硫排放量对各地区的旅游发展都存在抑制作用，但在中部地区更为显著。

表12-5 旅游经济发展驱动因素（分区域、分时间段）

模型	被解释变量：旅游收入占地区生产总值的比重				
	东部	中部	西部	≤2012年	>2012年
	（1）	（2）	（3）	（4）	（5）
ln（人均GDP（t-1））	-1.246	-0.815	20.09***	4.817**	-3.813
	（4.006）	（4.284）	（5.387）	（2.347）	（10.69）
网民比重	-15.17***	13.75	-28.58*	-6.783	69.64**
	（4.170）	（31.10）	（13.78）	（6.136）	（33.31）
人均污水排放量	0.0352	0.384*	0.0290	0.0428**	0.00844
	（0.0667）	（0.168）	（0.0499）	（0.0198）	（0.0857）
人均二氧化硫排放量	-113.6	-495.8***	-37.50	14.49	-65.47
	（222.9）	（138.1）	（75.01）	（66.86）	（98.18）
人均公路里程	0.0282	-0.287**	0.174**	0.134***	-0.0858
	（0.168）	（0.0959）	（0.0585）	（0.0333）	（0.212）
开放度	50.02*	-10.87	1.625	49.09***	66.07**
	（24.00）	（76.44）	（52.99）	（15.81）	（30.58）
网民比重×人均公路里程	1.033***	0.471	-0.231	-0.153*	0.206
	（0.249）	（0.687）	（0.139）	（0.0833）	（0.330）
常数项	22.17	11.22	-176.9***	-38.89*	18.87
	（38.24）	（36.96）	（48.49）	（21.16）	（94.02）
年份固定效应	是	是	是	是	是
省份固定效应	是	是	是	是	是
观测值	165	120	180	341	124
R^2	0.528	0.880	0.810	0.468	0.661
省份数	11	8	12	31	31

由于党的十八大之后国家对于旅游业更为重视，模型（4）和（5）则展现了2012年前后影响因变量的各因素的变化情况。与2012年之前更加受人均GDP的影响相比，2012年之后因变量更多地受互联网覆盖率和经济开放度等的影响，这也反过来说明以旅游为代表的消费在之后地区经济发展中愈发重要，逐步脱离了收入的束缚，即旅游协调区域经济发展的能力愈发稳健。

12.4 结论与对策建议

区域差异大、发展不平衡是我国的基本国情。党的十九大首次将区域协调发展上升到国家战略，明确提出坚定实施区域协调发展的战略。本章研究发现，“资源诅咒”现象的形成是由对丰富资源的过度开采和依赖造成的，并且与资源禀赋所塑造产品的可移动性紧密联系在一起。通过对旅游协调区域经济发展能力机理的分析发现，与“本地市场效应”不同，“资源稀缺效应”同样具备协调区域发展的能力，而且更具内生性，有助于国内大循环的有效形成。实证研究表明了旅游经济已具备了协调区域经济发展的能力，区域经济出现收敛，而且结果具有稳健性。不过，以上分析也表明，为了维持这种稳健性，需要在环境修复和利用、资源保护和适度开发、防止环境污染以及提高公共基础设施等方面下功夫。

基于上述结论，本章尝试给出以下三条建议：

第一，对于东部地区来说，关键在于不断推动新旧动能转换，持续推动产业结构优化升级，提升人均收入水平。这不仅可以为我国旅游经济发展进而区域协调发展提供持续动力，而且在这个过程中，可以通过与中西部错位发展旅游业，提升自身旅游业的吸引力。

第二，对于中西部资源丰富地区来说，一是充分利用先天的自然、人文禀赋优势，打造特色旅游，加强环境保护，未雨绸缪，提升旅游建设观念，加大市场开拓力度，使旅游成为新的区域经济增长点。二是重视“一带一路”倡议实施带来的机遇，在减少环境污染的基础上，通过各种政策措施吸引产业转移，提高居民收入水平，不断挖掘互联网等最新技术和商业模式在旅游经济中的价值，不断提高公路、铁路等基础设施与旅游资源的匹配程度。

第三，对于中西部资源枯竭型地区来说，要制订调整产业结构的指导方案，给予财政、金融等方面的优惠政策，加大基础设施建设和公共资源配套，通过工业遗址“修旧如初”式的改造，结合不同地区的区域优势，形成各具特色的优势行业，实现集遗迹观赏、旅游度假、文化娱乐、科学展览、培训教育、商贸购物和市民宜居等于一体的新型区域。

此外，需要着重强调的一点是，旅游经济仅是推动西部崛起、实现区域协调发展的重要驱动力之一。实际上，若受“资源诅咒”地区能够更加明智地利用资源禀赋优势，充分抓住“一带一路”建设、京津冀协同发展、长江经济带发展战略等带来的机遇，实施绿色发展，经济持续增长所需要的人力资源、科技和基础设施投资等要素就会不断集聚，区域协调发展和国内大循环构建的速度将会加快。其中，被称作天造地设“中国机房”的贵州大数据产业的异军突起就是一个典型代表。

13 “一带一路”建设与新型城镇化空间耦合理论与展望

13.1 引言

改革开放以来，中国东部沿海地区凭借生产要素低成本的竞争优势，以加工贸易方式嵌入全球价值链，获得了快速发展。但与此同时，我国也出现了产能的结构性过剩和区域差距不断扩大的局面。伴随着国内外经济形势的变化和中美贸易冲突的出现，原有的发展模式显然不可维持。为了摆脱上述困境，对外，我国推出了“一带一路”倡议重大举措，致力于提高互联互通水平，开展更大范围、更高水平、更深层次的国家和地区间双多边合作，形成陆海内外联动、东西双向互济的开放格局。截止到2018年8月，已有103个国家和国际组织同中国签署118份“一带一路”方面的合作协议；对内，作为国家战略的新型城镇化也在有条不紊地推进。城镇化是一个关乎国家发展和区域发展的重大领域（陆大道，2013），新型城镇化是扩大内需的最大潜力所在，也是最大的结构调整（李克强，2015)。《国家新型城镇化规划（2014—2020年）》标志着中国城镇化发展的重大转型，党的十九大报告提出了要以城市群为主体构建大中小城市和小城镇协调发展的城镇格局。

当前，发展中国家的城镇化在很大程度上是其经济体系内嵌入发达国家全球生产网络的结果，而“一带一路”是全球化发展进一步深化的结果，也必将对沿线地带的发展中国家城镇化产生深远的影响。[①] 两者理应相互交叉、彼此耦合发展：通过“一带一路”倡议推动中国城镇化建设模式重塑，主要城市群和重要节点城市融入全球城市网络，加快全球城市体系重组和产业链、价值链的整合与连接，促进国家和地区间交流与合作；通过新型城镇化建设支撑“一带一路”倡议实施，为“一带一路”建设提供主要空间平台和核心支撑体系。不过，到目前为止，较少有直接聚焦“一带一路”与新型城镇化融合发展的相关研究。因此，下一步的研究应该重点关注这一问题，梳理“一带一路”和新型城镇化提出的大背景和新一轮全球化与过去的差异及其对新型城镇化的影响，深入分析“一带一路”与新型城镇化的空间耦合机理，并对耦合效应进行测度，提出推动“一带一路”与新型城镇化耦合发展的科学问题。这不仅有利于我国“一带一路”倡议的深入实施和新型城镇化的健康发展，而且能够助力国家建立更加有效的区域协调发展新机制，助推我国产业再布局、人口有序流动，化解我国发展面临的不平衡不充分问题。

13.2 “一带一路”与新型城镇化空间耦合的理论支撑

13.2.1 “一带一路”倡议有助于区域经济协调发展

地理学是决定国家历史命运的第三种力量（莫里斯，2011)。经济与地理互动机制的影响因素有两类：一是要素禀赋、地形地貌、气候环境等区位因素，即第一自然，属“地理”范畴（Dixit & Norman，1980)；二是人类活动带来的影响，即第二自然，属“经济”范畴。在

① 任远．在“一带一路”进程中聚焦发展中国家的城镇化［EB/OL］．(2018-10-19)［2023-08-15］．https：//www.thepaper.cn/newsDetail_forward_2544804.

第一自然属性不能改变的背景下，近些年来的研究更加侧重于强调第二自然对经济地理的影响，侧重于研究生产要素的跨区域流动机制（Krugman，1993）。“一带一路”倡议是在尊重第一自然地理的前提下，更加重视第二自然地理的作用。

“一带一路”具有多重空间内涵和跨尺度特征（刘卫东，2015），与马歇尔计划有根本差别（金玲，2015），不仅能够梳理大国崛起过程中“对外策略变化”和“内部格局调整”的内外呼应与联动逻辑，有利于重塑国内经济地理和重塑亚欧“世界岛”经济地理的两个大局的统筹（安虎森、郑文光，2015），重塑世界经济地理，创新国际发展模式（胡鞍钢等，2015），而且是中国区域协调发展4.0（张可云、蔡之兵，2015），能够通过中国经济格局的再调整，促进合作相关区域整体的协调化，整合内部市场空间（丁任重、陈姝兴，2016），有助于重新审视既有国家空间开发格局，将对进一步优化地区经济结构产生积极的影响，有助于推动东中西经济均衡发展，对国土空间格局将产生重要影响，标志着中国由过去侧重内部转向内外兼顾，寻求完成内部的工业化、城镇化与区域协调发展等重大战略任务的新办法。当前，关于“一带一路”的具体研究主要侧重于产能合作、国际贸易、国际分工地位和重塑经济地理以及合作方式和区域选择等方面。

13.2.2 新型城镇化建设有助于城市协调发展

党的十八大以来，习近平总书记就深入推进新型城镇化建设作出了一系列重要论述，形成了指导中国迈向城市社会的纲领性框架思路。城镇化是现代化的必由之路，新型城镇化是我国现代化建设的大战略和历史性任务，是我国扩大内需的长期动力之所在，是推动我国经济持续健康发展的“火车头”，是我国全面建成小康社会和从经济大国向经济强国迈进的“王牌”引擎。倪鹏飞（2013）探讨了新型城镇化模式的基本内涵、路径设计及其机制等问题。姚士谋等（2011）从地理空间与自然资源保护的角度，探讨了如何认知我国新型城镇化的基本特征与新的路径、在经济全球化形势下如何构建新型城镇化的创新模式、在新型城镇化实施过程中如何认识我国城镇化本身的发展规律等三个理论与实践问题。不过，在城镇化推进过程中也存在着城镇化推进速度过快带来的相关经济社会问题（陆大道，2002；姚士谋等，2014）、城镇化的推进方式问题（陆铭等，2014、2018）、土地户籍制度和城市间的人为分割等问题（陶然、徐志刚，2005）、开放度、区位等造成的城镇化差异问题（倪鹏飞等，2014），以及“胡焕庸线”能否突破的问题（胡焕庸，1990；王铮，2016）。

从地理范围来看，集聚带来的技术外部性与空间距离密切相关（Fujita & Thisse，2002），世界各国的经济都在向少数大城市或大都市圈集聚，而且越是发达的国家，经济集聚程度越高。其中，城市群比单个城市区域具有更大的空间弹性，有更完善的产业体系和基础设施，这些对于技术溢出而言不但提供了渠道，还提供了承载的平台，城市规模扩大与城市群发展的过程伴随着知识和技术的溢出（Black & Henderson，1999），并且有利于化解小城市过小带来的效率损失。中国应该发展一批具有世界竞争力的大城市群或大都市圈，通过其强大的集聚功能和辐射功能有效带动农村工业化和城镇化发展，实现以城市群带动城市化的跨越（李京文，2006）。可以说，城市群既是改革开放四十年来我国工业化和城镇化发展成就的集中体现，也是未来我国最具创新活力和推进新型城镇化的重要支撑。我国从“十一五”规划到“十三五”规划、从党的十七大到党的十九大等均明确提出了构建城市群体系。方创琳等指出，中国城市群结构体系是中国未来经济发展格局中最具活力和潜力的核心地区（方创琳等，2005）。《关于培育发展现代化都市圈的指导意见》指出，城市群是新型城镇化主体形态，是支撑全国经济增长、促进区域协调发展、参与国际竞争合作的重要平台。不过，我国城市群建设目前仍存在着大城市规模过小、中心城市功能过度聚集所形成的“城市病”、经济效率不高、用地结构和利用效率有待提升、城际交通网络滞后于城市群发展需求、城市群发展协同机制落后等问题（王小鲁、夏小林，1999；王小鲁，2010）。另外，《中国城市群发展报告2016》指出，中部城市群当前面临的最大问题可能是“隐形塌陷”，西部城市群由于地理位置欠佳，它们一般在区域发展中竞争力有限，在人力、资源的抢夺中劣势明显。

13.2.3 “一带一路”与新型城镇化空间耦合是大势所趋

陆大道（2002）认为，“点-轴系统”反映了社会经济空间组织的客观规律。“点-轴系统”开发模式强调，在全国范围内，确定若干具有有利发展条件的大区间、省份区间及地市间线状基础设施轴线，对轴线地带特别是若干个点（城市及城市区域）予以重点发展，对位于轴线上和轴线的直接吸引范围内的资源予以优先开发。“一带一路”倡议既凸显中心城市“点”的作用，也通过六大经济走廊显示了“轴”带动的空间，而且也顺应了全球经济的区域主义浪潮（Dicken，2003），与“点-轴系统”理论一脉相承。

胡鞍钢（2017）指出，“一带一路”将成为中国城镇化“加速器”。陈明星等（2018）提出“一带一路”应该与新型城镇化融合发展。目前，中国95%以上的城市群处在丝绸之路经济带和21世纪海上丝绸之路上，这使得城市群成了“一带一路”建设的主阵地，成为中国参与国际经济合作与竞争的主要平台。“一带一路”与新型城镇化分别是面向国际和国内视野的着力转型升级的新倡议和新战略，两者之间如何形成互动和融合发展是亟待思考的重要问题。其中，节点城市是推进“一带一路”与新型城镇化建设的重要支点，是各地区的经济增长和对外经济联系中心，通过加强节点城市建设，可以为“一带一路”建设“串轴”、“结网”和各领域全方位合作提供强有力的空间支撑。殷德生（2018）认为，“一带一路”下的中西部城镇化有助于突破“胡焕庸线”。刘志彪等（2017、2018）指出，当务之急是要以“一带一路”为依托，加强对“一带一路”沿线重要节点城市的建设，先建立总部生产基地，再占据全球价值链的链主地位，把一些发展中国家纳入以我为主导的价值链体系，并通过加入全球创新链体系，依托全球创新网络，实现生产者驱动和消费者拉动的互动。沿“一带一路”不仅能够探索出一条独特的中国城镇化发展模式，科学指导农村人口流动、人口分布和资源整合，而且能够推动中西部重要城市的快速发展和城镇化的有效突破（Nalbantoglu，2017）。西部民族地区区域性中心城市匮乏、城市首位度突出、城市群发展滞后、城乡差距明显、城镇发展的生态承载能力低，对“一带一路”的推进形成掣肘，需结合新型城镇化战略进行适当调整（柳建文，2017）。“一带一路”节点城市整体新型城镇化水平不高，不同线路以及同一线路不同城市新型城镇化水平参差不齐，各节点城市不同方面发展差异较大，各线路、各城市都存在着“短板效应”（何春等，2017）。

基于上述对已有国内外文献的回顾可以发现：从研究视角上看，目前我国的城镇化模式主要是其经济体系内嵌入全球生产网络的结果，受当前的全球化模式影响深远，“一带一路”更多是“以我为主”的全新开放体系，对我国下一步城镇化建设的影响自然也会不同。目前文献较少从这个开放模式转变的视角探讨研究“一带一路”与新型城镇化之间的耦合问题和相应的应对举措。从研究内容上看，目前文献更多是从宏观层面和系统角度论证“一带一路”与新型城镇化建设之间的战略关系，较少有文献从机理揭示、耦合效果等更深层面切入研究两者的耦合衔接及可能产生的问题，而这对于我国下一步更好地实施对内和对外两大建设具有非常重要的理论和现实意义。从研究方法上看，目前对两者进行研究的相关文献或者侧重于经济地理学、城市经济学，或者侧重于国际贸易学、区域经济学等，而将这些学科理论进行跨界交叉融合共同探讨“一带一路”与新型城镇化建设之间关系的研究相对缺乏，这可能会导致对问题认识的偏颇。

13.3 “一带一路”与新型城镇化空间耦合的研究展望

13.3.1 空间耦合研究的着力点

“一带一路”倡议与新型城镇化战略是促进中国今后长期发展的国家级对外和对内两个统领性部署，两者相互交叉、彼此融合发展是大势所趋。基于上述判断，根据《推动共建丝绸之路经济带和21世纪海上丝绸之路的愿景与行动》以及与新型城镇化相关的发展规划，结合新一轮全球化特征、“一带一路”倡议和新型城镇化的实施动态和现状，下一步两大部署之间耦合的研究着力点可体现在以下五个方面：

（1）“一带一路”下的新型城镇化发展趋势与事实分析

这是该问题开展后续研究的理论和现实基础。从全球化视角看，我国过去的城镇化模式，主要是以美日欧为主的发达国家在全球化过程中通过全球生产网络的扩散和丰富的产业外包关系带动了我国工业化和城镇化的发展。在全新开放格局中，“一带一路”将成为未来重要的全球多双边关系的重要纽带和情景，必将推动我国城镇化水平和城镇体系的相应改变，而新型城镇化也会通过商贸活动反作用于“一带一路”建设。下一步，一是对“一带一路”下的我国新型城镇化发展趋势进行探讨，比较它与过去全球化模式之间的差异。二是以“五通”为切入点，对“一带一路”实施以来我国新型城镇化建设的事实特征进行挖掘，分析“一带一路”倡议对其带来的影响。

（2）“一带一路”与新型城镇化耦合的机理研究

“一带一路”对于新型城镇化的作用主要通过内外两条途径：对外，“一带一路”能够推动中国主要城市群和重要节点城市融入全球城市网络，加快全球城市体系重组和产业链、价值链的整合与连接；对内，“一带一路”建设能够加快中西部地区城镇化，促进经济增长、市场空间、基础设施和公共服务等由东向西、由南向北梯次拓展，有力推动全国人口和城镇化更加全面均衡发展。新型城镇化对于“一带一路”的作用主要通过为“一带一路”落实提供主要载体和平台、构建六大国际走廊城市网络提升沿线地区互联互通水平，以及提升国际合作能级助推沿线国家的经贸联系和产能合作三条途径。下一步，一是可以借鉴生物学中的种群竞争的Lotka-Volterra模型，构造“一带一路”价值链中间品生产环节竞争的非线性微分方程，对产业链、价值链的整合与连接机理进行深度分析。二是通过构建地方政府间动态博弈模型对“一带一路”的作用机理进行考察，分析它对人口、土地、基础设施、产业、政策等的影响，发现背后存在的内外部制约因素。三是结合我国“一带一路”沿线中西部代表性城市，具体分析它们在新型城镇化建设过程中的实施机制、关键因素和存在的问题。

（3）“一带一路”与新型城镇化空间耦合的效应测度

根据“一带一路”的空间顶层设计路线图，梳理分析出六大国家经济合作走廊的城镇网络体系，为以后的效应测度做理论准备，一是在Lotka-Volterra模型的基础上，结合“一带一路”组成的重要部分——六大经济走廊对产业链、价值链的整合与连接影响因素进行实证分析。二是以我国地级市为基础，将其划分为受“一带一路”影响城市和不受“一带一路”影响城市，运用DID和PSM-DID等手段分析“一带一路”实施给城镇化带来的影响。同时，按照我国传统的东中西三大区域划分探讨“一带一路”带来的相关影响。在此基础上深入研究“一带一路”给我国人口流动、城镇化建设中的土地供给、市场分割和户籍制度等带来的实质性影响。三是以城市群为切点，运用实证手段，将城市群对外联系国家分为“一带一路”沿线国家和非“一带一路”沿线国家，并增加时间因素对其进行交叉控制，探讨“一带一路”下不同区域城市群的对外联系效应，发现其中的问题，寻求内外部提升手段。

（4）“一带一路”和新型城镇化耦合对中国经济地理空间的破解能力测度

长期以来，具有区位优势的沿海地区与内陆腹地之间形成了一条分割明显的“胡焕庸线”。“一带一路”倡议的实施毫无疑问会对“一带一路”沿线尤其是“胡焕庸线”西北侧的新型城镇化的演化产生重要影响，而新型城镇化也会对“一带一路”的实施产生反馈效应，两者之间的耦合可能对“胡焕庸线”产生影响。基于上述研究，下一步，一是运用数理分析、DID和PSM-DID等以及空间计量分析等手段研究两者耦合以及与信息化等互动对“胡焕庸线”两侧区域人口、产业和城市演化产生的影响。二是结合“胡焕庸线”西北侧客观自然制约因素，通过数值模拟等手段预测两大部署耦合可能对“胡焕庸线”产生的影响和能力值。

（5）寻求“一带一路”与新型城镇化建设耦合过程中的公共制度、基础设施和干预措施的最佳组合

“一带一路”和新型城镇化战略的实施将会对我国区域间合作的制度设计、基础设施衔接、市场统一、公共服务一体化和产业分工等产生深远的影响。要实现上述目的就需要政府对建设过程中出现的一些问题进行干预，建立市场和政府的互动机制，既要顺其自然，又要有所作

为，相互补充，相互促进。下一步，可以从世界银行提到的密度、距离和分割三个视角，通过对公共制度、基础设施和干预措施三者最佳组合的选择，寻求实现沿“一带一路”在集聚中走向平衡和包容性发展的具体路径。

13.3.2 空间耦合的一个研究方法

在“一带一路”节点城市产业链和价值链布局过程中，企业越是靠近上游工序，价值增值和技术控制能力越强。企业无论以单体形式独立嵌入，还是以集群形式抱团嵌入，都需要参与价值链循环，竞争形态与种群竞争非常相似。就像上文提到的，可以基于Lotka-Volterra竞争法，构造价值链中间品生产环节竞争的非线性微分方程组如下：

$$\begin{cases} dN_1(t)/dt = N_1(t)(\varepsilon_1 + \gamma_1 N_2(t)) \\ dN_2(t)/dt = N_2(t)(\varepsilon_2 + \gamma_2 N_1(t)) \end{cases} \tag{13-1}$$

式中：N_i代表第i类价值链（或工序）的数量；ε_i为企业出生率或死亡率；γ_i代表价值链的相互作用。根据ε_i和γ_i的符号的不同，可以将“一带一路”节点城市的价值链环节的竞争形态，划分为以下五种类型：

① 竞争型：$\varepsilon_1 > 0$、$\varepsilon_2 > 0$；$\gamma_1 > 0$、$\gamma_2 < 0$，描述了价值链条间交互作用且相互替代，争夺相同链条环节；

② 捕获型：$\varepsilon_1 > 0$、$\varepsilon_2 < 0$；$\gamma_1 < 0$、$\gamma_2 > 0$，描述了价值链条某环节被别的节点城市捕获关系；

③ 共生型：$\varepsilon_1 > 0$、$\varepsilon_2 > 0$；$\gamma_1 > 0$、$\gamma_2 > 0$，描述了价值链条间交互作用且相互支撑，共生共荣关系；

④ 偏害型：$\varepsilon_1 > 0$、$\varepsilon_2 > 0$；$\gamma_1 < 0$、$\gamma_2 = 0$，描述了价值链条间交互作用且偏害共存，资源争夺性较弱；

⑤ 共栖型：$\varepsilon_1 > 0$、$\varepsilon_2 > 0$；$\gamma_1 > 0$、$\gamma_2 = 0$，描述了价值链条间交互作用属于共栖关系，资源争夺性最弱。

显而易见，地区城市间价值链之间的关系若是共生型则表明节点城市共同融入了价值链体系，相互作用且相互支撑。事实上，上述每一种情形，都可依照初始条件进行细分，并利用相位图进行模拟。例如，在出生率或死亡率ε_i和价值链相互作用γ_i空间，基于捕获型相平面，可以将价值链的链式竞争依照稳态结构、阈值范围、收敛路径等进行动态刻画。另外，根据Lotka-Volterra的种群竞争思想，(13-1)方程体系还可以揭示链式竞争以及链的集群竞争关系。在Lotka-Volterra的种群竞争思想的基础上，可以进一步结合具体生产函数和需求方程在更深层次上探讨“一带一路”节点城市价值链连接机理。

13.4 结论

“一带一路”倡议与新型城镇化是促进我国今后中长期发展的国家级对外和对内两个统领性部署，“一带一路”重点是构建新时代下区域对外开放大格局，必将会对过去以被动嵌入全球生产网络模式为特点的中国城镇化建设产生深远影响，而作为关键载体的新型城镇化又将对“一带一路”倡议的实施起到重要的支撑作用，两者理应相互交叉、彼此融合。

一是有助于我国产业转型升级。“一带一路”倡议的实施会通过“五通”推动我国企业大规模“走出去”，但若国内没有同步出现区域间产业协同和产业升级，则可能面临产业“空心化”、区域“萧条化”等问题。而新型城镇化建设有利于城乡统筹、城乡一体、产业转移和互动等，有利于中西部更好地对接“一带一路”国外部分。如何实现这个过程，需要深入探讨。

二是有助于新形势下新型城镇化的顺利推进。国家（地区）之间的各类交流活动都将落脚在具体的城市里，“一带一路”沿线国家的合作也必须落脚在城市之间。但我国在沿“一带一路”向西延伸过程中，恰恰面临着中西部城镇化滞后、城市群能级不足以及城市过度蔓延等问题，如何顺应新型城镇化发展规律，抓住“一带一路”倡议契机，更好地发挥政府作用和更有效地运用市场手段，优化、培育合理的城市体系便成了一个关键问题。

三是有助于“胡焕庸线”难题的破解。“胡焕庸线”的形成有着不以人的意志为转移的客观约束，破解“胡焕庸线”两侧不均衡发展的核心不是突破自然地理条件，而是科学、可持续、均衡地发展。由第一地理本性锁定的“胡焕庸线”，要靠第二地理本性和第三地理本性来突破，或者在一定条件下才能打破，在集聚中走向均衡。以“一带一路”为支撑，以新型城镇化为载体，通过全球化、新型工业化和信息化的加持有助于在一定程度上突破“胡焕庸线”。

第Ⅲ篇　口岸物流发展

14 “一带一路”倡议下我国口岸竞合关系演变研究

14.1 引言

口岸作为“一带一路”倡议实现互通互联的重要节点，是一种特殊的资源禀赋，对促进对外开放和区域经济发展具有重要作用。自“一带一路”倡议实施以来，我国口岸的对外开放水平进一步提高，口岸数量进一步增加，特别是内陆和延边口岸的数量增加较快。截至2021年底，我国共有口岸313个，其中水运口岸129个，航空口岸81个，铁路口岸21个，公路口岸82个。中欧（亚）班列的开行城市和开行数量的大幅增加，极大地改变了我国口岸间的竞争格局，从原先的主要是相邻水运口岸之间的竞争变成了水运与水运、水运与陆运、陆运与空运口岸之间相互交织的立体的竞争态势。以中欧（亚）班列的财政补贴竞争为代表，我国口岸间的竞争呈现出复杂化、多样化、激烈化和行政化等特征。主要表现为：一是我国港口产能过剩现象日益凸显，一些港口为了争夺货源、抢占市场份额，甚至不顾自身的效益而进行恶性竞争，导致我国港口竞争加剧（张智，2017）；二是不顾客观条件盲目开行中欧（亚）班列，将原先海运的货物改为铁路运输，导致班列无法持续运营；三是绝大多数中欧（亚）班列依靠财政补贴维持运行，甚至为了争夺货源，竞相提高补贴金额；四是部分口岸为了拉升中欧（亚）班列货运数据，先将货物从途经口岸拉回然后再运出境等。随着信息化和物流便捷化的进一步提高，互通互联程度的进一步加强，口岸腹地重叠度不断加剧。同时，口岸服务对象对口岸服务质量和服务费用的要求越来越高。如何减少口岸间的恶性竞争，建立互利合作的良性口岸竞合机制，成为我国口岸发展中亟须解决的问题，也直接关系着“一带一路”倡议实施的成效。本章基于“一带一路”倡议实施的背景，通过构建理论分析模型，研究口岸之间的竞合关系，以期为我国构建合作共赢的口岸竞合关系提供理论支撑。

14.2 文献回顾

不同于两种常见的商业策略：竞争关系和合作关系，竞合关系强调竞争与合作的同时存在，是竞争与合作的有机融合，是企业兼获合作益处和竞争优势的独特战略，也是企业应对环境不确定性的有效途径。竞合关系的建立促进了企业间信息的交流和共享，有助于缓解信息不确定性给企业带来的影响，从而降低了内部管理成本，改善了企业绩效。杜占河、原欣伟（2017）通过梳理国外竞合研究的最新成果，发现企业参与竞合的驱动力来源于三个方面：行业特征、技术需求和利益相关者等外部环境因素；动机、资源和能力等内部因素；伙伴特征、关系特征等关系因素。

针对口岸竞合关系，国内外学者们开展了广泛的研究。口岸距离、腹地经济规模、口岸数量以及服务互补性被认为是影响口岸竞合的重要因素。曹峰（2019）运用哈肯模型等对口岸竞合关系进行了研究，Song等（2015）从运输链视角对港口竞争问题进行了分析，Song和Cheon（2015）发现规模差异对港口合作动机的影响并不明显，但服务水平对港口合作动机的影响较为显著，并且通过合作拓展物流服务网络对所有参与竞合的港口都有益。

此外，王爱虎等（2018）将“一带一路”变量引入贸易引力模型，研究了物流水平对出口贸易的影响，发现物流水平的提高能够有效削弱距离对出口贸易的阻碍，而且港口效率和公路运输效率与出口额显著正相关。Lau和Li（2015）从用户视角研究了香港港和深圳港的合作问题，结果表明两个港口之间可以通过合作实现互利，有助于增强港口网络的整体竞争力。赵宇哲等（2018）对轴-辐式网络下基于多枢纽竞合的航线优化与港口定价问题进行了研究，发现完全合作可惠及航运企业和枢纽港口的整体利益。吴瑟致（2016）从政府主导视角对长三角港口群竞合关系进行了研究，融入公共选择理论和新区域主义理论的部分内涵，凸显出政府与市场治理关系，更注重政府治理行为的合理性。匡海波等（2018）通过构建供给、需求和共性三维度的港口供需匹配评价指标体系，针对我国港口的供给与需求关系问题进行了研究。

从上文的文献梳理可以看出，针对口岸竞合关系的研究大多局限于水运口岸。自“一带一路”倡议实施以来，传统的水运口岸研究已不足以解释当前多类型口岸间的竞争关系。本章突破了水运口岸研究的局限性，基于“一带一路”倡议下口岸竞争的环境，采用口岸服务差异化参数将水运、陆运和空运口岸进行区分，通过构建理论模型进行分析，增强了研究结论的普适性。

14.3 模型描述

本章中考虑由“一带一路”沿线两个口岸（口岸A和口岸B，这两个口岸可以是同类型的，也可以是不同类型的）组成的寡头市场。口岸通过提供口岸服务获取经济收益，托运人依据自身的口岸偏好和总运费作出口岸选择。假定寡头市场的总体规模为Q，托运人对口岸A的选择偏好为θ （$0 \leqslant \theta \leqslant 1$），反映了托运人选择口岸A的可能性，也是口岸A初始市场规模的反映。由此，可知托运人对寡头市场中口岸B的选择偏好为$1-\theta$。用下标“A”和“B”分别表示两个口岸的相关参数，参数

q_i（$i \in \{A, B\}$）表示通过口岸i的货运量。借鉴Homosombat等（2015）采用的研究方法，用式（14-1）和式（14-2）分别表示通过口岸A和口岸B的货运量。

$$w_A = \theta Q - \alpha q_A + \beta q_B \tag{14-1}$$

$$w_B = (1 - \theta)Q - \alpha q_B + \beta q_A \tag{14-2}$$

式中：总运费w_i（$i \in \{A, B\}$）表示单位货物通过口岸i的总费用。总运费w_i由两部分组成：一部分是运输费用g_i（$i \in \{A, B\}$），即将单位货物由起运地运到目的地的运费，受口岸特征和运输方式的影响；另一部分是服务费用p_i（$i \in \{A, B\}$），即托运人付给口岸的服务费用，也是口岸提供单位服务所获得的报酬。式中的α是总运费弹性系数，表示总运费对口岸货运量的敏感性。β是费用替代系数，表示总运费对竞争口岸货运量的敏感性。为了便于研究，在不失一般性的前提下，假定$\alpha > \beta > 0$，即总运费对自身口岸货运量的敏感性比对竞争口岸货运量的敏感性更强。通过求解式（14-1）和式（14-2）的联立方程组，得到两个口岸的货运量分别为：

$$\begin{cases} q_A = \dfrac{\alpha(\theta Q - p_A - g_A) + \beta[(1-\theta)Q - p_B - g_B]}{\alpha^2 - \beta^2} \\ q_B = \dfrac{\beta(\theta Q - p_A - g_A) + \alpha[(1-\theta)Q - p_B - g_B]}{\alpha^2 - \beta^2} \end{cases}$$

口岸通过对口岸服务进行定价，即设定服务费用p_i（$i \in \{A, B\}$），谋求经济收益最大化。由此可以得到两个口岸的收益函数，分别如式（14-3）和式（14-4）所示。

$$\pi_A = (p_A - c_A)q_A \tag{14-3}$$

$$\pi_B = (p_B - c_B)q_B \tag{14-4}$$

式中：参数c_i（$i \in \{A, B\}$）表示口岸i的运营成本。由式（14-3）和式（14-4）可知，口岸收益受口岸服务边际利润和口岸货运量的共同影响。口岸在服务定价过程中既要考虑定价对边际利润的影响，又要考虑定价对口岸货运量的影响，需要在二者之间做出权衡。在后文中，进一步考虑口岸关系对口岸服务定价的影响，其中14.4.1考虑的是竞争关系下口岸的服务定价策略；14.4.2考虑的是竞合关系下口岸的服务定价策略。用上标“M”和“D”分别表示竞争关系和竞合关系下的各种参数。

14.4 模型构建及分析

14.4.1 口岸竞争关系

竞争关系下，市场中的两个口岸进行竞争博弈。本章不考虑口岸规模对口岸服务定价策略的影响，假定二者同时进行服务博弈定价。在获知两个口岸服务价格和总运费的前提下，托运人作出口岸选择。竞争关系中，两个口岸通过服务定价来谋求自身经济收益的最大化，即分散决策情景。由此，将口岸货运量表达式代入口岸收益函数，可得口岸在竞争关系下的收益最大化问题。在p_B给定的前提下，口岸A的收益最大化问题如式（14-5）所示：

$$\mathrm{Max}\pi_A(p_A|p_B)=(p_A-c_A)\frac{\alpha(\theta Q-p_A-g_A)+\beta[(1-\theta)Q-p_B-g_B]}{\alpha^2-\beta^2} \tag{14-5}$$

同理，在口岸A服务定价p_A给定的前提下，口岸B通过设定服务价格p_B谋求自身经济收益最大化，其最大化收益函数如式（14-6）所示：

$$\mathrm{Max}\pi_B(p_B|p_A)=(p_B-c_B)\frac{\beta(\theta Q-p_A-g_A)+\alpha[(1-\theta)Q-p_B-g_B]}{\alpha^2-\beta^2} \tag{14-6}$$

式（14-5）和（14-6）分别对p_A和p_B求导并联立求解分别得出口岸竞争关系下两个口岸的最佳服务定价、口岸货运量和口岸最大收益如下：

$$\begin{cases} p_A^{M*}=-\dfrac{Q[\alpha\beta(-1+\theta)-2\alpha^2\theta+\beta^2\theta]-2\alpha^2c_A+\alpha\beta c_B+(2\alpha^2-\beta^2)g_A+\alpha\beta g_B}{4\alpha^2-\beta^2} \\ p_B^{M*}=\dfrac{Q[-2\alpha^2(-1+\theta)+\beta^2(-1+\theta)+\alpha\beta\theta]-\alpha\beta c_A+2\alpha^2c_B-\alpha\beta g_A-2\alpha^2g_B+\beta^2g_B}{4\alpha^2-\beta^2} \end{cases}$$

$$\begin{cases} q_A^M=\dfrac{\alpha[Q(\alpha\beta+2\alpha^2\theta-\alpha\beta\theta-\beta^2\theta)+(-2\alpha^2+\beta^2)c_A-\alpha\beta c_B-2\alpha^2g_A+\beta^2g_A-\alpha\beta g_B]}{4\alpha^4-5\alpha^2\beta^2+\beta^4} \\ q_B^M=\dfrac{\alpha[2Q\alpha^2-Q\beta^2-2Q\alpha^2\theta+Q\alpha\beta\theta+Q\beta^2\theta-\alpha\beta c_A+(-2\alpha^2+\beta^2)c_B-\alpha\beta g_A-2\alpha^2g_B+\beta^2g_B]}{4\alpha^4-5\alpha^2\beta^2+\beta^4} \end{cases}$$

$$\begin{cases} \pi_{A}^{M} = \dfrac{\alpha[Q(\alpha\beta(-1+\theta)-2\alpha^2\theta+\beta^2\theta)+(2\alpha^2-\beta^2)c_A+\alpha\beta c_B+(2\alpha^2-\beta^2)g_A+\alpha\beta g_B]^2}{(\alpha-\beta)(\alpha+\beta)(-4\alpha^2+\beta^2)^2} \\ \pi_{B}^{M} = \dfrac{\alpha[Q(2\alpha^2(-1+\theta)-\beta^2(-1+\theta)-\alpha\beta\theta)+\alpha\beta c_A+(2\alpha^2-\beta^2)c_B+\alpha\beta g_A+(2\alpha^2-\beta^2)g_B]^2}{(\alpha-\beta)(\alpha+\beta)(-4\alpha^2+\beta^2)^2} \end{cases}$$

结论1：在竞争关系下，口岸的最佳服务定价不仅受到自身口岸因素（市场规模、运输费用、运营成本）的影响，也受竞争口岸因素（市场规模、运输费用、运营成本）以及费用弹性系数和费用替代系数的影响。

这是由于口岸服务定价过程需要在口岸服务边际利润和口岸货运量之间作出权衡。口岸运营成本的增加将驱使口岸提高服务定价以抵消口岸运营成本，从而保证服务边际利润非负；同时，口岸服务定价的增加又会增加托运人的总运费，从而降低托运人选择口岸的意愿，进而降低口岸货运量。竞争口岸的市场规模、总运费和运营成本会对口岸在寡头市场中的竞争地位产生影响，进一步影响托运人的选择倾向，从而对口岸货运量产生影响。为了进一步分析相关参数对口岸服务定价的影响，对竞争关系下口岸最佳服务定价进行敏感性分析。

基于竞争关系下口岸A的最佳服务定价p_A^{M*}，分别求解其关于自身运输费用和运营成本以及竞争口岸的运输费用和运营成本的一阶导数，可得$\dfrac{dp_A^{M*}}{dg_A}=-\dfrac{2\alpha^2-\beta^2}{4\alpha^2-\beta^2}<0$，$\dfrac{dp_A^{M*}}{dc_A}=\dfrac{2\alpha^2}{4\alpha^2-\beta^2}>0$，$\dfrac{dp_A^{M*}}{dg_B}=-\dfrac{\alpha\beta}{4\alpha^2-\beta^2}<0$，$\dfrac{dp_A^{M*}}{dc_B}=-\dfrac{\alpha\beta}{4\alpha^2-\beta^2}<0$；同理，通过分析口岸B的最佳服务定价$p_B^{M*}$对于自身运输费用和运营成本、竞争口岸运输费用和运营成本的敏感性，可得$\dfrac{dp_B^{M*}}{dg_B}=\dfrac{-2\alpha^2+\beta^2}{4\alpha^2-\beta^2}<0$，$\dfrac{dp_B^{M*}}{dc_B}=-\dfrac{2\alpha^2}{-4\alpha^2+\beta^2}>0$，$\dfrac{dp_B^{M*}}{dg_A}=\dfrac{\alpha\beta}{-4\alpha^2+\beta^2}<0$，$\dfrac{dp_B^{M*}}{dc_A}=\dfrac{\alpha\beta}{-4\alpha^2+\beta^2}<0$。由此，得到推论1和推论2：

推论1：口岸服务定价随着运输费用的增加而降低。

托运人总运费包含运输费用和口岸服务费用（即口岸服务定价）两部分。运输费用的增加，意味着托运人总运费的增加，会降低托运人选择该口岸的意愿，进而会对口岸货运量产生负向影响。由于口岸服务定价是口岸服务边际收益和口岸货运量权衡的结果，因此口岸会通过降低口岸服务定价的方式来弥补托运人总运费的增加，从而使得口岸获得最大收益。竞争口岸运输费用的增加，就会增加选择竞争口岸的总运费，从而使得一些托运人由选择竞争口岸转向本口岸，进而使得本口岸货运量增加。为了维持和巩固口岸在寡头市场中的竞争优势，口岸会在一定程度上选择降低口岸服务定价。

推论2：口岸服务定价随着自身口岸运营成本的增加而增加，随着竞争口岸运营成本的增加而降低。

口岸运营成本直接影响着口岸服务的边际利润，运营成本越高，口岸服务的边际利润就越低。口岸服务定价对口岸收益具有两方面的影响：一方面口岸服务定价必须能够完全抵消口岸运营成本，从而保证口岸服务边际利润为正，符合口岸追求收益最大化的初衷；另一方面，口岸服务定价又是托运人总运费的重要组成部分，服务定价的提高会增加托运人的总运费，降低托运人选择该口岸的动机和意愿，从而使得口岸货运量下降。竞争关系中，口岸服务费用对口岸服务边际利润的影响占主导作用。因此，口岸运营成本的增加会驱动口岸提高服务定价。竞争口岸运营成本的增加，会增加托运人选择竞争口岸的总运费，进而降低竞争口岸的货运量。部分托运人由竞争口岸转向本口岸，增加了本口岸的货运量，使得本口岸在寡头市场中具有一定的竞争优势。为了维持和巩固这种竞争优势，口岸会选择降低口岸服务定价。

14.4.2 口岸竞合关系

口岸竞合关系是口岸竞争与合作的有机融合，是口岸应对环境不确定性的有效策略。竞合关系下，口岸在服务定价过程中不仅考虑自身的收益，还要考虑整个市场的收益情况。口岸通过设定自身价格来追求整个寡头市场的收益最大化，即集中决策情景。口岸竞合关系下的决策序列与口岸竞争关系下的决策序列一致。竞合关系下，寡头市场中的两个口岸同时设定口岸服务费用（即口岸服务定价）。在获知两个口岸服务定价和运输费用的前提下，托运人依据总运费和选择偏好作出口岸选择。不同于竞争关系，竞合关系中口岸服务定价立足的是整个市场的收益最大化而不是口岸自身收益的最大化。由此，竞合关系下，口岸收益最大化问题可以表示为式（14-7）。

$$\mathrm{Max}\pi(p_A, p_B)=(p_A-c)\frac{\alpha(\theta Q-p_A-g_A)+\beta[(1-\theta)Q-p_B-g_B]}{\alpha^2-\beta^2}+(p_B-c)\frac{\beta(\theta Q-p_A-g_A)+\alpha[(1-\theta)Q-p_B-g_B]}{\alpha^2-\beta^2} \tag{14-7}$$

式（14-7）分别对p_A和p_B求导并联立求解分别可得竞合关系下两个口岸的最佳服务定价、口岸货运量和口岸收益如下：

$$\begin{cases} p_A^D = \frac{1}{2}(c_A + Q\theta - g_A) \\ p_B^D = \frac{1}{2}[c_B + (1-\theta)Q - g_B] \end{cases}$$

$$\begin{cases} q_A^D = -\frac{-Q\beta - Q\alpha\theta + Q\beta\theta + \alpha c_A + \beta c_B + \alpha g_A + \beta g_B}{2(\alpha^2 - \beta^2)} \\ q_B^D = -\frac{-Q\alpha + Q\alpha\theta - Q\beta\theta + \beta c_A + \alpha c_B + \beta g_A + \alpha g_B}{2(\alpha^2 - \beta^2)} \end{cases}$$

$$\begin{cases} \pi_A^D = \frac{(-Q\theta + c_A + g_A)(-Q\beta - Q\alpha\theta + Q\beta\theta + \alpha c_A + \beta c_B + \alpha g_A + \beta g_B)}{4(\alpha^2 - \beta^2)} \\ \pi_B^D = \frac{(Q(-1+\theta) + c_B + g_B)(-Q\alpha + Q\alpha\theta - Q\beta\theta + \beta c_A + \alpha c_B + \beta g_A + \alpha g_B)}{4(\alpha^2 - \beta^2)} \end{cases}$$

结论2：在竞合关系下，口岸服务的最佳定价只与口岸自身的市场规模、运输费用、运营成本有关，而与竞争对手的市场规模、运输费用、运营成本以及费用弹性系数和费用替代系数无关。

这是由于竞合关系下，口岸服务定价过程谋求的是整个市场的最大收益，而非口岸自身的收益最大化。这就会杜绝内耗性竞争所造成的资源浪费，促进资源在系统内的有效配置，从而提高整个市场的收益。因此，口岸在服务定价过程中突显出竞合关系中的合作角色，忽略竞争所导致的托运人转移，并通过服务定价实现口岸系统的资源整合和配置，使得托运人尽可能选择具有相对优势的口岸。同时，竞合关系还承担着部分竞争角色。虽然竞合关系下口岸服务定价追求的是市场整体收益最优，但竞争角色的存在又使得口岸不能无谓地损失自身的收益。口岸在服务定价过程中必须考虑口岸自身因素（市场规模、运输费用和运营成本）的影响。为进一步分析相关参数的影响，对竞合关系下口岸服务定价进行敏感性分析。

基于竞合关系下口岸A的最佳服务定价，分别求解其关于运输费用和运营成本的一阶导数可得：$\frac{dp_A^{D^*}}{dg_A} = -\frac{1}{2} < 0$；$\frac{dp_A^{D^*}}{dc_A} = \frac{1}{2} > 0$。同理，分别求解口岸B的最佳服务定价对于运输费用和运营成本的一阶导数可得：$\frac{dp_B^{D^*}}{dg_B} = -\frac{1}{2} < 0$；$\frac{dp_B^{D^*}}{dc_B} = \frac{1}{2} > 0$。由此，得到推论3。

推论3：在竞合关系下，口岸服务定价随着运营成本的增加而提高，随着运输费用的增加而降低。

口岸服务定价必须保证口岸服务边际利润为正，以满足口岸追求收益最大化的初衷。口岸运营成本的增加，表明口岸服务费用中的大部分用来抵消运营成本，为了获得更多收益，口岸将不得不提高口岸服务定价。运输费用的增加，提高了托运人的总运费，降低了托运人选择口岸的意愿，进而对口岸货运量产生负向影响。为了缓解货运量下降对口岸收益的影响，口岸会选择降低服务定价的方式来弥补托运人总运费的增加。

14.5 服务差异化对口岸竞合行为的影响

在上文中主要考虑了口岸竞争关系和口岸竞合关系下口岸的服务定价策略，并考虑相关参数对口岸服务定价的影响。在下文中进一步考虑口岸服务差异对口岸策略的影响。口岸服务差异在这里既可以表示同类型口岸的服务差异，如信息化、智能化和营商环境等差异所导致的服务差异，也可以表示不同类型的口岸所提供的服务差异，如水运口岸与陆运口岸间的服务差异，这种差异往往更大。这里用$\frac{1}{k}$ $(0 < k < 1)$来表示口岸服务的差异化水平，其中$k = \frac{\beta}{\alpha}$。k越大，说明竞争口岸服务的替代效应越大，口岸服务的差异化水平越小，同质化程度越高；k越小，表明竞争口岸的替代效应越小，口岸服务的差异化水平越高，异质化程度越高。当$k = 1$时，两个口岸的服务完全同质化，具有完全替代效应；

当$k=0$时，两个口岸的服务完全异质化，不具有替代效应。为了更直观地反映口岸服务差异对口岸策略的影响，本章采用数值仿真的方法。相关参数的数值设定及说明见表14-1。

表14-1 **参数数值设定及说明**

参数赋值	说明
$Q=100$	目标市场的总体规模为100
$g_A=g_B=5$	口岸特征相似而且面向同一个市场，托运人选择的运输方式相同
$c_A=3$，$c_B=1$	口岸A的运营成本高于口岸B，口岸B具有一定的运营效率优势
$\theta=0.3$	口岸A和口岸B以3∶7来分享市场，由于口岸B具有运营效率优势，所以口岸B的市场规模高于口岸A的市场规模
$\alpha=2$	总运费弹性系数，增加一个单位的总运费会使得口岸货运量降低2个单位

将相关参数赋值及$\beta=k\alpha$代入竞争关系下口岸均衡策略中，可得两个口岸的最佳服务定价为$\begin{cases}p_A^M=\dfrac{56+64k-25k^2}{4-k^2}\\ p_B^M=\dfrac{132+22k-65k^2}{4-k^2}\end{cases}$，两个口岸的货运量为$\begin{cases}q_A^M=\dfrac{22+32k-11k^2}{k^4-5k^2+4}\\ q_B^M=\dfrac{64+11k-23k^2}{k^4-5k^2+4}\end{cases}$，以及两个口岸的收益为$\begin{cases}\pi_A^M=\dfrac{2\left(22+32k-11k^2\right)^2}{\left(k^2-4\right)^2\left(1-k^2\right)}\\ \pi_B^M=\dfrac{2\left(64+11k-32k^2\right)^2}{\left(k^2-4\right)^2\left(1-k^2\right)}\end{cases}$。同理，将相关参数赋值代入竞合关系下口岸均衡策略中，可得两个口岸的最佳服务定价、口岸货运量和口岸收益分别为：$\begin{cases}p_A^D=14\\ p_B^D=33\end{cases}$，$\begin{cases}q_A^D=\dfrac{11+32k}{2\left(1-k^2\right)}\\ q_B^D=\dfrac{11k+32}{2\left(1-k^2\right)}\end{cases}$和$\begin{cases}\pi_A^D=\dfrac{121k+352}{2\left(1-k^2\right)}\\ \pi_B^D=\dfrac{176k+512}{2\left(1-k^2\right)}\end{cases}$。分别求解口

岸服务定价关于口岸服务差异化的一阶导数，即 $\frac{dp_A^M}{dk}=\frac{8\left(8k^2-11k+32\right)}{\left(k^2-4\right)^2}>0$，$\frac{dp_B^M}{dk}=\frac{2\left(11k^2-128k+44\right)}{\left(k^2-4\right)^2}$，$\frac{dp_A^D}{dk}=\frac{dp_B^D}{dk}=0$，由此得到推论4。

推论4：在竞争关系下，口岸服务差异负向影响具有低运营效率口岸的服务定价，对高运营效率口岸的服务定价影响不确定；在竞合关系下，口岸服务差异对口岸服务定价不产生影响（如图14-1所示）。

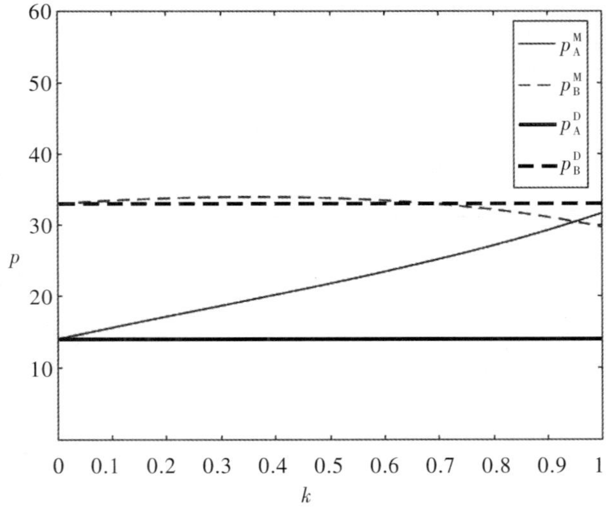

图14-1 口岸服务差异化对口岸服务定价的影响

口岸服务差异是口岸竞争激烈程度的一种反映，也在一定程度上反映了口岸服务的替代性。根据参数赋值可知，口岸B的运营效率较高，在寡头市场中具有竞争优势；口岸A的运营效率较低，在寡头市场中处于竞争劣势。在其他条件给定的前提下，口岸服务差异越小，表明口岸服务的同质性越高，口岸竞争越激烈。

在竞争关系下，口岸服务定价过程中既要考虑自身的收益，又要考虑竞争对手的策略。随着口岸服务差异水平的降低，低运营效率口岸的竞争劣势愈加明显。越来越多的托运人转向具有高运营效率的口岸。当服务差异处于较高水平时（即k较小时），服务定价的变化对托运人选择口岸的影响较少，高运营效率口岸能够通过提高服务定价来获取更多收益。当服务差异处于较低水平时（即k较大时），口岸服务具有较强的替代性，对高运营效率口岸带来两方面影响：一是随着口岸服务差异化水平的降低，高运营效率口岸的差异化优势逐步丧失；二是口岸服务差异化水平的降低，使得更多的托运人选择高运营效率口岸，从而使得通过高运营效率口岸的货运量增加，进而驱动高运营效率口岸通过降低服务定价来获取更多的收益。

在竞合关系下，口岸服务定价的一个主要目的就是尽可能地让货物通过具有相对优势的口岸，即高运营效率口岸。口岸服务差异化所导致的口岸竞争效应就不复存在。因此，口岸服务差异对竞合关系下的口岸服务定价不产生影响。进一步分析口岸服务差异对口岸货运量的影响，得到推论5。

推论5：口岸服务差异化负向影响口岸的货运量（如图14-2所示）。

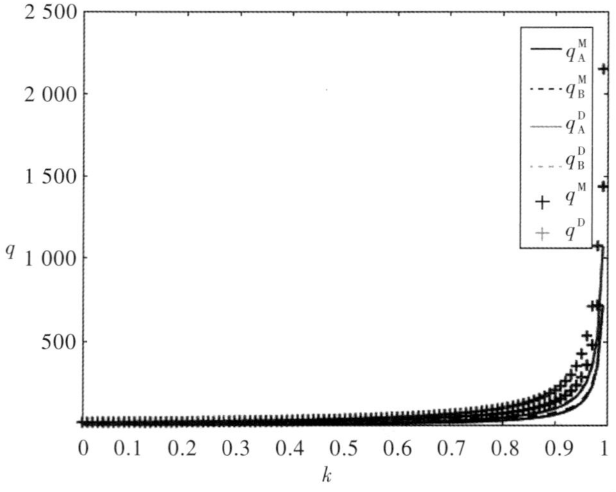

图14-2 口岸服务差异化对口岸货运量的影响

在费用弹性系数（α）已知的前提下，随着口岸服务差异化水平的降低（k增大），费用替代系数（β）变大，从而带来口岸货运量的增加。通过比较两种口岸关系下的口岸收益情况，得到推论6。

推论6：竞合关系能够增加高运营效率口岸的收益以及两个口岸的总收益，但并不一定能够增加低运营效率口岸的收益，并且口岸服务差异负向影响口岸收益。

口岸竞合关系是口岸资源整合的反映。口岸服务差异化水平越低，竞合关系对口岸资源的配置越高效，越有利于促进口岸收益的增加。高运营效率口岸和低运营效率口岸通过竞合关系对口岸资源进行重新配置，促使托运人更多地选择具有高运营效率的口岸，从而提高口岸系统的整体运营效率，增加两个口岸的总体收益。竞合关系通过资源配置，使得选择高运营效率口岸的货运量增加，从而有助于口岸通过服务定价获取更多的口岸收益。但竞合关系并不一定能增加低运营效率口岸的收益（如图14-3所示）。运营效率和服务差异是造成这一现象的主要原因。当口岸服务差异化水平较高（k较小）时，费用替代系数较小，总运费变动对竞争口岸货运量的影响较小，竞合关系减少了口岸的内耗性竞争，从而增加了低运营效率口岸的收益。当口岸服务差异化水平较低（k较大）时，费用替代系数变大，总运费变动对竞争口岸货运量的影响较大。竞合关系使得更多的托运人选择高运营效率口岸，从而大大减少了低运营效率口岸的货运量。虽然竞合关系能够减少竞争内耗，增加口岸收益，但资源内耗减少所带来的收益增加效应不足以抵消货运量下降带来的收益减少效应，从而导致低运营效率口岸收益的下降。

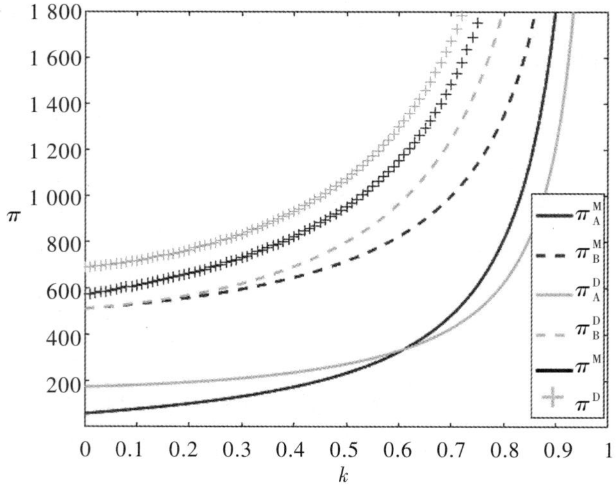

图14-3　口岸服务差异化对口岸收益的影响

14.6 结论与政策建议

14.6.1 研究结论

通过上文的分析，结合“一带一路”倡议实施以来口岸发展的实际情况可以得出如下结论：

第一，“一带一路”口岸间无序的竞争造成了口岸资源整体性的浪费。在竞争关系下，在同类口岸，特别是相邻的同类口岸之间，各个口岸总是竭尽全力通过降低成本的方式扩大自身的市场规模，有的不惜采用财政补贴的方式让本地口岸获得竞争优势。而低运营效率的口岸一般实力弱，采用新技术难度大，将进一步拉大与高运营效率口岸的差距，使得低运营效率口岸陷入恶性循环。不同类型的相邻口岸，如水运与陆运口岸之间，由于总运费差距大，陆运口岸在总运费上只有通过价格补贴提升与水运口岸间的竞争力；通过进一步缩短运输时间等方式扩大与水运口岸的服务差异化，提升托运人对陆运口岸的选择偏好。与此同时，通过与相邻陆运口岸间的竞相压价来扩大市场规模。因此，竞争虽然可以提高单个口岸的技术进步和管理水平，但是竞争使同类和不同类型的口岸间形成恶性竞争，而且由于口岸是一种具有特殊禀赋特征的资源，地方政府不惜采用财政补贴的方式支持本地口岸的发展，进一步造成了市场的扭曲，形成系统性的竞争、整体性的浪费。

第二，营造既竞争又合作的竞合关系是在“一带一路”背景下我国口岸健康发展的重要保证。在竞合关系下，口岸服务的最佳定价只与口岸自身因素有关，而与竞争对手的因素以及费用弹性系数和费用替代系数无关。因此，同类口岸间不以价格战“互挖墙脚”，而是专注于自身的技术进步、提高管理水平和改善营商环境上。不同类口岸间（如水运与陆运口岸之间），将着力点放在强化各自的服务差异化上，如水运进一步强化运量大、成本低的优势，克服运输时间长的劣势。而陆运口岸则进一步强化运输的快捷优势和“门到门”便捷的优势，通过提升运量和回程承载率等方式降低运输成本。随着“一带一路”建设的推进，陆海联运业务迅速增长，通道间竞争日益加剧，通道内不同类型口岸间只有相互协作才能形成通道整体的竞争优势。

14.6.2 政策建议

在“一带一路”建设过程中，如何避免口岸间的恶性竞争，从而建立既竞争又合作的竞合关系，本章提出以下几点建议：

第一，海运口岸要打造集多种运输方式于一体的立体化综合运输体系。在“一带一路”中蒙俄、新亚欧大陆桥、中国-中亚-西亚、中国-中南半岛、中巴、孟中印缅六大经济走廊大多是集水运（主要是海运）、陆运、空运和管道运输等多种运输方式于一体的大通道，其中海运口岸既是多种运输方式的节点，更是枢纽。因此，构建以海运港口为核心的立体化综合运输体系，发挥不同运输方式的优势，避免不同运输方式之间的恶性竞争，实现多式联运综合效益最大化是建设“一带一路”六大经济走廊的关键举措之一。

第二，在“一带一路”沿线要打造合作共赢的口岸生态体系。在逆全球化和贸易保护主义日趋严重的情况下，我国与“一带一路”沿线国家间的贸易增长迅速，“一带一路”沿线的运输变得愈加重要，通道运输的效率和成本将影响我国稳外资和稳外贸的成效。因此，构建以通道整体运输效率最高和运输成本最低的口岸生态体系至关重要。只有通道内不同类型口岸间相互协作，一是通过制定科学合理的运输方式组合；二是制定科学的货物集散路径，如在班列经停的沿线口岸进行货物的编组和装卸；三是进行合理的分段定价等，才能形成通道整体的竞争优势，打造一种让托运人各有所好，能够各取所好的健康的口岸生态体系。

第三，发挥政府这只“有形的手”的作用打造口岸间健康的竞合关系。由于口岸是一种对于地方经济发展具有特殊作用的资源，因此不遗余力支持口岸建设和发展一直被地方政府视为天经地义之事。可以说，我国口岸间的恶性竞争，特别是中欧（亚）班列间的竞争，政府是重要的推手。因此，一是建议将对口岸运输量，特别是对中欧（亚）班列运输量的考核改变为对口岸经济效益的考核。二是建议尽快取消中欧

（亚）班列的财政补贴政策。中欧（亚）班列运费的财政补贴在一开始应该有合理的成分，但是随着中欧（亚）班列的常态化运营，继续的财政补贴将加剧口岸间的不合理竞争，造成市场扭曲和整体的经济损失。三是政府间要加强协调，积极搭建平台，促进在“一带一路”口岸间形成互利共赢的良性竞合关系。

15 “一带一路”倡议下中国口岸出入境货运量的时空格局演变

15.1 引言

2013年9月和10月，习近平总书记提出“一带一路”倡议，受到国内外各界的广泛关注和积极响应。2015年3月28日，国家发展和改革委员会联合外交部和商务部发布了《推动共建丝绸之路经济带和21世纪海上丝绸之路的愿景与行动》（以下简称为《愿景与行动》），明确了“一带一路”倡议的总体框架和实施路径，加快了“一带一路”建设的步伐。该文件特别强调了口岸建设的重要性，提出要通过提升口岸的软硬件条件为我国及沿线国家的互联互通提供便利（陈榛、许抄军，2016）。口岸作为国家对外开放的门户，是国内经济系统与国外经济系统联系的重要通道。在“一带一路”建设过程中，口岸及口岸城市利用自身区位优势和其发达的交通网络成为货物的集散地和经贸活动的集聚地（王方，2019），从而推动区域经济的发展。随着“一带一路”倡议的实施，货物贸易总量稳步增加，特别是《愿景与行动》发布后，各类（水运、航空、陆运）口岸的出入境货运量增长尤为明显（如图15-1所示）。“一带一路”倡议的实施不仅为口岸及口岸经济的发展带来了新机遇，而且通过口岸及口岸经济的发展影响着区域经济的发展和与“一带一路”沿线国家的合作，在一定程度上决定着“一带一路”倡议实施的成效。因此，研究口岸及口岸经济的发展对“一带一路”建设具有重大意义。

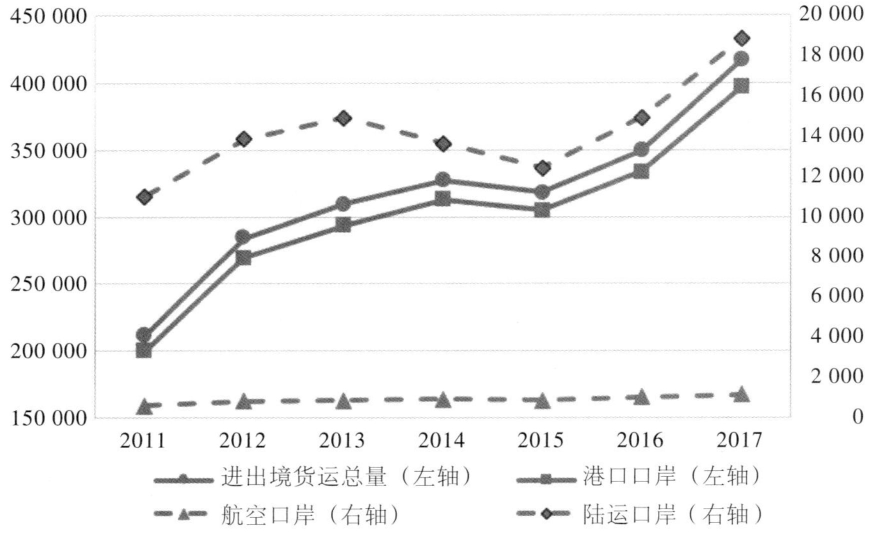

图15-1 2011—2017年全国各类口岸出入境货运量变化情况（单位：万吨）

资料来源：《中国口岸年鉴》（2012—2018年）。

注：《中国口岸年鉴》记录的为前一年的数据，例如2014年《中国口岸年鉴》记录2013年的出入境货运量数据。

目前国内外关于口岸及口岸经济发展的研究文献不少。国外的研究大多侧重分析方法，如探索性空间数据分析法（exploratory spatial data analysis，ESDA），但因缺乏数据无法对中国口岸的发展进行实证研究。国内学者的研究多处于理论层面或利用传统统计方法处理阶段（陈榛、许抄军，2016），利用探索性空间数据分析方法对口岸发展进行分析的文献相对缺乏，研究“一带一路”倡议提出后口岸发展的文献则更少。朱振和扈瑞鹏（2018）利用2007—2015年的各省份口岸进出境货运量数据进行空间统计分析，发现水运口岸出入境货运量存在显著相关性且集聚效应不断增强。但因采用的货运量数据截至2015年，该研究并未能揭示《愿景与行动》发布后我国口岸货运量发生的时空格局变化，也并未结合区域货运量进行深度分析。

本章利用“一带一路”倡议提出前后全国31个省（自治区、直辖市，为表述方便以下统称为“省份”）的口岸出入境货运量数据，对我国口岸出入境货运量进行空间差异和动态变化分析，并且对各类口岸的出入境货运量时空差异进行详细分析，与各省份的区域货运量的时空格局进行比较分析得出结论。在此基础上，提出“一带一路”背景下我国口岸发展的对策建议。

15.2 数据来源及研究方法

15.2.1 数据来源

口岸出入境货运量分析采用的是全国31个省（自治区、直辖市，不包括香港、澳门特别行政区以及台湾地区）的数据，且为出境和入境的货运总量数据，数据来源于《中国口岸年鉴》（2012—2018）。各省份的区域货运量时空格局分析采用的是2011—2017年的相同的31个省份的货运量数据，数据来源于“中国一带一路网”。

15.2.2 研究方法

本章运用空间自相关分析，对2011—2017年中国31个省份的口岸出入境货运量和地区货运量进行时空格局分析。

（1）全局空间自相关分析——Global Moran’s I指数

全局自相关统计量主要有Global Moran’s I和Global Geary’s C等，其中Global Moran’s I统计量不易受偏离正态分布影响，故而比较常用。本章利用Global Moran’s I指数对各省份口岸的出入境货运量水平的空间相关性和集聚情况进行总体测度。Global Moran’s I指数：

$$I = \frac{\sum_{i=1}^{n}\sum_{j=1}^{n} W_{ij}(Y_i - \bar{Y})(Y_j - \bar{Y})}{S^2 \sum_{i=1}^{n}\sum_{j \neq i}^{n} W_{ij}} \tag{15-1}$$

式中：均值 $\bar{Y} = \frac{\sum_{i=1}^{n} Y_i}{n}$，样本方差 $S^2 = \frac{\sum_{i=1}^{n}(Y_i - \bar{Y})^2}{n}$。

n为空间观测单元省份数量，Y_i、Y_j分别为第i、j省份的口岸出入境货运量，W_{ij}为邻接空间权重矩阵的（i，j）元素。考虑邻接情况时，海南省虽然为岛屿，但因距离广东较近，且有较多的经贸往来，因此算作海南省与广东省邻接。全局Moran's I指数一般在［-1，1］之间取值，在给定显著性水平下，反映了各省份口岸出入境货运水平的总体空间差异程度。全局Moran's I值大于0表示空间正相关，即口岸出入境货运水平高（或低）的省份在空间上的集聚特征明显；全局Moran's I值小于0表示空间负相关；全局Moran's I值等于0表明为空间随机分布。

（2）局部空间差异分析——Local Moran's I指数

全局Moran's I指数是一种总体统计指标，仅能说明所有区域与周边区域的空间差异的平均程度，因此无法测量局部区域在相近空间的相关程度。因此，为了揭示局部区域的空间相关性和集聚情况，有必要使用Local Moran's I_i统计量进行局部自相关分析。Local Moran's I指数计算公式如下：

$$I_i = z_i \sum_j W_{ij} z_j \tag{15-2}$$

式中：z_i、z_j分别是空间观测单元（省份）i和j上的观测值的标准化。

15.3 口岸出入境货运量的空间分析

15.3.1 口岸出入境货运量基本情况分析

由图15-1可知，2011—2013年，全国各类口岸出入境货运量增长迅速。但2013年后，增长速度减慢，甚至出现回落，其中回落最早且幅度最大的是陆运口岸。2014年各类口岸出入境货运量的回落一定程度上与当年世界经济不景气有关。《愿景与行动》发布后，回落趋势被快速扭转，各类口岸出入境货运量恢复高速增长。其中，陆运口岸2016年和2017年的增长率分别高达19.84%和26%，高于同期其他类型口岸，这主要归功于中欧（亚）班列线路和开行班次的快速增加。从三类口岸进出口货运量占比来看，水运口岸占比最高且略有上升，2011—2017年平均占比为95.22%，可见水运口岸承担了出入境货运的主要任务，而航空口岸和陆运口岸出入境货运量占比分别仅为0.28%和4.50%。

由表15-1可知，各省份出入境货运量差异巨大，区域性特征十分明显。2011—2017年，东部沿海省份（山东、河北、天津、辽宁、江苏、上海、浙江、福建、广东及海南）出入境货运量之和占出入境货运总量比例平均超九成。虽然部分省份排名先后有变动，但是全国出入境货运量排名前10名的省份并没有发生变化（分别为山东、广东、江苏、浙江、河北、上海、辽宁、天津、福建及广西）。其中，山东省一直遥遥领先，江苏省和广东省位居第二和第三位。且广东省年平均增长率为15.79%，高于全国平均值11.96%。2017年口岸出入境货运量，广东省排名由2016年的第三位跃居2017年的第二位，且货运总量相较于前一年增长了91.51%，远高于当年的全国平均值19.17%。

表15-1　　全国各省份出入境货运量情况（2011—2017年）

单位：万吨

序号	省份	2011年	2012年	2013年	2014年	2015年	2016年	2017年
1	北京	137.11	182.36	191.87	189.03	178.30	186.89	198.83
2	天津	16 661.86	20 999.11	22 310.15	24 788.00	24 245.69	23 999.45	23 191.91
3	河北	16 207.68	21 996.72	24 848.67	30 403.93	31 124.10	34 128.74	34 219.01
4	山西	0.04	0.04	0.18	0.19	0.12	0.09	0.07
5	内蒙古	4 674.72	5 203.45	4 861.20	4 890.53	4 086.10	5 436.40	6 376.70
6	辽宁	13 480.14	15 856.49	16 690.44	18 662.96	18 155.84	15 823.04	28 549.23
7	吉林	129.77	156.30	193.19	293.09	338.39	442.89	469.67

续表

序号	省份	2011年	2012年	2013年	2014年	2015年	2016年	2017年
8	黑龙江	942.70	2 431.20	2 659.18	2 397.21	2 601.98	2 706.47	2 929.83
9	上海	17 184.66	26 529.64	27 743.10	28 382.66	27 950.78	28 109.74	29 880.73
10	江苏	23 835.59	34 373.00	37 709.91	38 106.10	36 744.88	46 116.51	47 928.96
11	浙江	22 560.30	28 914.80	32 272.54	33 377.21	31 684.07	35 375.68	40 074.02
12	江西	73.31	90.04	96.85	97.04	108.74	138.01	149.03
13	安徽	1 668.82	1 560.46	1 661.16	1 861.58	2 160.39	3 038.61	3 089.45
14	福建	11 544.25	15 497.13	16 580.53	18 851.80	15 794.48	16 537.99	17 512.90
15	山东	36 659.66	57 103.14	65 702.27	64 745.26	69 414.03	79 283.38	86 513.88
16	河南	0.72	4.87	10.64	19.96	21.31	37.96	60.38
17	湖北	2 181.19	2 341.28	1 917.33	1 770.20	1 749.70	1 659.35	1 377.64
18	湖南	37.64	63.50	62.50	78.51	94.68	107.12	151.32
19	广东	28 696.07	32 839.27	34 724.20	38 466.88	33 605.46	36 042.97	69 026.19
20	广西	8 129.30	9 861.25	10 009.33	11 679.76	10 340.28	11 957.46	13 456.61
21	海南	2 145.13	2 688.01	2 643.85	3 031.28	2 911.42	3 366.13	3 694.96
22	重庆	369.48	659.15	937.34	822.71	771.25	585.08	742.43
23	四川	1.96	3.14	9.49	16.55	17.24	17.04	19.12
24	贵州	0.04	0.04	0.04	0.04	0.07	0.06	0.08
25	云南	756.76	589.90	906.00	1 121.34	1 131.73	1 160.56	2 014.53
26	西藏	16.08	17.46	17.74	14.08	5.19	10.80	11.77
27	陕西	1.24	1.19	1.66	2.21	2.37	2.47	3.55
28	甘肃	0.02	0.00	0.00	0.00	0.00	0.08	0.03
29	青海	0.00	0.02	0.01	0.01	0.01	0.01	0.01
30	宁夏	0.00	0.02	0.02	0.04	0.02	0.03	0.04
31	新疆	3 188.94	4 404.94	5 202.56	3 610.34	3 135.85	3 726.98	5 452.44
平均值		6 815.65	9 173.16	9 998.84	10 570.34	10 270.14	11 290.26	13 454.69

资料来源：《中国口岸年鉴》（2012—2018年）。出入境货运量为水运口岸、航空口岸和陆运口岸货运量的总和。

年出入境货运量在万吨以下的省份有6个，分别是山西、河南、贵州、甘肃、青海及宁夏，值得关注的是河南省与甘肃省。2013—2017年间，河南省出入境货运量增长了近6倍，这与河南省紧扣“一带一路”倡议，出台一系列政策与举措有关。为了打通西行的物流通道，河南省开行郑新欧国际铁路货运班列，陆运口岸出入境货运量在2014年实现零的突破且增长快速，2017年高达26万吨；为了构建亚欧便捷运输通道，大力发展航空港，加快陆空联运体系建设，航空口岸出入境货运量在2013—2017年间翻三番。2015年以前（除2011年）甘肃省出入境货运量为0，但2016年及2017年实现了零的突破，摆脱了倒数第一，这与2016年开始甘肃省大力发展口岸及口岸经济有一定的关系。

15.3.2 总体空间差异分析

表15-2列出了2011—2017年全国31个省份（不含港澳台地区）的各类口岸出入境货运总量的全局Moran's I计值及其显著性水平。从表15-2中可以看出，在显著性水平10%的条件下，2011—2017年全国出入境货运总量和水运口岸进出境运量的Moran's I估计量为一直显著为正值且总体缓慢增大。这表明，全国出入境货运总量与水运口岸进出境运量均一直存在货运量水平相似（高与高或低与低）的地区在空间上的集中分布，空间集聚缓慢增强。而航空口岸和陆运口岸的出入境货运量的P值远大于0.1，表明航空口岸和陆运口岸的货运量水平没有显著的空间集聚性。

表15-2 **全国口岸出入境货运量的Global Moran's I估计值和P值（2011—2017年）**

指标	出入境货运总量		水运口岸		航空口岸		陆运口岸	
年份	Moran's I	P值	Moran's I	P值	Moran's I	P值	Moran's I	P值
2011	0.260***	0.005	0.281***	0.003	0.007	0.599	−0.099	0.438
2012	0.280***	0.002	0.298***	0.001	0.004	0.595	−0.109	0.405
2013	0.276***	0.002	0.293***	0.001	0.002	0.626	−0.100	0.468

续表

指标	出入境货运总量		水运口岸		航空口岸		陆运口岸	
2014	0.285***	0.002	0.299***	0.001	0.001	0.647	-0.121	0.344
2015	0.280***	0.002	0.293***	0.001	-0.003	0.713	-0.119	0.371
2016	0.290**	0.001	0.304***	0.001	-0.000	0.655	-0.104	0.437
2017	0.205**	0.019	0.222**	0.012	-0.003	0.708	-0.110	0.407

注：数据来源于《中国口岸年鉴》（2012年、2014年、2016年和2018年）。*、**、***分别表示在10%、5%、1%的显著性水平下显著。

15.3.3 局部空间差异分析（Local Indicator of Spatial Association，LISA）

在开放的经济体系中，一个地区的经济增长不仅依靠内在因素，更是受到周边地区的影响（蒲英霞等，2005）。口岸出入境货运量作为可以间接揭示区域经济发展的一项重要指标，明显存在区域溢出效应。因此，有必要通过局部空间差异分析（LISA分析）对各类口岸出入境货运量进行深度分析。

（1）水运口岸出入境货运量的LISA分析

表15-3为在显著性水平为0.1（P<0.1）的情形下，水运口岸出入境货运量的局部Moran's I值显著的省份列表。在2011—2017年间，上海、江苏、山东、陕西这四个省份的Moran's I值显著为正，呈现正的空间相关性；但2013年后，Z值呈减小趋势，空间相关性减弱。上海、江苏和山东三个省份的水运口岸出入境货运量远高于同期全国的平均值，可知这三个省份出现了水运口岸出入境货运量水平高值的集聚，存在以这三个省份为增长中心的正向空间效应，即对周边省份存在带动效应，区域的空间差异趋于缩小。虽然陕西省的局部Moran's I值也显著为正，但水运出入境货运量为0，为水运口岸出入境货运量水平低值的集聚。

表15-3 水运口岸出入境货运量的局部Moran's I显著区域（P<0.1）

2011年			2013年			2015年			2017年		
省份	Z值	P值	省份	Z值	P值	省份	Z值	P值	省份	Z值	P值
上海	2.708	0.003	上海	3.000	0.001	河北	1.697	0.045	上海	1.781	0.037
江苏	5.082	0.000	江苏	5.999	0.000	上海	2.674	0.004	江苏	4.685	0.000
浙江	1.854	0.032	浙江	1.838	0.033	江苏	5.498	0.000	山东	3.126	0.001
山东	2.741	0.003	山东	3.557	0.000	浙江	1.536	0.062	广东	−1.657	0.049
四川	1.374	0.085	陕西	1.347	0.089	山东	4.101	0.000	陕西	1.296	0.097
陕西	1.440	0.075				陕西	1.359	0.087			

注：数据来源于《中国口岸年鉴》（2012年、2014年、2016年和2018年）。

此外，浙江省的局部Moran's I统计量值在2015年以前为显著正值，且其水运口岸出入境货运量远高于全国平均值，为高值的集聚，但2013年后Z值减小，空间相关性骤减。2015年河北省的Z值显著为正，且水运口岸出入境货运量远高于全国平均值，说明为货运量高值的集聚。广东省的局部Moran's I于2017年开始显著且为负值，结合其水运口岸出入境货运量远高于全国平均值，说明区域内差距大，存在极化现象，空间差距趋于扩大。

（2）航空口岸出入境货运量的LISA分析

从表15-4可知，2011—2017年间，在显著性水平为0.1的情况下，航空口岸出入境货运量局部Moran's I值一直显著的省份只有上海市，且为显著的负值。上海是我国最大的航空进出境货运口岸，说明上海市及其周边省份的航空口岸出入境货运水平发展十分不均衡，上海市的航空口岸出入境货运水平远高于周边省份，且空间差异趋于扩大。2015年广东省的航空口岸出入境货运量呈现负的空间相关性。因其航空货运量远高于全国平均值，说明广东及其周边省份的航空口岸出入境货运水平发展不均衡，且空间差异趋于扩大。北京市航空口岸出入境货运量虽然位于全国前三位，但并不存在显著的空间集聚。

表15-4　航空口岸出入境货运量局部Moran's I 显著区域（P<0.1）

2011年			2013年			2015年			2017年		
省份	Z值	P值	省份	Z值	P值	省份	Z值	P值	省份	Z值	P值
上海	-2.302	0.011	上海	-2.529	0.006	上海	-1.832	0.033	上海	-1.525	0.064
						广东	-1.700	0.045			

注：数据来源于《中国口岸年鉴》（2012年、2014年、2016年和2018年）。

（3）陆运口岸进出境货运量的LISA分析

从表15-5可知，在显著性水平0.1的情况下，2011—2017年间，陆运口岸出入境货运量局部Moran's I 值均显著的省份只有内蒙古和新疆，且为显著负值（典型的高低或者低高区域），呈现空间负相关性。地处“一带一路”沿线的核心位置，内蒙古和新疆的陆运口岸出入境货运发展较好，远高于全国平均水平。结合其呈现空间负相关性可知，内蒙古和新疆的陆运口岸与其周边省份的陆运口岸出入境货运水平存在显著差异，且空间差异趋于扩大。2015年广东省陆运口岸进出境运量局部Moran's I 值在显著性水平为0.1情况下显著为负，说明与周边省份陆运口岸货运量水平存在显著差异，空间差异趋于扩大，呈现极化现象。2015年以后，黑龙江省陆运口岸进出境运量Moran's I值在显著性水平为0.1情况下显著为正，因黑龙江省出入境陆运货运水平远高于全国平均水平，所以为典型的高高区域，存在正的空间集聚效应，即黑龙江省对周边省份的陆运口岸出入境货运量增长的带动作用显著，区域的空间差异趋于缩小。

表15-5　陆运口岸出入境货运量局部Moran's I显著区域（P<0.1）

2011年			2013年			2015年			2017年		
省份	Z值	P值	省份	Z值	P值	省份	Z值	P值	省份	Z值	P值
蒙	-3.733	0.000	蒙	-2.879	0.002	蒙	-3.213	0.001	蒙	-3.293	0.000
黑	1.511	0.065	新	-2.896	0.002	黑	1.496	0.067	黑	1.290	0.099
新	-2.260	0.012				粤	-2.044	0.020	新	-2.597	0.005
						新	-2.260	0.012			

注：数据来源于《中国口岸年鉴》（2012年、2014年、2016年和2018年）。省份使用简称，蒙——内蒙古，黑——黑龙江，新——新疆，粤——广东。

（4）小结

2013年“一带一路”倡议提出后，各类口岸出入境货运量并未呈现迅速上涨趋势，甚至出现一定幅度的下降，与当时的世界经济不景气有一定关系。在2015年《愿景与行动》提出后，各类口岸的出入境货运量开始呈现高速增长态势，尤其是陆运口岸。其中，陆运口岸出入境货运量的快速增长主要归功于与“一带一路”建设相关的各项政策的落实以及中欧（亚）班列的快速发展。此外，各省份出入境货运量水平差异巨大，区域性特征十分明显，这在一定程度上是由于东中西部地区对外开放的时序先后造成的。“一带一路”倡议提出以后，部分中西部地区政府迅速认识到这一重大发展机遇，积极参与并配合落实相关政策，各类口岸出入境货运量得到了较快速的增长。例如，河南省与甘肃省出台一系列政策，加快陆空联运体系建设，构建亚欧便捷运输通道。

2013年“一带一路”倡议提出后，口岸出入境货运总量与水运口岸出入境货运量在空间分布上呈现更显著的集聚性。对各类口岸出入境货运量进行局部空间自相关分析发现：①水运口岸：水运出入境货运量存在显著空间相关性的省份主要为东部沿海各省份，如上海、江苏、浙江、山东等。呈现空间正相关，为货运量高值的集聚，对周边省份存在正向带动作用，区域内协同发展，空间差距趋于缩小。②航空口岸：航空口岸出入境货运量存在显著空间相关性的省份有上海与广东，且为空间负相关，区域内航空出入境货运水平发展不均衡，存在极化现象。③陆运口岸：陆运口岸出入境货运量存在显著空间相关性的省份主要集中在沿边地区，不同于内蒙古与新疆的区域发展不均衡，黑龙江省陆运口岸出入境货运对周边存在带动作用。此外，从三类口岸的出入境货运量发现“一带一路”倡议提出后，特别是《愿景与行动》发布后，广东省口岸出入境货运总量得到了快速的发展，但是各类口岸均呈现“一家独大”态势，区域内发展不平衡，空间差距趋于扩大。

从“一带一路”倡议的宏观层面看，各类口岸的快速发展较好地实现了空间联通，能有效地保障我国参与全球价值链的重构与延伸，促进稳步增长的区域合作与对外贸易。在“一带一路”倡议实施后，内陆地区的口岸得到了一定的发展，作为沿边与沿海地区口岸的延伸，在对外贸易中发挥着重要作用（王海燕等，2016）。但是从各省份的各类口岸发展现状看，它们并未能很好地实现区域间的物流合作与联动发展，尤其是航空口岸与陆运口岸。

15.4 区域货运量的空间分析

15.4.1 区域货运量基本情况分析

口岸的出入境货运作为区域货运的一个重要组成部分，在一定程度上受区域货运及区域经济发展状况的影响（王俊、孙睿，2019；陈健、龚晓莺，2017）。因此，有必要对区域货运量的时空分布格局进行探讨。表15-6揭示了全国31个省份的区域货运量情况。结合表15-1和表15-6可知，口岸进出口货运量在区域货运量中的占比较小但呈现缓慢增长趋势。2011—2017年的全国口岸进出口货运量占全国货运量的比例分别为5.82%、7.06%、7.72%、7.63%、7.80%、8.14%和8.83%。仔细对比表15-1和表15-6中的数据，不难发现，经济发达的省份口岸进出口货运量占地区货运量的比例大多明显高于经济落后的省份。

表15-6　**全国各省份的区域货运量情况（2011—2017年）**　单位：万吨

序号	省份	2011年	2012年	2013年	2014年	2015年	2016年	2017年
1	北京	24 663	26 162	25 748	26 551	20 078	20 734	20 110
2	天津	43 601	46 015	45 233	49 753	48 779	50 506	51 800
3	河北	189 799	219 130	198 009	209 946	198 024	210 586	228 854
4	山西	134 436	144 608	156 045	164 918	161 765	167 076	189 516
5	内蒙古	168 320	189 942	164 346	191 869	175 112	186 726	213 318
6	辽宁	184 982	206 789	206 868	222 138	202 021	207 064	216 135
7	吉林	47 451	54 808	44 811	48 311	43 333	45 060	49 903
8	黑龙江	63 216	65 231	61 094	60 213	54 478	53 569	56 398

续表

序号	省份	2011年	2012年	2013年	2014年	2015年	2016年	2017年
9	上海	92 962	94 308	84 305	89 980	90 893	88 324	96 850
10	江苏	202 528	220 007	181 775	196 153	198 998	202 070	220 532
11	浙江	186 376	191 817	188 679	194 250	201 231	215 558	242 504
12	江西	111 851	127 196	135 172	151 878	130 349	138 118	154 437
13	安徽	268 413	312 437	396 391	434 298	345 756	364 567	403 426
14	福建	75 191	84 345	96 674	111 757	111 041	120 352	132 227
15	山东	318 407	333 603	264 100	264 459	261 849	285 386	327 006
16	河南	241 017	272 115	184 823	200 801	192 859	206 087	230 114
17	湖北	106 913	122 945	131 000	150 762	153 904	162 460	188 107
18	湖南	168 516	191 052	184 535	203 053	199 716	206 527	225 551
19	广东	224 394	256 007	349 001	343 491	339 225	366 839	392 381
20	广西	136 132	161 356	151 143	163 023	149 714	160 761	174 642
21	海南	25 115	26 880	17 325	23 632	22 287	21 786	21 351
22	重庆	96 771	86 474	87 241	97 377	103 833	107 966	115 536
23	四川	155 310	174 349	167 759	159 034	154 597	160 970	172 922
24	贵州	44 890	52 655	72 703	85 672	84 540	89 526	96 242
25	云南	60 170	68 735	104 329	108 544	107 608	115 505	129 298
26	西藏	1 028	1 127	1 850	1 914	2 125	1 971	2 203
27	陕西	120 908	136 727	141 579	157 012	140 900	149 046	163 079
28	甘肃	35 269	45 832	51 463	57 240	58 251	60 661	66 204
29	青海	12 586	13 484	13 372	14 638	15 962	16 881	17 923
30	宁夏	36 864	41 113	40 914	41 308	42 626	43 260	38 187
31	新疆	53 252	58 794	66 908	72 168	70 673	71 961	84 395
平均值		117 140	129 872	129 522	138 585	131 694	138 642	152 295

资料来源：国家统计局。

15.4.2 总体空间差异分析

表15-7列出了2011—2017年全国31个省份的地区货运量的全局Moran’s I估计值及其P值。在显著性水平为0.05条件下，2011—2017年全国货运总量的Moran’s I统计量显著为正，在空间上存在正相关性，即货运量水平相似（高高或低低）的地区在空间上集中分布。2011—2013年，Global Moran’s I值急剧减小且显著，说明空间集聚效应减弱。2013年之后，Global Moran’s I值不断变大且P值减小，说明其空间集聚效应在不断增强。

表15-7 2011—2017年各省份货运量的Global Moran’s I分析

年份	Moran’s I	P值
2011	0.348***	0.000
2012	0.338***	0.001
2013	0.214**	0.019
2014	0.250***	0.007
2015	0.254***	0.007
2016	0.253***	0.008
2017	0.267***	0.005

注：*、**、***分别表示在10%、5%、1%的显著性水平下显著。

15.4.3 局部空间差异分析

从表15-8可知，2013年之前，在显著性水平为0.1的情况下，河北及其周边省份的区域货运量呈现正的空间相关性，为较高值的集聚，但2013年后并未出现。2011—2017年，在显著性水平为0.1的情况下，江苏、安徽、山东、河南、西藏、青海、新疆呈现出显著的空间正相关性。值得关注的是江苏、安徽、山东、河南四省，其货运量高于全国平均水平（见表15-6），呈现较高值的集聚，对周边省份存在正向带动作用。虽然Z值也显著为正，但西藏、青海和新疆不同于上面四个省份，因为地区货运水平远低于全国平均水平，空间上呈现货运量低值的集聚。这与西藏、青海和新疆这三个省份位于西部地区，地广人稀且经济落后有关。特别是新疆，虽然区域货运量差距趋于缩小，但陆运口岸出入境货运量增长显著高于其周边省份（见表15-5），差距趋于扩大。这间接说明了“一带一路”倡议实施后，新疆带动了周边区域货运水平的提升，但是陆运口岸的货运出现了极化效应。此外，在显著性水平为0.1的条件下，海南省呈现出负的空间相关性。考虑空间邻接时，海南省仅与广东省相邻，说明海南省与广东省的货运水平的差距趋于扩大。

表15-8　区域货运量局部Moran's I显著区域（P<0.1）

2011年			2013年			2015年			2017年		
省份	Z值	P值	省份	Z值	P值	省份	Z值	P值	省份	Z值	P值
冀	1.521	0.064	苏	1.487	0.069	苏	1.876	0.030	苏	1.673	0.047
苏	2.877	0.002	皖	4.625	0.000	皖	4.639	0.000	皖	4.955	0.000
皖	5.011	0.000	鲁	3.954	0.000	鲁	3.896	0.000	鲁	4.287	0.000
鲁	7.276	0.000	豫	1.646	0.050	豫	1.849	0.032	豫	2.060	0.020
豫	3.875	0.000	琼	-3.020	0.001	琼	-3.067	0.001	琼	-3.009	0.001
琼	-1.515	0.065	藏	1.451	0.073	藏	1.729	0.042	藏	1.637	0.051
藏	1.868	0.031	青	1.814	0.035	青	2.078	0.019	青	2.012	0.022
青	2.005	0.023	新	1.553	0.060	新	1.648	0.050	新	1.516	0.065
新	1.873	0.031									

注：省份使用简称，冀——河北，苏——江苏，皖——安徽，鲁——山东，豫——河南，琼——海南，藏——西藏，青——青海，新——新疆。

15.5　结论与对策建议

15.5.1　结论

本章利用空间自相关分析技术，对2011—2017年的全国31个省份的口岸出入境货运及区域货运进行了全局和局部空间差异分析。根据上述研究结果得出以下结论：

第一，2013年“一带一路”倡议提出后，各类口岸出入境货运量和区域货运量大体保持快速增长，尤其是在2015年《愿景与行动》发布后。这说明“一带一路”倡议的深入实施，不仅促进了我国对外贸易的增长，而且促进了区域经济增长及区域间的经济联系。《愿景与行动》发布后，各地政府积极出台并落实与“一带一路”建设相关的政策，加大了与“一带一路”共建国家间的经贸联系，加强了口岸建设并改善了当地交通条件，提升了货运能力与物流效率。

第二，总体空间格局方面，出入境货运总量和水运口岸出入境货运量存在显著空间相关性，且空间相关性先持续增强（2011—2014年）后减弱（2015—2017年）；区域货运量也存在空间相关性，先减弱（2011—2013年）后增强（2013—2017年）。

第三，各类口岸出入境货运的局部Moran's I分析发现：a.水运口岸。水运出入境货运量水平较高的省份主要集中在环渤海和长三角等东部沿海地区，存在以上海、江苏与山东为增长中心的正向空间带动效应。2015年后，部分区域出现发展不均衡的极化现象，空间差距增大，如广东省。b.航空口岸。航空出入境货运量的极化效应十分明显，区域内发展不均衡，主要集中在长三角（2011—2017年，上海）和珠三角地区（2015年以后，广东）。c.陆运口岸。陆运出入境货运存在显著空间相关性的省份集中在沿边地区（内蒙古与新疆等），且主要表现为极化效应，区域发展不均衡。不同于内蒙古与新疆，2013年后黑龙江省呈现对周边区域的正向带动作用。不难发现，2015年后，广东省各类口岸出入境货运增长迅速，但是呈现极化效应，区域内发展不均衡。

第四，从区域货运量分析可知，2013年“一带一路”倡议提出后，我国区域货运保持快速增长，并呈现更强烈的空间相关性。局部Moran's I分析发现，2013年后，部分中西部地区（河南与安徽等）的区域货运对周边呈现更强烈的空间带动效应，而口岸出入境货运并无显著空间相关性，间接说明“一带一路”倡议提出后，区域内货运能力有所提升，但和沿海与沿边口岸的空间联动性仍有提高空间。

15.5.2 对策建议

基于上述分别对口岸进出口货运量的空间分析和区域货运量的空间分析得出的结论，本章针对在“一带一路”背景下如何发展，提出如下对策建议：

第一，进一步加强与“一带一路”共建国家的经贸合作。“一带一路”倡议实施以来，我国与“一带一路”共建国家的贸易持续快速增长，有效化解了全球贸易增长乏力带来的负面效应。在逆全球化暗流涌动、贸易摩擦加剧和新冠肺炎疫情带来的全球经济衰退等不确定性因素增大的背景下，我国应进一步加强与“一带一路”共建国家的经贸合作，在加强互联互通等基础设施建设的基础上，促进贸易便利化和投资便利化，以与“一带一路”共建国家间的稳定且持续增长的贸易和投资来有效对冲外部环境不确定性对我国开放型经济造成的冲击。

第二，深化国内的区域合作，推进区域经济一体化，实现协调发展。在“一带一路”建设过程中，区域经济一体化建设较好的地区如长三角和环渤海地区，口岸货运和区域货运都呈现空间集聚和带动效应。而经济发展水平较为落后的地区，陆运口岸货运水平和区域货运水平呈现低值的集聚，部分省份出入境货运水平与周边省份的差距不断扩大，说明经济发展相对落后的中西部地区一体化程度不高，协作不够，反过来又影响整个区域的发展。因此，在“一带一路”背景下，不仅要重视国家现有的区域经济一体化安排，如长三角、京津冀、港珠澳等一体化战略，更要以“一带一路”为纽带，推进东中西之间的区域合作，特别要深化中西部地区内部的合作，避免恶性竞争，实现互利共赢。

第三，进一步深化西部地区的内部互动与对外开放。陆运口岸出入境货运呈现负的空间相关性，说明“一带一路”倡议提出后，西部地区的陆运出入境货运虽然获得了一定的发展，但是发展不均衡，沿边口岸所在省份与周边的省份陆运出入境货运量差距在扩大。因此，西部省份在进行发展规划和政策实施的过程中，有必要从大区域角度出发，不仅要考虑到对东部沿海地区的发展政策的承接性，更要强化区域内规划和政策的互补性与相互支撑性，深化经济的互动和合作，实现共同发展。

相对东部沿海地区，西部地区对外开放较晚，开放程度相对落后且制度体系相对不完善，因此有必要进一步加大深化西部地区的对外开放力度与制度体系完善，特别是沿边地区。作为西部地区对外开放的重要窗口，深化陆运口岸建设的意义重大。此外，虽然水运口岸发展是西部地区的短板，但是空运口岸的快速发展给西部地区带来了新的平台与发展机遇，如何实现陆空联运的高效配合是西部地区实现进一步对外开放的重点之一。

第四，构筑科学合理的口岸体系，实现各类口岸协调发展。我国水运口岸，特别是东部沿海的海运口岸出入境货运的集聚效应呈现先缓慢增强后快速减弱的趋势，说明我国沿海港口货物吞吐量在长期保持高速增长后进入平稳期，对区域物流的带动效应减弱，沿海港口不应继续以扩大吞吐能力来赢得竞争优势以免造成新的资源浪费。我国航空和陆运口岸总体上表现出极化效应，说明我国航空口岸和陆运口岸布局不合理，航空口岸运力集中在几个大城市，陆运口岸运力主要集中在新疆、内蒙古和黑龙江等边境省份。因此，在“一带一路”建设背景下，为了发挥各省份参与“一带一路”建设的积极性，发挥各类口岸的功能，一方面要进一步开放更多的航空口岸，扩大和提升中小型机场的规模和口岸飞行区等级；另一方面要进一步扩大陆运口岸的数量，在内地增设更多的无水港。同时，加强内陆口岸与沿海和沿边口岸的协作，为内陆地区搭建与“一带一路”共建国家往来的便捷通道。

16 “一带一路”倡议下影响我国口岸流通功能的因素分析

16.1 引言

口岸作为将国内与国际两个市场联系起来的中心节点和生产要素跨境流动的载体与通道，其流通功能对“一带一路”共建国家生产要素流通效率的高低有着重要的影响。本章以《愿景与行动》中重点圈定的省份所包含的一类口岸为对象进行研究①。口岸按照运输方式的不同，可分为空运口岸、海运口岸、铁路口岸和公路口岸；按照所处地域的不

① 根据《中国口岸开放与发展之路》和《中国口岸年鉴（2018年版）》，“一带一路”倡议圈定省份的一类口岸主要包括：呼和浩特、海拉尔，沈阳、大连，长春，哈尔滨、佳木斯、齐齐哈尔、牡丹江，上海，杭州、宁波、温州，福州、武夷山、泉州、厦门，广州、深圳、湛江、梅州，南宁、桂林、北海，海口、三亚，重庆，昆明、西双版纳、丽江，拉萨，西安，兰州，乌鲁木齐、喀什等35个空运口岸；营口、锦州、大连、丹东、盘锦，上海，宁波、舟山、温州，福州、厦门、漳州、泉州，广州、珠海、惠州、潮州、汕头、蛇口、湛江、深圳、阳江，北海、防城、钦州，海口、三亚、清澜、洋浦、八所等30个海运口岸；二连浩特、满洲里，丹东，集安、珲春、图们、长白，密山、绥芬河，皇岗、文锦渡、罗湖、拱北、沙头角，友谊关、东兴、水口，畹町、瑞丽、河口、磨憨、天保、金水河、孟定，卡拉苏、普兰、吉隆，巴克图、阿拉山口、红其拉甫、霍尔果斯、红山嘴、老爷庙等33个公路口岸；二连浩特、满洲里，绥芬河，丹东，集安、珲春、图们，上海，广州、佛山，凭祥，河口，阿拉山口、霍尔果斯等14个铁路口岸。

同，可分为沿海口岸、内陆口岸和延边口岸。为后续研究之便，本章按照口岸运输方式的不同对口岸进行分类，并据此展开相应的影响因素研究。

自“一带一路”倡议提出以来，我国口岸的建设与发展不断加快，口岸布局进一步优化、通关环节不断减少、货物通关时间不断缩短，口岸流通功能总体上不断提高。口岸货运量从2014年的129 141.28万吨增长到2017年的190 974.29万吨，年均增长13.93%。其中，海运口岸货运量由2014年的118 302.81万吨增长到2017年的176 227.44万吨，年均增速14.21%；集装箱进出口吞吐量从2014年的4 791.52万箱次增长到2017年的5 970.56万箱次，年均增速为7.61%；空运口岸、铁路口岸、公路口岸的货运量也都实现了较快的增长，年均增速分别达9.07%、14.76%、5.14%（见表16-1）①。

表16-1 2014—2017年“一带一路”省份口岸进出口货运量统计表

单位：万吨

年份	空运口岸	海运口岸	铁路口岸	公路口岸	合计
2014	637.58	118 302.81	4 289.59	5 911.29	129 141.28
2015	584.87	119 856.87	3 572.27	7 375.95	131 389.96
2016	721.47	124 695.99	4 272.54	7 761.75	137 451.75
2017	827.32	176 227.44	4 985.19	8 934.34	190 974.29
合计	2 771.24	539 083.11	17 119.59	29 983.33	—

资料来源：根据《中国口岸年鉴》（2015—2018年）数据整理计算得出。

口岸出入境人次从2014年的27 614.93万人次增长到2017年的40 770.51万人次，年均增长13.87%。其中，空运口岸的出入境人次增长较快，年均增速达11.14%；海运口岸和公路口岸出入境人次的增长速度分别为8.76%和5.82%。铁路口岸的出入境人次非但没有增加，反而减少了5%（见表16-2）。

① 数据来源于《中国口岸年鉴》相关各期。

表16-2　**2014—2017年“一带一路”省份口岸出入境人员统计表**

单位：万人次

年份	空运口岸	海运口岸	铁路口岸	公路口岸	合计
2014	6 450.00	1 019.03	488.03	25 473.87	27 614.93
2015	7 239.66	1 072.02	447.13	25 983.19	34 742.00
2016	8 233.59	1 195.28	413.96	28 471.08	38 313.91
2017	8 855.26	1 311.05	418.46	30 185.74	40 770.51
合计	24 328.51	3 578.35	1 279.55	84 640.01	—

资料来源：根据《中国口岸年鉴》（2015—2018年）数据整理计算得出。

尽管口岸的进出口货运量和出入境人员从整体上不断提高，但彼此间的差距却十分明显。从空运口岸的出入境人数来看，上海、广州等空运口岸的出入境人员不仅数量大，而且增长较快，增速分别达8.25%和15.71%；而喀什、乌鲁木齐、呼和浩特、西双版纳、齐齐哈尔等空运口岸的出入境人数不仅数量小，而且在下降（见表16-3）。从海运口岸的进出口货物运量来看，上海、宁波、大连、舟山等海运口岸的进出口货运量较大，而其他海运口岸，如锦州、北海、温州、汕头等口岸的进出口货运量则相对较少。那么，造成口岸的货运量和人流量出现此种较大差异的因素有哪些？各因素的影响程度如何？弄清这些因素以期提出提升口岸流通功能的对策建议对推进“一带一路”建设具有现实意义。

表16-3　**2017年“一带一路”省份各空运口岸出入境人员差异情况**

单位：万人次

口岸名称	出入境人员	口岸名称	出入境人员	口岸名称	出入境人员
呼和浩特	11.46	海拉尔	0.42	沈阳	151.61
大连	166.42	长春	51.21	哈尔滨	75.83
佳木斯	3.65	齐齐哈尔	0	牡丹江	10.40
上海	3 908.68	杭州	477.85	宁波	122.41
温州	34.23	福州	194.15	武夷山	1.26

续表

口岸名称	出入境人员	口岸名称	出入境人员	口岸名称	出入境人员
泉州	70.98	厦门	365.41	广州	1 524.66
深圳	389.54	湛江	7.76	梅州	2.80
南宁	118.63	桂林	38.84	北海	3.32
海口	93.92	三亚	90.91	重庆	286.95
昆明	340.01	西双版纳	0.63	丽江	3.58
拉萨	5.90	西安	203.47	兰州	15.78
乌鲁木齐	82.25	喀什	0.30		

16.2 文献综述

关于口岸流通功能影响因素的研究，国内外学者做了大量的工作。大量研究指出①，口岸作为要素在全球经济系统中进行价值提升或下降的阶梯，是联系两个或多个不同价值空间的中心节点，是国际货物运输和人员往来的枢纽。另有研究指出②，口岸作为内外交往枢纽具有链接、过滤和转化外部系统物质要素的作用，即它可以通过链接作用吸收外部的物质要素，然后在第一时间过滤掉对自身不利的物质要素，并将对自身有利的外部物质要素转化为自身的要素，从而起到促进口岸区域发展的作用。因此，口岸流通功能的强弱通常会受到口岸的地理区位、基础设施条件、人员素质、技术水平、信息化程度和口岸所在城市开放型经济发展水平等要素的影响。Fujita 和 Mori（1996）、Conhen 和

① ［1］HEYMAN J. Ports of entry as nodes in the world system［J］. Identities-global Studies in Culture and Power，2004，11（3）：303-327.［2］梁振民，陈才．中俄边境城市满洲里口岸经济发展战略研究［J］．世界地理研究，2012（2）：97-104.［3］王骏．论进入经济新常态下的内陆口岸建设［J］．理论探讨，2016（6）：79-84.［4］杨继瑞，薛晓．“一带一路”口岸经济要素协同机制构建研究［J］．经济纵横，2016（12）：53-58.［5］郝玉柱，褚婷婷．京津冀口岸发展协同度研究［J］．经济纵横，2017（12）：107-116.［6］刘好．地缘经济视角下西藏边境陆路口岸空间布局、发展效力及对策研究［J］．西藏大学学报（社会科学版），2018（2）：195-204.

② ［1］方冬莉，李红．开放条件下的边境口岸经济：一个文献综述［J］．经济问题探索，2011（12）：163-167.［2］张丽君，董益铭．口岸城镇发展动力研究——以云南省为例［J］．甘肃社会科学，2013（5）：176-180.［3］于天福，隋丽丽，李富祥．中国边境口岸经济发展与其依托城市互动机理研究［J］．社会科学辑刊，2015（1）：50-54.［4］涂裕春，刘彤．民族地区口岸经济发展预判——基于“一带一路”建设的分区域类型研究［J］．西南民族大学学报（人文社会科学版），2016（1）：162-66.

Moncco（2008）、郭晓欣和钟昌标（2016）等研究指出，虽然口岸基础设施的改善增加了口岸的运营投资成本，但却在很大程度上改善了口岸的流通功能，从而促进了地区制造业成本的下降。图门其其格和王悦歆（2015）研究指出，口岸配套设施、通关能力、人员素质、技术水平和地区经济结构等是影响口岸流通功能的重要因素。郭宏宇和竺彩华（2016）研究指出，“互联网+通关”智慧型口岸极大提高了口岸的流通功能。王勇（2017）研究指出，口岸治理效率低、建管分离和电子口岸发展慢是影响口岸流通功能的主要因素。朱振和扈瑞鹏（2018）研究指出，口岸的地理位置及口岸的运输方式对口岸的流通功能有着重要的影响。徐黎丽和于洁茹（2018）研究指出，口岸流通功能的强弱既受到自然因素的影响，又受到口岸合作机制的影响。王博（2015）、努热吉和何伦志（2016）研究指出，国家宏观层面的资金和政策支持会推动口岸流通功能的完善。

通过上述文献梳理发现，关于口岸流通功能的影响因素，大多数学者认为口岸的基础设施水平、口岸的信息化程度、口岸的管理体制、口岸所在城市的经济发展水平及其对外经济联系强度等是影响口岸流通功能的主要因素。本章在此基础上，加上口岸所处城市的行政等级因素，综合运用TOPSIS法、个案聚类分析法与广义线性回归模型相结合的方法对影响口岸流通功能的因素进行分析。

16.3 模型构建与实证检验

16.3.1 口岸流通功能强弱的比较与分类

为衡量和比较“一带一路”倡议重点圈定省份各口岸的流通功能，本章在口岸流通功能指标体系构建的基础上，运用TOPSIS法与个案聚类分析法对口岸的流通功能进行测度、比较和分类。

所谓TOPSIS法，就是通过构建口岸流通指标体系，计算一个综合性的理想解的方法。其基本思想是：假定一个虚拟的最优解（称为正理想解）和一个虚拟的最劣解（称为负理想解），并分别取值1和0。在此假定下，根据目标决策体系，求解各评价对象靠近正理想解和远离负理想解的程度，并依据各评价对象相对逼近理想解的程度值（介于0~1之间）进行各评价对象的优劣排序（司守奎，孙兆亮，2015）。该方法的具体步骤和过程如下：

设有m个评价对象，每个评价对象有n个评价指标，则有评价指标矩阵：

$$A=\begin{bmatrix} a_{11} & a_{12} & \cdots & a_{1j} & \cdots & a_{1n} \\ a_{21} & a_{22} & \cdots & a_{2j} & \cdots & a_{2n} \\ \vdots & \vdots & \vdots & \vdots & \vdots & \vdots \\ a_{i1} & a_{i2} & \cdots & a_{ij} & \cdots & a_{in} \\ \vdots & \vdots & \vdots & \vdots & \vdots & \vdots \\ a_{m1} & a_{m2} & \cdots & a_{mj} & \cdots & a_{mn} \end{bmatrix}$$

运用正规化方法对评价指标矩阵进行规范化处理，则可得到规范化评价指标矩阵：

$$Z=\begin{bmatrix} Z'_{11} & Z'_{12} & \cdots & Z'_{1j} & \cdots & Z'_{1n} \\ Z'_{21} & Z'_{22} & \cdots & Z'_{2j} & \cdots & Z'_{2n} \\ \vdots & \vdots & \vdots & \vdots & \vdots & \vdots \\ Z'_{i1} & Z'_{i2} & \cdots & Z'_{ij} & \cdots & Z'_{in} \\ \vdots & \vdots & \vdots & \vdots & \vdots & \vdots \\ Z'_{m1} & Z'_{m2} & \cdots & Z'_{mj} & \cdots & Z'_{mn} \end{bmatrix}$$

其中，

$$Z'_{ij}=\frac{a_{ij}-a_{j\min}}{a_{j\max}-a_{j\min}}$$

在此基础上，我们首先确定正理想解Z^+和负理想解Z^-。设J为越大越优的目标集，Z'为越小越优的目标集，则

$$Z^+=\{(\max_i z_{ij}|j\in J),\ (\max_i z_{ij}|j\in J'),\ i=1,\ 2,\ \cdots,\ m\}=\{z_1^+,\ z_2^+,\ \cdots,\ z_j^+,\ \cdots,\ z_n^+\}$$

$$Z^-=\{(\max_i z_{ij}|j\in J),\ (\max_i z_{ij}|j\in J'),\ i=1,\ 2,\ \cdots,\ m\}=\{z_1^-,\ z_2^-,\ \cdots,\ z_j^-,\ \cdots,\ z_n^-\}$$

然后，分别计算每个评价对象到正、负理想解的距离D_i^+和D_i^-：

$$D_i^+=\sqrt{\sum_{j=1}^{n}(z_{ij}-z_j^+)^2},\ (i=1,\ 2,\ \cdots,\ m)$$

$$D_i^-=\sqrt{\sum_{j=1}^{n}(z_{ij}-z_j^-)^2},\ (i=1,\ 2,\ \cdots,\ m)$$

最后，根据每个评价对象到正理想解的距离D_i^+和到负理想解的距离D_i^-，计算每个评价对象接近理想解的相对贴近度：

$$CI_i = \frac{D_i^-}{D_i^+ + D_i^-}$$

式中：$0 \leqslant CI_i \leqslant 1$，$i = 1, 2, \cdots, m$

如果评价对象正好与正理想解重合，则 $CI_i = 1$；如果评价对象正好与负理想解重合，则 $CI_i = 0$。

在此基础上，本章结合运用平方欧氏距离的不相似和离差平方和方法下的个案聚类方法对口岸流通功能的强弱进行个案聚类，从而得出一个关于“一带一路”倡议重点圈定省份口岸的流通功能的等级梯度。

（1）海运口岸流通功能强弱的比较

本章首先从口岸出入境人次、进出口货物运量、集装箱流量、进出口集装箱箱次四个指标构建海运口岸流通功能的测度的指标体系。然后运用TOPSIS法和个案聚类法对口岸流通功能进行测度和比较，结果表明：上海、宁波、蛇口、厦门、深圳、大连、舟山等7个口岸排名靠前，口岸流通功能强。三亚、汕头、锦州、漳州、阳江、北海、海口、盘锦、潮州、温州、八所、清澜等12个口岸的排名一直靠后，从口岸流通功能强弱的类别划分上看，其流通功能处在一般的等级上。而营口、湛江、防城、广州、福州、泉州、钦州、丹东、洋浦、惠州、珠海等11个口岸的排名处在中间位置，彼此之间虽然在排名上呈现波动，但从整体上看，其流通功能较强（见表16-4）。

表16-4　**2014—2017年“一带一路”海运口岸流通功能强弱比较**

2014年			2015年			2016年			2017年		
口岸	排名	等级	口岸	排名	等级	口岸	排名	等级	口岸	排名	等级
上海	1	强	上海	1	强	上海	1	强	上海	1	强
宁波	2	强	宁波	2	强	宁波	2	强	宁波	2	强
蛇口	3	强	蛇口	3	强	蛇口	3	强	蛇口	3	强
厦门	4	强	厦门	4	强	厦门	4	强	厦门	4	强
深圳	5	强	深圳	5	强	深圳	5	强	大连	5	强
大连	6	强	大连	6	强	大连	6	强	深圳	6	强
营口	7	强	舟山	7	强	舟山	7	强	惠州	7	较强
舟山	8	较强	营口	8	较强	湛江	8	较强	广州	8	较强

续表

2014年			2015年			2016年			2017年		
口岸	排名	等级	口岸	排名	等级	口岸	排名	等级	口岸	排名	等级
福州	9	较强	湛江	9	较强	广州	9	较强	舟山	9	较强
广州	10	较强	防城	10	较强	防城	10	较强	营口	10	较强
防城	11	较强	广州	11	较强	营口	11	较强	湛江	11	较强
湛江	12	较强	福州	12	较强	泉州	12	较强	福州	12	较强
钦州	13	较强	泉州	13	较强	福州	13	较强	防城	13	较强
泉州	14	较强	钦州	14	较强	钦州	14	较强	泉州	14	较强
珠海	15	较强	丹东	15	一般	洋浦	15	较强	珠海	15	较强
丹东	16	较强	洋浦	16	较强	丹东	16	较强	钦州	16	较强
洋浦	17	一般	惠州	17	一般	珠海	17	较强	丹东	17	较强
惠州	18	较强	珠海	18	较强	惠州	18	较强	洋浦	18	一般
三亚	19	一般	三亚	19	一般	汕头	19	一般	锦州	19	一般
漳州	20	一般	汕头	20	一般	北海	20	一般	汕头	20	一般
阳江	21	一般	锦州	21	一般	锦州	21	一般	北海	21	一般
汕头	22	一般	漳州	22	一般	漳州	22	一般	漳州	22	一般
北海	23	一般	阳江	23	一般	海口	23	一般	阳江	23	一般
锦州	24	一般	北海	24	一般	阳江	24	一般	海口	24	一般
海口	25	一般	海口	25	一般	潮州	25	一般	潮州	25	一般
温州	26	一般	盘锦	26	一般	温州	26	一般	温州	26	一般
潮州	27	一般	潮州	27	一般	盘锦	27	一般	盘锦	27	一般
八所	28	一般	温州	28	一般	八所	28	一般	三亚	28	一般
盘锦	29	一般	八所	29	一般	三亚	29	一般	八所	29	一般
清澜	30	一般	清澜	30	一般	清澜	30	一般	清澜	30	一般

资料来源：根据《中国口岸年鉴》（2015—2018年）数据，运用TOPSIS法和个案聚类法计算、整理得到。

（2）空运口岸流通功能强弱的比较

空运口岸的流通功能主要体现在对劳动力要素与附加值较高、时效性较强的物质资本的转运上。为此，本章从出入境人员和进出口货物运量两个维度构建了反映空运口岸流通功能强弱的指标体系。基于上述方法进行计算，结果表明：上海、广州、杭州、厦门、深圳、重庆、昆明等7个空运口岸的排名虽然在组内偶有波动，但始终稳定在前列，口岸流通功能强。南宁、三亚、海口、乌鲁木齐、哈尔滨、泉州、长春、桂林、温州、呼和浩特、兰州、牡丹江、拉萨、湛江、丽江、梅州、佳木斯、海拉尔、武夷山、北海、喀什、西双版纳、齐齐哈尔等23个空运口岸的排名一直靠后，且组内排名波动较大，从口岸流通功能强弱的类别划分上看，始终处在一般的等级上。而西安、大连、福州、沈阳、宁波等5个空运口岸的排名处在中间位置，其流通功能较强（见表16-5）。

表16-5　2014—2017年"一带一路"空运口岸流通功能强弱比较

2014年			2015年			2016年			2017年		
口岸	排名	等级	口岸	排名	等级	口岸	排名	等级	口岸	排名	等级
上海	1	强	上海	1	强	上海	1	强	上海	1	强
广州	2	强	广州	2	强	广州	2	强	广州	2	强
杭州	3	强	杭州	3	强	杭州	3	强	杭州	3	强
厦门	4	强	厦门	4	强	厦门	4	强	深圳	4	强
深圳	5	强	深圳	5	强	深圳	5	强	厦门	5	强
重庆	6	强	重庆	6	强	重庆	6	强	昆明	6	强
昆明	7	强	昆明	7	强	昆明	7	强	重庆	7	强
大连	8	较强	西安	8	较强	西安	8	较强	西安	8	较强
福州	9	较强	大连	9	较强	福州	9	较强	福州	9	较强
西安	10	较强	福州	10	较强	沈阳	10	较强	大连	10	较强
宁波	11	较强	沈阳	11	较强	大连	11	较强	沈阳	11	较强
沈阳	12	较强	宁波	12	较强	宁波	12	较强	宁波	12	较强
南宁	13	中等	乌鲁木齐	13	中等	南宁	13	一般	南宁	13	一般

续表

2014年			2015年			2016年			2017年		
口岸	排名	等级	口岸	排名	等级	口岸	排名	等级	口岸	排名	等级
乌鲁木齐	14	中等	南宁	14	中等	乌鲁木齐	14	一般	三亚	14	一般
泉州	15	中等	哈尔滨	15	中等	哈尔滨	15	一般	海口	15	一般
哈尔滨	16	中等	泉州	16	中等	海口	16	一般	乌鲁木齐	16	一般
长春	17	中等	长春	17	中等	长春	17	一般	哈尔滨	17	一般
桂林	18	中等	海口	18	中等	泉州	18	一般	泉州	18	一般
海口	19	中等	桂林	19	中等	桂林	19	一般	长春	19	一般
温州	20	一般	温州	20	一般	温州	20	一般	温州	20	一般
三亚	21	一般	三亚	21	一般	兰州	21	一般	桂林	21	一般
兰州	22	一般	呼和浩特	22	一般	呼和浩特	22	一般	兰州	22	一般
呼和浩特	23	一般	兰州	23	一般	三亚	23	一般	呼和浩特	23	一般
湛江	24	一般	牡丹江	24	一般	牡丹江	24	一般	牡丹江	24	一般
牡丹江	25	一般	拉萨	25	一般	湛江	25	一般	湛江	25	一般
丽江	26	一般	湛江	26	一般	拉萨	26	一般	拉萨	26	一般
拉萨	27	一般	丽江	27	一般	北海	27	一般	佳木斯	27	一般
梅州	28	一般	梅州	28	一般	丽江	28	一般	丽江	28	一般
海拉尔	29	一般	佳木斯	29	一般	佳木斯	29	一般	北海	29	一般
佳木斯	30	一般	海拉尔	30	一般	梅州	30	一般	梅州	30	一般
武夷山	31	一般	武夷山	31	一般	武夷山	31	一般	武夷山	31	一般
北海	32	一般	北海	32	一般	海拉尔	32	一般	西双版纳	32	一般
西双版纳	33	一般	喀什	33	一般	喀什	33	一般	海拉尔	33	一般
喀什	34	一般	西双版纳	34	一般	西双版纳	34	一般	喀什	34	一般
齐齐哈尔	35	一般	齐齐哈尔	35	一般	齐齐哈尔	35	一般	齐齐哈尔	35	一般

资料来源：根据《中国口岸年鉴》（2016—2018年）数据，运用TOPSIS法和个案聚类法计算、整理得到。

（3）铁路口岸流通功能强弱的比较

通过铁路口岸集聚和扩散的要素具有流量大、流动里程长的特点，本章从出入境人员和进出口货物运量两个方面构建了铁路口岸流通功能强弱的指标体系。基于上述研究方法进行计算，结果表明：广州、满洲里、二连浩特、绥芬河、阿拉山口等5个铁路口岸流通功能的排名稳定靠前，从口岸流通功能强弱的类别划分上看，始终处在较强的等级上。而珲春、丹东、上海、凭祥、河口、图们、集安、霍尔果斯、佛山等9个铁路口岸流通功能的排名虽然在组内呈现波动，但在整体形势上一直靠后，从口岸流通功能强弱的类别划分上看，始终处在一般的等级上（见表16-6）。

表16-6　**2014—2017年“一带一路”铁路口岸流通功能强弱比较**

2014年			2015年			2016年			2017年		
口岸	排名	等级	口岸	排名	等级	口岸	排名	等级	口岸	排名	等级
广州	1	较强	广州	1	较强	广州	1	较强	广州	1	较强
满洲里	2	较强	满洲里	2	较强	满洲里	2	较强	满洲里	2	较强
二连浩特	3	较强	二连浩特	3	较强	二连浩特	3	较强	绥芬河	3	较强
绥芬河	4	较强	绥芬河	4	较强	绥芬河	4	较强	二连浩特	4	较强
阿拉山口	5	较强	阿拉山口	5	较强	阿拉山口	5	较强	阿拉山口	5	较强
珲春	6	一般	珲春	6	一般	珲春	6	一般	珲春	6	一般
上海	7	一般	丹东	7	一般	丹东	7	一般	霍尔果斯	7	一般
丹东	8	一般	上海	8	一般	上海	8	一般	丹东	8	一般
凭祥	9	一般	凭祥	9	一般	凭祥	9	一般	上海	9	一般
河口	10	一般	河口	10	一般	霍尔果斯	10	一般	河口	10	一般
集安	11	一般	图们	11	一般	河口	11	一般	凭祥	11	一般
霍尔果斯	12	一般	集安	12	一般	图们	12	一般	佛山	12	一般
图们	13	一般	霍尔果斯	13	一般	集安	13	一般	图们	13	一般
佛山	14	一般	佛山	14	一般	佛山	14	一般	集安	14	一般

资料来源：根据《中国口岸年鉴》（2015—2018年）数据，运用TOPSIS法和个案聚类法计算、整理得到。

（4）公路口岸流通功能强弱的比较

通过公路口岸集散要素具有灵活机动的特点，本章从出入境人员和进出口货物运量两个方面构建了公路口岸流通功能强弱的指标体系。基于上述方法进行计算，结果表明：拱北、霍尔果斯、皇岗、罗湖、阿拉山口等5个公路口岸的流通功能排名靠前，处在较强的等级上（阿拉山口在等级分类上有所跳动），其余28个公路口岸的流通功能相对一般（见表16-7）。

表16-7 2014—2017年“一带一路”公路口岸流通功能强弱比较

2014年			2015年			2016年			2017年		
口岸	排名	等级	口岸	排名	等级	口岸	排名	等级	口岸	排名	等级
拱北	1	较强	拱北	1	较强	拱北	1	较强	拱北	1	较强
霍尔果斯	2	较强	霍尔果斯	2	较强	霍尔果斯	2	较强	霍尔果斯	2	较强
皇岗	3	较强	皇岗	3	较强	皇岗	3	较强	罗湖	3	较强
罗湖	4	较强	罗湖	4	较强	罗湖	4	较强	皇岗	4	较强
阿拉山口	5	较强	阿拉山口	5	较强	阿拉山口	5	较强	阿拉山口	5	一般
文锦渡	6	一般	文锦渡	6	较强	文锦渡	6	一般	瑞丽	6	一般
瑞丽	7	一般	瑞丽	7	一般	瑞丽	7	一般	文锦渡	7	一般
河口	8	一般	河口	8	一般	友谊关	8	一般	河口	8	一般
友谊关	9	一般	老爷庙	9	一般	河口	9	一般	友谊关	9	一般
老爷庙	10	一般	友谊关	10	一般	老爷庙	10	一般	东兴	10	一般
磨憨	11	一般	磨憨	11	一般	丹东	11	一般	磨憨	11	一般
东兴	12	一般	二连浩特	12	一般	磨憨	12	一般	老爷庙	12	一般
二连浩特	13	一般	东兴	13	一般	东兴	13	一般	丹东	13	一般
绥芬河	14	一般	沙头角	14	一般	沙头角	14	一般	沙头角	14	一般
沙头角	15	一般	绥芬河	15	一般	二连浩特	15	一般	满洲里	15	一般
满洲里	16	一般	满洲里	16	一般	绥芬河	16	一般	二连浩特	16	一般
孟定	17	一般	孟定	17	一般	满洲里	17	一般	绥芬河	17	一般

续表

2014年			2015年			2016年			2017年		
口岸	排名	等级	口岸	排名	等级	口岸	排名	等级	口岸	排名	等级
长白	18	一般	珲春	18	一般	孟定	18	一般	孟定	18	一般
珲春	19	一般	天保	19	一般	珲春	19	一般	珲春	19	一般
天保	20	一般	长白	20	一般	天保	20	一般	畹町	20	一般
畹町	21	一般	畹町	21	一般	畹町	21	一般	天保	21	一般
卡拉苏	22	一般	巴克图	22	一般	卡拉苏	22	一般	巴克图	22	一般
巴克图	23	一般	图们	23	一般	长白	23	一般	卡拉苏	23	一般
图们	24	一般	卡拉苏	24	一般	巴克图	24	一般	长白	24	一般
红其拉甫	25	一般	红其拉甫	25	一般	图们	25	一般	图们	25	一般
水口	26	一般	水口	26	一般	吉隆	26	一般	吉隆	26	一般
密山	27	一般	丹东	27	一般	金水河	27	一般	金水河	27	一般
吉隆	28	一般	密山	28	一般	红其拉甫	28	一般	水口	28	一般
丹东	29	一般	吉隆	29	一般	水口	29	一般	红其拉甫	29	一般
金水河	30	一般	金水河	30	一般	密山	30	一般	密山	30	一般
红山嘴	31	一般	红山嘴	31	一般	红山嘴	31	一般	集安	31	一般
普兰	32	一般	普兰	32	一般	集安	32	一般	普兰	32	一般
集安	33	一般	集安	33	一般	普兰	33	一般	红山嘴	33	一般

资料来源：根据《中国口岸年鉴》（2015—2018年）数据，运用TOPSIS法和个案聚类法计算、整理得到。

16.3.2 影响口岸流通功能的因素分析与结果检验

通过上述分析，我们不仅得出了各口岸流通功能强弱的排名及所处的强弱等级。那么，造成各口岸流通功能呈现如此差异的因素是什么？本章将对此展开分析和研究。

为研究之便，本章将口岸流通功能处在较强等级及以上的统一定义为"1"，将流通功能处在一般等级的定义为"0"，由此构建了一个二值型的因变量（记为Y），并据此来考察影响口岸流通功能强弱的因素。

（1）影响海运口岸流通功能的因素分析

通过理论梳理来看，影响海运口岸流通功能强弱有以下几个主要因素：

海运口岸所在城市的行政等级（记为X_{11}）。为研究之便，本章将海运口岸所在城市的行政等级分为3级，并按照正序规则定义口岸所在城市的行政等级，即将口岸所在城市的行政等级为直辖市的定义为3，将口岸所在城市的行政等级为副省级城市的定义为2，将口岸所在城市的行政等级为一般地级市的定义为1。

“单一窗口”建设水平（记为X_{12}）。本章按照“单一窗口”建设的阶段性特征，将海运口岸“单一窗口”建设划分为初建期、发展期和成熟期3个阶段，并将“单一窗口”建设处在初建期定义为1，处在发展期定义为2，处在成熟期定义为3。

港口代际（记为X_{13}）。本章按照港口的代际划分标准，将第一代港口定义为1，将第二代港口定义为2，将第三代港口定义为3，将第四代港口定义为4。

口岸万吨级泊位数（记为X_{14}）。万吨级码头泊位数为大型船舶的停靠提供了可能，因此，海运口岸都将万吨级码头泊位数作为口岸发展的重点，从而为口岸的要素流通提供了基础保障。

海运口岸所在城市的外贸依存度（记为X_{15}）。

基于上述分析，因考察的因变量（Y，即口岸流通功能的高低）不是连续型的数据，而是一个二值型数据，因此，本章运用广义线性模型予以分析（吴晓刚，2011）。根据因变量符合二项式分布的特征，其线性模型的一般拟合形式可记为如下形式：

$$\log_e\left(\frac{\pi}{1-\pi}\right)=\beta_0+\sum_{j=1}^{p}\beta_j X_j$$

式中：$\pi=\mu_Y$是Y的条件均值，即给定一系列的X值时，$Y=1$的概率；$\frac{\pi}{1-\pi}$为$Y=1$时的优势比（Kabacoff，2013）。根据海运口岸流通功能的影响因素，其线性模型的拟合形式如下：

$$\log_e\left(\frac{\pi}{1-\pi}\right)=\beta_{10}+\beta_{11}\cdot X_{11}+\beta_{12}\cdot X_{12}+\beta_{13}\cdot X_{13}+\beta_{14}\cdot X_{14}+\beta_{15}\cdot X_{15}$$

根据海运口岸流通功能强弱测度结果及其影响因素数据①，运用2017年海运口岸的数据，得到分析结果，见表16-8。

表16-8 "一带一路"省份海运口岸流通功能影响因素回归分析结果（一）

项目	Estimate	Std. Error	t Value	Pr（>|z|）
intercept	-0.970903	0.207271	-4.684	9.27e-05***
X_{11}	0.029465	0.139207	-2.117	0.044849*
X_{12}	0.348082	0.092665	3.756	0.000973***
X_{13}	0.314223	0.100791	3.118	0.004686**
X_{14}	0.001673	0.001397	1.197	0.242883
X_{15}	0.052273	0.001161	2.157	0.039089*

注：***表示1%的显著水平，**表示5%的显著水平，*表示10%的显著水平。

由表16-8的分析结果可知，口岸万吨级泊位数（X_{14}）对方程的贡献都不显著，暂将其去除进行重新拟合，得到的分析结果，见表16-9。

表16-9 "一带一路"省份海运口岸流通功能影响因素回归分析结果（二）

项目	Estimate	Std. Error	t Value	Pr(>|z|)
intercept	-0.970903	0.181811	-6.014	0.00000279
X_{11}	0.203109	0.117333	-2.731	0.032849*
X_{12}	0.382147	0.088951	4.296	0.000231***
X_{13}	0.314223	0.101661	3.092	0.004831**
X_{15}	0.002273	0.001154	2.762	0.033581**

注：***表示1%的显著水平，**表示5%的显著水平，*表示10%的显著水平。

由表16-9的分析结果可知，在去除影响因素口岸万吨级泊位数后，每个影响因素的回归系数都很显著。为保证方程的有效性，因表16-9

① 回归数据来源于《中国口岸年鉴》2018年及海运口岸流通功能等级分类分析结果。

的回归方程嵌套于表16-8的回归方程，因此可用方差分析函数对两个回归方程进行卡方检验。结果显示：卡方值并不显著（p=0.2312），表明4个影响因素与5个影响因素对模型拟合的程度一样好。至于口岸万吨级泊位数为何在回归分析中不显著，本章认为这可能与我国口岸建设的超前行为有关。为了获得口岸的竞争优势，各口岸在建设中基本都秉持“泊位等船”的超前意识，而不是“船找泊位”的滞后行动。这可能使口岸的一部分泊位未能完全发挥其流通功能，从而导致其影响效果不显著。

从表16-9的回归分析结果可知，海运口岸所在城市的行政等级、“单一窗口”建设水平、港口代际和海运口岸所在城市的外贸依存度对海运口岸流通的影响比较显著。但因回归方程系数的含义是当其他影响因素保持不变时，某一影响因素的变化可引起的海运口岸流通等级对数优势比的变化，从而导致这一结果的解释性太差。为此，本章对回归结果进行指数化处理，从而得到回归系数的指数值（见表16-10）。从这一结果看，当保持“单一窗口”建设水平、港口代际和海运口岸所在城市的外贸依存度不变时，副省级城市海运口岸的流通功能与普通地级市海运口岸的流通功能相比具有1.225倍的优势，而直辖市海运口岸的流通功能与普通地级市海运口岸的流通功能相比具有1.5011倍（即1.2252的平方倍）的优势。同理，当其他影响因素保持不变，“单一窗口”建设处在发展期的口岸的流通功能与处在初建期的口岸的流通功能相比具有1.465倍的优势，而处在成熟期的口岸比处在初建期的口岸将具有2.147倍（即1.465的平方倍）的优势。当其他影响因素保持不变，随着港口代际的提升，其口岸流通功能也将提升0.369倍。当其他影响因素保持不变，对外贸易依存度每提升一个百分点，其口岸流通功能将增强0.0020倍。

表16-10 **“一带一路”省份海运口岸流通功能影响因素回归分析结果（二）的指数值**

intercept	X_{11}	X_{12}	X_{13}	X_{15}
0.3787	1.2252	1.4654	1.3692	1.0020

（2）影响空运口岸流通功能的因素分析

根据空运口岸是国家在开辟有国际航线的机场上开设的、以供货物和人员出入国境及航空器起降通道的这一特点，本章选择以下几个影响空运口岸流通功能的主要因素：

空运口岸所在城市的行政等级（记为X_{21}）。为研究之便，本章将空运口岸所在城市的行政等级分为3级，并按照正序规则定义口岸所在城市的行政等级，即将口岸所在城市的行政等级为直辖市的定义为3，为副省级城市的定义为2，为一般地级市的定义为1。

空运口岸飞行区等级（记为X_{22}）。根据飞行区的等级划分将3C飞行区定义为1，将4C级飞行区定义为2，将4D级飞行区定义为3，将4E级飞行区定义为4，将4F级飞行区等级定义为5。

空运口岸自由度（记为X_{23}）。有的空运口岸是限制性的，这在很大程度上给通过该口岸进行要素流通增加了时间成本，从而影响其流通功能。为便于研究，本章将限制性空运口岸定义为0，将非限制性空运口岸定义为1。

基于各空运口岸2017年的数据，本章运用上述方法进行回归分析，结果显示：空运口岸所在城市的行政等级和空运口岸飞行区等级对空运口岸流通功能的影响显著；而空运口岸自由度对口岸流通功能的贡献不显著，且去除空运口岸自由度后重新拟合的方程与原方程的卡方检验不显著（p=0.8849），即去除空运口岸自由度这一影响因素并没有影响拟合方程的效果和可信程度。为何空运口岸自由度在模型检验中贡献不显著，这可能与限制性空运口岸与非限制性空运口岸是一种制度性划分有关。那些限制性空运口岸运输的要素可能服务于国家或地方的特殊需要，从而导致其影响效果不显著。

从空运口岸所在城市的行政等级和空运口岸飞行区等级对空运口岸流通功能的影响来看（见表16-11），在保持空运口岸飞行区等级不变的情况下，直辖市空运口岸的流通功能与副省级城市空运口岸的流通功能相比具有1.594倍的优势，而与普通地级市空运口岸的流通功能相比将具有2.540倍（即1.5936的平方倍）的优势。在空运口岸所在城市行政等级保持不变的情况下，口岸飞行区的等级每提升一个等级，其流通功能将提升0.122倍，特别是当飞行区的等级由最低的3C级提升为最高的4F级时，其流通功能将变为1.582倍（即1.122的4次方）。

表16-11 **“一带一路”省份空运口岸流通功能影响因素回归分析结果及其指数值**

项目	Estimate	Std. Error	t Value	Pr(> |z|)	系数指数值
intercept	−0.7321	0.1910	−3.832	0.000559***	0.4809
X_{21}	0.46597	0.10776	4.324	0.000140***	1.5936
X_{22}	0.11468	0.05751	2.106	0.04705*	1.1215

注：***表示1%的显著水平，**表示5%的显著水平，*表示10%的显著水平。

（3）影响铁路口岸与公路口岸流通功能的因素分析

关于影响铁路口岸和公路口岸流通功能强弱的主要因素，本章认为，广州、满洲里、二连浩特、绥芬河、阿拉山口等铁路口岸的流通功能之所以比其他铁路口岸的流通功能强；拱北、皇岗、罗湖、霍尔果斯、阿拉山口等公路口岸的流通功能之所以比其他公路口岸的流通功能强，一个重要因素就是它们都处在“一带一路”的重要节点上。广州作为21世纪海上丝绸之路与内陆腹地连接的重要节点；罗湖、皇岗公路口岸是珠三角与香港连接的重要窗口；拱北是珠三角与澳门连接的重要通道。这种通道优势推动其口岸流通功能的发挥与提高。绥芬河作为连接东北亚的重要节点，其铁路口岸直接连通东北亚；满洲里口岸连接着俄罗斯，二连浩特口岸连接着蒙古国，阿拉山口口岸、霍尔果斯口岸则通过中亚一直连接中亚和西亚，进而通达欧洲和地中海沿岸。因此，本章认为区位条件是影响这些口岸流通功能的重要因素。

16.4 结论与对策建议

通过以上分析，本章认为，口岸所在城市的行政等级、口岸“单一窗口”建设水平、港口代际、口岸所在城市的外贸依存度是影响海运口岸流通功能的重要因素。口岸所在城市的行政等级和口岸的飞行区等级是影响空运口岸流通功能的重要因素。对铁路口岸和公路口岸而言，区位条件是影响其流通功能的核心要素。为提高各类口岸的流通功能，本章认为应根据不同类型港口的情况分别采取不同的措施。

对于海运口岸而言，由于靠规模扩张的方式并不能有效提高口岸的流通功能。因此，我国沿海口岸必须走从规模扩张到提质增效之路，通过口岸流通功能的转型升级和拓展，提高口岸的流通效率。一是用信息化、数字化和智能化改造口岸硬件设施，建设智慧口岸或智能口岸。二是通过放管服改革，改善口岸运行软环境，提升口岸通关效率。三是拓展口岸流通功能，大力发展临港经济、枢纽经济和平台经济，以口岸经济的规模扩张反哺口岸流通，提升口岸的使用效率和效益。

对于空运口岸而言，由于空运口岸所在城市的行政等级和口岸飞行区等级对口岸的流通功能具有显著影响，而口岸飞行区等级往往与口岸所在城市行政等级紧密相关。因此，提高我国空运口岸流通效率主要靠通过提高飞行区等级来实现。因此，一是要扩大我国众多中小型机场的规模，提升飞行区的等级。二是要增加中小型机场的航线和航班密度。随着我国"一带一路"倡议的深入实施，我国与"一带一路"共建国家的交往必将更加密切，为中小型机场的发展带来前所未有的机遇。三是以空港口岸为中心，大力发展临空经济。随着全球产业分工的深化和我国供给侧结构性改革的持续推进，以保税物流、保税加工和跨境电商为主要形式的临空经济将迎来空前的发展机遇。

对于陆运口岸而言，它们应尽快完善软硬件基础设施，使陆运口岸的区位优势得以充分发挥。我国陆运口岸邻国一侧的交通基础设施相对落后，通关效率较低。因此，在现阶段，要打通陆运口岸物畅其流的"堵点"，在"一带一路"倡议下，加大与邻国基础设施建设合作力度，提升沿边口岸的物流可达性。同时加强与邻国的政策协调，提升双方口岸的通关效率。

17 “一带一路”倡议下基于信息化视角的口岸物流发展策略

17.1 引言

口岸作为国家间货物、物品、人员和交通工具等要素往来的节点，是促进各国经贸合作和人文交流的重要门户。“一带一路”倡议的实施大大促进了中国与共建国家间的全方位深度合作，口岸从原来国家从事对外通商活动的节点转变为各国间进行经贸往来和人文交流的重要门户，大大促进了中国口岸物流业的发展。信息化、数字化和智能化等高新技术的快速发展催生了跨境电子商务这种新业态，据海关总署统计，2017—2019年中国通过海关跨境电商管理平台零售进出口总额依次为902.4亿元、1 347亿元、1 862.1亿元人民币，平均增速达56.3%。跨境电子商务的高速发展改变着中国传统国际贸易模式，也对口岸物流业产生了巨大影响。因此，研究“一带一路”建设背景下，以信息化建设为引领，对提升口岸物流效率和综合服务水平，服务于“一带一路”共建国家间高效互联互通和经贸合作具有重要意义。

国内外学者对口岸物流的发展进行了大量的持续研究。一些学者定性分析了口岸物流的发展策略问题。如张必清（2014）研究指出口岸物流的发展与口岸城市建设息息相关，港口城市和运营商应实施港口一体化和港口合作来解决港口供过于求的问题，规模不是建立合作的关键动机因素，价格策略和容量管理是实施港口一体化规划的两个最重要的途径。谢泗薪、孙秀敏（2018）提出了完善口岸基础设施建设、建立大数据中心、深化“单一窗口”平台建设、提升自身发展能力等四大基于大数据的口岸物流发展战略。魏海蕊等（2019）认为，在“一带一路”倡议下，海港与无水港应通力合作来实现内陆地区与“21世纪海上丝绸之路”海运物流网络的有效衔接。黄胜强（2019）研究了上海电子口岸的建设。徐滢和赵滨元（2019）分析了优化口岸营商环境的重要性。一些学者运用定量模型研究了口岸物流效率提升问题。Guo等（2018）从外部运输系统社会福利最大化角度，提出了一种多周期港口投资与资产闲置整合方法。Yang等（2019）针对产能过剩的港口产业升级，提出了R-MPG中门户港口的整合机制，以开发和利用闲置的资产。魏格坤和邓一凡（2019）运用耦合协同模型来测量跨区域口岸的协同发展水平。贾娜娜等（2019）通过构建非线性整数规划模型，运用遗传算法来优化无水港的跨境物流网络。还有一些学者研究了口岸物流流通功能转型问题。中国消费增长模式正由传统大众化消费转向多样化和个性化消费，流通活动是促消费保增长的核心动能（杜丹清、占智康，2018），新零售重塑了人、货、场，需要构筑以消费者个性化需求为导向的数字化、柔性化、扁平化、共享化和生态化的流通供应链平台生态系统商业模式（张建军、赵启兰，2018），要求尽可能克服生产和消费在时空上的差异和分离，减少商品生产和消费之间的耽搁和停顿，对口岸物流提出了更高要求。

可以看出，现有研究大多运用定性与定量方法着眼协同视角来探讨“一带一路”倡议下口岸物流发展，为口岸物流的健康发展提出了有益建议。然而，新贸易模式对口岸物流流通功能提出了新要求，而信息化、数字化和智能化等高新技术的快速发展为中国口岸流通功能的转型升级和拓展提供了可能。本章在分析“一带一路”倡议下中国口岸物流及其信息化发展现状的基础上，基于信息化视角找出口岸物流发展存在的问题，进而提出“一带一路”倡议下基于信息化视角的口岸物流发展策略。

17.2 发展现状

“一带一路”倡议加速共建国家经济和人员往来，日趋形成互联互通的外向型物流网络，为口岸物流向信息化转型升级提供了条件。口岸是双方国家在边境或内部交通便利之处设立的供人员、货物通行的官方通道，由边界、界碑、国门、海关等象征国家主权的建筑和边检机构、边检通道、边检哨所、边贸市场等组成，作为物流链中的关键环节，在“一带一路”倡议下扮演着极为重要的角色。流通是口岸开放的直接功能（杨继瑞、薛晓，2016），口岸物流依托先进物流基础设备设施，融合现代电子信息技术，形成进出口贸易的物流活动中心。它以整合物流资源为目标，运用口岸城市的枢纽优势，为边境贸易提供便利。

17.2.1 中国口岸物流发展现状

“一带一路”倡议实施以来，中国进一步加强了与“一带一路”共建国家的互联互通。到2019年底，中国已先后与130多个国家签订运输协定，开通国际陆路客货运输线路356条，并与43个沿线国家实现空中直航，口岸物流呈现跨越式发展势头。内蒙古自治区边境线总长4 200千米，共有18个对外开放口岸，满洲里、二连浩特、甘其毛都及策克全部实现一次申报、一次查验、一次放行查验模式。黑龙江省建有15个沿边对俄口岸。新疆边境线总长5 600多千米，建有15个对外开放的陆路口岸，阿拉山口口岸已发展成为全国物流量最大、发展速度最快的“黄金”陆路口岸，主要通过与哈萨克斯坦、蒙古国、吉尔吉斯斯坦、巴基斯坦以及塔吉克斯坦贸易的货物。连云港-霍尔果斯正在串联形成新亚欧陆海联运通道，寻求物流基地与港口、班列、航线的联动发展，着力构建港、航、路、园“四位一体”的物流体系及铁、公、海、河、空多式联运陆港运输体系，推进阿拉木图、塔什干、日韩等境外物流场站、分拨中心、海外仓建设。与此同时，港口之间寻求合作形成口岸群来提升港口的竞争优势，青岛、日照、烟台签署了战略联盟协议，加强整合多口岸门户区域的竞争优势，大连港投资锦州港来支持中国辽宁海岸经济带发展。陈臻和许抄军（2016）采用口岸物流活跃度对口岸群的创新能力进行评价，排名前十的省份依次为：广东、天津、上海、山东、福建、浙江、江苏、海南、新疆、西藏。从表17-1可知，“一带一路”倡议自2015年实施以来，全国各类口岸出入境货运量改变了负增长局面，转为快速增长，2016年和2017年进出口货运总量分别实现了9.93%和19.17%的增长，随着中欧班列的线路和班次的快速增加，陆路口岸的增长率更是高达19.84%和26%。

表17-1　　2014—2017年全国各类口岸出入境货运量

年份	进出口货运总量（万吨）	增长率（%）	其中					
			水运口岸（万吨）	增长率（%）	航空口岸（万吨）	增长率（%）	陆运口岸（万吨）	增长率（%）
2014	327 680.48	N/A	313 092.47（95.55%）	N/A	903.60（0.28%）	N/A	13 684.42（4.18%）	N/A
2015	318 374.47	−2.84	305 060.27（95.82%）	−2.57	840.89（0.26%）	−6.94	12 473.31（3.92%）	−8.45
2016	349 998.00	9.93	334 041.30（95.44%）	9.50	1 008.43（0.29%）	19.92	14 948.27（4.27%）	19.84
2017	417 095.33	19.17	397 110.85（95.21%）	18.88	1 150.13（0.28%）	14.05	18 834.35（4.52%）	26.00

注：括号内数据为各口岸出入境货运量在进出口货运总量中的占比。

资料来源：2015—2018年《中国口岸年鉴》。

17.2.2　中国口岸物流信息化建设进程

“一带一路”核心区域涉及中国广东、上海、福建、黑龙江等18个省份。广州于2003年开始建物流信息平台，2006年启用，已有300余家大中型物流企业加入该平台。目前，深圳、广州、上海、厦门、黑龙江等省市均已建立了口岸物流信息平台，尤其是上海已建立平台信息服务系统84个，服务企业数量达30万家，实现了陆、海、空港保税物流信息全覆盖，拓展了跨国采购、国际配送、贸易展示、出口集拼、中转分拨等业务，口岸物流单证电子化率达76%。为推进跨境电商企业与口岸管理相关部门的业务协同，提升产品通关效率，有些城市搭建了跨境电商运营服务平台，如“跨境通”（上海）、“e点即成”（重庆）、“跨境购”（宁波）、“一步达”（杭州）、“E贸易”（郑州）等。

“一带一路”倡议下，全国各类口岸出入境货运量明显增加，急需实现口岸物流的信息化来提升口岸物流效率，而现有信息化建设进程不能满足口岸物流的快速增长要求，沿海多数集装箱码头仍未向信息化转变（鲁渤、汪寿阳，2017）。

17.3 发展问题

“一带一路”倡议对口岸物流的信息化建设提出了更高要求，尤其是跨境电子商务的快速发展和口岸物流量的快速增长，对口岸流通效率及流通功能的拓展提出了更高要求。中国口岸物流的发展仍然存在以下主要问题。

17.3.1 粗放建设不能实现资源的集约运用

目前中国口岸建设受短期利益驱动，盲目扩张口岸规模，与进出口活动需求不匹配，引发资源配置失衡等问题，不能实现口岸资源的集约运用。物流设施总体规划不足，缺乏全区域综合交通物流合作体系和机制，如百色、崇左、贵港等口岸仍存在港口码头没有铁路衔接，需要使用汽车在港口与铁路车站间进行倒运的问题；连云港以港口、铁路和航空为主体的国际综合交通体系尚未完全建立；珠江-西江经济带的口岸发展尚未达到协同水平；广西的口岸大宗货物分流现象严重，航运发展受到制约等。此外，口岸间合作亦不能从根本上解决港口产能供过于求的问题，也不能为产能过剩的港口提供有效的转型升级策略，港口资源浪费和过度供给问题仍然突出。例如，大连港是中国最大的港口之一，也是辽宁最大的门户港，但它没有形成与其他港口抗争的内陆运输优势，而内陆运输成本是以国际航运为主的长途运输总成本的重要组成部分，大连港的吞吐能力优势未能吸引腹地足够的货运需求，存在港口运力浪费问题。

17.3.2 信息共享平台建设进程缓慢

目前中国已建立了中国和地方电子口岸平台，行政管理部门可联网核查跨部门、跨行业的行政执法数据，企业及中介服务机构可网上办理进出口业务，但仍存在功能重叠、数据处理繁杂，信息缺失、信息不对称、不同平台之间的电子报文还不能互通，共享不彻底、信息安全存在隐患，难以实现国际贸易通关申报数据格式和代码的标准化、一体化和国际化等问题。很多中小企业考虑到资金流转，难以承受电子数据交换的成本，不想使用口岸物流信息平台而处于“信息孤岛”，无法满足多部门、多式联运的发展需求，制约了边境贸易增长，制约了物流信息平台的建设进程，难以满足“一带一路”倡议下跨境电子商务对口岸物流的要求。

17.3.3 通关效率有待进一步提高

“一带一路”倡议为中国与共建国家的跨境贸易提供了便利，尤其是跨境电子商务得到飞速发展，国际贸易呈现出小批量、多批次、多品种的新特点，完全不同于传统贸易中大批量、少品种的特征，极大增加了海关压力。目前中国口岸仍沿用在查验场对货物进行核查之后予以海关放行的做法，流程和手续繁复、换装时间长、通关效率不高。中国主要港口查验场设置见表17-2，天津口岸查验场位于码头外围，通常需要1～2个工作日才能完成通关，与其打造津冀世界级港口群中的重要地位极不匹配；大连口岸位于码头内，但与天津口岸均没有加急查验机制，增加了待查验货物延误船期的概率；青岛、宁波、上海虽设立了加急查验机制，但宁波口岸进口通关时间仍约为26小时。

表17-2　　中国主要港口查验场设置和加急查验机制比较

比较项	天津	大连	青岛	宁波	上海（洋山港区）
查验场位置	码头外围	码头内	码头内	监管仓内	先查验、后集港
加急查验机制	无	无	有	有	有

17.4 发展策略

“一带一路”倡议提出以来，绿色始终是丝路底色。口岸物流信息化以节约资源、提高效率为目标，旨在通过提高口岸效率满足客户需求，遵循绿色环保理念。口岸管理者应在注重开放的同时关注口岸运营效益，合理评估口岸容量，合理化港口物流流程以及物流、资金流和信息流的综合利用，尽可能减少等待时间，最大限度地利用港口基础设施，寻求资源的最优配置，实现既无闲置也不拥堵，降低运营成本，提高服务水平。

17.4.1 构筑口岸社区系统

“一带一路”倡议迫切需要提升共建国家口岸沟通效率，实现口岸物流的数字化运作。口岸社区系统是一个能使提供船舶和货物服务的公有和私有代理商、实体企业之间实现网络化运营的技术平台，主要功能是数字化口岸运作过程。口岸社区系统能提升口岸沟通的效率，通过对口岸活动的协调为口岸带来利益，加强了对港口运营活动的控制。在大多数情况下，口岸社区系统的服务局限于船舶和货物服务的无纸化运作，没有重新设计和简化流程，更没有创造增加现代物流链价值，实现透明、自动化和提供大量信息需要的新服务。口岸管理者应致力于创造一个联合网络，为共同的目标合作，在口岸社区系统中分享船舶和货物信息。这个网络不仅包含口岸代理商，而且包括扩大后的供应链成员，构筑以综合交通体系为主的全区域物流运输平台，积极开展沿线口岸大范围、多空间、高层次的交流与合作，促进口岸货物合理分流。如安特卫普港构筑了港口社区系统（SEAGHA），实现了船公司、船舶代理机构、企业之间的信息交换和单证交接；宁波口岸搭建了统一、高性能港口电子数据交换平台来实现物流信息共享；上海口岸构筑了物流综合服务平台模式，见表17-3，实现了主动提供式的信息服务，使客户办理单证的人员数量减少40%，人工成本降低60%，碳排放降低90%。

表17-3　上海口岸物流综合服务平台服务项目及内容

服务项目	服务内容
客户代码	上海口岸统一登记的客户唯一代码
服务保障	1个中心、1个标准、1次受理、1次结算
业务范围	理货、提重、查验、改配等业务一站式受理
业务模式	线上受理服务、手机App移动受理业务

17.4.2 推行“单一窗口”，提高通关效率

单一窗口指企业能够通过一个连接相关管理部门的虚拟地点（即单一窗口）以电子方式提交进出口数据来获得许可证件，将货物及运输工具申报、贸易许可证申报、原产地证书申领、企业资质登记、税务管理、边检行政许可、监管执法、支付结算融合至一个平台，实现信息互换、监管互认和执法互助，减少单证数量、统一单证格式与数据标准。积极推进“单一窗口”“智检口岸”“一站式作业”等建设，实现中国口岸管理相关部门之间以及与“一带一路”共建国家相关部门之间的信息共享、监管共认，优化通关流程，做到联合查验、一次放行，缩短货物进出口停留时间，实现报关、报检、删改单、码头提箱等业务一站式办理，为跨境贸易提供便利，是“一带一路”倡议的必然要求。

上海率先进行“单一窗口”改革，已实现对接22个部门、服务27万多家企业，将单一企业负责通关人员从20人缩减至3人，将货物进出口申报压缩至0.5小时，船舶进出港缩短至2小时，远低于原来货物和船舶申报需要2~3天的常规，极大提高了通关效率。福建通过“单一窗口”与新加坡实现了数据交换，实现了与海外“单一窗口”平台的联通。此外，鹿特丹港运用货运信息卡、港口公共电子信息平台和码头操作系统（TOS）搭建智慧港口，提升通关效率、减少翻箱。霍尔果斯口岸正在推动“三互”大通关和电子口岸建设，启动中国陆路口岸第一个“单一窗口”示范点建设，启动“一关多检”一站式服务模式，推进公

路口岸联合监管示范区和中哈农副产品快速通关“绿色通道”试点建设，实现与现有国际贸易单一窗口（Siscomex）和其他现有系统的整合。

17.4.3 注重统筹谋划，构建港航物流集约体系

“一带一路”倡议旨在通过海陆空多种运输方式的互联互通，实现共建国家共同繁荣，因而需要对港航统筹谋划，积极构建集港口、空港、铁路、公路为一体的规模化、集约化、专业化港航物流体系，推进水、陆、空等多种运输方式的无缝衔接。鹿特丹港按照远期、中期、近期3个时间维度对港航业进行规划，为港航业发展提供了清晰稳定的政策框架和目标指引。中国主要港口亦与“一带一路”沿线港口等结成了港航联盟、港铁联盟来提高口岸物流的稳定性和持续性，主要案例见表17-4。

表17-4 **中国主要港口与“一带一路”沿线港口联盟主要案例**

合作模式	中方港口单位/企业	主要合作企业/港口	合作区域面向特征
港航联盟	青岛港	马士基码头公司	东南亚、地中海
		马士基拖轮公司	
	上海国际港务集团	比利时泽布吕赫码头公司	中东
	烟台港	魏桥集团、新加坡韦立集团、几内亚博凯矿业公司	非洲
	中远海运集团	土耳其伊斯坦布尔昆波特港	西亚
		荷兰鹿特丹港	欧洲
		希腊比雷埃夫斯港港务局	欧洲
		新加坡港务集团	东南亚
		阿联酋阿布扎比港务局	西亚
港铁联盟	大连港	俄罗斯铁路集装箱股份公司	亚欧
	湛江港集团	南宁铁路局	东南亚
	天津港（集团）有限公司	北京铁路局	中亚、欧洲
	宁波舟山港集团有限公司	俄罗斯铁路股份公司	亚欧

此外，建立综合性港口管理机构，管理港口建设和运营来实现资源的最优配置对于口岸物流的集约发展至关重要。港口管理机构应出台优惠政策，制定动态的港口收费方案，平衡港口运力及客户需求，对接“一带一路”共建国家，避免过度投资和激烈竞争。如宁波舟山港正在建设“一带一路”港航物流中心，加强与欧盟、东盟等地联系，推进疏港铁路建设，完善集疏运网络，大力发展集装箱海铁联运，航运交易所已经建立了包括“三大平台”“五大市场”的业务板块，为降低港口物流运作成本、促进物流集约发展提供了良好支撑；上海港持续深入推动海关监管无纸化，全面应用手持式移动智能终端查验设备和音视频执法记录仪，实现了企业办理查验业务无须递交纸质单证；安特卫普港大力推动完善港区周边的物流配套设施，为进出口企业提供包括散货入包、危险品装拆、服装重新包装等物流配套增值服务，提升码头增值服务能力。

17.4.4 加强建设无水港，打通内陆地区跨境物流通道

“一带一路”倡议也为内陆地区带来了新的发展契机，运用无水港的对外开放功能，连接内陆与港口，成为内陆地区融入“一带一路”的“快捷键”。无水港作为海港的喂给港，是建设在内陆地区具有通关、报检口岸功能和除船舶装卸外所有港口服务功能的现代物流中心。2019年12月8日，连云港东方集装箱码头首次深入内陆地区设立侯马无水港，为客户提供全程多式联运物流服务，使连云港港成为晋南地区客户出海口；贵州无水港正在探索与广西北部湾、粤港澳大湾区港口合作，打通连接东盟自由贸易区、孟中印缅经济走廊的快速铁路通道，依托大数据产业的发展加速无水港的信息化进程；重庆、四川、安徽等地方政府也在出台政策打通出海口。

无水港建设可形成海港内陆腹地布局方案，实现内陆地区与海运物流网络的有效衔接，推进大宗货物运输“公转铁”“公转水”，实现货流集聚和资源整合，打通内陆省份跨境物流通道，使得内陆地区也能分享“一带一路”倡议所带来的红利。

17.4.5 提升口岸物流服务质量

“一带一路”倡议加快了中国中小企业“走出去”步伐，尤其是非洲、东南亚、拉美等国家与中国企业合作需求旺盛，口岸物流服务的好坏直接影响“一带一路”共建国家与中国的合作意愿，提升口岸物流服务质量至关重要。运用服务质量差距模型，从保证性、有形性、移情性3个方面来提升口岸物流服务质量。

（1）增强口岸物流服务质量的保证性

客户最关心物流服务提供者处理顾客问题的职业化程度，尤其是运送安全性、准时清关、按时交货或收货。港口管理部门应制定统一的服务提供行为准则，并将它作为月度和年度绩效考核的基础，同时制定招聘有丰富从业经验员工的政策，以确保最有效的工作质量，以便迅速满足客户的要求并提出有效的解决方案，还可以开发短期培训课程，以不断提高员工的技能和相关的专业知识。

（2）提高口岸物流的有形服务质量

首先，港口管理应着眼于加强和扩大现有港口基础设施和疏浚运河，以避免航道和港内交通堵塞，提高运输能力；其次，扩大仓储设施，向知名供应商购买现代化、高性能的专用装卸设备，淘汰过时的机器和设备，确保工作流程的顺畅和不间断；最后，注重工作办公室的装饰和专业设计，因为这是客户公司的现场工作人员和港口工作人员的直接接触环境，他们交流和使用物流服务时的良好体验至关重要。

（3）重视口岸物流服务的移情性

首先，港口管理人员应设计培训计划，以提高员工的人际沟通能力、解决问题的技能和工作态度，尤其是提高员工的外语素养，因为在国际物流领域需要大量的专业术语；其次，港口管理部门应为客户提供一个平台和一条热线，让他们反馈港口物流服务，关注港口服务企业的发展，培养客户忠诚；最后，奖励政策必须与员工的工作表现和奉献精神相匹配，增强员工服务意识，培养员工在困难和紧急情况下的积极心态。

17.5 研究结论

“一带一路”倡议，伴随着跨境电子商务的蓬勃发展，不仅要求搭建面向“一带一路”共建国家的互联网经济、贸易与金融平台，而且要求搭建面向“一带一路”共建国家的跨境贸易电子商务平台，构筑“网上丝绸之路”，向全球数字贸易迈进。物流是互通的先导，基于信息化视角的口岸物流体系建设至关重要，是发挥消费对经济发展的基础性作用，实现促消费保增长这一中国经济发展战略的重要保障。

中国应积极与“一带一路”共建国家建立平等、互利、共赢的经贸关系，构筑利益共同体，不仅关注口岸物流的互通，还应注重资源配置效率，不仅要看重沿海地区，而且更要重视内陆地区，通过着力构筑口岸社区系统、推行“单一窗口”、注重港航统筹谋划、加强无水港建设、提升口岸物流服务质量等一系列举措来推进口岸物流的信息化进程，缓解信息不对称问题，提升信息共享效率，实现“一带一路”共建国家商品的高效流转、快速通达，以促进商贸往来。

18 两大举措融合推动口岸物流辐射与区域协调发展研究

18.1 引言

党的十九大报告提出了要以"一带一路"倡议为重点，形成陆海内外联动、东西双向互济的全面开放新格局。习近平总书记在2020年全国两会上提到，我国要逐步形成以国内大循环为主体、国内国际双循环相互促进的新发展格局。2020年7月21日在企业家座谈会上他进一步解释为什么现在要提出这个重大的战略转变：以前，在经济全球化深入发展的外部环境下，市场和资源"两头在外"对我国快速发展发挥了重要作用。在当前保护主义上升、世界经济低迷、全球市场萎缩的外部环境下，我国必须充分发挥国内超大规模市场优势，通过繁荣国内经济、畅通国内大循环为我国经济发展增添动力，带动世界经济复苏。结合"一带一路"倡议和习近平总书记双循环的重要论述，这其实是新形势和新环境下中国经济的另一种开放模式，以国内大循环为主体，是为了利用内需来更好地联通国内市场和国际市场，更好地利用两个市场和两种资源，绝不是为了关起门来封闭运行。这是对过去注重外需而弱化内需，更加依赖国际市场的发展模式的适时修正和完善。在西方国家逆全球化之势日盛的背景下，我国更应该充分重视“一带一路”倡议下口岸所链接的国家（地区）和构建起的六大陆海大通道，以内循环为主，联通内外国际市场，构建“以我为主”的新型发展模式。

口岸作为我国对外开放的重要门户，是充分利用国内外两种资源、两个市场的重要渠道，也是深化同周边国家及地区互联互通和推进内外双循环的重要纽带，其功能已不仅局限于进出口货物和进出境人员通行，通道经济、枢纽经济和平台经济也因口岸的发展正在全方位、多领域、多层次地展开，口岸的功能日益多元化，地位愈加重要，其辐射带动能力也体现了口岸对于区域经济发展的独特作用，抓住双循环的契机通过口岸功能升级和拓展有利于实现区域经济协调发展。

口岸是深化我国同其他国家互联互通的重要节点，口岸的发展态势决定着内外双循环的发展质量，同时也决定着“一带一路”建设的成效，因而成为落实“一带一路”倡议的关键（郭宏宇、竺彩华，2016）。与基本事实一致，这里的沿海口岸包括辽宁、河北、天津、山东、江苏、上海、浙江、福建、广东、海南；沿边口岸包括广西、云南、西藏、新疆、内蒙古、黑龙江、吉林。由我国2008—2017年沿海口岸与沿边口岸货物吞吐量变化趋势可以看出（如图18-1所示），不论是沿海还是沿边口岸的货物吞吐量整体都呈现出了不断上升的趋势，但沿边口岸的上升态势更为明显。

基于此，本章以口岸最核心功能之一的货物运输为研究对象，基于口岸物流视角，探讨双循环新格局下口岸功能转型升级和拓展的必要性，从我国对外开放的前沿——沿海和沿边两类口岸出发，具体分析2008—2017年我国沿海和沿边地区口岸物流演变的空间差异和动态变化情况，并将口岸物流与地区物流辐射能力进行比较分析，寻求背后的演化力量，探寻国内国际双循环新格局下口岸物流辐射能力提升举措与区域经济协调发展的政策建议。

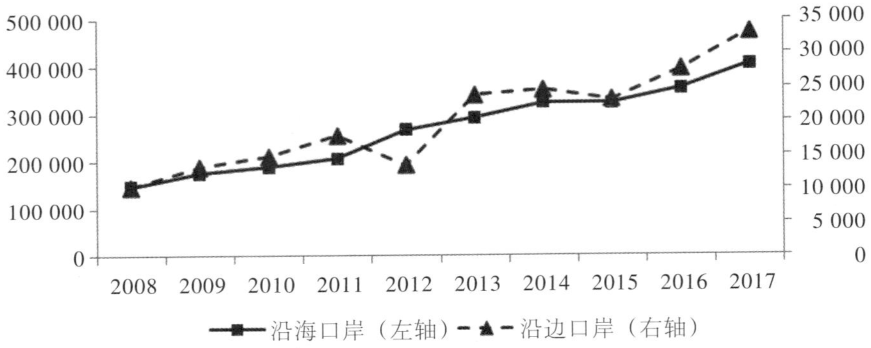

图 18-1 2008—2017 年中国沿海口岸与沿边口岸货物吞吐量（单位：万吨）

资料来源：根据《中国口岸年鉴》数据计算整理得到。

18.2 口岸功能亟须转型升级和拓展

在我国过去的开放模式中，沿海口岸主要服务于欧美日等发达国家和地区，内陆地区尤其是沿边各个口岸，由于交通不便、边境纠纷频繁，其经济发展程度与沿海口岸有着非常大的差距，长期以来得不到全球资本的重视，开放的不足也导致了区域发展差距始终无法真正有效缩小。代表全面对外开放新格局的“一带一路”倡议和国内国际双循环战略的提出则为我国沿海地区口岸和沿边地区口岸开辟新的开放空间、拓展新的功能提供了一个深挖自身比较优势的绝佳机遇，这就要求口岸必须发挥好国内国际双循环的关键节点和核心纽带的作用，助推国内外双循环模式的顺利推进，具体来看：

一是利用巨大内需优势虹吸全球高端人才和技术，要求口岸功能升级。中国经济发展已经从出口导向转向以内需为主，巨大的内需是双循环新格局下我们必须充分运用的战略资源，是未来参与国际经济循环的战略工具和手段，也是我们的绝对优势。为此，完全可以利用内需提供的市场和事业发展机遇，广泛吸收全球高端人才和技术为我所用，通过口岸软硬件功能升级和制度创新，持续提升对外开放度，逐步破除跨境交付、境外消费、自然人流动等服务贸易模式下存在的各种壁垒，给予境外服务提供者国民待遇，率先探索与国际接轨的跨境交付和自然人流动开放模式。

二是利用双循环加快“走出去”和“引进来”步伐，要求口岸功能升级和拓展。随着“一带一路”倡议的深入实施，中欧班列在我国国际货物贸易中的地位愈加重要，中西部地区的开放能力不断得到提升，但目前仍存在着回程班列运量少和空箱率高等事实。加快农产品、矿物等初级产品指定口岸建设，利用中亚回程班列，优质的中亚农产品可以直接从中亚西亚各国运往国内进境农产品指定口岸，这不仅降低了中亚班列对开的物流成本，还有助于解决我国与中亚国家国际贸易不平衡问题，吸引国外优质粮食向河南省聚集中转，为国内消费者带来质优价廉的中西亚优质农产品。这其实也可反过来加快推动中国先进的农业科技、农资、矿业大型农机设备、现代化农艺技术、节水灌溉技术等“走出去”的步伐，有效扩大国际产能合作，也有利于提升中亚西亚农业技术和矿业开采水平，提高当地经济发展水平。

三是建立高效安全的国际物流运输体系双循环，要求口岸功能升级和拓展。现代化国际物流运输体系对于保障全球供应链安全至关重要，新冠肺炎疫情的暴发使得安全问题变得愈加重要。由此，我们应该加快口岸功能转型和制度创新步伐，加快规则、规制、管理和标准等方面与国际有机有效衔接，不断适应全球商流、物流、人流、资金流和信息流快速发展的需要，依托自由贸易试验区发展离岸贸易等新型服务贸易，促进国际物流与贸易金融的融合创新，推动实现两个市场、两种资源的“无缝监管”链接和“无障碍流动”。

四是推进贸易自由化和便利化，要求口岸功能升级和拓展。贸易自由化和便利化是双循环能够深入实施和推进的重点所在，也是我国自贸试验区正在探索的重要内容之一。作为对外开放窗口的口岸必须通过功能拓展引领贸易自由化和便利化，打造新时代制度型开放的规则引领区、压力测试区和国际对标区。例如，在跨境服务贸易领域，加快口岸与自贸试验区协调建设和制度创新，强化与国际标准机构合作，通过资格互认的方式减少跨境服务的规制壁垒，制定符合自贸试验区需要的更高资格标准等。

18.3 口岸物流辐射能力的测算与比较

18.3.1 口岸物流辐射能力有助于区域协调发展

物流业的发展水平是一个地区综合竞争力的体现，反映了地区流通效率高低和资源配置的优劣以及对国民经济发展的支撑作用，是内外双循环能力的一个先行指标。物流对城市经济具有巨大的拉动作用，物流的迅速发展将大大地提高城市在该地区的物流中心、经济中心地位。世界上经济发达、生产要素汇集度高的地区和城市普遍处于各类型口岸的周边，特别是沿海口岸，但这种变化是动态的，随着地区整体经济的发展变化而变化。Notteboom和Rodrigure（2005）提出，沿海口岸和航运业的物流一体化和网络化重新定义了港口在全球价值链中的职能和作用并导致新的货运模式和港口分级的产生。Ducruet和Lee（2006）利用RCI指数分析了港城演化特征，认为港城关系演化并非线性或无序的，更多地由周边地区要素和当地管理政策的改变而引起，是需要经历缓慢的演进历程的。柴国君和李丹（2014）指出，口岸物流产业集聚区的整体完善将会带动区域经济的不断发展，增强口岸区域的集聚效应和辐射功能，提升口岸区域在经济发展中的竞争力。

口岸可以通过物流辐射功能和周边地区形成一种互补共生的关系：口岸为要素流动提供了便利，而要素流动的进一步活跃又会刺激口岸地区的相关产业发展，从而强化口岸的核心角色。由此，通过口岸物流功能的强化和拓展，不仅可以提高口岸城市的综合国际竞争力，而且能够利用口岸作为物流中心的聚集效应和扩散效应，吸引更多的国内和国外的投资，进一步促进国内经济与世界经济的联系和发展（温耀庆，2004）。在西方国家逆全球化势头日盛，全球供应链、产业链和价值链面临“断链”风险的背景下，“一带一路”共建国家大多为发展中国家，因此，“一带一路”建设的成效不仅决定着我国能否有效规避西方国家逆全球化所带来的冲击，而且决定着我国对外开放能否继续全方位展开。由于口岸独特的“节点”特征，口岸，特别是沿边口岸，其物流功能能否升级和拓展将决定着国内循环和国际循环能否有效衔接，尤其是沿边地区的经济实力能否壮大，从而决定着我国能否实现区域经济的协调发展。

18.3.2 口岸物流推动区域协调发展的能力分析

物流辐射力表示区域货运对全国其他地区的辐射能力，代表了物流引领经济发展的能力。基于此，本章设计了口岸地区物流辐射力指数，具体计算方式为：口岸i地区第t年物流辐射力指数=（口岸i地区第t年的货运总量/第t年全国口岸货运总量）×（口岸i地区第t年的国内生产总值/第t年中国国内生产总值）[①]。根据该公式，本章计算出各口岸地区具体物流辐射力指数，见表18-1。

表18-1 2008—2017年中国沿海、沿边省份口岸物流辐射力指数

项目		2008	2009	2010	2011	2012	2013	2014	2015	2016	2017
沿海	天津	4.526	4.303	3.910	3.635	3.413	3.151	3.292	3.328	4.038	3.107
	河北	1.427	1.546	1.472	1.631	1.735	1.782	2.158	2.371	2.581	2.500
	辽宁	1.603	1.911	1.658	1.496	1.337	1.249	1.361	1.438	2.696	3.030
	上海	4.371	3.482	4.028	4.371	3.747	3.567	3.414	3.442	3.307	3.357
	浙江	1.842	1.801	1.825	1.722	1.748	1.744	2.187	2.271	2.278	2.352
	江苏	1.051	1.161	1.161	1.197	1.333	1.294	1.189	1.201	1.374	1.387
	福建	1.305	1.629	1.792	1.583	1.648	1.547	1.870	1.848	1.791	1.641
	山东	1.727	1.779	1.841	1.994	2.393	2.439	2.303	2.426	2.602	2.960
	广东	1.397	1.300	1.314	1.331	1.206	1.148	1.326	1.243	1.278	1.912
	海南	2.028	2.307	2.314	2.098	1.973	1.705	1.319	1.489	1.623	1.874
沿边	内蒙古	0.791	0.779	0.914	0.303	0.687	0.586	0.575	0.520	1.058	1.344
	云南	0.139	0.139	0.155	0.210	0.121	0.157	0.210	0.206	0.211	0.306
	西藏	0.043	0.036	0.055	0.066	0.052	0.045	0.032	0.011	0.023	0.022
	新疆	0.889	0.968	1.077	1.191	1.230	1.263	1.052	1.007	1.176	1.245
	吉林	0.070	0.042	0.033	0.030	0.027	0.030	0.044	0.055	0.072	0.078
	黑龙江	0.279	0.188	0.170	0.162	0.389	0.375	0.333	0.392	0.375	0.458
	广西	1.280	1.596	1.443	1.736	1.079	1.413	1.475	1.445	1.222	1.805

资料来源：根据《中国口岸年鉴》数据计算整理得到。

① 这里的口岸货运量是港口、铁路、公路和航空等所有类型口岸货运量的总和。以下皆同。

具体来看，在沿海地区的省份中，天津的口岸物流辐射能力最强，2008年辐射力指数达到了4.526，不过在这之后出现了一定的下滑，2017年其口岸辐射能力指数降到了3.107。上海口岸的物流辐射能力仅次于天津，2008年口岸辐射能力指数达到了4.371，在这之后也出现了下滑，2017年降低到了3.357。海南也是如此。剩下的沿海省份口岸物流辐射力指数均出现了不同程度的上升。需要注意的是，江苏口岸物流辐射力指数在2008年是沿海省份中最低的，仅为1.051，虽然之后开始上升，但仍然较低。广东口岸的物流辐射能力2008年也处于相对低位，到了2017年，虽然口岸辐射能力有所上升，但仍是沿海省份中的最低值。

沿边地区的省份中，广西的口岸物流辐射能力最强，2008年其辐射力指数为1.280，在这之后保持着上升的趋势，到2017年达到了1.805。新疆口岸的物流辐射能力仅次于广西，2008年其口岸物流辐射能力指数为0.889，在这之后持续上升，到2017年已经达到了1.245，上升趋势十分明显。内蒙古的口岸物流辐射能力也相对较强，2008年其辐射力指数为0.791，到2017年已经达到了1.344。剩下的沿边省份，包括云南、西藏、吉林和黑龙江，它们的口岸物流辐射能力较低。其中，云南和黑龙江的口岸物流辐射能力稍强，且一直保持着较快的上升趋势，其物流辐射力指数分别从2008年的0.139和0.279上升到2017年的0.306和0.458。吉林的口岸物流辐射能力指数非常低，2008年为0.070，而到了2017年仅为0.078，上升幅度非常有限。西藏的口岸物流辐射能力指数最低，2008年为0.043，但到了2017年却降到了0.022。这与刘慧和程艺（2018）的研究结论完全一致，即“一带一路”建设对沿边地区的影响存在明显的区域差异，在促进新疆沿边地区和滇桂沿边地区高速发展的同时，对东北和西藏沿边地区发展的促进作用有限。

为了对我国口岸物流辐射能力的演变趋势以及对区域协调发展的影响有一个整体认识，本章对沿海和沿边省份的数据分别进行了加总处理，结果如图18-2所示。可以看出，不论是沿海地区口岸物流辐射力还是沿边地区口岸物流辐射力均呈现出上升的趋势。从沿海和沿边口岸物流的辐射力指数来看，2008年，沿海的是沿边的约3.5倍，而到了2017年则下降到约2.2倍，沿边口岸物流辐射力快速上升趋势显而易见。另外，“一带一路”倡议提出以来，不论是沿海口岸还是沿边口岸，其物流辐射能力均出现了较快的上升，但沿边口岸总体快于沿海口岸。这一方面反映了我国沿边口岸在我国对外开放中的作用在不断上升，另一方面也反映了“一带一路”倡议中的“新丝绸之路”经济带部分的地位在提升。由此，从口岸对区域经济带动层面看，沿海地区口岸的带动能力很强，但沿边地区口岸带动地区发展的提升水平却上升得非常快。显而易见，沿边口岸物流辐射能力的快速提升加快了沿边地区的发展，促进了我国区域之间协调发展。

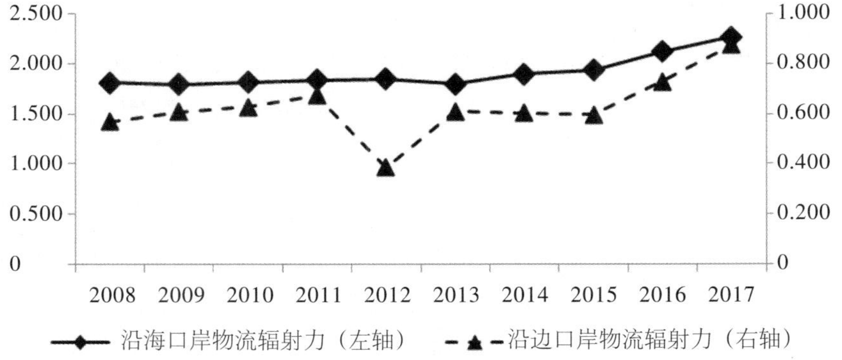

图18-2 2008—2017年中国沿海口岸与沿边口岸物流辐射力指数

资料来源：根据《中国口岸年鉴》数据计算整理得到。

18.3.3 口岸和地区物流辐射能力比较下的区域协调发展能力分析

口岸货运仅仅是一个地区货运的一个组成部分，而且与一个地区的货运总量相比，口岸货物吞吐量比重很低。例如，18个沿海和沿边省、自治区、直辖市2008年口岸货运量仅占全国货运总量的5.78%，2017年则为6.87%。因此，仅从口岸物流辐射力来看一个地区的物流辐射能力并不完全准确。通过将口岸物流辐射能力与地区物流辐射能力进行比较，我们能够更深入地了解“一带一路”倡议实施所带来的相关影响，能够从物流层面探析内外双循环的发展态势和对于区域协调发展的引领能力。

与口岸地区物流辐射力指数相似，地区物流辐射力指数可以表示为：i地区第t年物流辐射力指数=（i地区第t年的货运总量/第t年全国货运总量）×（i地区第t年的地区生产总值/第t年中国国内生产总值），计算得出的地区物流辐射能力指数见表18-2。可以发现，与我国沿海口岸强大的物流辐射能力相比，沿边地区物流辐射力却相对较低。具体来看，沿海地区的省份中，海南省的地区物流辐射能力最强，2008年其物流辐射力指数为1.312，不过在这之后出现了一定的下滑，到2017年降到了1以下。辽宁地区的物流辐射能力仅次于海南，2008年口岸辐射能力指数为1.144，在这之后持续上升，到2017年达到了1.576。剩下的沿海省份的地区物流辐射力指数变化趋势又分为了两类情况，一类是河北、福建和广东，这三个省份的地区物流辐射力指数2008年之后均出现了一定程度的上升趋势，河北、福建和广东分别从2008年的0.860、0.681和0.499上升到2017年的1.148、0.701和0.746；另一类是天津、上海、江苏、浙江和山东等省份，它们的口岸物流辐射力指数均出现了不同程度的下滑。需要注意的是，江苏地区物流辐射力一直处于低位，2008年仅高于广东，而2017年地区物流辐射能力则为沿海地区最低。显而易见，这与其经济大省地位并不匹配。沿边地区的省份中，内蒙古的地区物流辐射能力最强，2008年其指数为1.506，在这之后保持着上升的趋势，到2017年达到了2.262。广西的地区物流辐射能力仅次于内蒙古，2008年其指数为1.525，到2017年上升到了1.609。另外，新疆和云南的地区物流辐射能力也相对较强，2008年其指数分别为1.419和1.011，到2017年则变为了1.324和1.347，新疆略有下滑，而云南上升速度较快。吉林和黑龙江的地区物流辐射力均出现了不同程度的下滑，西藏出现了上升的趋势，但数值相对较低。

表18-2　**2008—2017年中国沿海和沿边地区物流辐射力指数**

项目		2008	2009	2010	2011	2012	2013	2014	2015	2016	2017
沿海	天津	0.654	0.728	0.585	0.544	0.502	0.484	0.494	0.510	0.502	0.477
	河北	0.860	0.923	1.035	1.092	1.160	1.075	1.113	1.150	1.168	1.148
	辽宁	1.144	1.148	1.158	1.174	1.171	1.174	1.210	1.220	1.655	1.576
	上海	0.773	0.659	0.685	0.683	0.655	0.600	0.596	0.626	0.557	0.540
	江苏	0.581	0.573	0.583	0.582	0.572	0.472	0.470	0.491	0.464	0.482
	浙江	0.835	0.852	0.832	0.813	0.778	0.772	0.755	0.812	0.811	0.727
	福建	0.681	0.615	0.605	0.604	0.602	0.683	0.725	0.740	0.743	0.701
	山东	1.019	1.084	1.037	0.990	0.938	0.742	0.694	0.719	0.746	0.768
	广东	0.499	0.556	0.564	0.595	0.631	0.863	0.790	0.806	0.807	0.746
	海南	1.312	1.438	1.466	1.404	1.324	0.846	1.053	1.042	0.956	0.817
沿边	内蒙古	1.506	1.512	1.585	1.653	1.682	1.501	1.684	1.700	1.832	2.262
	吉林	0.624	0.618	0.633	0.633	0.646	0.531	0.546	0.533	0.542	0.536
	黑龙江	0.836	0.816	0.771	0.709	0.670	0.653	0.625	0.625	0.619	0.520
	广西	1.525	1.574	1.627	1.638	1.741	1.616	1.622	1.542	1.561	1.609
	云南	1.011	0.965	0.962	0.954	0.938	1.368	1.321	1.368	1.389	1.347
	西藏	0.240	0.276	0.261	0.239	0.226	0.352	0.324	0.358	0.304	0.287
	新疆	1.419	1.362	1.201	1.136	1.102	1.230	1.215	1.312	1.326	1.324

资料来源：根据《中国统计年鉴》数据计算整理得到。

为了对我国沿海和沿边省份的地区物流辐射力的演变趋势有个整体认识，本章对沿海和沿边省份的数据分别进行了加总处理。整体上来看，沿海省份的地区物流辐射力虽然有些年份上升，但是整体上呈现下降的趋势。沿边省份的地区物流辐射力指数虽然在2012年出现下降，但是总体上呈现上升的趋势。从沿海和沿边的地区物流辐射力指数比较来看，2008年沿边地区是沿海地区的1.49倍，而到了2017年则上升到了1.67倍以上，沿边地区物流辐射力明显强于沿海地区。

更为重要的是，为了对口岸和地区物流辐射能力比较下的区域协调发展能力有一个清晰的认识，本章对沿海和沿边地区的口岸物流辐射力与地区物流辐射力的比值进行分析。计算结果显示，沿边的口岸物流辐射力与地区物流辐射力的比值整体上比较低，2008年为0.497，2012年下降到了0.333，之后开始回升，2017年达到了0.703，2017年在2008年的基础上上升了41.4%，整体的上升趋势非常明显。也就是说，沿边地区的口岸物流辐射力引领地区物流辐射力的势头不断增强。沿海口岸物流辐射力与地区物流辐射力的比值整体上比较高，2008年比值为1.584，2013年略有下滑，之后持续上升，2017年达到了1.826。总结起来，口岸物流对于地区物流能力提升以及区域开放型经济的发展具有引领性，沿海地区口岸物流引领地区物流的能力非常强，但上升幅度不大，而沿边地区口岸物流引领地区物流的能力相对较弱，但带动能力在持续增强，这为我国下一步在双循环新格局下实现区域协调发展奠定了良好的发展格局。

18.4 结论与政策建议

18.4.1 结论

口岸是联结国内国外两种资源两种市场的重要纽带，是国内国际双循环的关键节点，在“一带一路”倡议深入实施的背景下，其辐射带动能力也体现了口岸对于区域经济发展的特有能力，抓住双循环的契机通过口岸功能升级和拓展有利于实现区域经济协调发展，上述实证结论也揭示了这一点。具体来看：

第一，开放新格局的形成扭转了沿边口岸物流的发展态势，助推了沿边地区的经济发展。我国沿边口岸物流辐射力指数和地区物流辐射力指数在2012年均出现了大幅度的下滑，说明我国的进出口贸易增长遇到了瓶颈，这与当时我国经济发展进入新常态和供给侧结构性改革的时间相一致。而自2013年“一带一路”倡议提出以后，上述两个指数均出现了大幅度的反弹。沿边口岸物流指数反弹早于沿海口岸，说明“新丝绸之路”经济带建设的成效好于海上丝绸之路，这不仅与我国沿海口岸的物流主要面向西方国家而西方国家近期贸易保护主义抬头有关，还与我国目前更加重视沿边口岸的建设，其投资建设的边际收益更高有着密切的关系。

第二，开放新格局的形成有利于国内国际双循环新格局的塑造。我国对外开放的时序变化导致进出口贸易和区域经济发展上存在“东强、西弱、海强边弱”的发展格局（朱振、扈瑞鹏，2018），“一带一路”倡议的实施给沿边地区的口岸带来了全新的发展机遇，再加上近些年来我国沿边省（自治区）口岸数量不断增加，沿边口岸的物流辐射能力不断增强，沿边地区的经济发展也步入快车道，这对于国内国际双循环新格局的塑造起到了决定性的支撑作用。

18.4.2 政策建议

与此同时，我们必须注意到，为了有助于国内国际双循环新格局的形成，并在此过程中助推区域协调发展，不论是沿海口岸还是沿边口岸都必须实施功能性升级和拓展。具体来看：

第一，沿海口岸的发展要从规模扩张转向提质增效，提升内外双循环通道的效率。口岸发展行政化、发展定位不明晰、口岸建设短期化、口岸协调机制不完善等问题，造成口岸规模盲目扩张，产能过剩，效益低下（朱振、扈瑞鹏，2018）。因此，要基于强大内需从改善软硬条件两个方面着手促使口岸提质增效。在软条件改善上要以信息化为手段，以“放管服”改革为路径，以口岸所在区域的行政协调为基础，大力提升口岸的通关效率和沿海口岸整体的使用效率。在硬条件建设上，以信息化、自动化和人工智能化为手段，打造智能口岸或智慧口岸，大力提升口岸的作业效率，提升内外双循环通道的效率。

第二，沿海口岸要大力发展枢纽经济与平台经济，提升我国经济内外双循环的联动性。针对我国沿海口岸物流增长乏力，延伸产业增值率不高的事实以及西方国家逆全球化对我国经贸领域造成的冲击，我国沿海口岸必须以物流功能提升和拓展为根本，围绕口岸物流大力发展枢纽经济和平台经济。依托物流枢纽辐射广、成本低、效率高的优势，形成各种要素大聚集、大流通、大交易，带动区域农业、制造、商贸服务等产业聚集发展，提升口岸经济发展能级。紧跟电子商务飞速发展的步伐，引进或打造大型电子商务平台，与口岸的物流优势、保税优势相结合，大力发展平台经济，并在此过程中不断链接更多的国家和地区，扩大经贸辐射范围。

第三，沿边口岸要进一步提高物流辐射能力，强化带动区域协调发展的能力。提高我国沿边口岸物流辐射力牵涉到软硬两个条件和国内外两个主体。一是要进一步加强境内物流基础设施建设，构建集多种运输方式于一体的立体化沿边口岸的物流体系。二是要加强与邻国的基础设施建设的合作，补齐邻国物流基础设施的短板，打通物畅其流的“堵点”，进一步提升沿边口岸物流的跨境可达性。三是加强与邻国的政策沟通，提升贸易与投资便利化水平，提高沿边口岸的内外双循环效率。

第四，大力发展沿边地区的口岸经济，加快区域经济协调发展步伐。我国沿边口岸虽然物流能力迅速提升，但是物流能力尚未能形成较强的要素集聚能力，未能带动区域经济的快速发展。针对这一事实，应该要将沿边口岸的“过道经济”尽快向枢纽经济和平台经济转变，形成区域经济的增长极和辐射源。一是要打造特色产业集群。针对沿边口岸内生动力不足，工业基础薄弱等问题，利用好“一带一路”倡议深入实施的机遇，对沿边口岸具有禀赋优势的资源进行合理规划利用，重点打造跨境产业链和跨境产业集群。通过特色产业集群实现具有地域特色的口岸经济发展模式。二是实现联动发展模式。构建口岸—城镇联动、口岸—园区联动、口岸—腹地联动发展的“大口岸”产业体系。三是要利用好陆运大通道构建的区域互联互通机遇，积极争取和建设好自贸试验区，依托大通道，实施东西自贸试验区联动发展战略，加快协同发展步伐，推动产业联动和要素流动，加快区域协调发展进程。

第Ⅳ篇　江苏开放实践

19 连霍携手打造标杆示范项目研究

2017年6月8日，习近平总书记指出，“将连云港—霍尔果斯串联起的新亚欧陆海联运通道打造为‘一带一路’合作倡议的标杆和示范项目”[①]。习近平总书记的重要指示，为连霍两地打造标杆示范项目指明了前进方向、提供了根本遵循。2018年9月25日，时任江苏省委书记娄勤俭同志考察江苏对口援疆工作时表示，江苏与新疆都是“一带一路”上的重要省份，希望两省区推进全方位、多层次、宽领域的交流合作，把合作发展提升到一个新的层次。当前，在“一带一路”倡议与上合组织国际合作框架之下，中哈（连云港）国际物流基地、上合组织国际物流园“两基地”相继落地。与此同时，中哈共建的霍尔果斯—东门无水港渐成规模，与连云港遥相呼应，实现业务联动、人员互派、信息联通和资源共享。随着深水大港、远洋干线、中欧班列、物流场站实现无缝对接，连云港陆港“两翼齐飞”布局加速成型。因此，如何继续深化两地交流合作，携手打造标杆示范项目，在促进共建“一带一路”合作倡议上走在时代前列，无疑是一个值得深入研究的重大课题。

① 中国网. 将新亚欧陆海联运通道打造为“一带一路”的标杆示范项目［EB/OL］.（2017-06-09）［2023-08-15］. http：//news.china.com.cn/2017-06/09/content_40994878.htm.

19.1 重大意义

连云港—霍尔果斯陆海联运通道，向东海上对接东北亚、东南亚，向西陆上连接中西亚乃至欧洲，在新亚欧大陆桥经济走廊上处在关键位置，加快打造标杆示范项目，对提升放大“一带一路”合作倡议的长期价值极为重要。

第一，从全球治理层面看，打造标杆示范项目，有利于加快推动构建人类命运共同体的历史进程。今天，全球发展深层次矛盾突出，治理赤字、信任赤字、和平赤字、发展赤字，成为摆在全人类面前的严峻挑战。共建“一带一路”倡议要实现的最高目标就是在“一带一路”国际合作框架内，各方携手应对世界经济面临的挑战，开创发展新机遇，谋求发展新动力，拓展发展新空间，实现优势互补、互利共赢，不断朝着人类命运共同体方向迈进。几年来，“一带一路”建设完成了总体布局，绘就了一幅“大写意”。今后要聚焦重点、深耕细作，共同绘制精谨细腻的“工笔画”。打造标杆示范项目这一“工笔画”，有利于推动共建“一带一路”沿着高质量发展方向不断前进，有利于把“一带一路”建成和平之路、繁荣之路、开放之路、创新之路、文明之路，给“又一次站在了十字路口”的人类指明了方向。

第二，从国家层面看，打造标杆示范项目，有利于发挥共建“一带一路”倡议中的引领作用。新亚欧大陆桥经济走廊覆盖超过世界75%的人口、60%的领土面积、50%的经济总量。打造标杆示范项目，深化东中西区域合作，有利于以大通道建设“促两边”，加快中西亚国家和地区紧跟发展步伐，撬动欧洲经济圈和东北亚经济体，促进共建国家共同建设自由贸易网络体系；有利于以标杆示范项目“放样子”，在标准体系、合作机制等方面，为中蒙俄、中国-中亚-西亚、中国-中南半岛、中巴、孟中印缅等其他五大经济走廊建设提供经验借鉴，在更大范围内、更高层面上发挥“头雁效应”，提升国家在“一带一路”合作倡议的国际领导力。

第三，从省级层面看，打造标杆示范项目，有利于把握共建“一带一路”倡议中两省份的实践取向。江苏是“一带一路”交汇点，新疆是丝绸之路经济带核心区，深化两省份合作，打造标杆示范项目，有利于夯实“强支点”，巩固提升连云港、霍尔果斯东西桥头堡的战略地位，更好服务国家战略需要；有利于推进“大开放”，促进自贸试验区功能的充分发挥，进一步强化东西两支点的开放功能，更好推进丝绸之路经济带与21世纪海上丝绸之路的对接融合；有利于增强“凝聚力”，在口岸共建共用、商贸物流合作、人才队伍建设等方面实现优势互补，在市场开拓、班列开行、基地建设等方面形成合力，更好肩负起“一带一路”建设的使命担当。

19.2 总体思路

打造标杆示范项目，就是要在推动共建“一带一路”沿着高质量发展方向上发挥引领功能，担当领跑使命；连霍携手打造标杆示范项目，就是要在基本要求、战略安排、发展目标等方面充分体现引领示范的发展导向。

19.2.1 基本要求

携手打造标杆示范项目，必须坚持创新引领、协同推进；陆海统筹、东西贯通；双向开放、辐射周边；市场发力、政府引导。

19.2.2 战略安排

连霍携手打造标杆示范项目，要有利于推动“调结构”，突破基础设施相对薄弱、产业发展不充分、综合实力不够强的不利局面；要有利于促进“畅流通”，推进通道物流规模化组织、区域化集散、专业化服务和网络化运行；要有利于加快“提能级”，构建全方位协同开放体系，发挥“1+1>2”叠加效应，全面提升东西桥头堡的综合竞争能级。

19.2.3 发展目标

到2025年，高效、便捷、绿色、安全的陆海联运通道基本建成。

形成以连云港自贸试验区、霍尔果斯跨境自贸试验区为引领的开放高地；形成以连云港临港产业集群为特色的临港产业带和以霍尔果斯进出口加工贸易为特色的沿边口岸经济带；东西两大支点的战略地位稳固确立，大通道标杆示范效应显著增强。

19.3 工作重点

19.3.1 在互联互通上做标杆示范

在互联互通上打造标杆示范，需要加快将连云港与霍尔果斯打造成重要的国际交通枢纽。

第一，要推动连云港建设亚欧重要国际交通枢纽，高水平建设出海基地。一是要加快国际物流基地建设步伐。以上合组织出海基地和中哈（连云港）国际物流合作基地建设为核心，构建集国际运输、分拨转运、仓储配送、临港加工、交易及配套服务功能于一体的物流中心。二是要加快推进中欧班列建设。强化中欧班列、铁水联运平台建设，构建铁、公、海、水、空多式联运陆港运输体系，着力打造国际中转枢纽陆港。深化与哈国铁、里海联盟等合作，实现一港双通道、中亚全覆盖，进一步提高对欧洲国家的覆盖范围。三是要建设区域性国际航空货运枢纽和航空物流集散中心。依托淮安航空货运枢纽和连云港区域性国际空港，发挥国家级综合保税区功能，打造以货为主、以客为辅的区域性国际航空货运枢纽和航空物流集散中心。

第二，要加快构建霍尔果斯多式联运体系，高层次建设陆上边境口岸型国家物流枢纽。一是要加快推进铁路专用场站和专用线建设。首先，构筑畅通园区的铁路专用线，重点解决当前霍尔果斯配套园区以及南部工业园产业快速发展的迫切需要；其次，构筑公铁联运的铁路专用场站，重点解决公路与铁路的无缝高效对接，推动较大规模的跨境国际物流园建设。二是要加快打造“中欧卡航”霍尔果斯公路港。以双西公路全线贯通和中欧卡航运营为契机，充分发挥中欧卡航这一第四方物流高时效、低成本优势，着力打造区域性国际物流中转集散中心。三是要高标准建设跨境国际物流园区。高标准规划建设大型跨境国际物流园区，推动霍尔果斯商贸物流全面转型升级，并发展成为重要支柱产业。四是以国际物流为纽带，高质量构建服务平台。支持连云港、霍尔果斯强化与国际航运、铁路、海关等合作协同，在“一带一路”沿线建设物流场站、分拨中心、海外仓等物流节点，构建全程化物流服务链条。

19.3.2 在开放创新上做标杆示范

在开放创新上打造标杆示范，需要在建设自由贸易港、发展跨境电商、探索离岸金融业务等方面实施重大突破并取得重要进展。

第一，合力共创自由贸易港。一是要在连云港自贸试验区和中哈霍尔果斯国际边境合作中心的基础上，大力争取国家批准在东西桥头堡分别建设自由贸易港，为畅通陆海联运大通道注入强大动能。二是要鼓励采取多种形式，与中西部城市共同合作用好连云港国家东中西区域合作示范区牌子，通过建设“区中区”“园中园”等，集聚优质要素，推动优势互补，以核心功能区的建设发展，支撑推动陆海联运大通道的可持续发展。

第二，携手发展跨境电商。一是要支持推进连云港国家级跨境电子商务综合试验区申创工作。借助综保区政策优势，加快开发区跨境电商发展，持续完善“点点通”跨境电商公共平台功能，鼓励跨境电商企业面向“一带一路”国家和地区拓展业务。二是要加快霍尔果斯跨境电商国家示范区建设。规范中哈合作中心建设，实施合作中心中方区全封闭管理，完善产品质量溯源体系建设，加大整顿规范商品市场秩序力度。三是连霍两地要遵循“优势互补、互利互惠、长期合作、共同发展”的原则，合作建立跨境电商分销体系以及“跨境电商综合（公共）服务平台”和“跨境电商产业园”等线上线下综合服务载体。

第三，探索发展离岸金融服务。一是要争取在连云港设立国开行二级分行和“一带一路”开发银行，提升投融资能力；在连云港设立大宗散杂货进口商品国际交易中心，发展离岸金融业务。二是要高效利用国家赋予霍尔果斯的特殊金融政策，把霍尔果斯金融业发展为“丝绸之路经济带的以人民币为主的离岸金融中心+新型金融聚集中心”。三是要共同加强与境外人民币离岸市场战略合作，吸引共建国家央行、主权财富基金和投资者投资境内人民币资产，为“一带一路”重大项目提供融资服务。

19.3.3 在产业合作上做标杆示范

创新互利合作机制，在更大区域层次内形成分工明确、协作配套的产业链条。

第一，依托连云港石化产业基地，鼓励中西部地区进口资源深加工企业在东中西区域合作示范区内合作建设石油化工、有色金属、粮油食品等加工基地，形成资源性加工产业集聚区，提高中西部地区的产业外向度和国际竞争力。

第二，稳步推进国际产能合作，强化霍尔果斯—东门工业园投资开发和运营管理，加快推进园区建设。构筑霍尔果斯进出口加工基地，依托新疆和周边国家和地区优质丰富的原材料优势，着力培育农副产品精深加工、现代装备制造、生物医药等产业集群。

第三，加快推进连云港农业对外开放合作试验区建设，依托自贸试验区优势，重视益海粮油等跨国企业和中哈物流中心等载体的作用，积极争取国际合作重大项目，争创国家级境外合作示范区，着力培育出口农产品示范基地，构建国家级、省级、市级三级联动的出口农产品示范基地创建体系。

19.3.4 在共建共享上做标杆示范

打造中亚粮食交易中心。区域粮食合作是“一带一路”共建国家构建“利益共同体”和“命运共同体”的重要结合点之一。

第一，构建中亚粮食仓储集散中心。加快建设粮食三筒仓基地，推动农副产品玉米、小麦、大豆、油葵籽等油料原料及进口肉类从哈萨克斯坦到中国境内的暂存及移库销售，加快构建百万吨级的粮食仓储集散中心。

第二，构建中亚粮食生产加工基地。在粮食仓储集散基础上，加快实现粮食加工产业集群，实现疆内疆外保税区之间原料保税转关销售，带动周边加工附属产品产业发展。鼓励大型骨干粮食企业和多元粮食市场主体组建“中亚粮食产业联盟”，实现粮食优质资源互补相通、产业资源优化配置。

第三，构建中亚粮食交易结算中心。实现推动商流、物流、信息流和资金流“四流合一”，提高粮食交易中心的国际影响力，并在此基础上发展“一带一路”人民币离岸业务。

第四，完善利益共享机制。加快推动“利益共同体”和“命运共同体”体制机制的有效生成，在税收分成、利润共享、风险共担等方面实施创新，推出具体建设举措。

19.3.5 在政策协调上做标杆示范

连霍携手打造标杆示范项目需要两地共同合作，为标杆示范项目建设提供有力保障。

第一，要健全高层统筹协调机制。按照省委娄书记提出的“把合作发展提升到一个新的层次”要求，两省份有关部门联合出台关于打造标杆示范项目的“专项行动方案”，持续完善“一带一路”倡议的标杆示范项目库，优先支持重点入库项目建设。

第二，要加大联合争取力度。共同争取国家有关部委对标杆示范项目建设的政策和资金支持；联合争取上合组织秘书处、中日韩三国合作秘书处等国际组织在两地设立办事处和商务机构；联合拓展“朋友圈”，不断提升两地的能量级和影响力。

第三，要携手强化人才队伍支撑。加大两地干部交流力度，共同打造一支高素质的开放型干部队伍。

第四，要加强决策信息研究。加强面向东北亚、中西亚、中东欧以及欧亚经济联盟等地区的政治、经济、文化、产业和市场等各方面的综合信息研究，提升两地决策信息服务水平和信息研究国际话语权。

20 中国（江苏）自由贸易试验区连云港片区建设路径研究

20.1 引言

江苏自由贸易试验区作为我国的第五批自贸试验区之一在2019年8月份成功获批，江苏自贸试验区包括南京片区（39.55平方千米）、苏州片区（60.15平方千米）和连云港片区（20.27平方千米），总共119.97平方千米。连云港片区成为江苏自贸试验区的三大片区之一，既充分体现了国家对连云港作为“一带一路”建设支点的高度重视，又充分说明了国家对连云港的发展提出了更高的要求。总体方案提出要将连云港片区建设成亚欧重要国际交通枢纽、集聚优质要素的开放门户和“一带一路”共建国家交流合作平台。这三大功能定位是基于连云港建设“一带一路”强支点的要求，这不但要求连云港要在片区进行制度的创新，而且要求连云港通过片区的建设，加快连云港的发展，使连云港尽快承担起“一带一路”强支点的使命。因此，连云港如何充分发挥片区的制度创新功能，建设好片区，进而带动全市“高质发展，后发先至”，实现建设“一带一路”强支点的目标是一个十分值得研究的问题。

连云港片区包括港口区块（4.43平方千米）、连云区区块（1平方千米）和市开发区区块（14.84平方千米，含连云港综合保税区2.44平方千米）3个部分，东至庙岭、新光路，南至陇海铁路、港城大道、东方大道，西至海滨大道、玉竹路，北至242省道、海岸线，总面积20.27平方千米，连云区区块将港口区块和市开发区区块从东向西串在一起。按照江苏自贸试验区连云港片区实施方案，开发区区块将重点发展生物医药、新材料、新能源和高端装备等先进制造业以及现代物流、跨境电商、科技服务、金融服务等现代服务业。连云区区块将重点发展现代物流、健康医养、金融服务、休闲旅游、商务配套、大数据及跨境电商等现代服务业。主体港口区块将重点发展港航物流等现代服务业，构建集国际运输、分拨转运、仓储配送、临港加工、交易及配套服务功能于一体的物流中心。从中可以看出，从功能上讲，连云港片区是贸工综合性自由贸易区：从区域范围上讲，连云港片区是港城融合型自由贸易区；从专注领域上讲，连云港片区是多元领域集聚型自由贸易区。这些特征为连云港片区在制度创新上提供了广阔的领域，为带动全市经济社会发展提供了广阔的空间。

20.2 理论逻辑

我国所设立的自由贸易试验区，在概念上不同于国际上公认的海关特殊监管区之一的自由贸易区，在建设上不同于我国改革开放以来先后设立的经济特区和经济技术开发区等以优惠税收政策吸引外资的做法。因此，其建设的理论逻辑既要传承，又要创新。

20.2.1 从我国自贸试验区的特征上准确把握连云港片区建设的理论逻辑

1973年国际海关理事会签订的《京都公约》将自由贸易区定义为：

“指一国的部分领土，在这部分领土内运入的任何货物就进口关税及其他各税而言，被认为在关境以外，并免于实施惯常的海关监管制度。”美国关税委员会给自由贸易区下的定义是：自由贸易区对用于再出口的商品在豁免关税方面有别于一般关税地区，是一个只要进口商品不流入国内市场就可免除关税的独立封锁地区。从上述定义来看，自由贸易区是一个境内关外，实行“一线放开、二线管住、区内自由”的海关特殊监管区域。自由贸易区内可以实行保税仓储、转运、分装、分拨、展示、加工、贸易和金融等商务服务活动，是一个就海关监管而言高度自由的综合性开放园区。我国目前已批准设立的自贸试验区，除海关特殊监管区（一般为综合保税区）之外，还包含不受海关监管面积更大的开放区域，如连云港综合保税区的面积仅有2.44平方千米，而片区总面积为20.27平方千米，江苏自贸试验区南京片区在设立时连保税区都没有。因此，我国的自由贸易区不仅是海关特殊监管区，实质上还是一个高度开放的特殊的经济功能区或综合型经济园区，或者被称为具有中国特色的自由贸易区。从中可以看出，中国自由贸易试验区的建设和发展不仅可以依据国外自由贸易区的理论或借鉴国外自由贸易区建设的成功经验，而且要以国际经济学、产业经济学、区域经济学和制度经济学的理论来指导自贸试验区的建设。以国际经济学理论指导自贸试验区对标国际先进规则，推进贸易和投资的自由化和便利化，打造开放型经济新高地；以产业经济学的理论指导自贸试验区集聚优质高端要素，打造高端产业集聚区，实现产业转型升级；以区域经济学的理论指导自贸试验区打造区域新的增长极，发挥集聚和扩散作用，带动区域经济发展；以制度经济学的理论指导自贸试验区通过制度的设计，简化事前审批，强化事中事后监管，实现监管安全高效等。

20.2.2 从我国自贸试验区设立的国内外背景上准确把握连云港片区建设的理论逻辑

我国的第一自由贸易试验区中国（上海）自由贸易试验区在2013年9月29日正式成立，与习近平总书记在同年提出的“一带一路”倡议一起形成了我国新时期全方位对外开放的两大重要举措，有着深刻的国际和国内背景。

（1）从设立的国际背景上把握我国自贸试验区建设的理论逻辑

人类社会正面临百年未遇之大变局。早在美国总统奥巴马执政时期，美国就相继推出TTP和TTIP，并扬言不允许中国加入。这两个协议具有全覆盖面、宽领域和高标准的特点，据美方声称，代表着21世纪世界经济与贸易规则的发展方向。奥巴马宣称，美国要牢牢掌握21世纪世界经济与贸易规则的制定权，而不是中国。在2013年中美战略与经济对话的纪要中有如下内容：中美双方认识到制定一套包括开放、非歧视和透明度等高标准的双边投资协定对双方都是重要的。该协定将对包括准入环节的投资的各个阶段提供国民待遇，并以“负面清单”模式作为谈判基础。中方正积极研究进一步扩大服务业开放措施，包括建立中国（上海）自由贸易试验区。该试验区将试行新的外资管理模式，并营造各类国内外企业平等准入的市场环境。中方将积极进行行政审批制度改革，转变政府职能，减少微观事务管理。中方将进一步缩小此类（外商投资）审批、核准范围，促进企业和个人的投资自主决策，进一步提高投资便利化程度。

从中可以看出，早在奥巴马执政时期，中美之间的经贸博弈就已经深入到制度层面。特朗普总统上台后，疯狂“退群”，挑起中美贸易摩擦，将贸易战逐步推向规则战和制度战，规则战和制度战进入白热化。从当前来看，国际经贸规则正在发生变化，全球化和区域一体化并存，赛场、赛道、赛规都在发生变化，WTO也迎来了新的改革时代。国际经贸关系到了重新调整的历史关头。如何适应全球新一轮经贸规则变化已经成为中国当前及未来发展战略的重中之重。如果说中国此前加入世贸组织近20年的开放进程主要是遵守既有国际规则的“履约式”开放的话，那么中国本轮开放将更具战略主动性。新一轮国际经贸关系包括三大原则：原产地原则、“三零”原则（零关税、零壁垒、零补贴）、竞争中性原则。与之相适应，中国新一轮开放将具有三大主要特征：自主开放、全面开放和制度型开放。因此，设立自由贸易试验区，对标国际先进规则，实施制度型开放，大胆闯、大胆试、自主改，不仅为我国适应新一轮国际经贸规则进行压力测试，而且为新一轮国际经贸规则的制定贡献中国智慧进行探路。

（2）从设立的国内背景上把握我国自贸试验区建设的理论逻辑

我国经过40多年的改革开放，虽然取得了巨大的进步，但是仍然存在着许多阻碍经济社会发展的体制机制障碍，政府管理人员的思维和能力不能适应新一轮国际竞争的需要。我国的改革已经进入到深水区，剩下的都是难啃的“硬骨头”。我国的经济经过40多年的高速发展，已经从高速增长阶段转入到高质量发展阶段。经济发展进入新常态，经济发展的动力必须从要素驱动转向创新驱动；从依靠成本优势转向依靠制度优势。新一轮国际经贸规则从原先的“边境开放”逐步向“边境内开放”转移。“边境开放”，即贸易和投资自由化和便利化，重点在市场准入；而“边境内开放”重点在规则和制度的开放，逐步涵盖服务贸易、知识产权、竞争政策等体制机制设计。这意味着中国需要在知识产权保护、产业和竞争政策、国企改革等领域全方位加大改革开放和执行力度。竞争中性原则强调了公平和自由竞争在贸易和投资中的重要性，特别是国有企业和指定垄断企业，要按照“竞争中性”原则保证国企和私营企业在平等条件下竞争。这些规则的实施对中国国内的改革形成强大的倒逼机制。因此，通过自贸试验区三至五年的改革探索，对标国际先进规则，形成具有国际竞争力的制度创新成果，从而推动我国经济发展的质量变革、效率变革和动力变革。

从我国自贸试验区设立的国际和国内背景来看，连云港片区建设的重心是制度创新，而不是政策优惠；是改革开放的制度创新区，而不是开发区的升级版；要把公平透明、可预期和法治化、国际化和便利化的营商环境放在首位；改革要尊重和发挥企业和个人的首创精神，坚持问题导向、需求导向和效果导向。

20.3 建设思路

我国自贸试验区的设立，与以往设立的经济特区、经济技术开发区、高新区和边境合作区等主要以优惠的税收政策吸引投资不同，自贸试验区主要以贸易与投资的自由化和便利化来吸引投资。在目前已设立的自贸试验区中，除海南自由贸易港和上海自贸试验区临港新片区可以享受部分税收优惠政策外，其他自贸试验区都不能享受任何税收优惠政策。广东自贸试验区的前海片区和横琴片区，浙江自贸试验区的舟山片区等所享受的税收优惠政策是自贸试验区设立前所赋予的。在外商投资准入方面，《自由贸易试验区外商投资准入特别管理措施（负面清单）》（2019年版）只比全国版的《外商投资准入特别管理措施（负面清单）》（2019年版）少3条，即取消3条措施：分别是禁止投资中国管辖海域及内陆水域水产品捕捞、出版物印刷需由中方控股和禁止放射性矿产冶炼、加工，核燃料生产。可以说，取消这3项对外商投资的准入限制对大多数自贸试验区而言意义并不大，基本和全国版的外商投资准入条件一样。

从上述的税收优惠和外商投资的准入条件来看，国家对自贸试验区的政策设计没有给予自贸试验区特殊的税收优惠政策，只赋予自贸试验区大胆闯、大胆试和自主改的使命。因此，我国的自贸试验区是制度创新的高地，而不是优惠政策的洼地。但是自贸试验区不是不要招商引资，而是要将在税收、土地和劳动力成本上进行大规模让利的模式升级为打造一流营商环境的普惠式制度创新模式。自贸试验区不是不要GDP，而是要将高度依赖劳动力、土地、环境等资源消耗的弯道超车模式切换为主要依赖创新驱动的可持续发展模式。自贸试验区不是不要优惠政策，而是要将政策设计的目标指向从国内竞争转向国际合作与国际竞争。具体到中国（江苏）自由贸易试验区连云港片区，一是要聚焦提升制度型开放牵引力，更大力度推进探索创新，主动对接国际高标准经贸规则，充分激发改革创新活力，积极先行先试，注重首创改革，强化创新集成，努力形成更多可复制推广的制度创新成果。二是要持续聚焦提升对外贸外资的吸引力，坚持“引进来”“走出去”相结合的方式，持续加大高水平外资引进力度，积极培育外贸新业态新模式，拓展区域合作空间，进一步做强开放合作平台载体。三是要聚焦提升营商环境竞争力，对标对表国际最高标准、国内省份内最高标杆，突出问题导向，补齐短板不足，优化政策举措，在打造一流营商环境上走在前、做示范，为高质量发展提供更强保障。四是要加强联动、协同创新，健全完善常态沟通机制，加强与开发园区、综合保税区等联动联通，持续放大自贸试验片区辐射带动效应。

20.4 关键举措

连云港片区总面积仅为20.27平方千米，承担着建设亚欧重要国际交通枢纽、集聚优质要素的开放门户和“一带一路”交流合作平台的三大任务，不能不说单位面积承载的任务之重。这20.27平方千米不仅是制度创新的试验田，更是连云港建设“一带一路”强支点的“窗口”和“杠杆”。这个“窗口”就是引领全市进行制度创新的窗口、高水平对外开放的窗口和服务“一带一路”共建国家的窗口。这个“杠杆”就是撬动“一带一路”倡议支点建设的杠杆，带动周边地区发展的杠杆和服务“一带一路”共建国家的杠杆。连云港片区的建设面临着获批晚，错失先机，面临周边自贸试验区的激烈竞争，自身实力不强等诸多问题，将连云港建设成“一带一路”强支点，充分发挥连云港片区的“窗口”和“杠杆”作用显得尤为重要。

20.4.1 转变思想观念，将连云港片区尽快打造成制度创新的试验田

自贸试验区的中心工作是进行制度创新。这需要我们转变以往主要通过政策优惠来吸引投资的“唯GDP”的传统观念，而要在制度创新上费真心思，下真功夫，既要跑赢起步时制度创新的“百米冲刺”，更要跑赢持久制度创新的“马拉松”。

（1）尽快复制和实施现有成功的制度创新成果，跑赢起步时制度创新的“百米冲刺”

自贸试验区是通过制度创新来实现贸易和投资的自由化和便利化的。自由化主要是通过准入前国民待遇+负面清单管理等降低或取消贸易和投资壁垒的方式比较容易实现，而便利化则是通过在现有管理制度

下放松管制和加强政府部门协同，以减少不合理的审批和监管，提高效率来实现，避免出现准进不准营或准进难以营的局面。因此，便利化必须通过政府行政管理的一系列改革（“放管服”改革）才能实现。对于新批准设立的自贸试验区而言，在自贸试验区内没有实施过的制度就是创新的制度。因此，尽快复制和实施其他自贸试验区成功的制度创新成果，尽快启动“放管服”制度改革是连云港片区建设的一场“百米冲刺”，起步慢，将丧失先机；起步快跑，将赢得“开门红”。对于连云港片区而言，它应尽快开展“证照分离”全覆盖试点；设立惠企服务“单一窗口”，推进“一件事”改革和“不见面审批”，完善“全域通办”，建立重大外资项目“直通车”；搭建连云港片区公共信用信息服务平台，为事中事后监管提供支撑等。

（2）发挥企业和个人的主观能动性，跑赢持久制度创新的“马拉松”

制度创新永无止境，是一场持久的“马拉松”。因此，制度创新必须有不竭的动力源泉。制度创新的动力源泉主要来自两个方面，一个方面是自上而下的，另一方面是自下而上的。自上而下是我要改，是政府的自我革命。这种创新（或称为改革）往往动力不足，也不知急需创新的方向。而自下而上是要我改，是政府回应社会大众，特别是企业的强烈要求，被动的革命。这种创新不仅具有针对性，而且具有不竭的动力源泉。因此，自贸试验区的制度创新不仅需要专家智库的顶层设计、专业指导，更需要发挥社会大众的聪明才智，集思广益，定期或不定期地举行座谈会或进行实地调研，倾听企业和个人的呼声，能改则改，能快则快，持之以恒，只有这样才能跑赢制度创新的“马拉松”。对于连云港片区而言，制度创新更要立足于连云港的实际，力争在陆海联运监管体系构建，药品、生物制品进口，细胞、组织切片等基础性原料的检疫准入流程，生物医药集中监管，推动中医药服务贸易创新等制度型开放方面下功夫。实施区内区外联动发展，在推动连云港海港、淮安空港和徐州陆港实体合作上进行先行先试，形成一批成熟的可复制可推广的连云港经验和案例。

20.4.2 发挥连云港片区的“杠杆”作用，带动全市营商环境的大改善

未来全球竞争的趋势是逐步转向制度竞争、公共服务的竞争和营商环境的竞争。以资本为纽带的生产要素流向哪里很大程度上受到营商环境的影响。产业和产品价值链中的高端生产环节的区位配置、高端生产要素的跨境流动，对营商环境的要求越来越高。因此，营造法治化、规范化、国际化的营商环境，是最重要的“基础设施”建设。连云港片区只有区区20.27平方千米，片区的各项制度创新需要市委市政府各个部门的通力配合，营商环境的改善不仅取决于片区的小环境，更取决于全市范围的大气候。自贸试验区是制度创新的试验田，从这个意义上来讲，自贸试验区没有严格的地理界限，处处可以创新，人人可以创新。因此，要以设立连云港片区为契机，树立“全域自贸”的观念，积极发动，大力宣传，推进全市上下的“放管服”改革，要将“法无禁止即可为，法无授权不可为，法定职责必须为”落到实处，举全市之力改善营商环境，以一流的营商环境吸引优质要素的快速集聚。应当说，连云港市营商环境近几年有很大改善，但是对标深圳等国内先进水平和新加坡等国际先进水平，还有巨大的提升空间。营商环境没有最好，只有更好。

20.4.3 以综合保税区为“窗口”，以跨境电商为平台，大力发展“平台经济”

综合保税区是我国开放层次最高、优惠政策最多、功能最齐全、手续最简化的海关特殊监管区域，区内可以发展国际中转、配送、采购、转口贸易和出口加工等业务。发挥好综合保税区的功能，对于打造开放型平台经济十分重要。平台经济是一种基于数字技术，由数据驱动、平台支撑、网络协同的经济活动单元所构成的新经济系统。而跨境电子商务的开展离不开保税物流功能的配套。因此，要将发展跨境电商商务与

综合保税区联动起来，发展平台经济才有基础。连云港片区包含2.44平方千米的综合保税区，要发挥综合保税区的“窗口”作用，实行联动机制，以区外园、区外库等形式将综保区的海关特殊监管政策和各项优惠政策拓展至区外，大力发展保税物流、保税展示、跨境电商、保税加工等业务。建立超大规模数据平台，“一带一路”大数据中心，大力引进电商平台企业，支持跨境电商网购保税进口商品进入海关特殊监管区域时的“先进区、后报关”作业模式。支持开展保税备货、境内交付模式的跨境电商保税展示业务。以电商为依托，吸引大型物流企业，特别是大型快递企业落户，同时建设国际邮件互换局（交换站）和国际快件监管中心，发展国际快递业务。以保税、电商和物流为主要支撑，大力发展平台经济，逐步形成跨境电子商务平台、保税展示交易平台和大宗商品交易平台，使平台经济成为连云港市“高质发展，后发先至”的引擎之一。

20.4.4 发挥连云港片区的“杠杆”作用，大力发展“总部经济”

总部经济是指一些区域由于特有的优势资源吸引企业总部集群布局，形成总部集聚效应，并通过“总部—制造基地”功能链条辐射带动生产制造基地所在区域发展。总部经济概念因研究制造业而提出，但是总部经济理论不仅适用于制造业，也适用于服务业等其他行业。总部经济的发展有6个一级指标：基础条件、商务设施、研发能力、专业服务、政府服务和开放程度。自贸试验区以其优于区外的基础条件、商务设施、开放程度，特别是政府“放管服”改革，为企业的注册、运营和监管带来诸多便利，无疑会对各类企业的入驻产生强大吸引力，但是由于面积的限制，自贸试验区无法容纳众多的生产性企业。因此，大力发展总部经济应该是自贸试验区的必然选择。一是在产业选择上，连云港片区应结合自身产业的优势，大力引进新医药、新材料、新能源、高端装备制造企业在片区设立运营总部或研发总部。海洋经济已经成为江苏省经济发展的主要引擎之一，作为沿海城市，连云港市应依托片区的优势，争取更多的涉海企业和涉海科研机构入驻片区。不仅要引进制造业企业总部入驻，更要引进研发机构和服务企业的总部入驻。二是在税收上要探索并处理好注册地、营业地和生产地税收分成问题，消除人为障碍，为总部经济的集聚提供不竭动力。三是要进一步完善总部经济促进政策，在区内推进企业跨境财务结算中心集聚发展；开展跨国公司总部外汇资金集中运营管理；跨境财务结算中心经批准可以进入境内银行间外汇市场交易；支持符合条件的跨国企业集团设立跨境人民币资金池，集中管理集团内人民币资金等。

20.4.5 以打造亚欧重要国际交通枢纽为“杠杆”，大力发展“枢纽经济”

连云港市经济发展滞后的主要原因之一是一方面连云港从未形成真正意义上的以港口为核心的国际交通枢纽，另一方面没有形成以临港经济为核心的枢纽经济。江苏自贸试验区总体方案中明确提出要将连云港打造成亚欧重要国际交通枢纽，将建设铁路集装箱中心站，批准连云港口岸成为平行车进口口岸、首次进口药品和生物制品口岸和国际游轮母港口岸，设立国际邮件交换局等。因此，连云港要借片区设立之机，不仅要尽快打造亚欧重要国际交通枢纽，而且与此同时要大力发展枢纽经济。枢纽经济是借助经济要素资源聚集平台（交通枢纽、物流枢纽、物流服务平台、金融平台等）对商流、物流、资金流、信息流、客流等进行集聚、扩散、疏导，通过聚集具有区域辐射能力的经济要素，主要是具有“流”的特征的经济要素，实现城市经济总量扩张、产业层次跃升、发展地位提升。发展枢纽经济需要交通硬件、交通软件、集散能力和枢纽产业的共同作用，其中交通硬件和交通软件是基础，集散能力是关键，发展枢纽产业是目标。

连云港通过构建海陆空河立体的综合交通体系，提升陆海联运能级，强化物流节点建设等提升交通硬件水平。通过在连云区片区内建立多式联运中心，探索建立以“一单制”为核心的便捷多式联运体系，搭建新亚欧大陆桥陆海联运电子数据交换通道，建设“一带一路”大数据中心等提升交通软件水平。通过建设大宗商品集散中心，海产品综合性交易市场，提升贸易便利化水平，改善营商环境等措施提升要素的集散能力。大力推动连云港自贸片区港航中心建设，加快现代物流、国际客运、船舶代理、汽车滚装等功能提升。并在此基础上，充分发挥连云港临港产业用地充裕的优势，大力发展以石化、化工、钢铁、海工制造为核心的现代临港产业，同时借助片区的政策优势，发展以加工贸易为主的临铁经济和临空经济，利用游轮母港的优势大力发展滨海旅游产业等。

20.4.6 大力发展“在岸人”享受“离岸服务”业务，推动现代“服务经济”集聚发展

随着我国人民生活水平的提高，人们对健康、医疗、教育和文化消费的要求越来越高。近年来，到国（境）外进行美容、康养、旅游和留学的人数急剧增加，说明我国在高端医疗、康养、教育和文化服务等领域存在短板，不能满足人们业已提高的消费需求。大力发展“在岸人”享受“离岸服务”业务，使人们不出国（境）就可以享受到与国（境）外同等质量的服务应该具有广阔的市场空间。在自贸试验区内，允许设立中外合资、中外合作医疗机构；在相关制度安排框架下，港澳台服务提供者按规定可以设立独资医疗机构；质子放射治疗系统、手术机器人等大型创新医疗设备和创新药物审批速度加快；允许外商独资设立经营性教育培训和职业技能培训机构；允许设立由中方控股的文艺表演团体等。连云港东部城区本来就是疗养机构的集聚区和旅游资源富集区，完全具备打造健康服务、观光旅游和休闲娱乐发展先行区的条件。通过设立中外合作（合资）教育机构，提升东部城区整体的教育水平；通过打造国际邮轮母港，大力发展滨海旅游业；通过促进文物及文化艺术品在综合保税区存储、展示、境外艺术团体的演出等提升旅游的国际品位；通过打造品牌化、市场化、国际化的展会平台和国际论坛，打“亮”会展经济品牌。通过大力发展“在岸人”享受“离岸服务”等国际水准的现代服务业，使东部城区成为现代“服务经济”集聚区。

20.4.7 合纵连横，加强与周边和“一带一路”共建国家合作，充分发挥联动效应

国家赋予连云港要成为亚欧重要国际交通枢纽和“一带一路”交流合作平台。因此，连云港加强与周边地区和“一带一路”共建国家的合作不仅是连云港片区自身建设的需要，而且也是重要的使命担当。一是要推进连云港海港、徐州陆港、淮安空港物流枢纽“黄金三角”的实体化合作，实行联动机制，以“飞地”形式合作共建一批物流园、加工区。二是加强与霍尔果斯之间的联动，继续推进“霍尔果斯—东门”经济特区无水港建设，通过共同打造一系列的标杆示范项目，起到“带中间、促两边”的作用。三是以境内外物流园区为重点，加快国际物流节点布局，加强物流功能集聚；创新中亚欧班列集拼集运模式，提高中亚中欧班列运行效率，打造精品中亚中欧班列。四是打造“一带一路”人文交流品牌。进一步提升中国（连云港）丝绸之路国际物流博览会展会层次；加大对新亚欧大陆桥安全走廊国际执法合作论坛（连云港论坛）的支持力度；推动完善省级层面协调机制，加快“一带一路”国际执法安全合作联合行动协调中心建设；加强友城建设，力争与更多国际城市缔结友好城市，为对外合作开放提供外事便利；推动与“一带一路”共建国家的教育文化交流合作。

20.5 保障机制

自贸试验区虽然需要大力推进政府的“放管服”改革，减少政府的微观管理，但是并不等于政府无须作为。政府作为自贸试验区制度创新的探索者、制定者和执行者，更需要积极主动和有效地作为，发挥政府这只“看得见的手”的作用。除了在组织层面加强统一领导，统一规划，加强区块间分工协作外，还应建立相应的法律机制、容错机制和沟通机制等，确保片区建设顺利进行。

20.5.1 建立法律机制，探索地方性立法，为片区投资促进政策提供法律保障

虽然国家没有赋予自贸试验区优惠的税收政策，但是2019年3月颁布的自2020年1月1日起正式实施的《中华人民共和国外商投资法》第十八条规定，“县级以上地方人民政府可以根据法律、行政法规、地方性法规的规定，在法定权限内制定外商投资促进和便利化政策措施”。作为江苏自贸试验区的一部分，连云港应积极推动和参与江苏省关于自贸试验区的相关立法工作，为片区招商引资促进政策提供法律保障，为自贸试验区的运行和管理建立公正透明、体系完备的法治环境。

20.5.2 建立“容错”机制，让干部“放心闯，放心试，放心改”

改革开放的总设计师邓小平同志关于改革有两句有名的话；一是“不管黑猫白猫，捉到老鼠就是好猫”，二是改革“是摸着石头过河”。这两句话为当时全国上下解放思想、放下包袱、锐意改革创造了良好的舆论氛围，解决了干部的后顾之忧。事实证明，这两句话在当时是十分及时和有效的。自贸试验区制度创新要求“大胆闯、大胆试，自主改”，同样面临“水深水浅”还不很清楚，要走一步看一步，走错了收回来重走的问题。因此，要在全市上下同时引入容错机制，加快建立容错的正面清单与纠错的对策清单，让广大干部放下包袱，“放心闯、放心试，放心改”。

20.5.3 主动对接国家相关部门，争取相关制度创新早日落地

国家虽然赋予了自贸试验区“大胆闯、大胆试，自主改”的使命，

但是一些制度的创新，如海关监管、检验检疫、出入境管理、税收、交通运输和金融监管等制度创新需要与相关部委咨询协商，最终落地仍然需要相关部委的认可或批准。医此，连云港片区必须做好与国家相关部委及时有效的沟通和衔接，让好的制度创新早日落地、早日实施、早日成熟、早日推广。

21 东西联动共创自由贸易港探讨：基于新亚欧大陆桥经济走廊的分析

自由贸易港是党的十九大报告提出的新时代我国对外开放新模式，探索建设自由贸易港能够深入推进“一带一路”倡议，是实现新一轮我国对外开放、各区域共同增长的重要途径。“一带一路”倡议的一个重要目标是形成我国陆海内外联动、东西双向互济的开放格局，并确定了六大经济走廊发展框架。基于深化我国对外开放的目的，本章以最重要的经济走廊之一——新亚欧大陆桥为例，对如何深入打造进行了分析。本章指出，下一步应在江苏连云港和新疆的霍尔果斯共创自由贸易港，通过双开放增长极建设撬动大陆桥沿线互联互通，强力推动新亚欧大陆桥经济带崛起，最终实现习近平总书记明确提出的“将连云港—霍尔果斯串联起的新亚欧陆海联运通道打造为‘一带一路’合作倡议的标杆和示范项目”。

21.1 东西联动共创自由贸易港的战略意识

我国的对外开放是一个由点到线、由线到面逐步升级的过程。2013年我国第一个自由贸易试验区在上海成立，之后持续铺开，逐步形成了东中西协调、陆海统筹的高水平对外开放新格局。自由贸易试验区作为我国新一轮对外开放的试验田，在进行改革先行先试中为推动中国整体改革、建设全方位开放型经济体系积累了丰富的经验。作为自贸试验区的升级版，自由贸易港能够实现自主权进一步扩大，将国际化程度提高到国际最高水平。党的十九大报告提出，要赋予自由贸易试验区更大改革自主权，探索建设自由贸易港。2019年国务院《政府工作报告》也指出，“赋予自贸试验区更大改革创新自主权，增设上海自贸试验区新片区，推进海南自贸试验区建设、探索建设中国特色自由贸易港”。当前，上海市已经形成了建设自由贸易港的初步方案，《浙江舟山群岛新区发展规划》也指出，逐步研究建设舟山自由港区，将舟山群岛新区建设成为我国重要的海上开放门户。山东、福建等地也正在加紧探索。

党的十九大报告指出，要以“一带一路”建设为重点，形成陆海内外联动、东西双向互济的开放格局、优化区域开放布局。但由于地理区位、要素禀赋、经济发展水平等因素的影响，从总体上来看，中国对外开放一直呈现“海强陆弱、东快西慢”的格局。随着“一带一路”倡议，西部大开发、中部崛起和东北振兴等的提出，中西部地区对外开放程度和经济发展水平也得到了很大的提高，但与东部地区相比差距仍然非常大。由此，内陆地区也应该加速探索建设内陆自由贸易港。2018年全国两会期间，四川省代表团讨论通过了《关于支持四川省探索建设内陆自由贸易港的建议》，重庆市政府也发布了《重庆市开放平台协同发展规划（2018—2020年）》，明确提出要创造条件争取国家在重庆设立自由贸易港。

“一带一路”是奠定新时代我国全面开放新格局的关键性倡议。裴长洪等（2019）明确指出，在发展自由贸易港的过程中，应该充分利用

“一带一路”建设中我国的主导地位优势，助力自由贸易港建设。“一带一路”倡议确定了六大经济走廊发展框架。其中，新亚欧大陆桥经济走廊，横跨欧亚两大洲、连接大西洋和太平洋两大洋、实现海—陆—海运输，是丝绸之路上最为重要的一条经济走廊。不过，目前来看，不论是新亚欧大陆桥最东端的连云港，还是最西端新疆伊犁的霍尔果斯，尽管享受着国家的许多优待政策，但由于基础设施、人力资本以及经济实力等各方面因素的限制，大批实体经济企业并不愿在此扎根，而且开放度也仍然不够高，无法真正支撑其作为“丝绸之路经济带核心区的重要核心节点”的功能定位，无法更好实现习近平总书记明确提出的“将连云港—霍尔果斯串联起的新亚欧陆海联运通道打造为‘一带一路’合作倡议的标杆和示范项目”。

由于党的十九大报告并没有明确提出只能在自贸试验区的基础上探索建设自由贸易港，因此本章认为，为了更好地打造新亚欧大陆桥经济带，撬动沿线经济发展和更好地实施“一带一路”倡议，下一步应该在最东端的连云港和最西端伊犁的霍尔果斯共设自由贸易港，着力打造东西两端开放增长极，通过两个增长极的建设共同撬动沿线互联互通和经济崛起，强力推动新亚欧大陆桥经济带崛起，更有力地推动“一带一路”倡议深入实施。

21.2 东西联动共创自由贸易港的基础

21.2.1 理论支撑

随着世界经济新格局逐渐形成，Perroux（1955）针对区域经济发展的不平衡提出了增长极理论。该理论指出，增长极只能是一个大的区域内各种条件优越，具有区位优势的少数地点。一个增长极一经形成，它就要吸纳周围的生产要素，使本身日益壮大，并使周围的区域成为极化区域。当这种极化作用达到一定程度，并且增长极已扩张到足够强大时，会产生向周围地区的扩散作用，将生产要素扩散到周围的区域，从而带动周围区域的增长。Krugman 和 Lawrence（1995）认为，生产要素为了获得递增收益而在空间流动，其导致的各种经济活动进一步推动生产要素在一定区域内集聚。但如果区域之间存在着不可流动性，中心地区的劳动力和由于拥挤带来的成本就会增加。这会使经济活动向外围扩散、减弱区域集聚效应。陆大道（2002）提出的“点-轴”理论认为，社会经济客体空间运动有集聚和扩散两种形式。从机理上来说，任何经济个体都要与其他个体发生联系，由于社会交往和基础设施的共享自然而然地就会在一个区域上聚集，并通过聚集产生效益，就会形成各种聚集点。“点-轴系统”开发模式强调，在全国范围内，确定若干具有有利发展条件的大区间、省区间及地市间线状基础设施轴线，对轴线地带特别是若干个点（城市及城市区域）予以重点发展，对位于轴线上和轴线的直接吸引范围内的资源予以优先开发。

自由贸易港和周边地区之间是一种互补共生的关系——自由贸易港为要素流动提供了便利，而要素流动的进一步活跃又会刺激自由贸易港所在地区的相关产业发展，从而强化其核心角色，打造经济增长极。“一带一路”倡议的重要目标之一就是要形成陆海内外联动、东西双向互济的开放格局，作为最重要经济走廊的新亚欧大陆桥，其国内段的东西两端城市虽然区位优越，处于我国开放最前沿，但经济实力都不够强大，开放度仍然不够，增长极作用不明显，很难起到集聚、扩散，进而撬动经济走廊的作用。由此，我们理应在新亚欧大陆桥的最东端连云港和最西端的新疆伊犁的霍尔果斯共创自由贸易港，通过东西两端开放增长极的打造共同串起新亚欧大陆桥经济带，推动该经济走廊更好地对外开放和经济崛起。

21.2.2 现实支撑

连云港是陇海兰新沿线地区最便捷的出海口，是服务中西部地区对外开放的重要门户。国家实施西部大开发和中部崛起战略，带动连云港战略地位日益凸显。如果以郑州西端为起点，中西部省（自治区、直辖市）从连云港进出口货物分别比天津、青岛、日照、上海等港口缩短309~537千米。经过多年的发展，连云港与中西部地区主要城市之间在物流、产业等方面已经建立了良好的合作关系。目前已拥有中哈国际物流基地、上合组织（连云港）国际物流园以及国家级东中西区域合作示范区等重要平台，并且进展良好。连云港已率先开通至中亚、欧洲的国际班列，运量占市场份额的30%左右，居全国首位。通过海铁联运，连云港承担大陆桥过境集装箱超60%以上的中转，是中亚国家及地区最便捷的出海口，也是日韩货物进入中亚乃至欧洲的最佳中转地，具备区域性国际海陆转换的枢纽地位。建设连云港自由贸易港，有利于融合连云港便捷出海口的物流功能和东中西地区的比较优势，创新区域合作新模式，打造东中西共享开放平台，推动东中西协同发展。

从历史实践看，海港确实是绝大多数国家建设自由贸易港的共同选择，自由贸易港的“港”也由此而来。但随着交通技术的发展和基础设施的不断完善，铁路运输、航空运输以及管道运输的成本快速降低。因此，海港固然是自由贸易港的天然选择，但不应成为唯一选择，特别是在现代运输条件日新月异的情况下，全球化已经从沿海地区向内陆地区蔓延，依托内陆口岸，完全有条件、有可能建设好内陆自由贸易港。王珍珍和赵富蓉（2018）指出，对内陆地区来说，可以充分结合“一带一路”倡议加快对内陆自由贸易港的探索。内陆自由贸易试验区应向内陆自由贸易港升级（余川江、白佳琦，2019）。内陆自由贸易港可以通过建立与自由贸易港国际规则相衔接的制度体系，形成全球内陆地区开放水平最高的自由贸易环境。作为我国“一带一路”沿边开放最前沿的西部地区，内陆自由贸易港是西部地区尤其是新疆加大开放力度的必由之路。近些年来，随着新疆伊犁霍尔果斯对外开放的持续深入，发展取得了明显成效，经济增速和财政积累明显提升，全面深化改革纵深推进，对外开放平台全面打造，城市功能配套日臻完善以及民生福祉得到稳步改善。霍尔果斯已从一个边境口岸发展成为国家经济特区，从单一的口岸通道发展成为集通关、贸易、物流、加工、仓储、金融、旅游等多功能于一体的国际边境城市，成为我国向西开放的重要窗口、新疆跨越式发展新的经济增长点、沿边开发开放的示范区。第二次中央新疆工作座谈会指出，“新疆的发展要抓住丝绸之路经济带建设的重大机遇，发挥好向西开放的区位优势，打通东联西出的国际大通道，打造向西开放的桥头堡，建设好丝绸之路经济带核心区”[①]。霍尔果斯具有独特的地缘区位优势，既是丝绸之路经济带上的重要节点，也是从新疆通往中亚地区的咽喉要道。在党的十九大报告确定的开放格局中，霍尔果斯是“东西双向互济开放格局”的西端门户。在“一带一路”倡议中，霍尔果斯是新亚欧大陆桥经济走廊的国际节点。在中欧班列规划中，霍尔果斯是沿边陆路节点，具有重要的战略区位。中哈霍尔果斯国际边境合作中心是由中国与哈萨克斯坦共同承建的经贸合作项目，是中国与其他国家建立的首个国际边境合作中心，是上海合作组织框架下国家间经贸往来的示范区，是霍尔果斯打造“丝绸之路经济带”的强大引擎。

习近平总书记提出的“将连云港—霍尔果斯串联起的新亚欧陆海联运通道打造为‘一带一路’合作倡议的标杆和示范项目”要求以及这两者之间紧密的合作关系奠定了在连霍共创自由贸易港的现实需求，通过共创自由贸易港真正实现总书记提出的上述要求，沿新亚欧大陆桥最终形成陆海内外联动、东西双向互济的开放格局，推动“一带一路”倡议深入实施。

21.3 东西联动共创自由贸易港的路径设想

自由贸易港最典型的特征就是四大自由，即贸易自由、金融自由、投资自由、运输自由。作为全面开放的新高地，自由贸易港在货物、资本、人才流动等方面拥有更大的自由度，体现了更高水平的开放度和开放标准。下一步，连云港与霍尔果斯共创自由港，推动新亚欧大陆桥经济带崛起，要以物流大通道建设为基础，以产业合作为基础，鼓励金融创新，探索离岸金融服务，并以制度创新为关键，主动参与全球产业分工合作，主动服务“一带一路”建设和区域协调发展战略，打造经济融合、发展联动、成果共享的开放型合作平台，为我国扩大开放和深化改革探索新思路和新途径，发挥在“一带一路”建设中的支点作用。

① 人民网．第二次中央新疆工作座谈会［EB/OL］．(2014-05-30)［2023-08-15］．http://www.scio.gov.cn/ztk/dtzt/2015/33542/33547/Document/1450680/1450680.htm.

21.3.1 协同东西开放，打造亚欧交通枢纽与国际物流大通道

依托自由贸易港地位，深化连云港在“一带一路”上的定位，促进新亚欧大陆桥经济协同发展，加强与日本、韩国、东南亚地区等的联结，依托陆桥铁路干线以及便捷的立体化交通网络向西辐射，发挥沿线城市的纽带作用和综合服务功能，构建亚太地区与中亚甚至欧洲货物贸易的最佳中转地。充分发挥海港、空港、无水港的多港联动效应，利用便捷的交通优势和低成本高效率的物流服务优势，开展国际采购、保税仓储、分拆集拼、加工包装、分拨配送等高端物流业务。依托基础原材料等特色货种，重点拓展国际采购和进口配送业务，吸引国际采购商设立集货出口中心，引进物流运营商设立分拨基地。依托霍尔果斯自由贸易港优势，建成以国际陆上大通道为核心、多式联运无缝衔接的对外综合交通物流网络，实现内陆港从开放末梢到开放前沿的地位跃升。持续加强中欧（亚）班列互联互通项目等国际陆上大通道建设，倒逼水、空、公等其他交通干线的建设和升级。联动中欧班列、中哈物流中转基地、上合组织出海基地、“霍尔果斯-东门”经济特区的资源优势，成为国际经济合作的东中西大走廊。争取国家层面建立协调推进机制，研究和制定更具竞争力的国内段运价政策，围绕“少而精、专而强”科学统筹班列布局，推动新亚欧大陆桥沿线国家铁路共同研究建立国际物流信息交换机制，实行亚欧运输全程“一单制”运行模式等。

共同加强与西安、郑州等新亚欧大陆桥沿线自贸试验区的协同合作，畅通中欧（亚）班列，加强回程货源组织，联手构建亚太地区与中亚甚至欧洲货物贸易的最佳中转地。共同组织加强与里海联盟合作，推进至伊斯坦布尔班列实现常态化运营，积极培育至杜伊斯堡、波罗的海三国的延伸班列。积极完善班列集货组织，同时争取中铁总公司在线路铺画、运力保障、运价优惠、组织调度、国际协调等方面给予更大的支持。

21.3.2 大力推动产业集群合作，提升产业量级

协调新欧亚大陆桥经济带生产力布局，整合新亚欧大陆桥区域政

策、规划、资源配置，构建东中西联动发展的内在机制，加快集聚各类要素，改善优化经济结构，有效提升陆桥产业集群能力。连云港要对标鹿特丹自由贸易港，在推动保税物流、保税加工、保税服务和口岸服务的同时，大力发展现代商贸、现代物流、临港产业，打造国际化航运、商贸和物流枢纽，推进石油化工、智能制造、高端装备、食品加工、新材料等先进制造产业，发展金融、投资、咨询、法律等现代服务业，为亚欧产业链要素和资源的整合和优化配置提供优质服务。霍尔果斯要重点突破内陆开放型经济功能区的建设瓶颈，以提升外向型经济发展水平为导向，着力改造内陆地区的传统优势产业，大力发展智能产业、文化旅游等新兴产业，促进出口贸易。在此基础上，要将优惠政策向沿线中心节点城市延伸，制定统一的促进区域产业、资本、人才、技术积聚的激励政策。

进一步减少外资准入的负面清单目录，降低外资股权限制。依托资源和大宗商品的优势，瞄准国际市场需求，大力发展石化和精细化工、国际农副产品深加工等高端离岸制造业，共同做强做大原油、粮油、铁矿石、国际农副产品等大宗商品的离岸仓储服务、离岸贸易、转口贸易、保税展示、离岸金融、离岸保险、离岸配送、分拨中心、燃油保税加注等业务，鼓励发展离岸服务外包、离岸大数据中心、离岸互联网物联网运营等业务。鼓励发展离岸总部公司，允许从事国际结算业务的离岸总部、贸易总部设立外币离岸账户，给予最优惠的所得税政策、最自由的资金进出。

21.3.3 鼓励金融创新，探索离岸金融服务

推动连云港和霍尔果斯金融市场以及“一带一路”共建国家金融市场的深度合作、互联互通，发挥参与全球资源配置、优化配置的作用。在自由港的建设过程中，连云港应致力于将国际多元化资本引入新经济体系，形成新亚欧大陆桥辐射经济主体的首选投融资平台，发挥参与全球资源配置和金融事务的作用，并结合自由港产业发展与产业结构现实，建立起连接新亚欧大陆桥沿线重要口岸的产业链各环节的金融产品和服务体系，重点支持自由贸易、港航物流、海洋经济、优势产业的发

展，打造自由港特色金融服务体系。鼓励霍尔果斯自由贸易港实现贸易结算资金自由收付制度，允许各类金融机构以自由贸易港区相关业务为载体，加大跨境人民币的使用，为实体经济提供更多国际化金融服务和风险管理工具，为企业向价值链高端跃升提供全流程资金支持。同时，探索在自由贸易港区内实现离岸金融服务，特别是面向中东欧地区的离岸金融服务。

共同加强与境外人民币离岸市场战略合作，稳妥推进境外机构和企业发行人民币债券和资产证券化产品，吸引共建国家央行、主权财富基金和投资者投资境内人民币资产，为“一带一路”重大项目提供融资服务。支持金融机构设立“一带一路”金融资产管理中心，提高海外资产的流动性。大力发展海外投资保险、出口信用保险、货物运输保险、工程建设保险等业务，为企业海外投资、产品技术输出、承接“一带一路”重大工程提供综合保险服务。重点支持自由贸易和各自优势产业的发展，打造自由港特色金融服务体系，如以贸易金融、产业金融为主导的金融体系和以港口和口岸金融、运输金融等为特色的金融服务。

21.3.4 推动制度创新，构建协同开放体系

持续推进以经济走廊为载体的、以贸易规则为核心的制度创新，构建内陆港与内陆腹地之间、内陆与沿江沿边沿海之间的协同开放体系，基于海关协同监管深层次推动跨地区政府协同治理，带动基础设施协同开放、产业协同开放、市场协同开放、金融协同开放，推进监管服务共治、国际大通道共建、要素资源共享、市场信息互通、信用体系互认，全方位构建协同开放体系。创新陆上国际贸易规则体系，不但制度设计要与国际接轨，而且应建立风险监控和防范机制，并完善立法保障和法律服务。

沿经济走廊采用信息技术管理手段，按照货物性质实施差别化管理。研究以集装箱为单位自动核销进出港信息，最大程度简化进出境运输工具和货物出港手续，提升港口资源利用效率。全面实施货物按状态分类监管，从物流仓储企业扩大到贸易、生产加工企业，采用辅助系统账册管理非保税货物。在信息平台层面上，以国际贸易单一窗口为载体

推进部门信息共享，将港口信息系统、自贸试验区物流监控系统等纳入国际贸易单一窗口系统，为自由贸易港区提供平台支撑。对标中国香港、新加坡、鹿特丹、汉堡等自由港城市，在自由贸易港区实行特殊财税制度，简化税种，降低税率，提升港口中转和离岸自由贸易的竞争力。要不断适应企业参与国际竞争和服务"一带一路"建设的需求，在税收可以横向转移等制度安排下，基于真实贸易和服务背景，结合服务贸易创新试点工作，研究探索服务贸易创新试点扩围的税收政策安排。实行最为优惠的特别关税制度，建立充分支持"一线放开、二线管住"的法律和监管体系，形成境内关外货物、资本、人员充分自由流动的全方位对外开放格局。探索经济走廊与"一带一路"共建国家开展贸易便利与港口管理的合作，创新港口投资、运营体制机制，提升自由贸易港运营的现代化水平。明确自由贸易港负面清单管理范围，消除自由贸易港区内的要素流动限制，降低市场准入。

22 连云港市区域性农产品贸易中心建设研究

22.1 研究背景

国际农产品贸易中心是一个集农产品采购、交易、加工、展览、物流和供应于一体的综合性贸易平台，具有扩大开放、提升消费和增进交流等功能。区域性国际农产品贸易中心建设更加强调城市作为商贸中心的国际贸易功能，构建国际农产品通过口岸城市进入其腹地市场以及城市腹地的农产品通过该城市销往国际市场的分销中心，打造以“买全球、卖全球”为主体功能的国际性贸易物流节点城市。建设区域性国际农产品贸易中心，对于新时期连云港促进经济快速发展和产业转型升级，实现新时代的“后发先至”具有重要作用。

连云港农业对外开放合作试验区、中国（江苏）自由贸易试验区连云港片区先后获批，RCEP正式签署、双循环新发展格局构建和“一带一路”交汇点建设等多重机遇为连云港建设区域性国际农产品贸易中心形成了“多轮驱动”的态势，提供了新的发展契机和政策便利。打造区域性国际农产品贸易中心成为连云港实现新时代“后发先至”，走好新时代的“取经路”的重要举措之一。

22.2 总体思路

基于连云港连接东西、沟通南北、陆海交汇的区位和综合交通条件，发挥本地优越的开放载体和平台优势，把连云港作为国际国内农产品的重要转运节点，按照“买卖全球”的理念，建设国际国内农产品的贸易交易载体和信息服务平台，逐步把连云港打造成为区域性国际化的农产品贸易中心，实现以贸易牵引物流、资金流、信息流和人流的大汇聚，推动“一带一路”强支点建设，更好地发挥连云港在国内国际双循环格局中的战略链接作用。

22.2.1 基本构成要素

通过“一带一路”农产品贸易的载体和平台建设，在实现多样化交易行为过程中，发挥本地区区位和平台等优势，承担“一带一路”范围内商流、物流、资金流、信息流和人流等充分流通的主要功能，逐步形成连云港大规模服务型综合体，以及以农产品贸易为主要内容的区域活动中心，最终对腹地经济乃至“一带一路”整体产生较强的带动力和影响力。

核心要素：农产品交易市场、农产品要素交易市场。

拓展要素：农业科技研发合作及成果交易中心、农产品品牌管理中心、农产品市场开发中心、高端农产品消费推广中心。

支撑要素：农产品物流配送服务中心、航运服务中心、农产品会展服务中心、农业金融服务中心、农产品交易中介服务中心、中央商务服务区、农业专业化人才、农产品领域跨国经营主体、政府、行业组织管理、规章制度和政策等。

22.2.2 发展定位

建设全国统一大市场是构建新发展格局的基础支撑和内在要求，完善全国农产品大流通格局是建设全国统一大市场的重要一环。连云港市要加快建设区域性农产品贸易中心，进一步加强与周边省份和“一带一路”共建国家的对接和联系，推动农产品流通布局和生产布局有效衔接，使之成为带动“一带一路”农业产业发展的“桥头堡”。结合连云港农业对外开放合作试验区建设，将区域性国际农产品贸易中心的建设定位为“一带一路”农产品贸易中心与综合要素集聚区。

第一，“一带一路”农产品贸易平台。结合“一带一路”共建国家农产品贸易的商品结构特点，依托连云港国际口岸，强化其对“一带一路”物流业务的辐射能力，突出其在集货、存货、配货等方面的特长，拓展加工、金融等配套服务，同时打造特色明显、主题突出的农产品交易平台，最终形成服务“一带一路”、辐射全球的区域农产品交易中心。

第二，“一带一路”农产品要素集聚区。放大节点优势，发挥中国相关会展的平台作用，促进农业企业互动交流，促进“一带一路”范围内农业领域的商流、物流、资金流、人才流和信息流等充分流通，使连云港成为“一带一路”农产品要素集聚区。

22.2.3 主要功能

（1）一流的区域农产品贸易功能

在连云港市一定的区域范围内形成若干特色明显、主题突出的农产品以及生产要素的交易功能区，具备商务效率较高、商务机会多、商务成本低的特征。

（2）一流的区域农产品流通功能

形成完备的供应链管理、高效的通关流程、发达的区域农产品贸易市场、便捷的腹地批发网络、现代的流通体系，以及一流的区域农产品商品流通效率。

（3）丰富的国际会展功能

通过先进的会展设施和会展服务，承担农产品和农业技术等产业信息的集散、农业新产品和高新技术的发布地和交流地、农产品知名品牌的催生地、国内外供需订单的发生地等功能。

（4）创新研发和信息平台功能

汇聚区域乃至全球范围内的农业和农产品创新要素，形成一流的农业科技创新平台，具备强大的综合信息中枢功能。

（5）制度创新的功能

区域性国际农产品贸易中心的建设一方面可以产生大量的制度创新需求，以社会需求促进制度创新；另一方面可以为制度创新成果提供落地检验的土壤，便于尽快形成可复制推广的经验。

22.2.4 建设目标

（1）打造两个平台

一是农产品线下交易平台。在连云新城建设具有区域影响力和竞争力的农产品展示销售、物流分拨、农产品深加工、农业新产品研发、质量检验和销售服务等农产品贸易基础设施。通过广泛开展各种层级、各种形式的展博会、节庆活动，引进各种主体的采购大会、采购论坛、采购中心等项目，以及国别商品特色街区的打造等，建立期现联动、内外连接的区域农产品国际贸易市场，打造集交易、结算、物流、金融、资讯等功能于一体的行业生态圈，并创建与之相配套的市场规则和治理体系。二是农产品线上交易平台。在连云新城建设农产品线上交易平台，运用5G、大数据、人工智能等现代信息技术，通过互联网平台企业与农产品贸易实体企业合作创新，实现贸易领域数字化融合和改造，加快“一带一路”农产品贸易企业及高品质商品资源的线上集聚，广泛开展“云展示”“云对接”“云签约”，同时辅之以虚拟平台营运中心、物流中心和结算中心的建设，以及通关、物流、品牌营销、融资、法律等服务的完善，搭建起集展示、宣传、洽谈、交易、售后服务等于一体的线上交易平台。

（2）建设三大工程

一是果蔬交易中心。以海州区为中心，以食用蔬菜、根及块茎、食用水果及坚果、咖啡、茶、调味香料等果蔬及其制品为交易对象的线上线下交易平台，以及系列化辅助配套设施。二是肉类及水产品交易中心。以东海和赣榆为中心，以肉及食用杂碎、鱼、甲壳动物、软体动物及其他水生无脊椎动物、乳品、蛋品、天然蜂蜜、其他食用动物产品等肉类和水产品及其制品为交易对象的线上线下交易平台，以及系列化辅助配套设施。三是大宗谷物交易中心。以连云区（以上合组织物流园为主体）为中心，以小麦、大豆、玉米、水稻、高粱等大宗谷物及其制品为交易对象的线上线下交易平台，以及系列化辅助配套设施。

22.3 必要性

22.3.1 “一带一路”强支点建设的需要

打造“一带一路”强支点，需要来自商品贸易的支撑。为了打造“一带一路”强支点，连云港应成为区域性的国际贸易中心、航运中心和商务中心等。打造一个农产品区域性国际贸易中心，通过农产品跨境贸易打通物流、商流、资金流等各环节，加快“一带一路”强支点建设，带动区域经济高质量发展。连云港应充分发挥“一带一路”交汇点和“两基地一班列”等优势，一方面推动内陆省份、中亚等国家农产品从连云港出海，另一方面可以将海外以RCEP区域为主的国家的农产品通过连云港进入我国内陆、中亚等地区，并服务于国内沿海与陇海兰新沿线区域的农产品的相互交流，从而把连云港打造成农产品国内国际循环的重要交汇点，促进“一带一路”强支点建设（如图22-1所示）。

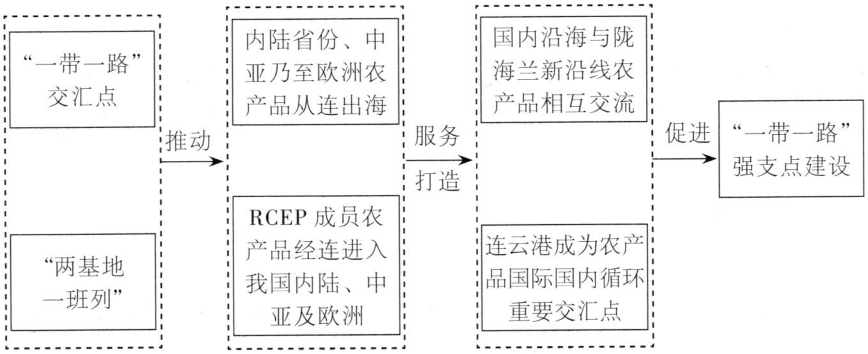

图22-1 促进“一带一路”强支点建设

22.3.2 农业对外开放合作试验区建设的需要

2017年，农业农村部认定连云港为全国首批农业对外开放合作试验区建设试点之一。连云港成为新时期我国推进农业对外开放合作的先行区。按照连云港市政府《连云港农业对外开放合作试验区总体规划（2018—2025年）》，合作区要立足连云港全域，统筹国内国际两种资源两个市场，打造“一心四区两基地”的开放布局。其中“一心”就是以海州区和连云区为核心打造区域性农产品贸易和物流中心。连云港应发挥独特的区位优势，既可以将连云港及周边省市和RCEP等各国的优势农产品在连云港集聚，出口到世界各国，又可以将连云港的周边腹地及中亚国家所需的农产品在连云港港进口入境，通过发达的物流体系运输到各地。在连云港形成农产品“买全球、卖全球”的贸易中心，是连云港农业对外开放合作试验区建设的重要内容，也可以对其他农业对外开放合作试验区的建设起到很好的引领和借鉴意义。

22.3.3 自贸片区高质量建设的需要

农业领域的对外开放也是中国（江苏）自由贸易试验区连云港片区建设的重点内容之一。连云港市的农业领域可以复制和推广自贸试验区创新成果，强化体制机制创新，打造一批示范工程、建成一批试验项目、实施一批创新政策，为将连云港建设成为“一带一路”农业贸易物流集聚区、中西部农产品出口引领区、全国农业对外开放合作样板区提供新经验。

22.3.4 规划建设国际化海港中心城市的需要

建设国际化海港中心城市是连云港建设“一带一路”强支点的需要，也是连云港市长期（2030年）的发展目标。在《连云港市城市总体规划（2015—2030）》（简称《总规》）中，绘制了到2030年构建一座开放创新、生活宜居现代、环境绿色低碳的国际化海港中心城市的宏伟蓝图。在连云港建设农产品区域性国际贸易中心，形成农产品商流、物流、资金流、信息流和人流的集聚，带动连云港及周边城市的发展，强化连云港的国际化功能、助力"一带一路"交汇点建设和国际化海港城市宏伟目标的实现。

22.4 可行性

作为我国首批沿海开放城市，经过40多年的改革开放，连云港已基本具备建设区域性国际农产品贸易中心的条件。

22.4.1 具有通商口岸的综合交通枢纽条件

连云港拥有较为完备的港口物流基础设施体系，是中韩陆海联运试点口岸和全国首批粮食进口指定口岸，是中亚国家最便捷的出海口，也是日韩货物进入中亚乃至欧洲的最佳陆路中转地。近年来围绕"枢纽港、产业港、物流港、贸易港"建设，优化整合港口功能布局。万吨级泊位增加到70个，其中30万吨级航道工程在加快推进，同时扩容加密海、公、铁、水多式联运通道，远近洋航线达73条，海河联运航线达11条。外贸航线覆盖东南亚、日韩、中国香港、中国台湾、美西、中东、波斯湾、南非等重要国际港口，内贸航线实现沿海重点港口、江淮流域全覆盖。海铁联运形成霍尔果斯、阿拉山口、二连浩特3条出境通道，实现了中亚地区主要站点全覆盖，并延伸形成至土耳其伊斯坦布尔、德国杜伊斯堡南北两条中欧班列线路。连云港至阿拉木图、塔什干点对点直达班列优势明显，承担着60%以上的新亚欧大陆桥国际中转出口运输业务。经连云港过境的农产品、农产品加工出口份额也逐年提升，每年有5万吨新疆番茄酱从连云港口岸出口至日本、韩国、南非和欧洲等地，云南、四川、甘肃和内蒙古生产的洋葱，每年也有5万吨通过连云港加工出口。连云港正逐渐成为东亚、东北亚和中亚乃至欧洲腹地货物沟通重要枢纽，为农产品物流创造了最重要的基础保障。

22.4.2 具有较发达的产业基础条件

连云港农业产业发展基础雄厚，是国家重要的粮棉油、林果、蔬菜等农副产品生产基地，粮食总产已经连续多年稳定在70亿斤以上，高标准农田比重不断提高。全市已经形成优质稻米、特色果蔬、畜禽水产养殖、食用菌、花卉等一系列特色农业产业，是全国最大的紫菜养殖加工基地、河蟹育苗基地和对虾养殖基地，特色主要农产品产量均居全省前列，基本形成了以育苗、养殖、捕捞、加工、贸易、海洋食品为重点的海洋农业优势产业。农业机械化水平达82.5%。

农业产业化水平稳步提高。现代农业园区建设提档升级，省级以上现代农业园区数量居全省领先水平。企业集群集聚发展态势良好，拥有全国农产品加工示范基地1个、省级农产品加工集聚区4个、国家级农业产业化龙头企业2家、省级农业产业化龙头企业49家。

外向型农业保持全省领先。连云港农业对外开放合作试验区在全国率先启动，入选国家首批农业对外开放合作试验区。海淡水产品、调味紫菜、黄桃罐头、速冻蔬菜等一批拳头产品出口量位居全国前列，形成了以东海为中心的粮油蔬果、以灌云灌南为中心的设施蔬菜（食用菌）、以赣榆为中心的海淡水产和特色水果、以连云区为中心的紫菜、以开发区为中心的黄桃加工等出口集群。2021年农产品出口额超过5亿美元，居江苏省第一。获批农业农村部农业国际贸易高质量发展基地1个，国家级食品农产品出口质量安全示范区4个，省级出口示范区（基地）16个，10余家企业入选粤港澳大湾区“菜篮子”生产基地。全市累计吸引外商投资农业项目80个，实际使用外资4.39亿美元。其中2020年实际利用外资6 769万美元，在全省设区市中列第三、苏北第一。同时，累计登记备案的农业“走出去”项目10个，其中对外投资额超千万美元的企业2家。

农业新型业态培育良好。农村电子商务发展迅速，拥有涉农电子商务产业园11个，农业电子信息化示范基地20个。农业可持续发展能力不断增强，农业清洁生产稳步推进，病虫害专业化统防统治覆盖率62%，高效低毒低残留农药使用占比82%，农产品质量标准正逐步与国际接轨。

22.4.3 具有基础厚、能级大的市场条件

近年来我国与“一带一路”共建国家农产品贸易额增速持续高出我

国农产品总体贸易增速，占比不断提升。中国海关数据显示，2022年中国与“一带一路”沿线国家的贸易总额达20 721.75亿美元，同比增长15.4%，较中国对外贸易增速高11个百分点。在对外贸易总规模中，“一带一路”贸易占比首次超过30%，达到32.8%。2022年，中国与沿线国家农产品贸易额占中国农产品贸易总额的41.9%，其中对沿线国家农产品出口额占中国农产品出口总额的46%，自沿线国家农产品进口额占中国农产品进口总额的40.2%，植物油、热带水果、木薯等农产品自沿线国家的进口额超过该类产品进口总额的60%，我国与“一带一路”沿线国家的农产品贸易合作已处于领先地位。具体来看，中国向沿线国家水果、蔬菜和水产品的出口额合计占向沿线国家农产品总出口额的50%。其中，水产品出口额最大，为96.3亿美元，占向沿线国家农产品总出口额的21.1%。中国自沿线国家农产品进口多元化趋势明显，畜产品、水产品和水果进口额快速增加，2022年，这三类产品进口额占中国自沿线国家农产品总进口额的53.1%。植物油和油籽等土地密集型农产品也始终是中国自沿线国家进口的重要农产品，两者合计占自沿线国家农产品总进口额的17.5%。跨境电商正强力助推“一带一路”农产品贸易发展，2022年，中国与“一带一路”沿线国家农产品跨境电商贸易额为22.9亿美元，同比增长35.3%，发展潜力巨大。

连云港地处“一带一路”中心线陆海交汇的重要支点位置，具有拉动线长面广、腹地市场广大的优势条件，自身农业条件优越。连云港农业对外开放合作试验区和江苏—新阳嘎农工贸现代产业园分别被原农业部认定为首批“两区”建设试点。连云港试验区聚焦建设“一带一路”农业对外贸易物流集聚区、中西部农产品出口合作引领区、全国农业对外开放合作样板，加快创新体制机制，积极培育优势特色产业，主动搭建农业国际合作平台，一批投资额大、辐射范围广的项目已落地投产。连云港的海淡水产品、调味紫菜、黄桃罐头、速冻蔬菜等一批拳头产品出口量在全国位居前列。“十三五”期间，连云港农产品出口额达到27.4亿美元，居全省第一。获批农业国际贸易高质量发展基地1个、国家级出口食品农产品质量安全示范区4个、省级出口农产品示范区（基地）15个，10家企业入选粤港澳大湾区“菜篮子”生产基地。

“一带一路”共建国家人口数量多、密度大，且经济增长速度较快，发展空间巨大，人均生活水平日益提高，对食品需求从种类到标准要求越来越高，为农产品贸易提供了巨大能级的消费市场。广阔的腹地和巨大的消费潜力为连云港建设区域性国际农产品贸易中心提供了良好的市场条件。

22.4.4 具有良好的农业对外合作的平台条件

近年来，连云港按照“平台促园区、园区带基地、基地兴产业”的发展模式，积极建设农业合作园区、外向型农业基地，发展会展经济，为农业对外开放搭建了良好的平台。连云港成立了“一带一路”参与国家和地区农业管理部门、龙头企业和科研院所组成的“一带一路”农业国际合作产业联盟，服务中西部地区的农业对外合作；与中国农产品美国和加拿大展示中心签署合作协议，为“连天下”优质农产品开拓国际市场、农业企业开展国际合作提供平台；“一带一路”连云港农业综合信息服务平台正式启用，连云港跨境电子商务公共服务平台、江苏省首家保税商品展示交易中心建成并投入运营。东海花卉进口交易中心成为省级进口商品交易中心。连云港成功举办了七届中国（连云港）丝绸之路国际物流博览会、九届江苏农业国际合作洽谈会、中国食用菌行业大会等大型展会，为与“一带一路”参与国家及地区农业交流合作搭建了重要的窗口与平台。另外，截至2021年1月30日，中国已经与171个国家和国际组织签署了205份共建“一带一路”合作文件。与“一带一路”相关国家和地区间经贸往来的持续稳步加强，将会为连云港农业的对外经贸合作提供更加良好的外部环境。

22.4.5 具有提供贸易便利化的综合环境条件

连云港港是经原国家质检总局认定的进口种苗、粮食、肉类、食用水生动物及水果6类产品指定口岸，是原国家质检总局认定的哈萨克斯坦过境中国粮食唯一离境口岸，2017年经原国家质检总局审批成为江苏省唯一可以进口澳大利亚屠宰牛的港口，农产品进出口的通关条件具备一定基础。近年来又对标国际高标准投资贸易规则，深入推进贸易投资自由化、便利化，建设具有陆桥特色的电子口岸，打造集电子口岸、电子政务、电子商务于一体的港口综合服务平台。同时，市政府与原国家质检总局进出口食品安全局和原江苏检验检疫局签署协议，共同促进连云港农业对外开放合作。市农委与国税、人民银行、海关等部门联合成立农业对外开放合作服务联盟，对重点企业实行“一对一”服务。连云港还成功复制上海自贸试验区“跨境电子商务进出口新型海关监管模式”等10项制度，以制度创新和服务创新为抓手，进一步提高通关便利化水平。另外，连云港口岸还与陆桥沿线十三市建立了“食品安全大通道”检验检疫合作机制，在农产品产能加工合作、商贸物流、通关边检一体化协作、信息资源共享等方面将取得实质性进展。

随着连云港自贸片区、农业对外开放合作试验区等建设进一步推进，连云港将会进一步完善在产业准入、项目审批、工商年检、金融服务、风险补偿、知识产权保护、资产评估、公平市场环境营造等方面软硬件环境，国际农业贸易投资便利化条件将会更加完备。

22.5 制约因素

22.5.1 物流能力亟须提升

2020年连云港市生产总值为3 227.07亿元，同年连云港市全市物流业总收入完成310.43亿元，增长3.8%。相比物流效率较高和一体化水平较高的发达地区依然有一定的差距，这说明连云港市物流一体化水平仍有提高的空间。

从基础设施和物流布局来看，连云港市物流发展集中于港口地区，物流规模化程度小，成本高。尽管连云港市在市场内部设有预冷设备，但是整体而言具备集中采购、低温处理、冷技术跨区域配送的智能冷链配送中心规模仍然不够大，调度平台不够完善，使资源很难有效地整合，容易导致生鲜农产品冷链物流领域出现“断链”情况。

此外，冷链物流市场空间也对连云港成为国际性农产品贸易中心提出了很多挑战，需要进一步做出有开拓性的探索和试验。冷链技术是保证农产品健康新鲜、追踪物流信息的关键，是发展冷链物流的基本保障。连云港市目前应用于冷链系统领域的仍仅是单纯字面意义上的“包装物+冷藏”，没有真正意义上实现从产地到餐桌的全程冷链。

22.5.2 城市功能支撑不足

尽管连云港具备建设农产品国际贸易中心的基础条件，但是从城市功能定位和空间布局来看，连云港市在区域协调发展和辐射方面则略显不足，城市空间和功能布局有待优化，明显地存在着港产城融合发展不够，东部城区服务“一带一路”建设的功能不足。随着赣榆区的并入，连云港由原来的“一市双城”变为目前的“一市三城”的局面，城区过于分散，没有实质意义上的中心城区，无法发挥中心城区的带动和辐射功能，也不利于服务业的集聚和发展，严重制约了城市功能的发挥，同样不利于连云港市区域性国际农产品贸易中心的建设。

22.5.3 营商环境仍需大力优化

连云港及腹地经济发展相对滞后，经营观念比较弱，开放意识不强，商业行为缺乏全球意识，不能很好地适应贸易全球化、经营国际化趋势。同时，“买卖全球”的大贸易思维意识不强，对通过构建国际化贸易平台、开展贸易资源全球化配置的经济活动缺乏足够认识和信心，将在很大程度上制约连云港市农产品区域性国际贸易中心的建设。

受制于传统观念等因素的影响，连云港在国际化、法治化、市场化的营商环境等方面和国际一流城市甚至省内先进城市都还存在较大差距。从政策政务层面来看，公平竞争环境仍有很大的改善空间，比如政府可以提升行政人员办事效率、规范自由裁量权等。从法治维度层面来看，政策支持力度、政府优化服务等方面依然存在巨大的挖掘潜力。

22.5.4 品牌管理和质量标准有待完善

目前，虽然连云港市农产品进出口规模位于江苏省前列，但是仍然存在着外贸龙头企业少，出口知名品牌少，没有形成类似义乌“中国小商品之都”的统一地域农产品品牌，现有的地域品牌知名度和竞争力弱等问题。目前，连云港市农产品的品质标准存在体系不完善、质量认证和检测标准不一致的问题。国际化农商对接程度较低，尚未建立国际农商互联标准体系。质量标准和检测检验等多方面的不完善间接导致农产品科技含量低，品牌效应弱。民以食为天，食以安为先，农产品品牌营销与农产品本身品质管理和标准体系建设密切相关。

22.5.5 合作交流渠道及人才供给难以满足需求

连云港的农业对外开放虽然走在江苏的前列，但是在农产品国际合作中仍然具有较大的扩展空间。主要表现为：一是尚未搭建有效“论坛+联盟”模式建设政策沟通平台，与“一带一路”国内重点城市、省（自治区、直辖市）和共建国家在农业合作友好伙伴联盟的框架下开展的农业高新技术交流合作不足。在共商农业政策、经贸合作、科技合作等方面，层级偏低，国际影响力偏小。二是国际合作研发投入占比较低，以花卉、果蔬、食用菌、畜禽水产养殖等连云港优势产业为主的科技交流不足，合作平台较少。三是国际农业合作信息化平台建设不能及时有效地聚集各相关领域信息资源，不能为农业和农产品的生产、贸易和流通等提供信息化支撑。

连云港打造区域性国际农产品贸易中心仍然存在人才不足的问题：一是缺乏电子商务环境下冷链物流复合型高端人才。连云港冷链物流人才严重不足，从业人员的冷链物流专业技能不高，绝大多数是简单的作业人员。二是缺乏从事会展市场调研、策划、营销和运营管理的专业会展人才。会展是区域性国际农产品贸易中心的重要内容，会展专业人才的缺乏在一定程度上制约连云港区域性国际农产品贸易中心的发展与壮大。

22.6 建设路径

面对新时代构建新发展格局、形成连云港区域性国际农产品贸易中心的高效高质建设路径，需要立足本地资源禀赋，充分发掘和利用国际国内一切适宜的资源和市场，借鉴国内外成功经验，着力消除障碍制约，创新思维，大胆开拓。

22.6.1 提升农业贸易投资便利化水平，形成高端要素集聚效应

（1）提升农产品贸易便利化的迫切性

农产品相较于其他产品，受通关时间和检验检疫等贸易便利化因素的影响更大。因此，提升贸易投资便利化水平是建设连云港区域性国际农产品贸易中心的重中之重。RCEP的全面实施极大促进区域内货物、服务、资本、技术、人才和数据信息等资源要素的自由流动，推动逐步形成更加繁荣的区域一体化大市场。农产品相关贸易在RCEP成员之间占有较大比例，协定对农产品贸易的影响深远。其中，我国对日本、韩国农产品税目自由化水平分别达到了86.6%和88.2%，对其余成员均在92%左右；日本、韩国、澳大利亚、新加坡对我国农产品税目自由化水平分别为57.8%、62.6%、99.4%和96.1%；老挝、缅甸等欠发达成员对我国农产品税目自由化水平也在60%左右，其余东盟成员大多在80%至95%之间。连云港出口企业主要贸易伙伴为东盟、日本、韩国、澳大利亚，各类双边自贸协定现升级为区域全面经济伙伴关系协定。RCEP实施后，成员方间90%以上的货物将逐步实现零关税，签发的原产地证书可以为出口货物节约大量关税。此外，应用原产地证书自助打印和智能审核等便利化措施，助力企业进一步降低通关成本、缩短办理时间，为特色农产品“出海”增加新动能。加之RCEP政策外溢效应带来的“一带一路”其他共建国家之间的农产品贸易增长，以连云港为节点的整个区域农产品贸易规模将会不断扩大，对连云港贸易投资便利化水平的要求将进一步提高。

（2）在贸易便利化上应采取的措施

在贸易便利化方面，建设具有陆桥特色的电子口岸，打造集电子口岸、电子政务、电子商务于一体的港口综合服务平台，建立农产品通关

便利化机制。设置农产品出口专用窗口，优先办理通关手续。为试验区企业特别是高资信企业建立从存放、装卸、运输到出境环节的“农产品绿色快捷通道”。建立快速放行机制，实施“门对门”监管，鲜活农产品在装运现场实施查验。依托国际贸易“单一窗口”，合力推进通关作业“一次申报、一次查验、一次放行”，努力为试验区企业提供进出口“一站式”服务，切实提升贸易便利化水平。推行江苏农业国际合作洽谈会等大型农业国际经贸活动通关保障机制。对符合规定的鲜活货物车辆、公务车辆等，优化通关手续。同时，结合农产品贸易特点，探索拓展RCEP项下贸易便利化措施的适用范围。对于粮食等大宗农产品货物，全面采取或设立简化的海关程序，尽可能在货物抵达后并且提交所有海关通关所需信息后的48小时内放行；对于易腐农产品，特别是在缺乏适当的存储条件下迅速变质的货物，争取全部在货物抵达后和提交放行所要求的所有信息后6小时内放行；对于快运农产品，应对这类货物进行抵达前处理，减少放行单证，免征关税和国内税，在货物抵达后并且提交放行所需的信息后6小时内放行。另外，要以制度创新和服务创新为抓手，持续不断地提高通关便利化水平。

（3）在投资便利化方面应采取的措施

在投资便利化方面，要积极引进农业领域优质外资项目，构建与负面清单管理方式相适应的事中事后监管制度。提高境外农业投资便利化水平，探索试行数字化认证、网上备案等方式，提高管理效率。对来连云港市投资办厂、开展经济技术合作、商贸洽谈的境外人员，进一步优化签证、签注或居留证件办理流程。进一步探索试行数字化认证、网上备案等方式，提高投资管理效率。对符合条件的农业企业，可放宽其在境外发行本外币债券的审批和规模限制，所筹资金根据需要可调回国内使用。境外农业投资者依法取得的利润、股息等投资收益，可依法以人民币或外汇自由、便利汇出。

高标准的贸易投资便利化水平可以减少农产品国际贸易的隐形壁垒，是区域性国际农产品贸易中心建设的重要内容之一。

22.6.2 加快完善农产品物流体系，着力推进冷链物流中心建设

（1）提升港航服务便利化水平

推动大陆桥沿线城市在海关、检验检疫、边防检查等方面开展跨区域口岸合作，推进“属地申报口岸验放”的通关模式。在大陆桥沿线节点城市合作建设物流场站，大力发展海铁、海陆等多式联运业务。充分发挥连云港电子口岸的作用，加强港口、铁路间互联互通和信息共享，建设具有通关、物流、商务等应用功能的大通关信息平台。与中远海运、中铁总公司、哈萨克斯坦国家铁路公司等构建战略联盟，推进铁路班列与海运航线航班相互补充、相互支撑，推行海铁多式联运海关联合监管、多式联运全程提单等做法，探索运行欧亚运输全程“一单制”运行模式。

（2）推动技术装备创新升级

加强冷链运输车辆技术管理，配备符合标准要求的制冷和温度监测设备，并保持功能良好。强化冷链运输车辆相关标准引导作用，推广应用多温层、新能源冷链运输车辆，支持城市冷链配送车辆安装使用尾板。加快铁路机械冷藏车更新升级，加大货车轴端发电、机车供电、电网取电等技术攻关力度，研发和制造适应小批量、多批次、高时效运输需求的铁路冷藏车型。

（3）加快发展高端航运服务业

加强船舶融资、船舶保险、海事仲裁、市场信息、航运衍生品交易、船舶经纪等现代服务业的发展，提升连云港航运服务业高端化水平。完善船舶服务、延伸港口重点货类贸易链产业链、促进港航数字化升级，鼓励船舶修造产业、保税船供业务发展，鼓励口岸大型外贸主体落户发展，鼓励建设港航数据平台和交易平台等。提高航运要素集聚效应、发展高端航运服务业、提升服务软实力，鼓励航运金融、航运保险、海事法律服务发展，优化口岸营商环境，加大航运人才培养力度等。

（4）着力推进冷链物流中心建设

依托连云港主体港区、上合组织（连云港）国际物流园、北翼的赣

榆港区建设冷链物流项目，包括配套冷库以及封闭式装卸码头等基础设施，推广高温冷藏、超低温冷冻等各类保鲜新技术，打造完备的农产品冷链物流体系。

建设农副产品国际冷链物流交易结算中心，设立国际冷链物流外汇结算平台，形成集保税仓储、冷链物流、信息发布、电子交易、货币结算于一体的国际交易市场和金融结算中心。选择部分农产品批发市场、冷链物流企业试点推行“绿色ETC”，实现查验关口前移，高速出口快速通行，解决冷链开箱失温、查验通行效率低等问题。推广应用标准化周转箱、托盘、笼车等运载单元以及冷藏集装箱、蓄冷箱、保温箱等单元化冷链载器具，提高带板运输比例。鼓励企业研发应用适合果蔬等农产品的单元化包装，推动冷链运输全程“不倒托”“不拆箱”，减少运输环节损耗。

引进并扶持培育一批经济实力雄厚、经营理念先进、核心竞争力强的第三方冷链物流企业，支持国际物流企业通过合资合作、自建网络、兼并收购等方式，延伸境外地面服务网络，提升跨境冷链物流全程组织能力，培育一批具有较强国际竞争力的现代冷链物流企业。鼓励农产品生产加工企业、商贸流通企业分离冷链物流业务，为社会提供第三方物流服务。加快建设一批适应现代农产品流通和消费需求的冷冻、冷藏和保鲜仓库。不断提高冷链物流的技术装备水平，鼓励企业购置节能环保的冷链运输车辆，推广全程温度监控设备，实施“冷链全环节不断链”。

完善农产品加工等环节保鲜技术和制冷保温技术标准，健全农产品冷链流通标准体系，推动冷链物流与互联网创新融合，实现食品农产品配送智能化、快速化。提升冷链物流标准化水平。加强与周边城市和陇海兰新沿线省（自治区、直辖市）在冷链基础设施和冷链运输领域的协作，形成合理布局和运输配送体系，实现农产品冷链各环节的高效协同。

22.6.3 加快农产品贸易转型，大力发展贸易新业态

（1）大力发展农产品深加工业

一是要大力发展农产品产地深加工，以紫菜、菌菇、蓝莓、海洋鱼

虾等连云港特色农产品的干燥、储藏保鲜等深加工设施建设为重点，建设粮食烘储加工中心、果蔬加工中心、海洋食品加工中心等。加快新型非热加工、新型杀菌、高效分离、节能干燥、清洁生产等技术升级，提升农产品精深加工水平。采取先进的提取、分离与制备技术，加快推进果蔬皮渣、海产品皮骨内脏等副产物的综合利用，不断挖掘农产品加工潜力、提升增值空间。适应市场和消费升级需求，加强与健康、养生、养老、旅游等产业融合对接，开发功能性及特殊人群膳食相关产品。立足特色农产品优势向下发展农产品精深加工。一方面借助农产品贸易中心平台提升本地农产品国际贸易水平，增强本地农产品在国际市场上的影响力，另一方面也为区域性国际农产品贸易不断注入本地元素。二是要大力发展过境农产品精深加工等增值服务，建设区域性国际农产品深加工中心，提升区域性国际农产品贸易中心的业务范围和产业层次。

（2）大力构建农产品贸易新业态

目前，连云港市跨境电商等新兴贸易业态迅速发展，已经获批跨境电商综试区和跨境电商零售进口试点城市，建成跨境电商公共服务平台，大陆桥跨境电商产业园，上合物流园海运快件跨境直邮试运行，国际邮件互换局一期工程加快推进，跨境电商进出口规模位列江苏省第三。借助RCEP生效后的“数据跨境自由流动、信息存储非当地化、电子认证、电子签名、在线消费者信息保护、网络安全等”政策外溢效应，电子商务发展将会迎来新的高潮。因此，要围绕连云港紫菜、菌菇、蓝莓、海洋鱼虾等特色农产品，制定和完善适应跨境电商的农产品质量和检验检疫标准，推动跨境电商农产品贸易的持续规范发展。

支持企业通过自建、租用、合作等方式在主要农产品贸易伙伴国建设一批海外仓，将零散的国际运输转化为大宗运输，降低农业企业的物流成本，缩短订单周期，完善境外农产品贸易、仓储、配送和售后等配套服务。积极发展市场采购贸易、引进培育外贸综合服务企业。发展农村电商，推动“互联网+农业”的发展。探索在海关特殊监管区内设立农产品等保税展示交易平台，并以此为基础探索农产品跨境电商转口贸易模式。

22.6.4 加快引进和培育农产品跨国企业，提升农产品品牌效应

（1）加快引进和培育农产品跨国企业

大力引进和培育出一大批具有国际化理念且在经营和管理方式上与国际接轨的跨国农业企业。一是完善企业成长环境。在硬件设施、商务环境、政策支持等诸多方面，全面造就有利于农业企业向跨国公司升级的孵化、培育和发展的环境，根据企业竞争力不同，实行分类指导、个性化服务，帮助企业尽快地走出孵化和培育期，进入成长期，从而形成互相依赖，具有共生性的国际商务生态和农业企业总部、农产品贸易型总部集群。二是加快企业主体培育和发展。要积极热忱地吸引来自世界各地不同性质、不同大小的企业主体进入，不仅要重视引进外资企业，而且要重视孵化和培育民营企业，使它们迅速地成长为农业跨国企业的重要骨干力量。同时不仅要大力引进和培育农业生产型企业和贸易型企业，而且要大力引进和培育物流、全球连锁经营者以及提供技术标准、产品研发、信息、金融、法律等服务的服务类企业。三是引导企业建立国际化视野。引导企业树立参与全球资源配置的理念，加快孵化、培育和成长。帮助以创新为驱动，加快向现代跨国农业企业转型发展，通过经营方式、管理方式、治理结构等的蜕变，迅速提高自身国内外资源的配置能力，以全面提升企业的国际竞争力，成为在未来国际市场中真正的竞合主体。

（2）提升农产品品牌效应

品牌是一个国家和地区综合实力和创新能力的重要象征，是企业安身立命、赢得市场的根本所在。连云港市农产品品牌建设虽然起步较晚，但已形成了稻米、蔬菜、食用菌、花卉、林果、水产等极具地方特色的系列优质农产品品牌。“连天下”品牌荣获2019品牌农业影响力全国十佳“优农品牌设计典范”奖。“连天下”公用品牌授权企业97家，旗下产品达300多个，年销售额过亿元的企业有5家。在此基础上，连云港市应当继续拓展渠道，鼓励并支持企业打造农产品区域公用品牌，

因地制宜地设立品牌准入机制、质量认证标准等。通过数字赋能，让农业品牌活起来。用好传统品牌孵化和营销平台的同时，不断推动农业品牌营销内容、技术、模式、业态和场景创新。加快建设智慧农业、数字乡村，实施好“互联网+”农产品出村进城工程，大力发展农村电商，推进品牌营销线上线下融合发展，让更多的“大而美、小而特”的农业品牌火遍全国，走向世界。

（3）加强农产品标准化建设

农产品标准化一直是困扰我国农产品增值和品牌塑造的主要原因。在欧美和日本等发达国家和地区，农业是以高度的标准化为基础生产的。农产品从新品种选育的区域试验和特性试验，到播种、收获、加工整理、包装上市都有一套严格的标准。因此，连云港市在农产品标准化上的突破不仅是农业转型升级，提升增值能力的需要，更是提升农产品品牌效应的有效途径，也是区域性国际农产品交易中心建设的重要内容之一。一是要加强对主要农产品贸易伙伴国标准的研究，特别是RCEP成员、中亚、东欧和俄罗斯等国家的标准的研究，以便为自身农产品标准的制定提供依据。二是建立政府、检验检疫机构、行业协会、科研院所、企业和高校等协同机制，加大相关标准的研究、制定和认定工作的力度。三是政府、检验检疫机构和行业协会等要督促和指导企业严格执行相关标准，扩大标准的使用面和受益面，做到标准认定的科学性、规范性和严肃性。四是要做好标准的国际推广。充分利用媒体、论坛和展会等渠道扩大标准的影响力和接受度，从而提高农产品品牌的知名度。

22.6.5 扩大国际交流合作，发挥贸易促进作用

（1）扩大国际交流合作

力争促进一批国际贸易投资促进机构、国际农产品行业组织、区域农产品行业组织、相关国家政府或农产品行业机构等来连云港建立地区总部或办事机构，加强与相关国家的经济交往，建立起多边的农产品贸易协商协调机制，促进区域性国际农产品贸易中心的高效运作。加大力度吸引高能级农产品市场主体持续集聚，如国际农业跨国公司地区总部、农业及农产品外资研发中心、农产品贸易性地区总部等。

（2）发挥贸易促进作用

农业贸易促进是一项全新的事业，涉及面广，工作要求高，需要各部门和各地方的积极配合和协助，应该加强领导和宏观规划，进行相应的体制调整和政策支持，切实加大对农业贸促工作的宏观指导和服务工作力度。一是强化完善公共服务，营造良好的农产品贸易环境。政府及相关组织应当积极改善农产品对外贸易条件和环境，降低交易成本，提高交易效益。开展农产品、农业科技信息、技术、政策、投资及人才等方面的国际国内交流与合作，帮助企业追踪农产品贸易国内外最新发展状况，为企业创造国际交流和贸易机会。二是整合资源，建设一支专业化高效率的农业贸易促进队伍。加强农业贸易促进体系人才队伍建设，完善协调机制，加大指导力度，以充分体现贸易促进主渠道的作用，逐步强化其国际市场开拓职能，充分发挥商协会在协助解决国际贸易纠纷、实行品牌化经营和标准化生产方面的作用。同时，要制定行业服务规范，加强管理；要建立行业自律机制，强化行业内部监督，自觉维护公平竞争的市场秩序；要加强从业人员培训，提高其业务素质和专业化水平及服务质量。

22.6.6 打造国际化会展促进体系，实现展示展览常态化

（1）现有基础

连云港市会展工作已经具备了一定基础。其中，作为农业国际合作和农产品国际贸易的重要平台，江苏省农洽会已在连云港成功举办了八届，展会规模不断扩大、影响力不断提升。2020年的农洽会的主题是农业国际投资与贸易合作。第三届进口博览会2020年11月在国家会展中心（上海）拉开序幕。作为进博会的重要配套活动，2020中国江苏（连云港）食品农产品进出口对接会同时在上海举办。活动对接农产品进出口项目26个，贸易额2.6亿美元。本届进博会期间，连云港市共组织306家单位1 199位专业观众参展“淘金”。但总体来说还存在形式较为单一等问题。

（2）打造国际化城市会展促进体系

建设区域性国际农产品贸易平台，必须打造国际化城市会展促进体

系，形成具有引领性的农产品会展业标准体系。对接国际最高标准，完善会展服务、会展经营、绿色会展、评估认证等标准，形成面向市场、服务产业、主次分明、科学合理的会展业标准化体系。构建会展业营商环境高地，建立会展活动“一网通办”和信息备案制度。构建市、区两级多措并举、精准高效的政策促进体系。完善高效便捷的事中事后监管机制、知识产权保护机制、纠纷解决机制。加强国际宣传推广，打造连云港农产品国际会展之都的整体形象。

（3）推动展会线上线下联动发展

创新展会服务模式、培育展会发展新动能。一是建设农产品线上展会新平台，打造具有国际影响力的农产品线上“智慧场馆”，开展“云展示”“云对接”“云签约”，搭建展示、宣传、洽谈等线上新平台。依托新技术优势，探索开发农产品“智慧场馆”新业务，创设场馆运营新模式。二是培育农产品线上展会主办主体和品牌展会。鼓励本土展览企业与知名互联网企业、云服务企业加强合作，培育以农产品“云会展”为主要业务的新型展会主办企业。培育形成一批市场竞争力强、辐射带动作用大的农产品线上品牌展会。三是吸引知名会展企业入驻连云港，鼓励线上线下融合发展。探索“线上线下双轮驱动”发展新模式，鼓励会展企业将5G、大数据、人工智能等数字技术深度融合到线下展会运营中，引导会展业进一步提升数字化水平，促进线上线下展会相互赋能。

22.6.7 推进高水平制度型开放，持续优化营商环境

对标国际最高标准，围绕对内对外开放两个扇面，全力推进高水平制度型开放，建成农产品贸易流通更便利、法治保障更健全、专业人才支撑更完备的贸易投资制度创新高地，服务区域性国际农产品贸易中心建设。

（1）加快制度型开放步伐

以自贸试验区、农业对外开放合作试验区、国家东中西区域合作示范区、综合保税区等为载体，推进高水平制度型开放。着力强化东西双向开放窗口、“一带一路”强支点的门户联通功能，推进规则、规制、

管理、标准等高水平制度型开放。加快建设更具国际市场影响力和竞争力的区域性国际农产品贸易特殊经济功能区，努力推动投资自由、贸易自由、资金自由、运输自由、人员从业自由、数据跨境流动安全有序，持续释放制度创新集成效应。建立以安全监管为主、体现更高水平贸易自由化便利化的农产品贸易监管制度。建设高水平的综合保税区，推进农产品国际物流、中转集拼、大宗商品期货交割等优势业态发展，拓展保税研发、保税加工等新业态。

（2）优化跨境贸易营商环境

深化跨境贸易降费提速改革。对标国际最高标准、最前沿实践，聚焦优流程、减单证、提效率、降费用、可预期。进一步削减进出口验核单证，通过监管环节电子化、集约化，探索“云监管”和“云服务”。推动建立降费传导机制，提高企业感受度。深化国际贸易“单一窗口”建设。丰富银行、税务、保险等特色功能，拓展大数据、区块链等新技术应用试点，打造口岸“通关港航物流”服务平台。探索建立进出口企业信用评价体系，实施贸易融资、信用保险、出口退税等信用应用。推动跨境贸易便利化措施适用于所有海运、空运和海铁联运货物，并探索拓展至边境后管理领域。对标国际高标准贸易投资规则，不断完善区域性国际农产品贸易中心建设相关的地方性法规制度体系。完善海外知识产权维权援助服务机制，健全知识产权海外维权网络体系，支持重点行业、企业建立知识产权海外维权联盟，促进知识产权保护领域的国际交流与合作。

（3）优化口岸营商环境

一是优化口岸“通关+物流”流程。统筹口岸不同主体、不同环节衔接畅通，依托国际贸易“单一窗口”，优化“通关+物流”全流程并联作业，以海关进口“两步申报”、进出口“提前申报”模式和港航“出口直装”“进口直提”模式融合协调为核心，推进并联作业向订舱、集港、提货、疏港、提还箱等物流环节拓展。二是推进口岸单证精简及无纸化。进一步争取削减口岸环节验核单证，推进简化相关检验、检测、认证类证书和凭单，严控相关市场主体新设单证，取消陆上运输、航运、港口经营等领域非必要单证要求。除保密等原因外，推进相关单证办理手续前推后移、网上申领、网上验核。优化出口退税单证备案制度，全面推行无纸化单证备案。三是提升口岸监管能力和服务水平。推广无陪同查验，优化以风险管理为基础的口岸联合监管和事中事后监管模式，提升口岸查验单位风险管理水平，运用大数据风险识别、区块链供应链监管、非侵入式智能查验等监管手段，推进对实货的顺势监管和无感通关。四是强化口岸作业公开透明可预期。主动听取企业对跨境贸易便利化改革的建议，加强通关便利化措施对企业宣传培训，加强通关疑难问题会诊咨询和热线服务，向企业提供更多即时性通关状态和监管过程信息。

（4）优化农业领域营商环境

一是落实农业领域“放管服”改革。减少农业涉外企业的行政审批事项，实行审批目录化管理，做到“目录之外无审批”。精简投资项目准入阶段的相关手续。借鉴联合国国际贸易“单一窗口”标准，实施贸易数据协同、简化和标准化。纳入海港和海关特殊监管区域的物流作业，通过银行机构或非银行支付机构建立收费账单功能，便利农业涉外企业办理支付和查询。在符合检疫要求前提下，支持跨境电商保税备货业务农产品入区时先理货后报关。二是完善陆桥沿线检疫合作机制，深化进出口检验检疫绿色通道、进口大宗农产品联合监管、出口农产品原料基地互认等合作机制。引导农业企业熟悉和利用有关国际规则。引导企业熟悉我国对外签署的各类自贸协定中有关农产品的货物贸易、原产地规则、投资和服务贸易等多双边区域合作规则，增强企业对国际市场的适应力。三是对标《自由贸易试验区外商投资准入特别管理措施（负面清单）》等对外开放政策，优化农业领域外商投资环境。加强农业境外投资真实性、合规性审查，防范虚假投资行为。

22.7 保障措施

（1）加强组织领导

成立以市委或市政府主要领导牵头的连云港区域性国际农产品贸易中心领导小组。联合市委宣传部和市发展和改革委、农业农村局、商务局、市场监管局、海关、交通局、贸促会、港口集团，以及各园区、各专业行业协会等，充分发挥市、县区两级优势和积极性，优化运行体制机制，明确相关部门和县区职责分工，助推区域性国际农产品贸易中心建设顺利推进。加强与部省工作对接和配合，强化区域性国际农产品贸易中心机制建设，明确职责分工，健全协调推进机制，形成部、省、市上下协调、共同推进的工作格局。

（2）强化政策研究

有关部门、单位要加大相关领域的政策梳理和研究力度，借助自贸试验片区制度创新优势，加强制度创新和制度供给。与有关高校联合开展 RCEP 和 CPTPP 协议中相关农业和农产品贸易的研究、“一带一路”共建国家的农业和农产品贸易研究、主要农产品贸易国的农业和农产品国别情况研究等。积极争取上级支持，在通关、检验检疫、标准体系建设、财政、税收等方面搞好政策配套，支持贸易中心加快建设。组建专家顾问团队，跟踪国内外农业发展前沿科学技术、贸易营销模式、政策扶持和农业发展新动态等开放资源，为贸易中心建设提供决策咨询和技术支持。

（3）培养人才队伍

强化开放型人才建设，创新人才培养和引进机制。加强开放型经济管理部门领导干部、招商人才和外经贸企业经营管理人才和冷链物流复合型人才以及会展策划商务人才的队伍建设，形成一支适应连云港市农产品国际贸易中心发展需要的国际化人才队伍。政府应当出台相关政策，鼓励企业和连云港本地院校开展校企联合培养电子商务、物流和会展等方面的专业人才。发挥部门主导作用，落实海外人才引进各项政策保障措施，为海外高层次人才提供良好的创新创业和生活环境。

（4）加强宣传引导

通过新闻发布会、报刊、广播、电视、网络等多种媒体，深入宣传连云港区域性国际农产品贸易中心建设的重大意义、总体思路、目标任务和政策措施等，引导社会力量积极参与贸易中心建设，吸引国内外资本投资贸易中心建设。

参考文献

[1] 孙军，高彦彦. 城市微笑曲线变迁与经济地理重塑——以长三角地区为例[J]. 苏州大学学报（哲学社会科学版），2023（3）：38-50.

[2] 孙瑾，雷达. 国际经济格局变动中的区域主义发展新趋势［J］. 经济理论与经济管理，2022（10）：62-73.

[3] 吕越，马明会，李杨. 共建“一带一路”取得的重大成就与经验［J］. 管理世界，2022（10）：44-55；95.

[4] 全毅. 中国高水平开放型经济新体制框架与构建路径［J］. 世界经济研究，2022（10）：13-24；135.

[5] 盛斌，黎峰. 以制度型开放为核心推进高水平对外开放［J］. 开放导报，2022（4）：15-20.

[6] 刘保奎，张舰. 长江经济带同“一带一路”统筹衔接的战略重点［J］. 开放导报，2022（3）：18-26.

[7] 张少军，方玉文. 中国经济双循环的比较优势分析［J］. 数量经济技术经济研究，2022（2）：3-22.

[8] 刘斌，崔楠晨. 数字贸易规则与中国制度型开放：未来向度和现实进路[J]. 中国特色社会主义研究，2022（2）：31-41.

[9] 赵磊. “一带一路”：夯实发展根基 实现高标准可持续惠民生目标［N］. 学习时报，2022-02-28（A4）.

[10] 张励. RCEP建设与“一带一路”高质量发展［M］. 北京：中国社会科学出版社，2022.

[11] 刘志彪，孔令池. 从分割走向整合：推进国内统一大市场建设的阻力与对策［J］. 中国工业经济，2021（8）：20-36.

[12] 陈凤兰，陈爱贞. RCEP区域产业链发展机制研究——兼论中国产业链升级路径［J］. 经济学家，2021（6）：70-80.

[13] 凌永辉，刘志彪. 新发展格局下的内需引致型产业链循环研究［J］. 学习与实践，2021（6）：52-59.

[14] 王明国. “一带一路”与现有国际制度的对接：基于制度复杂性的视角［J］. 当代亚太，2021（6）：48-77；167.

[15] 孙军，高彦彦，朱国军. 国内国际双循环、本地市场效应与经济发展范式转换［J］. 江海学刊，2021（4）：102-108；254.

[16] 张彦. RCEP下中日韩高端制造业的区域价值链合作［J］. 亚太经济，2021（4）：11-22.

[17] 东艳. 国际经贸规则重塑与中国参与路径研究［J］. 中国特色社会主义研究，2021（3）：27-40.

[18] 倪月菊. RCEP对亚太地区生产网络的影响——一个全球价值链视角的分析［J］. 东北师大学报（哲学社会科学版），2021（3）：52-62；114.

[19] 余淼杰，蒋海威. RCEP助力中国构建双循环新发展格局［J］. 江海学刊，2021（3）：84-91；254.

[20] 马涛，徐秀军. 新发展格局下RCEP签署与东亚区域经贸合作的中国策略［J］. 东北亚论坛，2021（3）：60-70.

[21] 张天桂. RCEP：特点、问题与前景［J］. 国际展望，2021（2）：120-135；157-158.

[22] 余淼杰，蒋海威. 从RCEP到CPTPP：差异、挑战及对策［J］. 国际经济评论，2021（2）：129-144.

[23] 刘志彪，凌永辉. 双循环新发展格局的研究视角、逻辑主线和总体框架［J］. 浙江工商大学学报，2021（2）：83-93.

[24] 张明，王喆. RCEP与人民币国际化：事实、进展与策略［J］. 财经智库，2021（2）：40-63.

[25] 张建平，董亮.《区域全面经济伙伴关系协定》与亚太区域经济合作［J］. 当代世界，2021（1）：36-43.

[26] 江小涓，孟丽君. 内循环为主、外循环赋能与更高水平双循环——国际经验与中国实践［J］. 管理世界，2021（1）：1-19.

[27] 刘志彪，仝文涛. 双循环新发展格局视角下推进区域协调发展——论东北老工业基地振兴［J］. 江苏行政学院学报，2021（1）：36-43.

[28] 沈铭辉，郭明英. 大变局下的《区域全面经济伙伴关系协定》：特征、影响

与机遇［J］．当代世界，2021（1）：44-51.
［29］ 刘志彪，姚志勇，吴乐珍．巩固中国在全球产业链重组过程中的分工地位研究［J］．经济学家，2020（11）：51-57.
［30］ 黄奇帆．双循环与“一带一路”如何同频共振［J］．西部大开发，2020（10）：42-47.
［31］ 刘志彪．重塑中国经济内外循环的新逻辑［J］．探索与争鸣，2020（7）：42-49；157-158.
［32］ 刘遵义．试论双循环［J］．比较，2020（5）：16-26.
［33］ 董志勇，李成明．国内国际双循环新发展格局：历史溯源、逻辑阐释与政策导向［J］．中共中央党校（国家行政学院）学报，2020（5）：47-55.
［34］ 张可云，何大梽．空间类分与空间选择：集聚理论的新前沿［J］．经济学家，2020（4）：34-47.
［35］ 安同良，杨晨．互联网重塑中国经济地理格局：微观机制与宏观效应［J］．经济研究，2020（2）：4-19.
［36］ 潜旭明．加强“一带一路”建设中的制度研究［N］．中国社会科学报，2020-01-14（1）.
［37］ 陆江潇，李全，汤坤．基于百度指数的长江沿岸中心城市网络联系特征［J］．现代城市研究，2020（1）：45-51.
［38］ 何雄浪，叶连广．长江经济带城市群经济关联、空间溢出与经济增长［J］．现代财经，2020（1）：16-28.
［39］ 徐杰．RCEP：必须了解的三个问题［N］．中国经济时报，2019-12-04（A05）.
［40］ 王方．“口岸+”建设力促口岸经济转型升级［J］．人民论坛，2019（24）：80-81.
［41］ 王俊，孙睿．京津冀都市圈区域物流对区域经济发展的影响［J］．商业经济研究，2019（24）：84-87.
［42］ 黄胜强．加快推进“一带一路”沿线国家电子口岸互联互通［J］．科学发展，2019（11）：46-54.
［43］ 戴翔，张二震．“一带一路”建设与中国制度型开放［J］．国际经贸探索，2019（10）：4-15.
［44］ 刘志彪．建设优势互补高质量发展的区域经济布局［J］．南京社会科学，2019（10）：18-26.
［45］ 周颖刚，蒙莉娜，卢琪．高房价挤出了谁？——基于中国流动人口的微观视角［J］．经济研究，2019（9）：106-122.
［46］ 孙军．旅游业协调中国区域经济发展研究［J］．现代经济探讨，2019

(8)：35-43.

[47] 陈旭，邱斌，刘修岩，等. 多中心结构与全球价值链地位攀升：来自中国企业的证据［J］. 世界经济，2019（8）：72-96.

[48] 曹峰. “一带一路”背景下区域经济与港口协同——基于哈肯模型的实证分析［J］. 商业经济研究，2019（14）：157-160.

[49] 徐金海，周蓉蓉. 数字贸易规则制定：发展趋势、国际经验与政策建议［J］. 国际贸易，2019（6）：61-68.

[50] 晁静，赵新正，李同昇，等. 长江经济带三大城市群经济差异演变及影响因素——基于多源灯光数据的比较研究［J］. 经济地理，2019（5）：92-100.

[51] 徐滢，赵滨元. 优化天津港口岸营商环境对策研究——基于京津冀协同发展视角［J］. 中国流通经济，2019（5）：30-37.

[52] 魏格坤，邓一凡. 全方位对外开放战略下跨区域口岸协同发展——基于珠江—西江经济带口岸耦合协同模型分析［J］. 改革与战略，2019（5）：72-80.

[53] 魏海蕊，贾娜娜，智路平. 基于无水港的内陆省参与海上丝绸之路的可持续物流网络［J］. 系统工程，2019（4）：63-73.

[54] 王圣云，宋雅宁，温湖炜，等. 双向联系视域下长江经济带城市群网络结构——基于时间距离和社会网络分析方法［J］. 经济地理，2019（2）：73-81.

[55] 李善同，何建武，唐泽地. 从价值链分工看中国经济发展南北差距的扩大［J］. 中国经济报告，2019（2）：16-21.

[56] 余川江，白佳琦. 内陆自由贸易港的属性及建设内容和路径——兼析重庆自贸试验区建设经验［J］. 西部论坛，2019（2）：91-98.

[57] 白洁，苏庆义. CPTPP的规则、影响及中国对策：基于和TPP对比的分析［J］. 国际经济评论，2019（1）：58-76.

[58] 贾娜娜，魏海蕊，胡志华. “一带一路”倡议下基于无水港的跨境物流网络优化［J］. 上海海事大学学报，2019（1）：1-7.

[59] 赵宇哲，周晶淼，冯明明. 轴-辐式网络下基于多枢纽竞合的航线优化与港口定价决策［J］. 系统工程理论与实践，2018（11）：2942-2953.

[60] 张建军，赵启兰. 新零售驱动下流通供应链商业模式转型升级研究［J］. 商业经济与管理，2018（11）：5-15.

[61] 李友梅. 谈谈改革开放中的倒逼机制［N］. 人民日报，2018-10-24（7）.

[62] 盛来运，郑鑫，周平，等. 我国经济发展南北差距扩大的原因分析［J］. 管理世界，2018（9）：16-24.

[63] 刘志彪，吴福象．“一带一路”倡议下全球价值链的双重嵌入［J］．中国社会科学，2018（8）：17-32．

[64] 孙军，高彦彦，宣昌勇．“一带一路”倡议下的中国省际贸易演变特征与流向蜕变［J］．财贸经济，2018（8）：81-95．

[65] 朱振，扈瑞鹏．中国各省域口岸进出境运量的空间统计分析［J］．管理评论，2018（8）：235-246．

[66] 殷德生．“一带一路”：潜在增长率空间变化与中国经济动能空间重塑［J］．探索与争鸣，2018（7）：42-44．

[67] 张宇燕，冯维江．从“接触”到“规锁”：美国对华战略意图及中美博弈的四种前景［J］．清华金融评论，2018（7）：24-25．

[68] 陆铭，常晨，王丹利．制度与城市：土地产权保护传统有利于新城建设效率的证据［J］．经济研究，2018（6）：171-185．

[69] 马燕坤，张雪领．从国际产业分工到城市群城市功能分工的文献述评［J］．区域经济评论，2018（6）：92-98．

[70] 徐黎丽，于洁茹．中蒙边境口岸的发展问题及对策思考［J］．云南师范大学学报（哲学社会科学版），2018（6）：1-8．

[71] 刘慧，程艺．“一带一路”建设对中国沿边地区发展影响的区域分异［J］．区域经济评论，2018（6）：85-91．

[72] 李春顶，郭志芳，何传添．中国大型区域贸易协定谈判的潜在经济影响［J］．经济研究，2018（5）：132-145．

[73] 王珍珍，赵富蓉．自由贸易港建设：内涵、基础及效应分析［J］．北京工业大学学报（社会科学版），2018（5）：40-49．

[74] 匡海波，余方平，谭志加，等．港口供需匹配非均衡评价模型及实证［J］．科研管理，2018（4）：113-123．

[75] 徐海峰．旅游产业与区域经济协调发展研究——基于系统耦合与协同理论以浙江省为例实证分析［J］．北京劳动保障职业学院学报，2018（4）：37-41．

[76] 赵传松，任建兰，陈延斌，等．全域旅游背景下中国省域旅游产业与区域发展时空耦合及驱动力［J］．中国人口·资源与环境，2018（3）：149-159．

[77] 陈明星，隋昱文，陆大道，等．“一带一路”与新型城镇化的融合发展［J］．科技导报，2018（3）：82-90．

[78] 杜丹清，占智康．新经济背景下发挥消费基础性作用研究——基于流通功能拓展与平台组织再造的视角［J］．经济学家，2018（2）：62-69．

[79] 冯奎．如何看待城市的虹吸效应［N］．新华日报，2018-02-28（14）．

[80] 王爱虎，王梦瑶，贺裕雁．“一带一路”背景下广东省物流水平对其出口贸易的影响——基于引力模型的实证研究［J］．工业工程，2018（2）：1-8.
[81] 谈佳洁，刘士林．长江经济带三大城市群经济产业比较研究［J］．山东大学学报（哲学社会科学版），2018（1）：138-146.
[82] 谢泗薪，孙秀敏．“一带一路”倡议下基于大数据的口岸物流发展战略思考——以内蒙古、黑龙江、新疆三地口岸物流发展为例［J］．价格月刊，2018（1）：73-79.
[83] 张智．剑指产能过剩 港口整合全面铺开［N］．华夏时报，2017-11-20（4）.
[84] 陈玉，孙斌栋．京津冀存在“集聚阴影”吗——大城市的区域经济影响［J］．地理研究，2017（10）：1936-1946.
[85] 张莉，何晶，马润泓．房价如何影响劳动力流动?［J］．经济研究，2017（8）：155-170.
[86] 吴常艳，黄贤金，陈博文，等．长江经济带经济联系空间格局及其经济一体化趋势［J］．经济地理，2017（7）：71-78.
[87] 胡鞍钢．“一带一路”将成为中国城镇化“加速器”［J］．新西部，2017（14）：89.
[88] 刘志彪．“一带一路”倡议下全球价值链重构与中国制造业振兴［J］．中国工业经济，2017（6）：21-30.
[89] 何春，谭啸，汤凯．“一带一路”节点城市新型城镇化水平测度及优化［J］．经济问题探索，2017（6）：184-191.
[90] 蔡之兵，张可云．“以线串点、以点带面”能否成功?——以长江经济带区域发展战略为例［J］．广东行政学院学报，2017（5）：81-87；95.
[91] 柳建文．西部民族地区新型城镇化与“一带一路”的协同推进［J］．人文杂志，2017（5）：77-83.
[92] 田文林．“一带一路”：全球发展的中国构想［J］．现代国际关系，2017（5）：42-49.
[93] 刘志彪．以国内价值链的构建实现区域经济协调发展［J］．广西财经学院学报，2017（5）：20-23.
[94] 杜占河，原欣伟．竞合的前因、过程与结果研究综述［J］．管理现代化，2017（5）：116-122.
[95] 陈健，龚晓莺．论“一带一路”倡议对区域经济一体化的影响［J］．云南社会科学，2017（5）：77-82.
[96] 王勇．自贸区建设背景下的两岸口岸治理合作［J］．台湾研究，2017（5）：65-75.

[97] 鲁渤，汪寿阳．中韩集装箱码头运营效率的比较研究［J］．管理评论，2017（5）：175-182．

[98] 陆铭．城市、区域和国家发展——空间政治经济学的现在与未来［J］．经济学（季刊），2017（4）：1499-1532．

[99] 李敬，陈旎，万广华，等．“一带一路”沿线国家货物贸易的竞争互补关系及动态变化［J］．管理世界，2017（4）：10-19．

[100] 黄先海，余骁．以“一带一路”建设重塑全球价值链［J］．经济学家，2017（3）：32-39．

[101] 张辉，易天，唐毓璇．“一带一路”：全球价值双环流研究［J］．财经科学，2017（3）：5-18．

[102] 张会清，唐海燕．中国与“一带一路”沿线地区的贸易联系问题研究——基于贸易强度指数模型的分析［J］．国际经贸探索，2017（3）：27-40．

[103] 刘修岩，李松林，秦蒙．城市空间结构与地区经济效率——兼论中国城镇化发展道路的模式选择［J］．管理世界，2017（1）：51-64．

[104] 赖伟娟，钟姿华．中国与欧、美、日制造业全球价值链分工地位的比较研究［J］．世界经济研究，2017（1）：125-134；137．

[105] 黎峰，张远鹏．出口贸易、本土关联与国内市场整合——兼议“一带一路”建设的重点与方向［J］．当代经济管理，2017（1）：45-51．

[106] 朱振．中国口岸开放与发展之路［M］．北京：经济科学出版社，2017．

[107] 杨继瑞，薛晓．“一带一路”口岸经济要素协同机制构建研究［J］．经济纵横，2016（12）：53-58．

[108] 王海燕，焦知岳，张文国．我国内陆地区口岸发展现状、成效与途径［J］．对外经贸实务，2016（12）：30-32．

[109] 黎峰．中国国内价值链是怎样形成的？［J］．数量经济技术经济研究，2016（9）：76-94．

[110] 孙斌栋，丁嵩．大城市有利于小城市的经济增长吗？——来自长三角城市群的证据［J］．地理研究，2016（9）：1615-1625．

[111] 陈雪琴．中国产业转移呈现新特征：大迁移［J］．化工管理，2016（28）：14-17．

[112] 努热吉，何伦志．丝绸之路经济带战略下新疆口岸的建设与发展［J］．中国流通经济，2016（6）：34-39．

[113] 陈琪，管传靖，金峰．规则流动与国际经济治理——统筹国际国内规则的理论阐释［J］．当代亚太，2016（5）：4-32；153．

[114] 蓝庆新，姜峰．“一带一路”与以中国为核心的国际价值链体系构建［J］．人文杂志，2016（5）：29-34．

[115] 易先忠，晏维龙，李陈华．国内大市场与本土企业出口竞争力——来自电子消费品行业的新发现及其解释 [J]．财贸经济，2016 (4)：86-100.

[116] 徐志伟．工业经济发展、环境规制强度与污染减排效果 [J]．财经研究，2016 (3)：134-144.

[117] 许德友．产业链的空间分离与转移——基于距离型成本的视角 [J]．财贸研究，2016 (3)：18-29.

[118] 陈永伟．文化差异对省际贸易的影响及其作用机制研究——基于姓氏距离的考察 [J]．经济学报，2016 (3)：1-25.

[119] 王一鸣．“十三五”时期推动区域协调发展的几点思考 [J]．中国发展观察，2016 (3)：15-17.

[120] 郭晓欣，钟昌标．丝绸之路经济带背景下内陆口岸建设问题研究——以青海省为例 [J]．青海社会科学，2016 (3)：38-43.

[121] 孟祺．基于“一带一路”的制造业全球价值链构建 [J]．财经科学，2016 (2)：72-81.

[122] 王铮．地理本性：胡焕庸线的突破与打破问题 [J]．探索与争鸣，2016 (1)：43-47.

[123] 丁任重，陈姝兴．中国区域经济政策协调的再思考——兼论“一带一路”背景下区域经济发展的政策与手段 [J]．南京大学学报（哲学·人文科学·社会科学版），2016 (1)：26-33；157.

[124] 吴瑟致．长三角港口群政府主导下的竞合关系研究 [J]．上海经济研究，2016 (1)：92-101.

[125] 郭宏宇，竺彩华．口岸发展与“一带一路”建设：形势、问题及对策 [J]．国际经济合作，2016 (1)：46-55.

[126] 李善同．2007年中国地区扩展投入产出表：编制与应用 [M]．北京：经济科学出版社，2016.

[127] 李跟强，潘文卿．国内价值链如何嵌入全球价值链：增加值的视角 [J]．管理世界，2016 (7)：10-22；187.

[128] 胡鞍钢，周绍杰，鲁钰锋，等．重塑中国经济地理：从1.0版到4.0版 [J]．经济地理，2015 (12)：1-10.

[129] 夏先良．构筑“一带一路”国际产能合作体制机制与政策体系 [J]．国际贸易，2015 (11)：26-33.

[130] 方创琳，周成虎，王振波．长江经济带城市群可持续发展战略问题与分级梯度发展重点 [J]．地理科学进展，2015 (11)：1398-1408.

[131] 李克强．全面建成小康社会新的目标要求 [N]．人民日报，2015-11-06 (03).

[132] 程大中．中国参与全球价值链分工的程度及演变趋势——基于跨国投入—产出分析［J］．经济研究，2015（9）：4-16；99.

[133] 谢莉娟，张昊．国内市场运行效率的互联网驱动——计量模型与案例调研的双重验证［J］．经济理论与经济管理，2015（9）：40-55.

[134] 刘海云，毛海欧．国家国际分工地位及其影响因素——基于“GVC地位指数”的实证分析［J］．国际经贸探索，2015（8）：44-53.

[135] 钟飞腾．“一带一路”产能合作的国际政治经济学分析［J］．山东社会科学，2015（8）：40-49.

[136] 刘琳．中国参与全球价值链的测度与分析——基于附加值贸易的考察［J］．世界经济研究，2015（6）：71-83；128.

[137] 刘瑞明，赵仁杰．西部大开发：增长驱动还是政策陷阱——基于PSM-DID方法的研究［J］．中国工业经济，2015（6）：32-43.

[138] 安虎森，郑文光．亚欧“世界岛”和重塑国内外经济地理［J］．甘肃社会科学，2015（6）：162-165.

[139] 代谦，何祚宇．国际分工的代价：垂直专业化的再分解与国际风险传导［J］．经济研究，2015（5）：20-34.

[140] 陆铭，张航，梁文泉．偏向中西部的土地供应如何推升了东部的工资［J］．中国社会科学，2015（5）：59-83；204-205.

[141] 赵磊．旅游发展与经济增长——来自中国的经验证据［J］．旅游学刊，2015（4）：33-49.

[142] 谭洪波．生产者服务业与制造业的空间集聚：基于贸易成本的研究［J］．世界经济，2015（3）：171-192.

[143] 卢锋，李昕，李双双，等．为什么是中国？——“一带一路”的经济逻辑［J］．国际经济评论，2015（3）：9-34；4.

[144] 安锦，王建伟．资源诅咒：测度修正与政策改进［J］．中国人口·资源与环境，2015（3）：91-98.

[145] 张超，王春杨，吕永强，等．长江经济带城市体系空间结构——基于夜间灯光数据的研究［J］．城市发展研究，2015（3）：19-27.

[146] 方创琳，毛其智，倪鹏飞．中国城市群科学选择与分级发展的争鸣及探索［J］．地理学报，2015（2）：515-527.

[147] 方创琳．科学选择与分级培育适应新常态发展的中国城市群［J］．中国科学院院刊，2015（2）：127-136.

[148] 王博．丝绸之路经济带战略推进中的口岸建设问题［J］．黑龙江民族丛刊，2015（2）：42-47.

[149] 图门其其格，王悦歆．中国与蒙古国口岸发展现状及存在的问题［J］．内

蒙古社会科学（汉文版），2015（1）：173-179.
［150］ 方大春，孙明月．长江经济带核心城市影响力研究［J］．经济地理，2015（1）：76-81；20.
［151］ 于天福，隋丽丽，李富祥．中国边境口岸经济发展与其依托城市互动机理研究［J］．社会科学辑刊，2015（1）：50-54.
［152］ 赵磊，王佳．中国旅游发展与经济增长——基于省际面板数据的协整分析［J］．旅游科学，2015（1）：40-57.
［153］ 金玲．“一带一路”：中国的马歇尔计划？［J］．国际问题研究，2015（1）：88-99.
［154］ 白永亮，郭珊．长江经济带经济实力的时空差异：沿线城市比较［J］．改革，2015（1）：99-108.
［155］ 国家发改委，外交部，商务部．推动共建丝绸之路经济带和21世纪海上丝绸之路的愿景与行动［M］．北京：人民出版社，2015.
［156］ 刘伟，郭濂．“一带一路”：全球价值双环流下的区域互惠共赢［M］．北京：北京大学出版社，2015.
［157］ 司守奎，孙兆亮．数学建模算法与应用［M］．北京：国防工业出版社，2015.
［158］ 豆建民，沈艳兵．产业转移对中国中部地区的环境影响研究［J］．中国人口·资源与环境，2014（11）：96-102.
［159］ 陆大道．建设经济带是经济发展布局的最佳选择——长江经济带经济发展的巨大潜力［J］．地理科学，2014（7）：769-772.
［160］ 倪鹏飞，颜银根，张安全．城市化滞后之谜：基于国际贸易的解释［J］．中国社会科学，2014（7）：107-124；206-207.
［161］ 齐讴歌，赵勇．城市群功能分工的时序演变与区域差异［J］．财经科学，2014（7）：114-121.
［162］ 高虎城．经贸合作是“一带一路”建设的基础和先导［N］．人民日报，2014-07-02.
［163］ 姚士谋，张平宇，余成，等．中国新型城镇化理论与实践问题［J］．地理科学，2014（6）：641-647.
［164］ 赵磊，方成，吴向明．旅游发展、空间溢出与经济增长——来自中国的经验证据［J］．旅游学刊，2014（5）：16-30.
［165］ 王庆喜，徐维祥．多维距离下中国省际贸易空间面板互动模型分析［J］．中国工业经济，2014（3）：31-43.
［166］ 周升起，兰珍先，付华．中国制造业在全球价值链国际分工地位再考察——基于Koopman等的“GVC地位指数”［J］．国际贸易问题，2014

(2): 3-12.

[167] 王宏. 工资增长、地区分布与劳动生产率的影响因素 [J]. 改革，2014 (2): 28-39.

[168] 柴国君，李丹. 内蒙古陆路口岸物流集聚区发展研究 [J]. 财经理论研究，2014 (2): 77-80.

[169] 张必清. 边境口岸物流与载体城市经济协调发展的实证分析——以云南河口口岸为例 [J]. 大理学院学报，2014 (1): 20-26.

[170] 李强，徐康宁. 资源生产、资源消费与经济增长：理论与实证——来自跨国面板数据的证据 [J]. 世界经济研究，2013 (12): 72-77; 86.

[171] 张少军，李善同. 中国省际贸易的演变趋势、特征与展望：1987—2007 [J]. 财贸经济，2013 (10): 100-107.

[172] 刘睿，李立华，唐伟. 旅游是战略性支柱产业还是独立经济增长因子? [J]. 旅游学刊，2013 (5): 35-42.

[173] 刘建. 中国国内贸易成本的测度及其影响因素——基于省级面板数据的实证分析 [J]. 经济问题探索，2013 (10): 7-14.

[174] 张少军，刘志彪. 产业升级与区域协调发展：从全球价值链走向国内价值链 [J]. 经济管理，2013 (8): 30-40.

[175] 陆大道. 地理学关于城镇化领域的研究内容框架 [J]. 地理科学，2013 (8): 897-901.

[176] 林水明，蓝文志，吴红红，等. 居民工资性收入与劳动生产率关系研究 [J]. 调研世界，2013 (6): 3-9.

[177] 于洋. 中国省际贸易流量再估算与区间分解 [J]. 中国经济问题，2013 (5): 100-108.

[178] 许统生，洪勇，涂远芬，等. 加入世贸组织后中国省际贸易成本测度、效应及决定因素 [J]. 经济评论，2013 (3): 126-135.

[179] 杨高举，黄先海. 内部动力与后发国分工地位升级——来自中国高技术产业的证据 [J]. 中国社会科学，2013 (2): 25-45; 204.

[180] 张少军，刘志彪. 国内价值链是否对接了全球价值链——基于联立方程模型的经验分析 [J]. 国际贸易问题，2013 (2): 14-27.

[181] 陈斌开，杨汝岱. 土地供给、住房价格与中国城镇居民储蓄 [J]. 经济研究，2013 (1): 110-122.

[182] 倪鹏飞. 新型城镇化的基本模式、具体路径与推进对策 [J]. 江海学刊，2013 (1): 87-94.

[183] 覃成林，郑云峰，张华. 我国区域经济协调发展的趋势及特征分析 [J]. 经济地理，2013 (1): 9-14.

[184] KABACOFF R I. R语言实战 [M]. 高涛，肖楠，陈钢，译. 北京：人民邮电出版社，2013.
[185] 赵勇，白永秀. 中国城市群功能分工测度与分析 [J]. 中国工业经济，2012 (11)：18-30.
[186] 徐现祥，李郇. 中国省际贸易模式：基于铁路货运的研究 [J]. 世界经济，2012 (9)：41-60.
[187] 周文丽. 旅游对我国区域经济增长及其敛散性的影响 [J]. 旅游科学，2012 (5)：54-64.
[188] 赵磊. 国外旅游发展促进经济增长假说 (TLGH) 研究综述 [J]. 旅游科学，2012 (4)：77-95.
[189] 陆铭，向宽虎. 地理与服务业——内需是否会使城市体系分散化? [J]. 经济学 (季刊)，2012 (3)：1079-1096.
[190] 鲁小波，齐月，陈晓颖. 旅游平衡区域经济差距作用分析——以辽宁省为例 [J]. 地理与地理信息科学，2012 (2)：88-92.
[191] 梁振民，陈才. 中俄边境城市满洲里口岸经济发展战略研究 [J]. 世界地理研究，2012 (2)：97-104.
[192] 张军，刘晓峰. 工资与劳动生产率的关联：模式与解释 [J]. 哈尔滨工业大学学报 (社会科学版)，2012 (2)：89-100.
[193] 高波，陈健，邹琳华. 区域房价差异、劳动力流动与产业升级 [J]. 经济研究，2012 (1)：66-79.
[194] 黄玖立，徐旻鸿. 境内运输成本与中国的地区出口模式 [J]. 世界经济，2012 (1)：58-77.
[195] 姚士谋，陆大道，王聪，等. 中国城镇化需要综合性的科学思维——探索适应中国国情的城镇化方式 [J]. 地理研究，2011 (11)：1947-1955.
[196] 马学广，李贵才. 全球流动空间中的当代世界城市网络理论研究 [J]. 经济地理，2011 (10)：1630-1637.
[197] 周文丽. 国内外旅游对经济增长影响研究综述 [J]. 经济地理，2011 (8)：1402-1408.
[198] 范恒山. 我国促进区域协调发展的理论与实践 [J]. 经济社会体制比较，2011 (6)：1-9.
[199] 吴晓刚. 广义线性模型 [M]. 上海：上海人民出版社，2011.
[200] 莫里斯. 西方将主宰多久：从历史的发展模式看世界的未来 [M]. 钱峰，译. 北京：中信出版社，2011.
[201] 邵挺，范剑勇. 房价水平与制造业的区位分布——基于长三角的实证研究 [J]. 中国工业经济，2010 (10)：24-32.

[202] 王小鲁. 中国城市化路径与城市规模的经济学分析 [J]. 经济研究, 2010 (10): 20-32.

[203] 邵帅, 杨莉莉. 自然资源丰裕、资源产业依赖与中国区域经济增长 [J]. 管理世界, 2010 (9): 26-44.

[204] 许政, 陈钊, 陆铭. 中国城市体系的"中心-外围模式" [J]. 世界经济, 2010 (7): 144-160.

[205] 陈建军, 陈国亮, 黄洁. 新经济地理学视角下的生产性服务业集聚及其影响因素研究——来自中国222个城市的经验证据 [J]. 管理世界, 2009 (4): 83-95.

[206] 范剑勇, 谢强强. 中国地区间产业分布的本地市场效应及其对区域协调发展的启示 [J]. 经济研究, 2010 (4): 107-119; 133.

[207] 李善同. 2002年中国地区扩展投入产出表: 编制与应用 [M]. 北京: 经济科学出版社, 2010.

[208] 刘生龙, 王亚华, 胡鞍钢. 西部大开发成效与中国区域经济收敛 [J]. 经济研究, 2009 (9): 94-105.

[209] 张若雪. 从产品分工走向功能分工: 经济圈分工形式演变与长期增长 [J]. 南方经济, 2009 (9): 37-48.

[210] 刘重力, 陈静, SOMNATH, 等. 东亚垂直分工网络与技术梯度研究——基于零部件贸易的视角 [J]. 世界经济研究, 2009 (6): 68-73; 89.

[211] 邵帅, 齐中英. 资源输出型地区的技术创新与经济增长——对"资源诅咒"现象的解释 [J]. 管理科学学报, 2009 (6): 23-33.

[212] 行伟波, 李善同. 本地偏好、边界效应与市场一体化——基于中国地区间增值税流动数据的实证研究 [J]. 经济学 (季刊), 2009 (4): 1455-1474.

[213] 陆铭, 陈钊. 分割市场的经济增长——为什么经济开放可能加剧地方保护? [J]. 经济研究, 2009 (3): 42-52.

[214] 世界银行. 2009年世界发展报告: 重塑世界经济地理 [M]. 胡光宇, 译. 北京: 清华大学出版社, 2009.

[215] 许召元, 李善同. 中国2002年省际间贸易估计 [C]. 第四届 (2009) 中国管理学年会城市与区域管理分会场论文集, 2009.

[216] 单豪杰. 中国资本存量K的再估算: 1952—2006年 [J]. 数量经济技术经济研究, 2008 (10): 17-31.

[217] 邵帅, 齐中英. 西部地区的能源开发与经济增长——基于资源诅咒假说的实证分析 [J]. 经济研究, 2008 (4): 147-160.

[218] 钱勇生, 张孝远. 省际之间铁路货物运输流量流向趋势分析 [J]. 统计与

决策，2007（11）：97-98.
[219] 刘志彪，张杰．全球代工体系下发展中国家俘获型网络的形成、突破与对策——基于GVC与NVC的比较视角［J］．中国工业经济，2007（5）：39-47.
[220] 潘文卿，李子奈．中国沿海与内陆间经济影响的反馈与溢出效应［J］．经济研究，2007（5）：68-77.
[221] 胡援成，肖德勇．经济发展门槛与自然资源诅咒：基于我国省际层面的面板数据实证研究［J］．管理世界，2007（4）：15-23；171.
[222] 丁元．劳动生产率与工资关系的脉冲响应分析——以广东省为例［J］．中国人口科学，2007（3）：72-80；96.
[223] 刘志彪．发展现代生产者服务业与调整优化制造业结构［J］．南京大学学报（哲学·人文科学·社会科学版），2006（5）：36-44.
[224] 桂琦寒，陈敏，陆铭，等．中国国内商品市场趋于分割还是整合：基于相对价格法的分析［J］．世界经济，2006（2）：20-30.
[225] 李京文．城市建设与和谐社会的构建［J］．城市发展研究，2006（2）：4-5.
[226] 徐康宁，王剑．自然资源丰裕程度与经济发展水平关系的研究［J］．经济研究，2006（1）：78-89.
[227] 陶然，徐志刚．城市化、农地制度与迁移人口社会保障——一个转轨中发展的大国视角与政策选择［J］．经济研究，2005（12）：45-56.
[228] 蒲英霞，葛莹，马荣华，等．基于ESDA的区域经济空间差异分析——以江苏省为例［J］．地理研究，2005（6）：965-974.
[229] 徐康宁，韩剑．中国区域经济的“资源诅咒”效应：地区差距的另一种解释［J］．经济学家，2005（6）：96-102.
[230] 桂强芳．中国城市竞争力年鉴［M］．深圳：海天出版社，2011.
[231] 方创琳，宋吉涛，张蔷，等．中国城市群结构体系的组成与空间分异格局［J］．地理学报，2005（5）：827-840.
[232] 藤田昌久，克鲁格曼，维纳布尔斯．空间经济学——城市、区域与国际贸易［M］．梁琦，译．北京：中国人民大学出版社，2005.
[233] 李善同，侯永志，刘云中，等．中国国内地方保护问题的调查与分析［J］．经济研究，2004（11）：78-84；95.
[234] 白重恩，杜颖娟，陶志刚，等．地方保护主义及产业地区集中度的决定因素和变动趋势［J］．经济研究，2004（4）：29-40.
[235] 张辉．全球价值链理论与我国产业发展研究［J］．中国工业经济，2004（5）：38-46.

[236] 温耀庆. 论我国口岸物流与港口物流中心建设 [J]. 国际商务（对外经济贸易大学学报），2004（5）：15-17；42.

[237] 谢彦君. 基础旅游学 [M]. 2版. 北京：中国旅游出版社，2004.

[238] 李锦章，初玉岗，周志斌. 次中心城市与区域经济发展 [J]. 江汉论坛，2003（2）：5-9.

[239] 关志雄. 从美国市场看"中国制造"的实力——以信息技术产品为中心 [J]. 国际经济评论，2002（4）：5-12.

[240] 陆大道. 关于"点-轴"空间结构系统的形成机理分析 [J]. 地理科学，2002（1）：1-6.

[241] 樊纲，王小鲁. 中国市场化指数——各地区市场化相对进程报告（2000年）[M]. 北京：经济科学出版社，2001.

[242] 王小鲁，夏小林. 优化城市规模 推动经济增长 [J]. 经济研究，1999（9）：22-29.

[243] UTTERBACK J M. 把握创新 [M]. 高建，李明，译. 北京：清华大学出版社，1999.

[244] 喻闻，黄季焜. 从大米市场整合程度看我国粮食市场改革 [J]. 经济研究，1998（3）：50-57.

[245] 井原健雄. 地域的经济分析 [M]. 东京：中央经济社，1996.

[246] 陈家海. 地区工业化进程中的省际贸易格局及政策倾向 [M] //周振华. 中国经济分析1995：地区发展. 上海：上海人民出版社，1996.

[247] 胡焕庸. 中国人口的分布、区划和展望 [J]. 地理学报，1990（2）：139-145.

[248] 金德尔伯格. 1929—1933年世界经济萧条 [M]. 宋承先，洪文达，译. 上海：上海译文出版社，1986.

[249] YANG Z Z，GUO L Q，LIAN F. Port integration in a region with multiport gateways in the context of industrial transformation and upgrading of the port [J]. Transportation Research Part E，2019，122（2）：231-246.

[250] GUO J L，CUI L，Li C，et al. Side-edge frame printed eight-port dual-band antenna array for 5G smartphone applications [J]. IEEE Transactions on Antennas & Propagation，2018，66（12）：7412-7417.

[251] LEE H，ITAKURA K. The welfare and sectoral adjustment effects of mega-regional trade agreements on ASEAN countries [J]. Journal of Asian Economics，2018，55（4）：20-32.

[252] COHEN J，MONACO K. Ports and highways infrastructure：An analysis of intra-and interstate spillovers [J]. International Regional Science

Review, 2008, 31 (3): 257-274.

[253] JIANG W. Have instrumental variables brought us closer to the truth? [J]. The Review of Corporate Finance Studies, 2017, 6 (2): 127-140.

[254] KNOLL K, SCHULARICK M, STEGER T. No price like home: Global house prices, 1870-2012 [J]. American Economic Review, 2017, 107 (2): 331-353.

[255] LI Q, SCOLLAY R, GILBERT J. Analyzing the effects of the regional comprehensive economic partnership on FDI in a CGE framework with firm heterogeneity [J]. Economic Modelling, 2017, 67: 409-420.

[256] NALBANTOGLU C. One Belt One Road initiative: New route on China's change of course to growth [J]. Open Journal of Social Sciences, 2017, 5 (1): 87-99.

[257] SONG D P, LYONS A, Li D, et al. Modelling port competition from a transport chain perspective [J]. Transportation Research Part E, 2016, 87: 75-96.

[258] HOMOSOMBAT W, NG A K Y, FU X. Regional transformation and port cluster competition: The case of the pearl river delta in South China [J]. Growth and Change, 2015, 47 (3): 349-362.

[259] SONG D W, CHEON S H, PIRE C. Does size matter for port coopetition strategy? Concept, motivation and implication [J]. International Journal of Logistics Research and Applications, 2015, 18 (3): 207-227.

[260] LAU K H, LI T. Coopetition between the ports in Hong Kong and Shenzhen from the users' perspective [J]. International Journal of Information Systems and Supply Chain Management, 2015, 8 (3): 1-26.

[261] WILSON J D. Mega-regional trade deals in the Asia-Pacific: choosing between the TPP and RCEP? [J]. Journal of contemporary Asia, 2015, 45 (2): 345-353.

[262] KAWASAKI K. The relative significance of EPAs in Asia-Pacific [J]. Journal of Asian Economics, 2015, 39: 19-30.

[263] BALDWIN R, LOPEZ-GONZALEZ J. Supply-chain trade: A portrait of global patterns and several testable hypotheses [J]. The World Economy, 2015, 38 (11): 1682-1721.

[264] BEHRENS K, DURANTON G, ROBERT-NICOUD F. Productive cities:

Sorting, selection, and agglomeration [J]. Journal of Political Economy, 2014, 122 (3): 507-553.

[265] KOOPMAN R, WANG Z, WEI S-J. Tracing value-added and double counting in gross exports [J]. American Economic Review, 2014, 104 (2): 459-494.

[266] CHEN N, NOVY D. Gravity, trade integration, and heterogeneity across industries [J]. Journal of International Economics, 2011, 85 (2): 206-221.

[267] OTTAVIANO G. 'New' new economic geography: Firm heterogeneity and agglomeration economies [J]. Journal of Economic Geography, 2011, 11 (2): 231-240.

[268] KABIR S, SALIM R A. Parallel integration and ASEAN-EU trade potential: An empirical analysis [J]. Journal of Economic Integration, 2011, 26 (4): 601-623.

[269] OTSUKA A, GOTO M, SUEYOSHI T. Industrial agglomeration effects in Japan: Productive efficiency, market access and public fiscal transfer [J]. Papers in Regional Science, 2010, 89 (4): 819-840.

[270] VAN OORT F, BURGER M, RASPE O. On the economic foundation of the urban network paradigm: Spatial integration, functional integration and economic complementarities within the Dutch Randstad [J]. Urban Studies, 2010, 47 (4): 725-748.

[271] ISAKSEN A, KALSAAS B T. Suppliers and strategies for upgrading in global production networks: The case of a supplier to the global automotive industry in a high-cost location [J]. European Planning Studies, 2009, 17 (4): 569-585.

[272] CHANG C, KHAMKAEW T, MCALEER M. A panel threshold model of tourism specialization and economic development [Z]. CIRJE Working Papers, 2009.

[273] DAVIS M A, PALUMBO M G. The price of residential land in large US cities [J]. Journal of Urban Economics, 2008, 63 (1): 352-384.

[274] FLORIDA R, GULDEN T, MELLANDERC.The rise of the mega-region [J]. Cambridge Journal of Regions, Economy and Society, 2008, 1 (3): 459-476.

[275] HAUSMANN R, HWANG J, RODRICK D. What you export matters [J]. Journal of Economic Growth, 2007, 12 (1): 1-25.

[276] DUCRUET C, LEE S W. Frontline soldiers of globalization: Port-city evolution and regional competition [J]. Geo Journal, 2006, 67 (2): 107−122.

[277] TABUCHI T, THISSE J F. Regional specialization, urban hierarchy, and commuting costs [J]. International Economic Review, 2006, 47 (4): 1295−1317.

[278] NOTTEBOOM T E, RODRIGURE J. Port regionalization: Towards a new phase in port development [J]. Maritime Policy & Management, 2005, 32 (3): 297−313.

[279] EECKHOUT J. Gibrat's Law for (all) cities [J]. American Economic Review, 2004, 94 (5): 1429−1451.

[280] ANDERSEN J E, VAN WINCOOP E. Trade cost [J]. Journal of Economic Literature, 2004, 42 (3): 691−751.

[281] DWYER L, FORSYTH P, SPURR R. Evaluating tourism's economic effects: New and old approaches [J]. Annals of Tourism Research, 2004, 25 (3): 307−317.

[282] SCHMITZ H. Local upgrading in global chains: Recent findings [C]. Paper to be presented at the DRUID Summer Conference, 2004.

[283] MESSNER D. Regions in the "World Economic Triangle" [M] // SCHMITZ, H. Local enterprises in the global economy: Issues of governance and upgrading. Cheltenham: Edward Elgar, 2004.

[284] BADE F J, LAASER C F, SOLTWEDEL R. Urban specialization in the Internet age − Empirical findings for Germany [Z]. Kiel Working Paper, No.1215, 2004.

[285] PONCET S. Measuring Chinese domestic and international integration [J]. China Economic Review, 2003, 14 (1): 1-21.

[286] DAVIS D R, WEINSTEIN D E. Market access, economic geography and comparative advantage: An empirical test [J]. Journal of International Economics, 2003, 59 (1): 1−23.

[287] DICKEN P. Global shift: Reshaping the global economics map in the 21st Century [M]. New York: Guiford Press, 2003.

[288] NAUGHTON B. How much can regional integration do to unify China's markets? [M] // HOPE N C, YANG D T, LI M Y. How Far Across the River? Stanford: Stanford University Press, 2003.

[289] FUJITA M, THISSE J F. Economics of agglomeration: Cities, industrial

location, and regional growth [M]. Cambridge: Cambridge University Press, 2002.

[290] DOBKINS L H, IOANNIDES Y M. Spatial interactions among US cities: 1900-1990 [J]. Regional Science and Urban Economics, 2001, 31 (6): 701-731.

[291] DURANTON G, PUGA D. Nursery cities: Urban diversity, process innovation, and the life cycle of products [J]. American Economic Review, 2001, 91 (5): 1454-1477.

[292] SACHS J D, WARNER A M. Natural resources and economic development: The curse of natural resources [J]. European Economic Review, 2001, 45 (4): 827-838.

[293] BLACK D, HENDERSON J V. A theory of urban growth [J]. Journal of Political Economy, 1999, 107 (2): 252-284.

[294] BRAKMAN S, GARRETSEN H, VAN MARREWIJK C, et al. The return of Zipf: Towards a further understanding of the rank-size distribution [J]. Journal of Regional Science, 1999, 39 (1): 183-213.

[295] FUJITA M, MORI T. The role of ports in the making of major cities: Self-agglomeration and hub-effect [J]. Journal of Development Economics, 1996, 49 (1): 93-120.

[296] BAILLY A S. Producer services research in Europe [J]. The Professional Geographer, 1995, 47 (1): 58-61.

[297] SACHS J D, WARNER A M. Natural resource abundance and economic growth [Z]. NBER Working Paper, 1995: 53-98.

[298] KRUGAMN P, LAWRENCE R. Trade, jobs and wages [J]. Economic Policy Review, 1995 (1): 42-47.

[299] MORROW J D. Modelling the forms of international cooperation: Distribution versus information [J]. International Organization, 1994, 48 (3): 387-423.

[300] KRUGMAN P. First nature, second nature and metropolitan location [J]. Journal of Regional Science, 1993, 33 (2): 129-144.

[301] BREZIS E, KRUGMAN P, TSIDDON D. Leap-frogging in international competition: A theory of cycles in national technological leadership [J]. American Economic Review, 1993, 83 (5): 1211-1219.

[302] WILLIAMS M A, SHAW G. Tourism and economic development: Western European experiences [M]. London: Belhaven Press, 1988.

[303] DANIELS P W. Services industries: A geographical appraisal [M]. London: Methuen, 1985.

[304] DIXIT A K, NORMAN V. Theory of international trade: A dual general equilibrium approach [M]. Cambridge: Cambridge University Press, 1980.

[305] KRUGAMN P. Scale economies, product differentiation, and the pattern of trade [J]. American Economic Review, 1980, 70 (5): 950-959.

[306] VERNON R. International investment and international trade in the product cycle [J]. The Quarterly Journal of Economics, 1966, 80 (2): 190-207.

[307] LEONTIEF W, STROUT A. Multiregional input-output analysis [M] // BARNA T. Structural interdependence and economic development. London: St. Martin's Press, 1963.

[308] PERROUX F. A note on the notion of growth pole [J]. Applied Economy, 1955, 7 (1-2): 307-320.

索引